KB015580

없음이 아쉽기도 하다. 급속도로 성장하는 의료 분야의 다양 화를 담아내기가 때로는 벅차기도 하다. 그러나 의료의 성장 께 이 책도 조금씩이나마 더 성장할 수 있도록 지속적인 애 다듬어 나아가겠다고 다짐해본다.

막으로 이 책이 나오기까지 도움을 주신 많은 분들, 특히 의 여러 선생님들께 진심으로 감사드린다. 그리고 무엇보다 독자가 되어주시고 때로는 따뜻한 격려를 아끼지 않아 주 분들께 다시 한 번 깊이 감사드린다. 의료법에 가까이 가 는 분들께 작은 도움이라도 된다면 저자들에게는 말로 다 없는 큰 기쁨일 것이다.

2023년 2월

이상돈, 김나경

제5판

의료법강의

이상돈 · 김나경

法 文 社

제5판 머리

2009년 6월 처음 출간된 의료법 강
거쳐 새로이 세상에 나오게 되었다. 먼
에 진심으로 머리 숙여 감사드린다. 지
으로 우리의 일상에 그리고 의료체계이
소통이 확대된 것은 '환자-의사'의 관계
5판에서는 코로나19 팬데믹 상황을 계
이른바 비대면 진료의 새로운 모습을
략하게나마 소개하였다. 환자의 편익과
원격의료의 법정책에 관한 논의는 앞
것이다. 아울러 '소비자 대상 직접 시
유전자검사'에 대한 새로운 법제도의
락에서 소개하였다. 시범사업 등을 거
운 제도가 도입되면서 DTC 유전자
고 있다. 모쪼록 유전자검사의 본질
충분한 이해를 바탕으로 동 제도가
기를 소망한다. 그 밖에도 제5판의
법령의 최근까지의 크고 작은 변화
를 소개하기 위한 노력도 함께 이루

독자에게 보다 친근하게 다가가
들이 부담 없이 의료법의 핵심 내
두에 두다 보니, 책 안에 담을 수

밖에
한 변
과 함
정으로

마지
법문사
이 책의
신 모든
고자 하
할 수

제4판 머리말

『의료법강의』 제4판을 출간하게 되었다. 2009년 처음 발간된 이래 지속된 독자들의 관심에 머리 숙여 감사드린다. 제4판에는 이 책이 담고 있는 법령들의 현재까지의 개정 상황을 모두 반영하고자 애썼다. 주목할 만한 변화는 우선 '[5] 의료광고법' 단락의 '의료광고 사전심의제도'에 관한 부분이다. 이 단락에는 제도가 자율성을 결여한다는 헌법재판소의 위헌결정에 기초한 의료법의 개정 내용을 반영하였다. '[6] 의료책임법' 단락 중 '의사의 설명의무'에 관한 부분도 새로이 기술하였다. 의료법상 설명의무 조항의 도입에 관한 오랜 사회적 논의 끝에 일정 유형의 위험한 의료행위에 대한 설명의무 및 관련 제재 조항이 신설된 것을 반영하고 아울러 기존의 내용을 다시 다듬어 소개하였다. 개정작업을 진행하면서 사회패러다임의 변화로 의료법 정책이 모습을 달리해 나감을 실감하였다.

『의료법강의』는 의료법의 핵심적인 내용을 다양한 주제별로 소개하려는 노력에서 출발한 책이다. 시간이 지날수록, 여전히 담지 못한 수많은 다른 주제들이 아쉽기도 하다. 하지만 기초를 튼튼히 세우는 데에 우선 의미를 두자고 합리화해 본다. 책이 나오기까지 애써주신 많은 분들께 진심으로 감사드린다. 무엇보다 수많은 법령의 개정 내용을 확인하는 수고를 아끼지 않은 성신여자대학교 법학과의 황채연 학생 그리고 늘 애정어린 지원을 보내주시는 법문사의 여러 선생님들께 깊은 감사의 마음을 전한다. 마지막으로 『의료법강의』에 대한 관심으로 오랜 기간 힘을 실어주신 모든 독자분들께 다시 한번 진심으로 감사의 인사를 올린다.

2020년 8월

이상돈, 김나경

제3판 머리말

『의료법강의』는 2009년 출간된 이래 여러 대학의 강의교재로 그리고 법조 및 의료실무의 참고도서로 지속적인 호응을 얻었다. 많은 독자들의 관심과 격려에 진심으로 감사드린다. 독자들의 호응에 힘입어 2017년 전면 개정된 제3판을 새로이 발간하게 되었다.

의료는 기술 발전 및 이에 따른 문화의 변화 폭이 큰 분야인 만큼, 의료법강의에 수록된 많은 관계 법령들도 크고 작은 제·개정을 거듭하고 있다. 이번 전면 개정에서는 모든 관계 법령의 변화를 세심하게 반영하였고, 2017년 3월 이후 시행되는 개정 법령의 내용은 시행일을 별도로 표기하였다. 특히 의료광고법 단락에서는 종전의 의료법 규정에 따른 의료광고 사전심의는 행정권의 영향력에서 차단된 독립적·자율적 심의라고 볼 수 없다는 헌법재판소의 위헌결정을 반영하여, 의료광고 사전심의의 기준을 중점적으로 소개했던 종전의 내용을 대폭 수정하였다. 치료중단법 단락에서는 오랜 논의를 거쳐 제정된 「호스피스·완화의료 및 임종과정에 있는 환자의 연명의료결정에 관한 법률」의 내용을 새로이 소개하였다.

의료는 생명에 대한 이해를 출발점으로 하며, 우리의 삶 속에 늘 함께 하고 있다. 의료법에 대한 이해를 통해 많은 독자들이 의료의 다양한 문제들을 법적으로 다루는 방법을 익히는 것을 넘어 생명과 삶 그리고 법의 본질에 대한 온전한 이해에 접근할 수 있을 것이라 기대해본다. 덧붙여, 이 책의 교정 작업을 성실하게 함께 해 준 성신여자대학교 법과대학의 오은지 학생 그리고 이 책의 출간에 항상 많은 관심과 애정을 기울여주시는 법문사의 여러 선생님들께 진심으로 감사드린다.

2017년 2월
이상돈, 김나경

개정판 머리말

『의료법강의』를 2009년 출간한 이후 부분적인 수정작업을 반영한 제2쇄를 2011년 발간하였다. 출간 이후 이 책은 지속적으로 여러 대학 및 대학원의 강의 교재로 채택되었고, 이와 더불어 책의 외연을 좀 더 확대하고자 하는 바람이 점점 커졌다. 그 바람이 새로운 단락을 추가하는 본격적 개정 작업으로 이어져, 2013년 드디어 '개정판'을 출간하게 되었다. 다수의 단락들이 추가된 만큼 이 개정판은 '개정증보'의 의미를 지닌다.

개정증보 작업을 통해 이 책은 보다 다양한 의료법의 문제들을 포괄하게 되었다. 새로운 법원 판결로 논의가 계속되고 있는 치료중단 문제를 의료형법 단락에서 분리하여 안락사 문제와 함께 다루었으며([8] 치료중단법), 2012년부터 시행된 의료분쟁조정중재법의 주요 내용을 소비자기본법상의 의료분쟁조정제도와 함께 소개하였다([9] 의료분쟁조정중재법). 치료와 예방 이념의 조화를 도모해야 하는 보건예방의 문제도 새로운 테마로 편입되었다([12] 보건예방법). 세부적인 수정 내용을 모두 열거할 수는 없지만, 의료보험법 분야에서 임의비급여에 관한 판례의 태도 변화를 그리고 생명의료법 분야에서 생명윤리 및 안전에 관한 법률의 전부 개정을 반영한 것은 눈여겨볼 만하다. 새 단락들을 추가하면서 기존 단락의 순서 또한 부분적으로 변경하였음을 일러둔다. 12단락으로의 구성은 대학 및 대학원 강의에 매우 적절할 것이다.

사회복지는 우리 사회의 가장 큰 화두이다. 그리고 생명, 건강 또는 삶의 질을 좌우하는 의료의 문제는 사회복지의 기초적 문제이다. 이 책에 담은 의료의 본질, 의료보험을 필두로 하는 보건행정체계의 구조, 의료행위의 국가적 관리 및 관료적 통제, 의료분쟁의 합리적 해결 그리고 생명의료윤리에 대한 고민은 의료법의 감수성을 사회복지 문제를 이해하는 기초로 확장하는 매개체가 될 수 있을 것이라는 소망을 가져본다.

이 책의 개정판에는 경우에 따라 글쓴이들의 그동안의 관련 연구성과물을 요약하거나 재구성하여 반영하였고, 필요한 경우 당해 연구물들을 분명히 인용하였음을 일러둔다. 개정 작업에 함께 해준 고려대학교 대학원 정유선 양 그리고 책의 출간을 지원해 주신 법문사 여러분들께 진심으로 감사드린다.

2013년 2월

이상돈, 김나경

머 리 말

의료란 치료에 지향된 의사와 환자의 만남이다. 의료법의 주된 임무는 이러한 만남이 온전히 이루어지기 위한 테두리 조건의 설정이다. 특히 생명의료기술의 비약적 성장으로 그 임무는 생명문화의 재생산을 위한 의사소통적 교류를 제도화하는 데까지 확장되었다.

의료는 인류의 역사와 더불어 탄생했다고 해도 과언이 아니며 의료행위는 다른 법률행위와는 차별화되는 고유한 특수성을 지닌다. 그런 만큼이나 의료법은 전문법 분야의 선두에 있어 왔으며, 이를 반영하듯 전문법학의 교육을 요청받는 법학전문대학원이나 법과대학에서 의료법 강좌의 수는 점점 늘어나고 있고 의료법을 전공하는 특수대학원의 수도 증가하고 있다. 뿐만 아니라, 의학전문대학원이나 의과대학에서도 의료법에 대한 기초적 지식의 습득은 의료인격을 형성하는 필수적인 과정으로 자리잡아 가고 있으며, 예방의학에서 의료법이 차지하는 비중 역시 결코 작지 않다.

이 책은 의료법학의 이러한 현실 그리고 지속적인 성장과 발전이 기대되는 미래를 앞에 두고 의료법에 대한 기초적 이해를 제공하는 길잡이가 되려는 구상에서 탄생했다. 의료법의 대상인 의료에 대한 기초적 이해([1]단락)에서 출발하여, 의료주체인 의료인([2]단락)과 의료기관([4]단락)에 대한 이해 그리고 무면허의료행위([3]단락), 의료광고([5]단락)의 문제를 거쳐 의료사고에 대한 민・형사법적 책임([6]단락 및 [7]단락)의 논의에 이르기까지 이 책은 의료법의 핵심적인 문제들을 아우르며, 건강보험체계([8]단락)와 새롭게 성장하고 있는 생명의료영역의 문제([9]단락)까지 포섭하고 있다. 뿐만 아니라 핵심적인 법조문과 판례를 본문과의 연관 속에 읽기 쉽게 소개하고 경우에 따라서는 특수한 문제들에 대한 깊이 있는 분석도 시도함으로써, 법학전문대학원이나 법과대학의 의료법 강의교재로 그리고 의과대학에서 의료윤리와 의료법학을 교육하는 기초교재로 널리 사용되기에 무리가 없을 것이라 생각된다.

물론 이 책에서 의료의 영역에 산재한 법적 문제들이 모두 다루어진 것은 아니다. 현재 이 책을 구성하는 개별 단락들은 다양한 문제들을 분석하는 기초가 되는 의료법의 가장 핵심적 내용들을 담고 있으며, 우리는 앞으로 지속적인 증보를 통해 독자들에게 더 넓고 깊은 미래를 보여줄 것을 약속하고자 한다.

마지막으로, 이 책은 글쓴이들이 그동안 축적해온 의료법 분야의 연구에서 정립된 이해를 기초로 새롭게 쓴 것이지만, 경우에 따라 지금까지의 우리들의 관련 연구성과물들을 요약·정리한 부분도 있음을 일러둔다. 덧붙여, 이 책의 교정에 수고를 아끼지 않은 고려대학교 대학원의 홍가혜 양(의료(형)법 전공)과 성신여자대학교 법과대학의 김은빈 양 그리고 책을 출간해 주신 법문사 여러분들께 감사의 마음을 전하고 싶다.

2009년 5월

이상돈, 김나경

차 례

[4] 의료기관법 70

[5] 의료광고법 103

[6] 의료책임법 126

[7] 의료형법 156

[9] 의료분쟁조정중재법 212

[12] 생명의료법 317

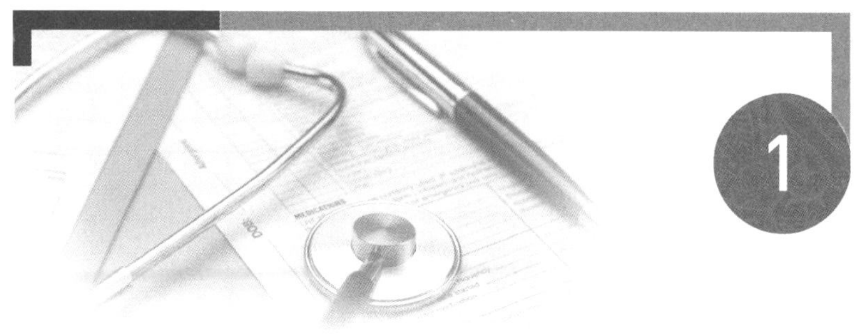

기초이론

I 의료의 의의

의료법은 '의료'와 관련된 사항을 규율하는 모든 법규범을 포괄하는 '넓은 의미'의 의료법과 '의료법'이란 명칭을 지니는 법을 지칭하는 '좁은 의미'의 의료법으로 유형화될 수 있다. 여기서 넓은 의미의 의료법의 대상인 '의료' 혹은 '의료행위'의 의미를 우선 확정하는 것은 의료법 전반을 이해하는 필수적인 전제라 할 수 있다.

1. 의료 개념의 세 요소[1)]

(1) 의료법상의 의료 개념

현행 의료법은 의료 개념의 실질을 뚜렷이 규정하고 있지는 않으며,[2)] 실정법상 의료의 개념은 주로 무면허의료행위죄의 적용을 통해 — 즉, 법원의 판례나 행정부의 유권해석을 통해 — 간접적으로 정립되어 갈 뿐이다.[3)] 의료법의 규정에서 의료의 개념을 찾아보면, 의료법의 규정들은 <의료인↔의료행위↔의료기재↔의료인>[4)]으로 이어지는 순환 논리적 구조를 보여줄 뿐이라는 점을 확인할 수 있다. 예를 들어, '의료행위'를 논리적 순환의 출발점으로 삼으면 의료법 제12조의 규정에 의거하여 '의료행위는 의료인이 행하는 의료기술의 시행'이라 할 수 있으며, 오늘날 의료행위기술의 시행은 의료기재의 사용과 분리되지 않는다. 또한 '의료기재'를 출발점으로 삼는 경우 의료법 제13조와 제14조의 논리구조에 따른다면 '의료기재는 의료행위를 위하여 필요한 도구·약품·기타 시

---

1) 이 항목의 내용은 이상돈, 「의료 개념의 법사회학적 구성」, 영남법학, 제27호, 영남대학교 법학연구소, 2008, 101-108쪽의 내용을 요약하고 다소 수정하고 재구성한 것이다.

2) 이에 대해서는 류지태, 「의료행위의 개념」, 고려법학, 제39호, 고려대학교 법학연구원, 2002, 61쪽 이하; 이종원, 「의료행위에 관한 일고찰」, 경성법학, 제16집 제2호, 경성대학교 법학연구소, 2007, 171쪽 이하 참조.

3) 이와 관련하여 우리나라에서 있었던 의료행위 개념의 법제화 시도에 관한 상세한 설명으로 곽명섭, 「의료행위 개념의 법제화 논의과정에 대한 고찰」, 법과 정책연구, 제7집 제1호, 한국법정책학회, 2007, 65쪽 이하 참조; 미국의 일부 주에서는 예를 들어 '사람의 모든 질병, 통증, 부상, 기형이나 기타 신체적, 정신적 상태에 대한 진단, 치료, 수술 또는 처방'(West Virginia주) 등과 같이 의료행위의 개념에 대해 직접 규정하기도 한다(같은 글, 70쪽 참조); 그 밖에 의료행위 개념에 관한 외국의 입법례에 대해서는 이인영, 「의료행위의 현대적 의의와 과제」, 법과 정책연구, 제7집 제1호, 한국법정책학회, 2007, 28-38쪽 참조.

4) 이 책의 [3] 무면허의료행위 단락의 항목 III.1.(2)의 그림은 이와 같은 순환관계를 잘 보여준다.

설 및 재료'라 할 수 있다. 다른 한편, '의료인'을 논리의 출발점으로 삼는다면, 의료법 제27조 제1항에 비추어 볼 때에 '의료인은 의료행위를 하는 자'이며 또한 — 이를 바로 앞에서 언급한 의료기재의 정의에 비추어 보면 — '의료행위에 필요한 의료기재를 사용하는 자'라고 할 수 있다.

> **의료법 제12조(의료기술 등에 대한 보호)** ① 의료인이 하는 의료·조산·간호 등 의료기술의 시행(이하 "의료행위"라 한다)에 대하여는 이 법이나 다른 법령에 따로 규정된 경우 외에는 누구든지 간섭하지 못한다.
>
> **의료법 제13조(의료기재 압류 금지)** 의료인의 의료 업무에 필요한 기구·약품, 그 밖의 재료는 압류하지 못한다.
>
> **의료법 제14조(기구 등 우선공급)** ① 의료인은 의료행위에 필요한 기구·약품, 그 밖의 시설 및 재료를 우선적으로 공급받을 권리가 있다.
>
> **의료법 제27조(무면허 의료행위 등 금지)** ① 의료인이 아니면 누구든지 의료행위를 할 수 없으며 의료인도 면허된 것 이외의 의료행위를 할 수 없다.

(2) 의료 개념의 실질

의료 개념의 '실질'은 의료인이라는 '주체(subject)' 차원, 의료행위라는 '행위(act)' 차원, 그리고 의료기재라는 '수단' 차원으로 분석해볼 수 있다.

1) '행위'의 차원

㈎ 행위의 유형: 진찰, 검안, 처방, 투약 또는 외과수술 등의 행위

의료는 전통적으로 질병의 치료와 예방이라는 목적을 좇는 행위이다. 그러기에 건강을 도모하는 인간의 사회적 행위 가운데 '진찰, 검안, 처방, 투약 또는 외과수술 등의 행위'가 의료행위가 된다.[5]

덧붙여, 대법원은 특히 외과분야에 있어서 코높이기 수술과 같은 미용성형수술행위도 의료행위에 해당함을 분명히 한 바 있다.[6]

> 의료행위라고 함은 질병의 예방이나 치료행위를 말하는 것으로 의학의 전문지식을 기초로 하는 경험과 기능으로써 (하는) 진찰, 검안, 처방, 투약 또는 외과수술 등의 행위를 말하는 것이고, 여기에서 진찰이라고 함은 환자의 용태를 듣고 관찰하여 병상 및 병명을 규명 판단하는 것으로서 그 진단방법으로는 문진, 시진, 청진, 타진, 촉진 기타 각종의 과학적 방법을 써서 검사하는 등 여러 가지가 있고, 위와 같은 작용에 의하여 밝혀진 질병에 적당한 약품을 처방조제, 공여하거나 시술하는 것이 치료행위에 속한다(대판 86도1678).

그러나 이와 같은 추상적인 유형화 기준에만 의존하면 개념적으로 진찰, 검안, 처방, 투약, 외과수술 등에 해당할 수 있는 모든 행위를 의료행위로 파악하게 되어 비의료인의 무면허의료행위와 (합법적인) 비의료행위를 거의 구분지을 수 없다.

㈏ 위험성 이런 맥락에서 대법원은 '사람의 생명이나 신체 또는 공중위생에 위해를 발생케 할 수 있는지'라는 위험성의 요소도 어떠한 행위가 의료행위인지의 여부에 대한 판단기준으로 삼는다(대판 86도1678).[7]

---

5) 좁은 의미의 의료법에서는 의료행위의 추상적 유형에 관한 규정을 찾기 어렵지만, 요양기관이 실시하는 '요양급여'의 종류를 규정하는 국민건강보험법 제41조 제1항의 요양급여 유형의 분류(1. 진찰・검사, 2. 약제・치료재료의 지급, 3. 처치・수술 및 그 밖의 치료, 4. 예방・재활, 5. 입원, 6. 간호, 7. 이송)를 보면, 이와 같은 추상적인 의료행위의 유형과 유사함을 볼 수 있다.

6) "피고인의 코높이기 수술인 미용성형수술이 의료기술의 시행방법으로 행하여지고 또 코의 절개과정이나 연골의 삽입봉합과정에서 미균이 침입할 위험성을 내포하고 있는 것이어서 이러한 코높이기 성형수술의 방법 및 행위의 태양을 함께 감안하면 코높이기 성형수술행위도 질병의 치료 행위의 범주에 넣어 의료행위가 되는 것으로 해석함이 타당하다"(대판 74도1114): 여기서는 바로 아래의 단락에서 설명할 '위험성'의 개념표지도 미용성형수술을 의료행위의 범주에 포함시키는 데에 있어서 중요한 기준으로 삼고 있음을 확인할 수 있다.

> 한국생활정체협회 전남지부라는 간판을 걸고 동 사무실로 찾아온 신경통 환자 등으로부터 그 용태를 물어 그 증세를 판단하고 이에 따라 어깨, 척추 등 골반에 나타나는 구조상의 이상 상태를 도수 기타의 방법으로 압박하는 등의 시술을 반복 계속한 것은 결국 사람의 생명이나 신체 또는 공중위생에 위해를 발생케 할 우려가 있는 의료행위에 해당한다(대판 86도1678).

그러나 위험성의 판단은 매우 불확실하다. 예컨대 언어장애자에게 정신안정법, 암시법, 호흡법 등의 정신요법을 시술하는 것은 의료행위(대판 79도612)인 반면, 웅변학원에서 말더듬 등의 노이로제 증세를 가진 수강생에게 언어장애를 교정하는 행위는 의료행위가 아니라는 상반된 판단(대판 79도1003)을 내릴 때 그 근거는 분명하지 않다.

> 피고인이 의료인으로서 갖추어야 할 의학상 지식이나 기능을 가진 바도 없이 막연히 강박관념, 공포증 및 언어장애 등의 증상을 가진 환자들을 모아놓고 정신안정법, 암시법, 발성법, 호흡 등의 정신요법을 시술한 것은 보건위생상 위험이 있다고 보아지고 그 소위를 의료행위로 단정하여 피고인을 유죄로 인정하였음은 상당하며 거기에는 결코 법리오해가 없다(대판 79도612).

> 피고인이 당국으로부터 인가를 받고 언어교육의 전수를 목적으로 하는 웅변학원을 설립하고 운영함에 있어, 웅변과 연설 강습과 함께 열등감, 대인공포, 불안, 초조, 말더듬 등 노이로제 증세를 나타내는 수강생들의 감정요인에 대해서 변조된 언어의 원활한 소통이라는 측면에서 반복된 언어훈련을 통해 그 능력을 개발하려는 행위는, 언어교육의 전수를 목적으로 인가받은 웅변이나 연설에 관한 강습에 포함되는 것으로 인정되며 그것이 정신신경과적 전문의의 치료 범주에 속하는 의료행위라고는 볼 수 없다(대판 79도1003).

---

7) 이에 대해 자세히는 이 책의 [3] 무면허의료행위 단락을 참조.

2) '수단'의 차원

건강을 도모하는 행위에 사용되는 기기나 재료의 위험성도 그 행위의 의료행위 여부를 결정짓는 잣대로 등장한다. 예컨대 박피(필링)가 기능성 화장품으로 이루어지면 비의료행위이지만, 의약품의 제재로써 얼굴을 박피하는 것은 미용술이 아니라 의료행위가 된다(대판 93도2544). 또 다른 예로, 피부관리사가 테이프처럼 생긴 왁싱(waxing)으로 지나치게 많은 털을 제거하는 행위는 의료행위가 아니고 미용행위인 반면, 제모레이저를 사용하여 털을 제거하는 것은 의료행위가 된다.

> 피부미용을 위하여 화장품으로 분류되는 필링크림 등을 사용하여 얼굴마사지를 하는 행위는 그로 인하여 피부의 상태에 따라 피부가 다소 벗겨지는 증상이 나타난다 하더라도 이를 들어 의료행위라고 할 수 없지만, 의약품인 프로페셔널 필링 포뮬러를 사용하여 얼굴의 표피전부를 벗겨내는 박피술을 시행하는 것은 사람의 생명, 신체나 공중위생상 위해를 발생시킬 우려가 있는 것이므로 단순한 미용술이 아니라 의료행위에 해당한다(대판 93도2544).

3) '주체'의 차원

행위와 기기의 성격 외에 행위자에 관한 요소, 즉 기기를 사용하는 자에게 의학적 전문지식이 있는지의 여부도 의료 개념에 포섭되는 것인지를 판단하는 기준이 된다. 예컨대 시력을 회복시킬 목적으로 눈 주위의 근육을 마사지하여 혈액순환을 원활하게 하는 가압식 미용기는 그 기기 자체의 위험성 때문이 아니라 의학적 전문지식이 없는 사람이 사용할 경우 생명, 신체에 대한 위험을 초래한다는 점에서 그 기기의 사용이 의료행위가 되게 한다.[8)]

---

8) 대판 88도2190 참조.

이 사건 가압식 미용기의 사용은 공기주머니(air bag)를 얼굴에 덮어 쓰고 전기장치를 이용하여 압축된 공기를 그 공기주머니 속에 불어 넣었다가 빼는 것을 계속하여 반복함으로써 눈 주위의 근육을 마사지하여 혈액순환을 원활하게 하고 따라서 눈의 모든 기능을 회복시켜 줌으로써 시력을 회복한다는 것이니 시력에 관련되는 눈 주위의 근육 및 신경조직 등 인체의 생리구조에 대한 전문지식이 없는 자가 이를 행할 때 특히 예민한 시신경 등 인체에 위해를 발생케 할 우려가 있으므로 피고인의 이 사건 소위를 무면허 의료행위로 본 원심판단은 정당하다. 어떤 행위가 의료행위인지 여부는 의학적 전문지식이 없는 자가 어떠한 기기를 질병의 예방이나 치료에 사용함으로써 사람의 생명, 신체나 공중위생에 위해를 발생케 할 우려가 있느냐의 여부에 따라 결정하여야 할 것이다(대판 88도2190).

2. 의료의 본질: '치료적 대화'

의료의 본질은 치료를 목적으로 하는 의사와 환자간의 만남이다. 치료는 이러한 만남이 상호신뢰를 바탕으로 한[9] 협동적 과정일 때에 가장 성공적이고 또 극대화될 수 있다. 즉, 의사는 오로지 병을 생각하고 병의 치료를 위한 최선의 방법이 무엇인지를 숙고하고 행동하며, 환자 역시 의사의 치료행위에 도움이 되는 모든 정보를 제공하고 모든 치료과정에 협조적인 태도로 임하며 아울러 치료의 결과에 대한 강한 믿음을 가지는 것이 '이상적'인 의사-환자의 관계이다. 이러한 '이상적'인 관계는 달리 말하면 — 전략적 행동이 아니라 — 상호이해에 지향된 의사소통과 상호작용의 관계, 즉 치료를 향한 대화적 의사소통과 상호작용을 의미하는 '치료적 대화'의 관계이다.[10]

---

9) 의사와 환자의 "관계의 기반"으로서 상호'신뢰'를 이야기하는 변무웅, 「의료행위의 헌법적 근거와 방향성 모색」, 법과 정책연구, 제7집 제1호, 한국법정책학회, 2007, 12쪽 참조.

Ⅱ 의료생활세계와 의료체계[11)]

이와 같이 특징지워지는 의료의 영역은 의료생활세계와 의료체계라는 서로 다른 차원과 성격의 구조적 측면으로 이루어져 있다. 의료생활세계와 의료체계는, 독일의 철학자 하버마스(Habermas)의 '생활세계'와 '사회체계'라는 개념을 빌어와 새롭게 만든 개념이다. 의료영역에서의 법정책의 정당성과 합리성은, 의료생활세계와 의료체계의 작동원리와 구조에 대한 이해가 선행될 때에 담보될 수 있는 것이다.

1. 의료생활세계

의료생활세계란 의사와 환자가 만나는 사회적 공간(또는 의사의 직업적 삶의 세계)을 가리킨다. 의료생활세계는 의료인격, 의료행위규범 및 의료문화로 구성되며, 이 구성요소들이 치료적 대화의 이념으로 재생산될 때에 의료생활세계는 정상적일 수 있다.

(1) 의료인격

치료적 대화라는 의료관계의 한 당사자로서 의료인(의료인격)은 학문의 자유(헌법 제22조 제1항)[12)]와 대학의 자치(헌법 제31조 제4항)[13)]를 누리는 의과대학이나 의학전문대학원 등에서[14)] 치료적 대

---

10) 이 항목의 내용은 이상돈, 『의료체계와 법』, 고려대학교 출판부, 2000, 5-6쪽을 요약한 것이다.

11) 이 항목의 내용은 이상돈, 『의료체계와 법』 중 제1장(의료생활세계와 의료체계)을 발췌하여 요약하고 재구성한 것이다.

12) 헌법 제22조 제1항은 "모든 국민은 학문과 예술의 자유를 가진다."고 규정한다.

13) 헌법 제31조 제4항은 "교육의 자주성 · 전문성 · 정치적 중립성 및 대학의 자

화의 역량을 기른다.[15)]

(2) 의료행위규범

질병치료의 임상경험들에 대한 지속적인 반성과 의과학의 발전을 토대로 의료인사회에서는 임상진료지침(Clinical Practice Guideline)이 일종의 준행위규범으로서 지속적으로 재생산된다.

(3) 의료문화

의료인과 환자가 만나는 사회적 관계의 생활영역에는 문화적 요소가 있다. 의료인의 직종별 역할모델,[16)] 의사가 환자를 대하는 관계의 방식, 촌지 주는 시민들의 이기심에 물든 행동방식, 의사됨(doctoring)의 집단의식 등이 그 예이다. 의료문화가 제도와 다른 점은, 의료문화는 예컨대 500병상 이상이어야 종합병원의 자격을 인정하는 정책처럼 하루아침에 바뀌는 것이 아니라 의식, 행동방식, 관행, 그리고 제도적 여건의 변화와 함께 역사적으로 서서히 변한다는 점이다.

율성은 법률이 정하는 바에 의하여 보장된다."고 규정한다.

14) 의료인 면허와 관련해서는 이 책의 [2] 의료인 단락을 참조.

15) 의학교육과 관련하여 이른바 '의료 인문학'의 도입을 통해 "좋은 의사"이면서 "교양 있는 시민"으로서의 의사가 양성될 필요성을 이야기하는 것은(권상옥, 「의료 인문학의 성격과 전망」, 의철학연구, 제5권, 한국의철학회, 2008, 8쪽), 특히 의료인이 의학교육을 통해 '치료적 대화'의 감수성을 지닌 의료인격으로 성장할 필요성을 말하는 것이라 할 수 있다.

16) 가령 의약분업 이전에 약사는 시민사회에서 가정의와 유사한 역할까지 수행하였고 의사는 투약권을 직업권의 확고한 부분으로 누렸다. 의약분업이 실시된 이후에도 이러한 역할모형이 적어도 약사의 직업현실에서 뿐만 아니라 의사의 직업의식에서도 변화되지 않고 있는 것은 의약일체의 서비스가 후진적인 것이든 아니든 생활문화의 성격을 띠는 것임을 보여준다.

2. 의료체계

(1) 행정권력, 의료기관, 시민사회 간의 기능적 교환관계

의료체계는 의료재를 생산하고 분배하는 사회체계를 가리킨다. 이 체계는 '시장'이라는 매체를 통하여 행정권력과 의료기관 그리고 시민사회가 금전, 서비스, 권력과 권한을 서로 주고받는 삼면의 기능적인 교환관계로 구성된다.

첫째, 행정권력은 시민사회에게는 사회보장적 의료를 구축하는 행정서비스를 제공하고 세금과 의료보험료 그리고 정치적 지지를 받으며, 의료기관에게는 의료를 할 수 있는 배타적 권리를 제공하고 그 대가로 의료행정권력을 행사하는 교환관계를 이룬다. 둘째, 의료기관은 시민사회에 의료재를 생산·공급하고 그 대가로 수익을 올리며, 행정권력에게는 복종을 제공하되 의료권을 보장받는 교환관계를 맺는다. 셋째, 시민사회는 의료기관에게 대가를 지불하고 의료재를 받으며, 행정권력에게 세금과 보험료 및 정치적 지지를 제공하는 대신 사회보장적 의료서비스를 보장받는 교환관계에 들어간다.

(2) 의료생활세계의 식민지화

의료체계를 구성하는 세 주체들인 정치체계(행정권력), 의료공급체계, 시민사회 사이의 교류가 의사소통적 교류에서 벗어나 권력과 금전의 교환관계로 환원되면, 그렇게 환원된 의료체계의 기능적 왜곡은 의료생활세계를 압박할 수 있다. 이를 '의료생활세계의 식민지화'라 부를 수 있다.

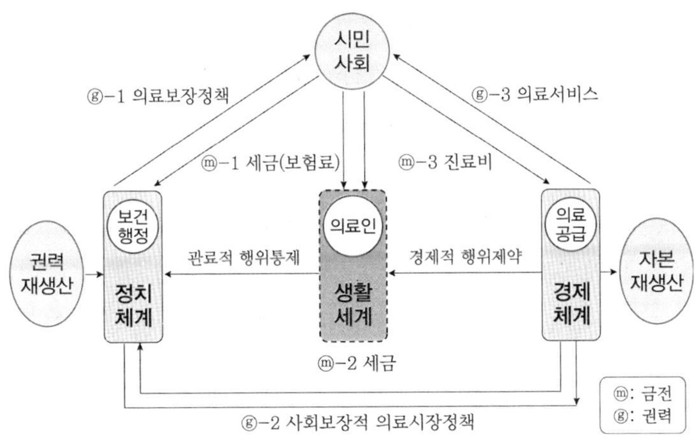

1) 권력과 금전의 교환관계

㈎ 정치체계와 시민사회　　우리나라의 현행 의료체계는 정치체계에 의해 통제되는 사회보장적 의료체계이다. 사회보장적 의료체계의 확립을 위해 정치체계는 의료보험을 강제보험으로 운영하여 보험료를 징수하며 시민들로부터 조세를 징수하여 의료정책이나 의료보호의 기금으로 사용한다. 그런데 여기서 정치체계는 '권력의 재생산'이라는 정언명령 아래에 놓여있기 때문에, 재정현실을 무시하고 시민에게 낮은 보험료만으로 높은 의료서비스가 보장된다는 약속을 하게 되기 쉽다. 하지만 민간의료시장을 허용하지 않은 상황에서 낮은 의료수가를 강제하게 되면 의료공급기구들의 수익성 악화를 가져오고 의료공급기구들은 이를 피하기 위해 '공격적 경영'을 하게 되어 장기적으로는 시민사회에 대해 불리한 결과를 초래할 수 있다. 특히, 시민들이 부담하게 되는 의료비의 본인부담률이 높아질 수 있으며, 저소득층의 경우에는 의료보험의 재난성 질환의 의료비부담으로 인한 생존의 위험을 분산시키는 기능이 유명무실해질 수 있다.

(나) 정치체계와 의료공급체계 다른 한편 정치체계는 시민사회에 대한 약속을 상징적으로 이행하기 위해 — 의료공급체계와 관련하여 — 자율적인 사적 의료시장을 고갈시키고 의료인의 행위방식을 통제하는 정책을 법에 의해 강제로 실시하고 있다. 이런 상황에서, 의료공급체계는 정치체계의 권력적 정책집행에 관한 대화의 파트너 지위를 누리지 못하고 있다. 예를 들어, 현재 국민건강보험법제 아래에서는 모든 의료기관이 법률상 당연히 요양급여기관으로 간주되고 있다(요양기관 당연지정제),[17] 뿐만 아니라, '의약품 실거래가 상환제'가 실시됨으로써 의료행위에 사용되는 의약품의 마진이 완전히 없어지게 됨으로써 의약품시장이 사회보장적 의료체계에 강제적으로 편입되게 되고 이를 통해 의료시장의 사회화가 완성되었다고 볼 수 있다.[18] 더 나아가, 요양기관의 경우에도 의사는 법령에 의해 비급여대상으로 제외한 항목이 아닌 경우에는 보건복지부장관의 고시로 지정된 의료행위 이외의 행위를 자유롭게 할 수 없다(임의비급여의 금지).[19] 이와 같이 행정관료가 의료행위의 방법 · 절차 · 범위 · 상한 등을 권력적으로 정함으로써 의료행위의 수준은 사회보장적 의료체계의 틀을 내부로부터 파괴하지 않는 수준에서 결정되는데, 이러한 '규격' 진료의 수준은 의료공급체계의 기능화에 적합한 진료수준인 '적정'진료의 수준보다도 낮다('보편적' 진료).[20] 그리고 진료의 보편적 규격화는, 의료인이 구체적 의료행

17) 국민건강보험법 제42조 제1항 참조.

18) 하지만 '의약품 실거래가 상환제'가 편법적으로 운용됨으로써 실제로는 이 제도가 시행되기 이전의 문제가 그대로 답습되고 있다는 지적이 일어나고 있다. 이에 대해서는 권순만 · 이주선, 「의료체계 경쟁력 강화를 위한 규제개혁 방안 연구」, 한국경제연구원 연구보고서 2005-27, 2005.12., 60-61쪽 참조.

19) 국민건강보험법 제41조 제2항 그리고 국민건강보험 요양급여의 기준에 관한 규칙 제8조 제2항 참조; 이에 대해서는 이 책의 [10] 의료보험법 단락에서 상세히 설명할 것이다.

20) 특히, 우리나라와 같이 의료보험제도가 사회국가적 원칙에 기초하여 '사회보

위 상황에서 그때그때 가장 적절한 의료행위를 할 수 있는 자유를 박탈하는 것을 의미한다(의료행위규범의 '체계기능화').

(다) 의료공급체계와 시민사회　　의료공급체계가 민간부문에서 형성되어 있는 경우 그 의료공급체계는 경제적인 사회적 하부체계의 하나로서 기능할 수 있어야 한다. 그렇기 때문에 의료공급체계는 '적정진료', 즉 자신의 기능조건으로서 '진료비용 대 진료수입의 경제성'을 보장하는 수준의 진료를 하게 된다. 뿐만 아니라 사회화된 시장구조 하에서 의료공급체계는 공정한 경쟁의 방법에 의해서는 스스로를 기능화할 수 있는 자본을 재생산할 수 없으므로, 의료수가가 낮은 진료를 기피한다든지 불법적인 임의비급여를 확대하거나 불필요한 진료를 환자에게 행하는 '공격적' 경영을 펼치게 된다.

2) 의료사회의 아노미

이와 같이, 의료체계가 기능적으로 왜곡되는 상황에서는, 의료관계는 의사와 환자가 대화로 형성하는 자율성과 국가가 표준적으로 정해 주는 공적 관계의 합법성으로 이원화되어 내적 갈등과 혼란에 빠지게 된다. 이를 의료사회의 '아노미'라고 할 수 있다. 아노미 속에서 의료인과 시민들은 치료적 대화를 위해 요구되는 각자의 본래 역할과 행위를 수행할 동기를 상실하며, 의료교육은 — 말하자면 교과서적 진료와 의료업 경영을 위한 진료 사이에서 — 방향성을 상실하는 위기에 직면하게 된다. 이런 과정에서 의료인과 환자는 모두 의료의 인격적 주체의 지위에서 이탈하게 되고 의료인사회나 시민집단으로부터 '소외'된다는 의식을 갖게 되며, 결국 의료 문화 또한 더 이상 치료적 대화에 지향된 성찰적 문화로 남

장'제도의 일환으로 운영되는 경우, 의사의 의료행위의 수준은 "배분과 시장 사이의 긴장관계"를 거쳐 결정된다(변무웅, 「의료행위의 헌법적 근거와 방향모색」, 17쪽).

지 못하고 의료관계의 사회적 의미가 상실되게 된다.

3. 의료체계의 합리화: 의료생활세계의 대화적 재생산

의료생활세계의 식민지화 현상을 극복하기 위해서는, 의료체계가 체계기능적 효율성만을 추구하는 것이 아니라 치료적 대화가 원활하게 펼쳐질 수 있는 조건을 구축할 수 있도록 재편되어야 한다.

(1) 합리화의 의의

1) 자유와 평등 이념의 변증

의료생활세계에서는 의료인의 자유, 의료인사회 및 의료(인)문화의 자율성(자유의 이념)과 사회보장적 의료체계의 구축(평등의 이념)이라는 서로 다른 이익이 '대립적 갈등'의 관계에 놓인다. 현재의 관료적 의료정책은 의료의 '평등' 이념을 더 우월한 것으로 보지만,[21] 의료의 자유 이념과 의료의 평등 이념 중 어느 것이 더 우월한지에 대한 설득력 있는 평가관점을 그러한 이념들 자체가 설명해 줄 수 있는 것은 아니다. 현재의 의료정책 아래에서 등장하고 있는 의료생활세계의 병리적 현상은 지금 의료체계가 구조적 결함을 지니고 있음을 이야기해 주는 것이지만, 그러한 문제의 원인이 평등의 이념 그 자체에 있다고 보아서는 안 된다. 보다 근원적 문제는, 의료체계를 자유와 평등의 이념이 변증적으로 지양될 수 있도록 구조화하지 못했다는 점에 있는 것이다.

자유 속에서 불평등을 지양시키고 평등 속에서 자유를 실현하는 변증적인 관계설정은, 예를 들어 경제적 합리성에 지향된 정치

---

21) 더 나아가 헌법재판소는 사회보장적 의료체계의 구축이라는 의료의 평등 이념을 자유의 이념과 이익형량하여 평등의 이념이 더 중요하다고 결정을 내린 바 있다(헌재 99헌바23).

체계의 기능을 통해서가 아니라, 오로지 의료에 참여하는 사람들 간의 '대화적 의사소통과 상호작용'에 의해 이루어질 수 있다. 정치 체계가 획일적으로 정해 주는 규격진료만을 주고받음으로써 진료의 자유나 진료선택의 자유를 상실한다든지, 의료자유시장의 논리에 따라 의료의 혜택이 불평등하게 분배됨으로써 경제적 수익성의 논리에 치료적 대화를 왜곡시켜야만 한다면, 의료인도 그리고 시민도 의료에 있어서 인격적 주체가 되지 못한다.

2) 의료적 대화의 요청

자유와 평등이념의 변증을 가능하게 하는 대화적 의사소통은 의사와 환자 사이의 개별적 차원('치료적 대화')을 넘어서는 '의료적 대화'의 차원에서 가능하다. 즉, 의료적 대화는 의사와 환자만이 아니라 의료체계를 구성하는 주체들인 행정관료, 보험자, 의료인단체, 의료소비자대표단체, 그 밖의 전문가단체 등을 모두 대화의 주체로 포함한다. 이러한 주체들의 대화는 물론 지극히 전략적인 행동이기 쉽지만 그러한 점은 의료적 대화의 정당성을 부인하는 것이 아니며 이는 오히려 의료적 대화의 중요한 작동원리이다. 하지만 주지해야 할 것은 특정 주체의 전략적 행동이 대화의 결론을 지배·결정할 수 있는 힘을 독점하지 않도록 상호유도와 상호감시를 하는 체계를 구조화함으로써 팽팽하게 대립되는 힘들 사이에 일정한 힘의 공백을 마련하고 주체들의 전략적 행동이 그런 공백 속에서 일정한 합의점으로 수렴될 수 있도록 하는 것이다. 이와 같은 의료적 대화의 과정에서 각 주체들은 대립과 갈등의 부담과 전략적 행동의 결말의 불확실성에 대한 경험 그리고 그 가운데 이루어지는 자발적인 자기 성찰적 통찰을 통해, 대립과 갈등을 지양하고 합의형성에 점점 더 가까이 다가서게 되는 이성능력을 구비하게 될 수 있으며, 이러한 이성능력의 성장을 의료에 있어서의 '성찰적 진보'라고 표현할 수도 있을 것이다.

(2) 의료생활세계의 대화적 재생산

1) 의료적 대화원리의 작동

의료적 대화의 원리가 작동한다는 것은 우선, 의료행위규범의 생산에 의료전문가뿐만 아니라 의료소비자나 보험자가 함께 참여하는 것을 의미한다. 여기서 의료행위규범은 의사의 권력화를 막기 위해 의료인단체가 자율적으로 설정하는 '외곽기준'까지를 포괄한다. 이러한 규범들의 생산에 의료소비자와 보험자가 참여함으로써, 의사와 환자는 의료체계 전체의 차원에서 펼쳐지는 대화의 가치를 내면화하고 이를 바탕으로 치료적 대화를 위해 요구되는 각자의 역할을 정상적으로 수행할 동기를 가질 수 있다. 다른 한편, 의료적 대화 원리의 작동은 의료교육 또한 개인적 차원에서의 의사의 직업윤리의 실현을 넘어서서 '의료적 대화윤리'의 재생산을 목표로 삼아야 함을 의미한다. 즉, 의료의 교육은 치료적 대화에 지향된 상호작용을 할 개인적 능력을 함양하는 것만이 아니라 모든 주체들이 의료행위가 펼쳐지는 삶의 세계를 대화적 방식으로 함께 구성하는 의사소통의 역량과 권한을 갖도록 하는 것을 지향한다. 마지막으로 의료적 대화의 원리가 작동함으로써 의료사회와 의료인격이 이와 같이 변화할 때에는, 의료문화의 변화 역시 수반된다. 의료적 대화의 원리가 작동할 때에 의료문화는 의사와 환자가 합의 가능한 해석틀에 의해서만 구축되는 것이 아니라 의사와 환자를 포함한 다양한 대화주체들의 다양한 가치관점이 대화적 방식으로 융해된 해석틀에 의해 구축된다. 그리고 이와 같은 문화의 형성 과정에서 가치의 관점은 다양하게 변화할 수 있으며, 그 수용이나 변경 혹은 배척의 과정을 좌우하는 것은 어떤 가치관점의 우월성 그 자체가 아니라 의료적 대화라는 '절차적 가치'이다.

2) 의료시민사회와 의료공론영역의 역할

의료생활세계의 대화적 재생산은 실천적으로는 의료생활세계를 구성하는 의료'사회'를 이루는 의료'시민'사회와 의료'공론'영역의 성장과 발전을 통해 의료체계의 합리화를 관철시키는 힘이 성장함으로써 가능하다. 즉, 의료생활세계를 재생산하는 대화적 의사소통은, 우선 자발적으로 형성된 연합체나 조직에서 산발적으로 임상현장의 문제나 의료체계의 변화 필요성을 인지하고 그에 대한 반향을 수용하고 응축함으로써 생성된다. 의료'시민'사회에서 이와 같이 대화적 의사소통이 생성되더라도, 이것만으로는 의료영역에서 발생하는 문제를 체계적이며 구조적으로 변화시키는 권력이나 힘을 형성하지는 못한다. 그러기 위해서는 의료시민사회에서의 논의가 여론을 모으는 언론매체나 공식적인 사회단체들이 조직적이며 체계적으로 형성하는 공식적인 비판과 토론의 장으로 들어와야 하는데, 이와 같은 의사소통의 장을 의료'공론'영역이라 부를 수 있다. 의료시민사회에서 형성된 견해는 의료공론영역에서 다른 이해집단과 다원적인 의사소통을 거치면서 입법이나 행정 혹은 사법의 작용에 영향을 미칠 수 있으며, 특히 의료공론영역에서 형성된 합의가 갖는 '의사소통적 권력'의 현실적 힘으로 인해 정치체계 등은 공론에 의해 뒷받침된 의료행위규범을 함부로 물리치거나 변형시키기 어렵다. 이러한 점에서 의료시민사회와 의료공론영역의 활성화를 통해 의료적 대화의 원리가 실현되는 대화적 구조가 법제화되고 의료생활세계의 대화적 재생산이 확립된다는 점을 확인할 수 있다.

Ⅲ 의료법의 정당성

1. 의료법규범의 정당성

이러한 논의에 비추어 볼 때에, 의료영역에서 법의 정당성은 '내용적으로'가 아니라 '절차적으로' 창출된다고 할 수 있다. 즉, 의료영역의 규율들은 관료적 정책프로그램으로 채워져서도 안 되며 다른 한편 의료인의 전문적 지식을 현실에 옮기는 프로그램으로 채워져서도 안 된다. 뿐만 아니라 시민단체나 언론이 주도하여 형성된 여론이나 법감정으로 채워진다고 해서 그 정당성이 담보될 수 있는 것도 아니다. 탈형이상학화되고 다원화된 오늘날의 사회에서는 어떤 주체도 의료법규범을 독점적으로 정립할 권위를 가질 수 없다. 의료영역에서 행위, 조직, 체계의 차원을 관할하는 모든 법규범들은 의료시민사회와 의료공론영역에서 형성되는 합의를 수용할 수 있는 만큼에 비례하여 정당한 것일 수 있다. 이는 법의 정당성이 의료공론영역에서 이미 형성된 합의를 거울처럼 반영함으로써만 창출될 수 있다는 것을 의미하는 것은 아니며, 오히려 의료시민사회와 의료공론영역에서 대화적 의사소통과 상호작용이 자유롭고 왜곡됨이 없이 펼쳐질 수 있도록 그 의사소통적 흐름의 통로를 제도화하는 역할까지 수행함으로써 확보된다는 점을 의미하는 것이다.

2. 좁은 의미의 의료법의 역할[22]

(1) 의료생활세계의 기본법으로서 의료법

그런 가운데서도 특히 '의료법'이라는 명칭을 갖는 이른바 '좁은 의미'의 의료법은 의료생활세계의 기본법으로서의 임무를 담당한다. 의료법은 의과학으로 합리화된 질병치료의 과정, 즉 삶의 과정에서 등장한 것이며(아래 1), 시민사회에서 수용되는 규범으로 채워지고(아래 2), 체제이념의 폐해에 대해 방호벽 역할을 할 것(아래 3)이 기대되기 때문이다.

1) 의료법의 발생사적 배경[23]

의료는 자연발생적이다. 질병은 인간이 피할 수 없는 생로병사의 한 과정으로 삶 속에 존재하며, 질병이 있는 곳에는 언제나 의료가 있기 마련이다. 하지만 근원적인 의미의 의료는 근대 의과학의 탄생과 성장에 의해 새로운 차원을 얻는다. 과학적인 의료기술을 사용하여 질병을 치료하는 의료인과 의료기술의 전문성은 의료지식과 기술을 지배하는 자가 환자를 지배할 수 있는 관계를 가져온다.[24]

그런데, 그런 지배관계에서는 치료를 향한 상호이해지향적인 의사소통의 관계가 왜곡되기 쉽다. 그렇기 때문에 근대 의과학의 성장 이후 질병을 치료하는 사람들의 사회적 만남과 관계는 법제도

---

22) 아래의 내용은 이상돈, 「의료법의 개혁방향」, 고려법학, 제50권, 2008, 267-296쪽을 발췌하고 요약하여 재구성한 것이다.

23) 이 단락의 내용은 이상돈, 「의료 개념의 법사회학적 구성」, 110쪽과 이상돈, 「법을 통한 보건과 의료의 통합? — 「보건의료기본법」의 체계기획에 대한 비판과 전망」, 고려법학, 제36권, 2001, 119쪽 아래(특히 단락 II)의 내용을 발췌하고 요약한 것이다.

24) 이와 관련하여, 근대 의학적 작업에서의 '환자의 몸과 인격의 분리', '인간의 물화' 현상을 이야기하는 천선영, 「근대적 죽음 이해와 소통 방식에 대한 연구 — 의료인의 경우」, 한국사회학, 제37집 제1호, 2003, 179쪽 이하 참조.

의 차원에서 관리될 수밖에 없게 된다. 그런 법제도의 핵심이 의료법이다. 의료법은 바로 치료자의 권력을 통제하고(예: 의료면허), 치료기술의 과학적 수준을 관리하며(예: 임상진료지침의 관리), 치료를 위한 만남을 상호이해적인 소통의 관계로 짜는 기획(예: 설명의무의 규정)을 실현하는 제도이다.

2) 시민법으로서 의료법

의료법의 이런 발생사적 배경에서 볼 때 의료법은 국가법이 되더라도 어디까지나 시민법(civil law)[25]으로 남는다. 의료법이 시민법이라는 것은, 의회의 민주적 입법과정에서 다수결원칙에 의해 제정되는 것만으로는, 바꿔 말해 민주적 정당성만으로는 그 법의 정당성이 모두 마련되지 않는다는 것이다. 예컨대 의회가 음성치료사에게 일정한 유사의료행위의 권한을 주는 의료법을 제정했다고 해서[26] 그 법이 정당성을 완전히 갖게 되는 것은 아니다. 비의료인에 의한 유사의료행위의 경험과 부작용 및 그에 대한 반성이 반복적으로 이어지는 삶의 과정 속에서 시민들이 그 제도를 삶의 양식으로 수용할 수 있을 때 비로소 정당성이 갖춰지게 되는 것이다.

3) 의료체계의 방호벽으로서 의료법

다른 한편 국가법으로서 의료법은 치료를 향한 의료인과 환자의 사회적 만남과 관계라는 생활세계를 방호하는 역할도 한다. 근대 의과학의 탄생과 성장에 힘입은 치료를 향한 사회적 관계의 합

---

25) 이 개념을 창안하고 국가법과 대비하여 설명하는 이상돈, 『헌법재판과 형법정책』, 고려대학교 출판부, 2005, 26-36쪽 참조.

26) 예를 들어 2007.2. 보건복지부가 입법예고했던 의료법 전부개정법률안 제113조는 유사의료행위 등에 관해 다음과 같이 규정했었다: 제113조(유사의료행위 등) ① 의료인이 아닌 자가 행하여도 보건위생상 위해가 생길 우려가 없는 경우에는 제5조에 불구하고 유사의료행위를 할 수 있다. ② 제1항에 따른 유사의료행위의 종류, 유사의료행위자의 자격 및 업무범위 등 유사의료행위에 필요한 사항은 따로 법률로 정한다.

리화가 계속되어 사회체계로서 의료체계가 역사적으로 분화·발전·독립해가는 현상이 발생하였다. 그러나 사회체계로서 의료체계는 자신을 확대·재생산시켜야 한다는 절대명령(Imperative)에 복속해 있는 의료재의 생산과 분배의 체계로서 치료를 향한 사람들의 만남에 내재된 규범성, 즉 질병의 치료는 삶의 과정이고, 그 과정은 자유롭고 평등한 그리고 상호이해지향적인 대화의 관계이어야 한다는 요청을 외면하기 쉽다. 의료법은 이와 같은 사회체계로서 의료체계가 행사할 수 있는 권력과 자본의 횡포에 맞서 치료적 대화의 사회적 관계를 방호해 주는 벽으로서 기능할 수 있어야 한다.

(2) 의료법의 요청

의료법이 의료생활세계를 재생산하는 인프라로 남아있기 위해서는, 의료법은 중립성, 도덕성, 합리성(혹은 현대성)이라는 세 가지 요청을 충족하도록 지속적으로 개혁되어야 한다.

1) 중립성

의료법은 사회보장적 의료체계를 구축하든 자유시장적 의료체계를 구축하든 그 이념적 선택과 관계없이 기능할 수 있는 규범들로 구성될 필요가 있다. 예컨대, 의료법은 국민건강보험법이 요양기관 당연지정제를 취하든 그렇지 않든 상관없이 기능할 수 있는 규범들로 이루어져야 하며 의료는 의약일체의 서비스로서도 제공될 수 있고 의약분업의 서비스로도 제공될 수 있도록 해야 한다는 점에서, 의료법의 규정이 약사법이 제도화하는 의약분업정책을 기능화하는 수단이 되어서는 안 된다.

2) 도덕성

의료법이 도덕적 구조를 갖추어야 한다는 것은 우선, 권리와 의무의 '대칭성'이 보장되어야 함을 의미한다. 예를 들어, 의사에게 적정진료에 못 미치는 수준의 진료만을 재정적으로 보장해 주는 사회보장적 의료체계 안에서 의료법이 최선진료의무를 법제화하는 것은 타당하지 않으며, 설령 타당하다고 하더라도 그러한 심정윤리적 의무의 부과는 환자 쪽에게도 의사에 대한 신뢰와 협력의무를 부과하는 대칭적 구조에서만 비로소 도덕적일 수 있다. 더 나아가 의료법이 도덕적이기 위해서는 의료정보라는 극히 민감한 개인정보가 관계하는 사적 영역이 의료법에 의해 보호되어야 한다. 즉, 의료법은 환자 본인의 동의가 없는 진료기록은 열람을 금지함으로써 환자의 정보적 자기결정권을 보장하고, 전자진료기록을 허용하는 상황에서 정보보호법의 일반원칙을 의료정보에 대해 매우 엄격하게 관철한다는 내용의 규정을 도입할 필요가 있으며, 이러한 사적 영역의 보호가 개인의료정보의 보호만이 아니라 의사와 환자의 치료적 대화관계 자체의 보호에까지 미치게 할 필요가 있다. 뿐만 아니라 의료법이 도덕성을 갖추기 위해서는 '공정성'을 갖추어야 한다. 공정성이란 거래에서의 진실성과 신의성 그리고 경쟁성을 의미하는데, 예를 들어 의료광고에 있어서는 환자유인성광고나 거짓·과장광고를 금지하되 자유의료시장이 인정되는 범위에서는 영리성 광고를 허용함으로써 의료법의 공정성이 확보될 수 있을 것이다.

3) 합리성(현대성)

의료법의 합리화는 의료법에서 불필요한 규제를 철폐하고 의료기술의 발전을 법규범에 수용하고 동시에 촉진시키며(의료의 현대화)[27] 의료직능을 전문화·세분화하고 의료시장의 자유를 인정하

---

27) 특히, 현대의학의 발전 속도는 매우 빨라서 기존 의료지식의 소멸 속도의 반감기가 10년을 넘지 않으며, 이에 따라 개별적 의료행위의 준칙을 결정하는 학문의 표준적 수준에 관한 결정의 문제를 의료법 영역의 중요한 기본원칙 중

는 것을 의미한다. 예를 들어, 정신질환자라도 치료능력을 유지하는 한 의료인결격사유를 인정하지 않는 것(의료법 제8조 제1호)은 의료인격의 합리화를 도모하는 법정책이라 할 수 있으며, 원격의료를 허용하는 입법은 의료기술의 발전을 의료법에 수용한 예라고 할 수 있다. 전문간호사제도나 유사의료행위의 직종 인정을 통해서도 의료직능의 전문화를 도모할 수 있는데, 다만 그러한 전문화나 세분화가 기존의 의료문화에 침전되고 전승되어온 직능분배의 규범을 파괴하지 않도록 주의할 필요가 있다. 마지막으로, 시장의 형성이 자연발생적인 것처럼 의료 영역에서도 자유로운 의료시장의 형성이 허용될 필요가 있는데, 이는 특히 보험비급여의 영역에서의 사적 계약 문제나 영리의료법인 도입의 문제와 밀접한 관련이 있다.[28]

하나라고 언급하는 변무웅, 「의료행위의 헌법적 근거와 방향모색」, 12쪽 참조.
28) 이에 대해서는 이 책의 [10] 의료보험법 단락을 참조.

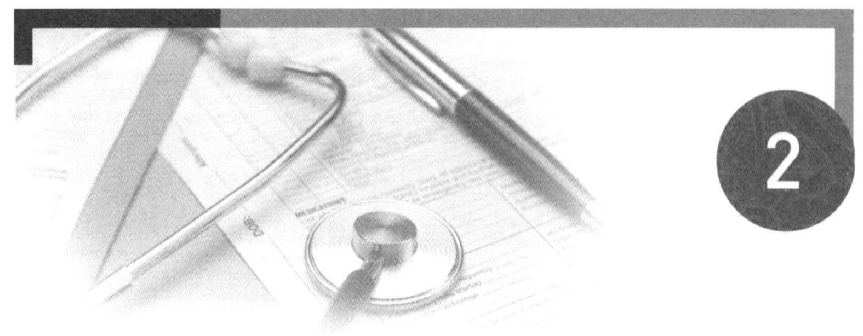

2

의 료 인

I 의 료 인

1. 의료인의 의의

의료인은 의료의 개념을 구성하는 세 가지 요소(의료인, 의료행위, 의료기재) 가운데 하나이다.1)

(1) 의료인의 개념

의료인은 의료기재를 사용하여 의료행위를 하는 사람이다. 의료법 제27조에 따르면 의료행위는 의료인만이 할 수 있으며(의료의 독점: Ärztemonopol), 의료인의 면허나 자격은 국가에 의해 주어진다. 이는 의료인의 직업적 특성(전문성, 위험성)에 비추어 볼 때에 의료 인력의 양성과 수급은 국가에 의해 관리되고 통제될 필요가

1) 의료의 개념에 대해 자세히는 이상돈, 「의료 개념의 법사회학적 구성」, 영남법학, 제27권, 영남대학교 법학연구소, 2008, 101-128쪽 참조.

있다는 점에 근거한다. 의료행위는 의학적 전문지식을 바탕으로 질병을 치료하거나 예방하는 행위이므로 이를 담당하는 의료인은 이러한 일련의 과정을 자신의 책임으로 그리고 독자적으로 수행할 수 있는 지적·실무적 능력을 갖추어야 할 필요가 있고, 국가는 공정하고 객관적인 절차와 기준에 따라 그러한 능력을 판단해야 한다는 것이다.[2] 특히 헌법 제36조 제3항에 규정된 '국민보건을 위한 국가의 의무'는 이에 대한 정당성의 근거가 된다. 현행 의료법상 국가면허를 통해 관리되는 의료인의 범주에는 의사·치과의사·한의사·조산사·간호사가 포함된다.[3]

(2) 의료인과의 구별개념

좁은 의미의 의료인은 아니지만 실질적으로 의료 업무를 담당하는 직업이 있다. 첫째, 「의료기사 등에 관한 법률」에 의해 의사의 지도하에 진료 또는 의화학적 검사에 종사하는 의료기사(예: 임상병리사·방사선사·물리치료사·작업치료사·치과기공사·치과위생사), 의무기록사 및 안경사 그리고 의료법상의 의료유사업자(예: 접골사, 침사, 구사 및 안마사)(의료법 제81조 및 제82조)는 넓은 의미에서는 의료인이 된다. 그러나 현재 의사와 계약을 맺어 협업의 형태로 의료행위의 일부를 시행하는 새로운 의료유사업자들(예: 음성치료사, 피부관리사, 심리상담사)도 넓은 의미의 의료인에 포함시킬 것인지는 논란이 되고 있다. 그리고 약사는 의료법상의 의료인이 아니며, 약사에 대해서는 약사법이 적용된다. 하지만 약사도 보건의료기본법상의 보건의료인[4]에는 속한다.

---

2) 헌재 2005헌마406; 헌재 2006헌마679 참조.

3) 현재 우리나라에서 부여하는 의료분야의 국가자격의 종류와 요건에 관하여는 남은우·서종범·김익현·김운신, 「일본의 보건의료복지 관련 자격에 관한 연구 — 한국 보건의료복지 관련 자격과의 비교」, 보건과 복지, 제6집, 한국보건복지학회, 2003, 141쪽 이하 참조.

2. 의료인 면허제도

(1) 의사 · 치과의사 · 한의사 면허

1) 요 건

의사나 치과의사 또는 한의사가 되기 위해서는, ① 의료법 제5조의 각호가 규정하는 자격(해당 대학이나 대학원 졸업 및 해당 학사나 석사 혹은 박사 학위/외국의 해당 학위 및 면허)을 갖춘 후 ② 해당 예비시험과 국가시험에 합격하고 ③ 보건복지부장관의 면허를 받아야 한다.

졸업 및 학위가 인정되는 대학이나 대학원인지 여부는 입학 당시를 기준으로 한다(의료법 제5조 제3항). 아울러 6개월 이내에 졸업이 예정되어 있는 졸업예정자는 국가시험의 자격을 가진 자로 보며, 졸입 예정시기에 졸업하고 해당학위를 받으면 면허를 받을 수 있다(의료법 제5조 제2항).

의료법 제5조(의사 · 치과의사 및 한의사 면허) ① 의사 · 치과의사 또는 한의사가 되려는 자는 다음 각 호의 어느 하나에 해당하는 자격을 가진 자로서 제9조에 따른 의사 · 치과의사 또는 한의사 국가시험에 합격한 후 보건복지부장관의 면허를 받아야 한다.

1. 「고등교육법」 제11조의2에 따른 인정기관(이하 "평가인증기구")의 인증(이하 "평가인증기구의 인증")을 받은 의학 · 치의학 또는 한의학을 전공하는 대학을 졸업하고 의학사 · 치의학사 또는 한의학사 학위를 받은 자
2. 평가인증기구의 인증을 받은 의학 · 치의학 또는 한의학을 전공하는 전문대학원을 졸업하고 석사학위 또는 박사학위를 받은 자

4) 보건의료기본법 제3조 제3호에 따르면 "보건의료인"이란 보건의료 관계 법령에서 정하는 바에 따라 자격 · 면허 등을 취득하거나 보건의료서비스에 종사하는 것이 허용된 자를 말한다.

3. 보건복지부장관이 인정하는 외국의 제1호나 제2호에 해당하는 학교를 졸업하고 외국의 의사·치과의사 또는 한의사 면허를 받은 자로서 제9조에 따른 예비시험에 합격한 자

② 평가인증기구의 인증을 받은 의학·치의학 또는 한의학을 전공하는 대학 또는 전문대학원을 6개월 이내에 졸업하고 해당 학위를 받을 것으로 예정된 자는 제1항 제1호 및 제2호의 자격을 가진 자로 본다. 다만, 그 졸업예정시기에 졸업하고 해당 학위를 받아야 면허를 받을 수 있다.

③ 제1항에도 불구하고 입학 당시 평가인증기구의 인증을 받은 의학·치의학 또는 한의학을 전공하는 대학 또는 전문대학원에 입학한 사람으로서 그 대학 또는 전문대학원을 졸업하고 해당 학위를 받은 사람은 같은 항 제1호 및 제2호의 자격을 가진 사람으로 본다.

여기서 동조가 이야기하는 외국의 학위 및 면허에 대한 보건복지부장관의 인정기준은, 당해 학위(교육) 및 면허가 해당 교육을 실시하는 우리나라의 학교와 면허제도에 상응할 수 있는 것인지의 여부이다. 보건복지부는 2002년부터 한국보건의료인국가시험원(약칭 "국시원")을 외국대학 졸업자의 응시자격 조사기관으로 지정하고 있는데,[5] 국시원이 인정심사 접수를 받은 후 심사를 거쳐 심사결과를 보건복지부에 보고하면 보건복지부는 인정여부를 결정하여 국시원에 통보한다. 특히 대법원은 외국에서 수학하고 치과의사면허를 취득한 자의 국가시험 응시자격이 문제된 사안에서, 해당 자격의 규정은 "치과의학을 전공하는 대학을 졸업한 국가와 면허를 취득한 국가가 서로 같을 것"을 요건으로 하는 것이라고 해석한 바 있다.[6]

5) 보건복지부 자원 2001.9.13. 65220-3547.
6) 대판 2005두16079.

우리나라에 있어서 한방의학교육이나 한의사제도도 일반의학교육이나 일반의사제도와 마찬가지로 인명을 다루는 중요한 제도임을 감안할 때 외국의 한의학사학위 또는 한의사면허를 받은 자에 대하여 우리나라의 한의사시험응시자격을 인정하기 위하여는 당해 외국에 있어서의 한방의학을 전공하는 대학과 한의사면허제도가 우리나라의 그것과 동일 내지 유사함을 요한다(서울고법 85구819).

외국의 한방의학을 전공하는 대학을 졸업하고 외국의 한의사면허를 받은 자에 대하여 보건복지부장관이 우리나라의 한의사국가시험응시자격을 인정하기 위하여는 당해 외국의 한방의학을 전공하는 대학과 한의사면허제도가 우리나라의 그것과 동일 내지 유사해야 한다. 그런데 중국의 하북의과대학은 예과, 본과 구분 없이 5년제로서, 한국에서 통신교육의 방법으로 3년제인 중국 천진중의학원을 졸업한 자가 4학년에 편입하여 2년 만에 의과대학과정을 마치는 것이 가능하도록 되어 있는 등 그 교육내용 및 교과과정이 우리나라의 한방의과대학의 그것과 동일 내지 유사하지 아니할 뿐만 아니라, 원고가 취득한 중의사(中醫師)자격은 반드시 중국인과 공동으로만 개업하여 한방의료행위를 할 수 있도록 제한되어 있고 중의사자격을 취득하더라도 종합병원에서 다시 1년간 수습과정을 거치도록 되어 있는 점을 고려하면, 한국에서 통신교육 방법으로 중국 천진중의학원을 졸업하고 하북의과대학 중의학부 4학년에 편입하여 졸업한 뒤 중의사자격을 취득한 원고에 대하여 한의사국가시험응시자격을 인정하지 않은 피고(보건복지부장관)의 이 사건 처분은 국내 한의과대학을 졸업하고 한의학사 학위를 받은 자와 사이의 형평에도 부합하여 그 재량권의 한계를 일탈하거나 남용한 위법이 없다고 한 원심의 조치는 정당하다(대판 98두11007).

구 의료법(2002. 3. 30. 법률 제6686호로 개정되기 전의 것) 제5조 제3호는 외국에서 치과의학을 전공한 자에 대한 치과의사국가시험 응시자격으로서 “보건복지부장관이 인정하는 외국의 제1호 또는 제2호에 해당하는 학교를 졸업하고 외국의 치과의사의 면허를 받은 자”라고 규정하고 있는바, 의료의 적정을 기하여 국민의 건강을 보호 증진하고자 하는 구 의료법의 입법목적 등을 감안하면, 위 규정은 치과의학을 전공하는 대학을 졸업한 국가와 면허를 취득한 국가가 서로 같을 것을 요건으로 하고 있다고 보아야 한다. 왜냐하면 수학한 나라와 면허를 취득한 나라가 같은 나라일 필요가 없는 것이라면 보건복지부장관이 인정하는 외국의 대학에서 치과의학을 전공한 자가 상대적으로 치과의사의 면허를 쉽게 취득할 수 있는 다른 나라에서 시행하는 자격시험에 합격하는 우회적인 방식을 통하여 국내 치과의사 자격을 취득할 수 있는 길을 열게 됨으로써, 결과적으로 위 규정의 입법목적을 달성할 수 없게 될 우려가 있기 때문이다. 원심이 같은 취지에서, 비록 원고가 졸업한 필리핀의 리시움 대학(Lyceum Northwestern University)은 보건복지부장관이 인정하는 학교라고 하더라도 원고가 필리핀에서 치과의사의 면허를 받은 것이 아니라 이와 다른 나라인 남아프리카공화국에서 치과의사의 면허를 받았으므로 원고는 구 의료법 제5조 제3호가 규정한 치과의사국가시험 응시자격을 갖추었다고 볼 수 없다고 판단한 것은 정당하고, 거기에 상고이유의 주장과 같이 기본권 제한의 법리에 위배되었거나 신뢰보호의 원칙에 위배되는 등의 위법이 없다(대판 2005두16079).

덧붙여, 탈북의료인의 경우, "관계법령이 정하는 바에 의하여 북한 또는 외국에서 취득한 자격에 상응하는 자격 또는 그 자격의 일부"를 인정받을 수 있다고 하는 「북한이탈주민의 보호 및 정착 지원에 관한 법률」 제14조 제1항의 포괄적인 규율에 의거하여 자격인정을 받을 여지가 있긴 하지만, 의료법 등 관계법령에 아직 탈북의료인의 국내 의료인면허 취득에 관해 명확하게 입법이 되어 있지는 않으며, 그러한 입법부작위는 입법자의 재량의 범위 내에 있는 것이므로 입법부작위의 위헌확인을 구하기에는 부적법하다는 헌법재판소의 결정이 있었다.[7)]

7) 헌재 2006헌마679; 헌재 90헌마174.

의료면허제도의 취지를 고려할 때에, 탈북의료인에게 국내 의료면허를 부여할 것인지의 여부는 북한의 의학교육 실태와 탈북의료인의 의료수준, 탈북의료인의 자격 증명방법 등을 고려하여 입법자가 그의 입법형성권의 범위 내에서 규율할 사항이지, 헌법조문이나 헌법해석에 의하여 바로 입법자에게 국내 의료면허를 부여할 입법의무가 발생한다고 볼 수는 없다(헌재 2006헌마679).

헌법에 미수복지 등에서 귀순한 의약업자에게 의사국가시험 응시자격을 부여하는 입법을 위임한 규정이 없고, 헌법의 해석상 미수복지 등에서 귀순한 의약업자에게 국가가 입법을 하여 의사국가시험응시자격을 보장하여야 하는 기본권이 생겼다고 보여지지도 않으므로 국가에 미수복지 등에서 귀순한 의약업자에게 의사국가시험응시자격을 부여하는 입법을 할 의무가 발생하였다고는 할 수 없다. 따라서 국가(구체적으로는 입법기관인 국회)가 청구인들에게 의사국가시험응시자격을 부여하는 입법을 할 의무가 있다는 것을 전제로 한 헌법소원심판청구는 그 대상이 될 수 없는 사안에 대한 청구이어서 부적법하다(헌재 90헌마174).

2) 의사'면허'와 '전문의 자격' 제도

덧붙여, 의사·치과의사·한의사의 경우 일정한 수련과정과 자격시험을 거쳐 보건복지부장관으로부터 '전문의 자격'을 인정받을 수 있다(의료법 제77조 제1항 및 관련 법령[8]).[9] 예를 들어, 의사의 경

8) 관련법령으로는 「전문의의 수련 및 자격 인정 등에 관한 규정」(전문의 규정), 「치과의사전문의의 수련 및 자격 인정 등에 관한 규정」(치과의사전문의 규정), 「한의사전문의의 수련 및 자격 인정 등에 관한 규정」(한의사전문의 규정)이 있다.

9) 의사의 경우 전문의의 전문과목은 "내과, 신경과, 정신건강의학과, 외과, 정형외과, 신경외과, 흉부외과, 성형외과, 마취통증의학과, 산부인과, 소아청소년과, 안과, 이비인후과, 피부과, 비뇨의학과, 영상의학과, 방사선종양학과, 병리과, 진단검사의학과, 결핵과, 재활의학과, 예방의학과, 가정의학과, 응급의학과, 핵의학 및 직업환경의학과"이며(전문의 규정 제3조), 치과의사의 전문과목으로는 "구강악안면외과·치과보철과·치과교정과·소아치과·치주과·치과보존과·

우 전문의가 되기 위해서는 일정한 수련병원 또는 수련기관에서 인턴 1년, 레지던트 4년(단, 가정의학과의 경우 인턴과정 없이 레지던트 3년)의 수련과정을 거친 후(전문의 규정 제4조 및 제5조) 보건복지부장관이 실시하는 전문의 자격시험을 거쳐(전문의 규정 제18조) 보건복지부장관이 발급하는 전문의 자격증을 취득한다(전문의 규정 제19조).[10] 이러한 '자격'은 '면허'와는 구별되는 것으로, 예를 들어 산부인과 의사가 미용을 목적으로 하는 제모레이저 시술을 하는 것은 무면허의료행위에 해당하지 않는다. 다만, 산부인과 전문의는 피부과를 전문과목으로 표시하지 못할 뿐이다(동법 제77조 제2항 및 전문의 규정 제20조).

(2) 조산사 면허

조산사가 되기 위해서는, ① 의료법 제6조가 규정하는 자격(간호사 면허 및 조산수습과정 이수/외국의 조산사 면허)을 갖춘 후 ② 조산사 국가시험에 합격하고 ③ 보건복지부장관의 면허를 받아야 한다.

> **의료법 제6조(조산사 면허)** 조산사가 되려는 자는 다음 각 호의 어느 하나에 해당하는 자로서 제9조에 따른 조산사 국가시험에 합격한 후 보건복지부장관의 면허를 받아야 한다.
> 1. 간호사 면허를 가지고 보건복지부장관이 인정하는 의료기관에서 1년간 조산 수습과정을 마친 자
> 2. 보건복지부장관이 인정하는 외국의 조산사 면허를 받은 자

구강내과 · 영상치의학과 · 구강병리과 · 예방치과 및 통합치의학과"(치과의사전문의 규정 제3조), 한의사의 전문과목으로는 "한방내과, 한방부인과, 한방소아과, 한방신경정신과, 침구과, 한방안 · 이비인후 · 피부과, 한방재활의학과 및 사상체질과"(한의사전문의 규정 제3조)가 있다.

10) 이러한 '전문의 자격' 인정의 방식은 대부분의 국가에서 유사한데, 예를 들어 미국 산업의학전문의의 자격 취득 방법과 그 요건에 관해서는 안연순, 「미국 산업의학전문의 인정자격」, 산업보건, 제8권, 대한산업보건협회, 1995, 47-50쪽 참조.

(3) 간호사 면허

1) 요 건

간호사가 되기 위해서는, ① 의료법 제7조가 규정하는 자격(간호학 전공 대학 · 전문대학 졸업/외국의 간호사 면허)을 갖춘 후 ② 간호사 국가시험에 합격하고 ③ 보건복지부장관의 면허를 받아야 한다.

> **의료법 제7조(간호사 면허)** ① 간호사가 되려는 자는 다음 각 호의 어느 하나에 해당하는 자로서 제9조에 따른 간호사 국가시험에 합격한 후 보건복지부장관의 면허를 받아야 한다.
> 1. 평가인증기구의 인증을 받은 간호학을 전공하는 대학이나 전문대학[구제(舊制) 전문학교와 간호학교를 포함한다]을 졸업한 자
> 2. 보건복지부장관이 인정하는 외국의 제1호에 해당하는 학교를 졸업하고 외국의 간호사 면허를 받은 자
>
> ② 제1항에도 불구하고 입학 당시 평가인증기구의 인증을 받은 간호학을 전공하는 대학 또는 전문대학에 입학한 사람으로서 그 대학 또는 전문대학을 졸업하고 해당 학위를 받은 사람은 같은 항 제1호에 해당하는 사람으로 본다.

2) 간호사'면허'와 '전문간호사' 제도

덧붙여, 간호사는 일정한 전문간호사 교육과정을 이수하거나 기타 요건을 갖춘 후 자격시험을 거쳐 보건복지부장관으로부터 '전문간호사 자격'을 인정받을 수 있는데(의료법 제78조 및 관련 법령11)), 이러한 '자격'도 — '(한의사, 치과의사) 전문의 자격'에서 보았던 것처럼 — 간호사 '면허'와는 구별되는 것이다.

---

11) 「전문간호사 자격 인정 등에 관한 규칙」이 의료법 제78조의 규정에 따라 전문간호사의 자격 구분, 자격 기준, 자격증, 그 밖에 자격 인정에 관한 필요한 사항을 규정한다; 전문간호사 자격은 "보건 · 마취 · 정신 · 가정 · 감염관리 · 산업 · 응급 · 노인 · 중환자 · 호스피스 · 종양 · 임상 및 아동분야"로 구분된다(동 규칙 제2조).

[간호진단 개념의 논란] 전문화와 과학화된 간호는 환자의 간호요구에 대한 체계적인 관찰, 자료수집, 간호판단(의사·치과의사·한의사의 진단 후 요양상 간호를 행하는데 있어 선행하는 간호적 판단)으로 진행된다. 여기서 간호판단을 간호진단으로 개념화하자는 주장이 있고, 이는 의사와 간호사 사이의 직능갈등을 야기하고 있다. 간호의 전문화는 의료서비스의 발전을 위해 인정될 필요가 있지만 간호진단의 법률용어화는 간호사의 직능을 부분적으로 의사의 직능영역으로 확장시키며 수직적 의료분업의 체제에 장애를 초래하게 하거나 의사의 법적 의무로 부과되어 있는 간호사의 (수직적) 분업에 대한 관리감독을 어렵게 만들어 위법을 초래하는 원인이 될 수 있다. 따라서 간호진단보다는 간호판단이라는 개념이 적절하다고 볼 수 있으며, 아울러 전문적인 간호판단이 원인이 되어 발생하는 의료사고에 대해서는 간호사가 그에 대한 법적 책임을 부담하도록 할 필요가 있다.[12)]

3. 국가시험

의료인 면허를 받기 위한 전제조건이 되는 예비시험이나 국가시험에 대해서는 의료법 제9조와 제10조 및 의료법시행령과 시행규칙 등에서 규정한다.

(1) 국가시험 응시자격의 제한

의료법 제5조에서 제7조의 각호가 규정하는 국가시험 응시자격을 갖추었다고 할지라도, 부정한 방법으로 국가시험에 응시했거나 시험에 있어 부정행위를 한 자는 수험이 정지되거나 합격이 무효로 된다(의료법 제10조 제2항). 뿐만 아니라 이 경우에는 그 다음에 치러지는 3회의 국가시험에 응시할 수 없다(동법 제10조 제3항). 의료법 제8조가 규정하는 의료인 결격사유가 있는 자도 국가시험 응

12) 간호진단의 문제에 관해 자세히는 이상돈, 「간호진단 — 직능재조정인가 간호전문화인가?」, 의료정책포럼, 제5권 제2호, 의료정책연구소, 2007, 107-115쪽.

시자격이 제한되는데 이에 대해서는 아래에서 다시 설명할 것이다.

> **의료법 제10조(응시자격 제한 등)** ② 부정한 방법으로 국가시험 등에 응시한 자나 국가시험 등에 관하여 부정행위를 한 자는 그 수험을 정지시키거나 합격을 무효로 한다.
> ③ 보건복지부장관은 제2항에 따라 수험이 정지되거나 합격이 무효가 된 사람에 대하여 처분의 사유와 위반 정도 등을 고려하여 대통령령으로 정하는 바에 따라 그 다음에 치러지는 이 법에 따른 국가시험 등의 응시를 3회의 범위에서 제한할 수 있다.

(2) 국가시험의 시행

예비시험과 국가시험은 보건복지부장관이 인정한 관계전문기관이 주관하며(의료법 제9조 제1항 및 제2항), 1년에 1회 이상 시행한다(동법 제9조 제1항 및 동법 시행령 제4조). 현재 의료인에 대한 국가시험 등을 시행하는 기관은 보건복지부가 지정고시한 '한국보건의료인국가시험원'[13](약칭 "국시원")이다.

> **의료법 제9조(국가시험 등)** ① 의사·치과의사·한의사·조산사 또는 간호사 국가시험과 의사·치과의사·한의사 예비시험(이하 "국가시험 등"이라 한다)은 매년 보건복지부장관이 시행한다.
> ② 보건복지부장관은 국가시험 등의 관리를 대통령령으로 정하는 바에 따라 「한국보건의료인국가시험원법」에 따른 한국보건의료인국가시험원에 맡길 수 있다.
> ④ 국가시험 등에 필요한 사항은 대통령령으로 정한다.

---

13) 1992년 보건사회부로부터 재단법인 설립허가를 받아 '한국의사국가시험원'이 개원하여 1993년부터 의사국가시험에 관한 업무 일체를 이관받았었으며, 보건복지부에 의해 1997년 한국보건의료인국가시험원 설립지침(보건복지부 의정 65522-1744)이 제정되어 1998년 새로운 명칭의 '한국보건의료인국가시험원'이 설립되었고 국시원은 의사 등 5개 의료인 직종 국가시험 관리기관으로 지정·고시되었다. 국시원의 업무나 기타 관련 사항에 대해서는 국시원 홈페이지(www.kuksiwon.or.kr)를 참조.

여기서 예비시험이란 외국의 보건의료대학 졸업자들이 국가시험에 응시하기 전에 우리나라에서 수학한 자들의 능력과 자질에 상응하다는 점을 검증받는 제도로, 외국 수학 의료인력의 질적 수준을 제고하며 질병양상, 보건의료환경 등이 전혀 다른 나라에서 수학한 것을 보완하여 우리나라의 지역적 특수성에 맞는 지식 등을 예비시험을 통해 습득하게 하려는 목적으로 2005년 4월부터 시행되었다.14)

> 예비시험조항은 외국 의과대학 졸업생에 대해 우리나라 의료계에서 활동할 수 있는 정도의 능력과 자질이 있음을 검증한 후 의사면허 국가시험에 응시하도록 함으로써 외국에서 수학한 보건의료인력의 질적 수준을 담보하려는 취지가 있으므로 그 목적의 정당성을 인정할 수 있고, 이로써 학제나 교육내용이 다른 외국에서 수학한 예비의료인들의 자질과 능력을 좀 더 구체적으로 평가할 수 있으므로 그 방법의 적절성이 인정되며, 예비시험제도를 통한 자격검증보다 덜 제약적이면서도 입법목적을 달성할 수 있는 다른 방법을 상정하기도 어렵다. 또한 예비시험이 외국 의과대학 졸업생에게 과도한 부담을 주게 될 것이라고 단언하기 어려운 반면, 외국 의과대학의 교과 내지 임상교육 수준이 국내와 차이가 있을 수 있어 국민의 보건을 위하여 기존의 면허시험만으로 검증이 부족한 측면을 보완할 공익적 필요성이 있으므로 이로 인하여 청구인들이 받게 되는 부담이 얻게 되는 공익에 비하여 과중한 것이라고 단정할 수 없다(헌재 2002헌마611).

> 외국 치과대학 졸업자에게 국내면허취득을 위한 국가시험 응시자격으로 '예비시험의 합격'을 추가로 요구하는 의료법(2002. 3. 30. 법률 제6686호로 개정된 것) 제5조의 '제9조의 규정에 의한 해당 예비시험 중 치과의사에 관한 부분'은 과잉금지원칙을 위배하여 청구인들의 직

---

14) 다만, 한의사에 대한 예비시험은 — 의료법에 근거규정이 존재하기는 하지만 — 정부가 인정하는 외국의 한의과대학이 없다는 점에서 시행되지 않고 있다.

업선택의 자유를 침해한 것이 아니며, 3년의 유예기간만을 부여하고 이후에는 예비시험의 합격을 요구한 이 사건 법률조항이 신뢰보호원칙을 위배하여 청구인들의 직업선택의 자유를 침해한 것도 아니다(헌재 2005헌마406).

4. 의료인 결격사유

(1) 의료인 결격사유

의료법 제8조의 각호에 해당하는 자는 의료인 면허를 취득할 수 없으며, 면허를 취득했다고 할지라도 면허 기간 중 이에 해당하는 사유가 발생하면 면허가 취소된다(의료법 제65조 제1항 제1호). 의료인 결격사유로 규정된 것은 다음과 같은 사항들이다.

의료법 제8조(결격사유 등) 다음 각 호의 어느 하나에 해당하는 자는 의료인이 될 수 없다.

1. 「정신건강증진 및 정신질환자 복지서비스 지원에 관한 법률」 제3조 제1호에 따른 정신질환자. 다만, 전문의가 의료인으로서 적합하다고 인정하는 사람은 그러하지 아니하다.
2. 마약·대마·향정신성의약품 중독자
3. 피성년후견인·피한정후견인
4. 이 법 또는 「형법」 제233조, 제234조, 제269조, 제270조, 제317조 제1항 및 제347조(허위로 진료비를 청구하여 환자나 진료비를 지급하는 기관이나 단체를 속인 경우만을 말한다), 「보건범죄단속에 관한 특별조치법」, 「지역보건법」, 「후천성면역결핍증 예방법」, 「응급의료에 관한 법률」, 「농어촌 등 보건의료를 위한 특별 조치법」, 「시체해부 및 보존에 관한 법률」, 「혈액관리법」, 「마약류관리에 관한 법률」, 「약사법」, 「모자보건법」, 그 밖에 대통령령으로 정하는 의료 관련 법령을 위반하여 금고 이상의 형을 선고받고 그 형의 집행이 종료되지 아니하였거나 집행을 받지 아니하기로 확정되지 아니한 자

의료인 결격사유의 인정범위는 의료적 대화를 펼칠 수 있는 역량에 중대한 결함이 있는 경우로 국한되어야 한다. 예컨대 의료법 제8조 제4호는 의료기관이 국민건강보험법상 보험자(공단)에게 허위로 진료비를 청구한 경우에는 의료인 결격사유가 발생하는 것이라고 규정하지만, 이는 의료인 결격사유가 아니라 요양기관 취소사유로 바라봄이 타당하다. 특히 국민건강보험법상 요양급여비용의 청구에 대해 건강보험심사평가원이 의료행위를 했는지의 여부에 대한 심사를 넘어 그것의 의학적 적정성까지 평가하는 상황에서는 더욱 더 그러하다. 그러나 현재 모든 의료기관은 법률상 당연히 요양기관으로 편입되어 있기 때문에 이러한 경우를 요양기관 취소사유로 규율할 수도 없는 딜레마가 존재한다.

(2) 면허의 취소와 자격정지

1) 면허의 취소

의료인 면허를 취소하는 경우는, 의료인 '결격사유'가 발생하는 경우와 같이 해당 사유가 존재하면 반드시 면허가 취소되어야 하는 '필요적' 면허취소의 경우와(의료법 제65조 제1항 제1호), 해당 사유가 존재하더라도 면허취소 여부에 대한 보건복지부장관의 재량판단을 인정하는 '임의적' 면허취소의 경우가 있다(동법 제65조 제1항 제2호-제7호). 이 경우, 취소 원인이 된 사유가 없어지거나 개전의 정이 뚜렷하다고 인정되면, 면허를 재교부할 수 있다(동법 제65조 제2항). 다만, 취소 사유에 따라 재교부기간의 제한이 있을 수 있다.[15]

---

15) 의료법 제65조 제2항에 따르면, 의료법 제65조 제1항 제3호에 따라 면허가 취소된 경우에는 취소된 날부터 1년 이내, 제1항 제2호 또는 제4호에 따라 면허가 취소된 경우에는 취소된 날부터 2년 이내, 제1항 제6호 또는 제8조 제4호에 따른 사유로 면허가 취소된 경우에는 취소된 날부터 3년 이내에는 재교부

<table>
<tr><th>면허의 취소</th><th>해당사유</th></tr>
<tr><td>필요적
면허취소</td><td>1. 의료법 제8조 각호의 의료인 결격사유 중 하나에 해당하게 된 경우</td></tr>
<tr><td rowspan="5">임의적
면허취소</td><td>2. 의료인 자격이 정지된 기간 동안 의료행위 수행 또는 3회 이상 자격정지 처분을 받은 경우</td></tr>
<tr><td>3. 보건복지부장관이 면허 교부시 부가한 특정지역 · 업무에 관한 조건을 이행하지 않은 경우</td></tr>
<tr><td>4. 면허를 다른 사람에게 대여한 경우</td></tr>
<tr><td>5. 일회용 주사 의료용품을 한 번 사용 후 다시 사용하여 사람의 생명 또는 신체에 중대한 위해를 발생하게 한 경우</td></tr>
<tr><td>6. 사람의 생명 또는 신체에 중대한 위해를 발생하게 할 우려가 있는 수술, 수혈, 전신마취를 의료인이 아닌 자에게 하게 하거나 의료인에게 면허 사항 외로 하게 한 경우</td></tr>
</table>

이 사건 법률조항은 보건복지부장관은 의료인이 의료법 제8조 제1항 제5호 소정의 범죄로 인하여 금고 이상의 형을 선고받은 경우 면허를 취소하여야 한다고 규정하고 있는바, 비록 의료인이 금고 이상의 형을 선고받더라도 그것이 의료관련범죄가 아닌 다른 범죄로 인한 경우에는 위 조항 소정의 면허취소사유에는 해당하지 아니한다고 보아야 할 것이다. 이 사건 법률조항은 면허취소의 요건으로 의료관련범죄로 인하여 금고 이상의 형의 선고를 받을 것만을 요구하고 있을 뿐 그 장단기에 관하여 별도의 기준을 정하고 있지 아니하고, 한편, 형사소송법 제323조 제1항은 형의 선고를 하는 때에는 판결 이유에 법령의 적용을 명시하여야 한다고 규정하고 있는바, 법령의 적용에는 각 범죄사실에 해당하는 법조문뿐만 아니라 법정형이 선택적으로 규정된 죄의 경우 형의 선택을 명시하는 것까지 포함된다. 따라서 의료관련범죄와 그 밖의 죄가 형법 제37조 전단의 경합범으로 처벌되는 경우 그 중 당해 의료관련범죄에 대하여 선고된 형이 무엇인지 객관

하지 못한다.

적으로 알 수 있으므로, 다른 내용의 추가 없이 현재의 규정내용만으로도 의료인의 면허취소사유에 해당하는지 여부를 합리적으로 판단할 수 있어 명확성의 문제는 발생하지 아니한다(헌재 2005헌바50).

덧붙여, 의료인에 대한 임의적 면허취소 사유와 관련하여, 2009. 12. 31. 개정 이전의 의료법 제65조 제1항 제4호에 규정되어 있던 의료법 제20조의 행위 중 특히, 동조 제2항의 '태아나 임부를 진찰하거나 검사하면서 알게 된 태아의 성(性)을 임부, 임부의 가족, 그 밖의 다른 사람이 알게 하'는 행위와 관련하여, 이에 대해 아무런 기간제한을 두지 않았던 개정전 의료법 제20조 제2항은 의료인의 직업수행의 자유와 부모의 태아성별정보에 대한 접근을 방해받지 않을 권리를 침해하는 것이라는 '헌법불합치' 결정이 있었다.[16] 현재 이 행위는 "임신 32주 이전에" 행해지는 경우에 한하여 금지된다. 아울러, 구 의료법 제65조 제1항 제4호는 삭제되어, 의료법 제20조 위반 행위는 더이상 임의적 면허취소 사유에 해당하지 않게 되었다.

이 사건 규정의 태아 성별 고지 금지는 낙태, 특히 성별을 이유로 한 낙태를 방지함으로써 성비의 불균형을 해소하고 태아의 생명권을 보호하기 위해 입법된 것이다. 그런데 임신 기간이 통상 40주라고 할 때, 낙태가 비교적 자유롭게 행해질 수 있는 시기가 있는 반면, 낙태를 할 경우 태아는 물론 산모의 생명이나 건강에 중대한 위험을 초래하여 낙태가 거의 불가능하게 되는 시기도 있는데, 성별을 이유로 하는 낙태가 임신 기간의 전 기간에 걸쳐 이루어질 것이라는 전제 하에, 이 사건 규정이 낙태가 사실상 불가능하게 되는 임신 후반기에 이르러서도 태아에 대한 성별 정보를 태아의 부모에게 알려 주지 못

16) 헌재 2004헌마1010, 2005헌바90(병합) 결정에 따르면 이 규정은 2009년 12월 31일을 시한으로 입법자가 개정할 때까지 계속 적용된다.

하게 하는 것은 최소침해성원칙을 위반하는 것이고, 이와 같이 임신 후반기 공익에 대한 보호의 필요성이 거의 제기되지 않는 낙태 불가능 시기 이후에도 의사가 자유롭게 직업수행을 하는 자유를 제한하고 임부나 그 가족의 태아 성별 정보에 대한 접근을 방해하는 것은 기본권 제한의 법익 균형성 요건도 갖추지 못한 것이다. 따라서 이 사건 규정은 헌법에 위반된다(헌재 2004헌마1010, 2005헌바90(병합)).

2) 자격 정지

아울러 의료법 제66조는, 보건복지부장관이 의료인의 자격을 정지시킬 수 있는 사유를 의료법 제66조 제1항에서 규정하고 있다. 이 경우 자격정지의 기간은 1년 이내이며, 특히 의료기관을 개설한 의료인이 부정한 방법으로 진료비를 거짓 청구한 경우에는 해당 의료기관은 자격 정지 기간 동안 의료업을 수행할 수 없다(의료법 제66조 제3항). 동조가 규정하는 자격정지의 사유는 아래의 의료법 그리고 동법 시행령이 규정하는 바와 같다.

의료법 제66조(자격정지 등) ① 보건복지부장관은 의료인이 다음 각 호의 어느 하나에 해당하면 1년의 범위에서 면허자격을 정지시킬 수 있다. 이 경우 의료기술과 관련한 판단이 필요한 사항에 관하여는 관계 전문가의 의견을 들어 결정할 수 있다.

1. 의료인의 품위를 심하게 손상시키는 행위를 한 때
2. 의료기관 개설자가 될 수 없는 자에게 고용되어 의료행위를 한 때

2의2. 제4조 제6항을 위반한 때

3. 제17조 제1항 및 제2항에 따른 진단서·검안서 또는 증명서를 거짓으로 작성하여 내주거나 제22조 제1항에 따른 진료기록부 등을 거짓으로 작성하거나 고의로 사실과 다르게 추가기재·수정한 때
4. 제20조를 위반한 경우
5. 제27조 제5항을 위반하여 의료인이 아닌 자로 하여금 의료행위를 하게 한 때

6. 의료기사가 아닌 자에게 의료기사의 업무를 하게 하거나 의료기사에게 그 업무 범위를 벗어나게 한 때
7. 관련 서류를 위조·변조하거나 속임수 등 부정한 방법으로 진료비를 거짓 청구한 때
8. 삭제
9. 제23조의3을 위반하여 경제적 이익 등을 제공받은 때
10. 그 밖에 이 법 또는 이 법에 따른 명령을 위반한 때

의료법 시행령 제32조(의료인의 품위 손상 행위의 범위) ① 법 제66조 제2항에 따른 의료인의 품위 손상 행위의 범위는 다음 각 호와 같다.

1. 학문적으로 인정되지 아니하는 진료행위(조산 업무와 간호 업무를 포함. 이하 같다)
2. 비도덕적 진료행위
3. 거짓 또는 과대 광고행위

3의2. 「방송법」 제2조 제1호에 따른 방송, 「신문 등의 진흥에 관한 법률」 제2조 제1호·제2호에 따른 신문·인터넷신문, 「잡지 등 정기간행물의 진흥에 관한 법률」 제2조 제1호에 따른 정기간행물 또는 제24조 제1항 각 호의 인터넷 매체[이동통신단말장치에서 사용되는 애플리케이션(Application)을 포함한다]에서 다음 각 목의 건강·의학정보(의학, 치의학, 한의학, 조산학 및 간호학의 정보를 말한다. 이하 같다)에 대하여 거짓 또는 과장하여 제공하는 행위

가. 「식품위생법」 제2조 제1호에 따른 식품에 대한 건강·의학정보

나. 「건강기능식품에 관한 법률」 제3조제1호에 따른 건강기능 식품에 대한 건강·의학정보

다. 「약사법」 제2조 제4호부터 제7호까지의 규정에 따른 의약품, 한약, 한약제제 또는 의약외품에 대한 건강·의학정보

라. 「의료기기법」 제2조제1항에 따른 의료기기에 대한 건강·의학정보

마. 「화장품법」 제2조 제1호부터 제3호까지의 규정에 따른 화장품, 기능성화장품 또는 유기농화장품에 대한 건강·의학정보

4. 불필요한 검사・투약・수술 등 지나친 진료행위를 하거나 부당하게 많은 진료비를 요구하는 행위
5. 전공의의 선발 등 직무와 관련하여 부당하게 금품을 수수하는 행위
6. 다른 의료기관을 이용하려는 환자를 영리를 목적으로 자신이 종사하거나 개설한 의료기관으로 유인하거나 유인하게 하는 행위
7. 자신이 처방전을 발급하여 준 환자를 영리를 목적으로 특정 약국에 유치하기 위하여 약국개설자나 약국에 종사하는 자와 담합하는 행위

Ⅱ 의료인 단체

1. 법정의료인단체의 의의

(1) 중앙회

의료법에 따르면 의사・치과의사・한의사・조산사 및 간호사는 대통령령으로 정하는 바에 따라 각각 전국적 조직을 두는 의사회・치과의사회・한의사회・조산사회 및 간호사회(이하 "중앙회")를 설립'하여야' 한다(의료법 제28조 제1항). 이와 같은 법정단체인 중앙회는 "법인"으로 하도록 하고 있으며 의료법에 규정되지 않은 사항에 대해서는 「민법」 중 사단법인에 관한 규정을 준용한다(동법 제28조 제2항 및 제4항). 의료법 규정에 따라 현재 설립된 중앙회는 대한의사협회, 대한치과의사협회, 대한한의사협회, 대한조산사협회, 대한간호협회로 해당 면허를 취득함으로써 의료인이 되는 경우에는 "당연히" 해당하는 중앙회의 회원이 된다(동법 제28조 제3항).

(2) 의료기관단체와의 구별

병원급 의료기관의 장은 의료기관의 건전한 발전과 국민보건 향상에 기여하기 위하여 전국 조직을 두는 단체를 설립할 수 있다

(의료법 제52조 제1항). 예를 들어 대한병원협회는 병원의 장들이 설립한 단체인 의료기관단체로 의료인단체들과는 구별된다. 특히 대한의사협회는 개원의 중심으로 운영되는 경향이 강함으로 인해 병원의 이익을 대변하는 데에는 한계가 있을 수 있다는 점에서, 실질적으로는 대한의사협회와 대한병원협회가 의사들의 대표단체로서 기능한다고 볼 수 있다.

2. 법정의료인단체의 권한과 의무

(1) 의 무

의료인단체는 보건복지부장관으로부터 의료와 국민보건 향상에 관한 협조요청을 받으면 협조할 의무가 있으며(의료법 제30조 제1항) 회원의 자질 향상을 위해 필요한 보수(補修)교육을 실시하여야 하고 의료인은 이 교육을 받을 의무가 있다(동법 제30조 제2항 및 제3항). 보수교육은 중앙회가 매년 1회 이상 그리고 연간 8시간 이상 실시한다(동법 시행규칙 제20조 제2항).

(2) 권 한

의사회, 치과의사회, 한의사회는 법이 정하는 조직을 갖추고 신고하면 의료광고 심의업무를 수행할 수 있다(의료법 제57조 제2항, 동법 시행령 제24조 제3항). 또한 의료인단체는 의료기관단체인 대한병원협회와 함께 국민건강보험법상 요양급여비용계약의 당사자가 된다(국민건강보험법 제45조 제1항 및 동법 시행령 제20조). 법정의료인단체가 이 밖에 어떤 권한을 누릴 것인가 하는 문제는 주로 자율권 또는 자치권의 문제로 논의되고 있다.

[의료단체의 자율권] 법정의료단체에게 현행법상의 권한과 의무 이외

에 어떤 권한과 의무가 인정되어야 하는지는 입법정책의 문제이다. 특히 자율권(자치권)의 인정여부와 그 범위는 가장 큰 논란이 되고 있는 문제 중 하나인데, 면허관리권이나 징계권, 더 나아가 요양급여비용의 총액계약제를 채택할 경우에는 요양급여비용의 분배권, 요양기관계약제를 실시할 경우에는 계약대리권 등이 자율권의 내용으로 논의될 수 있다.

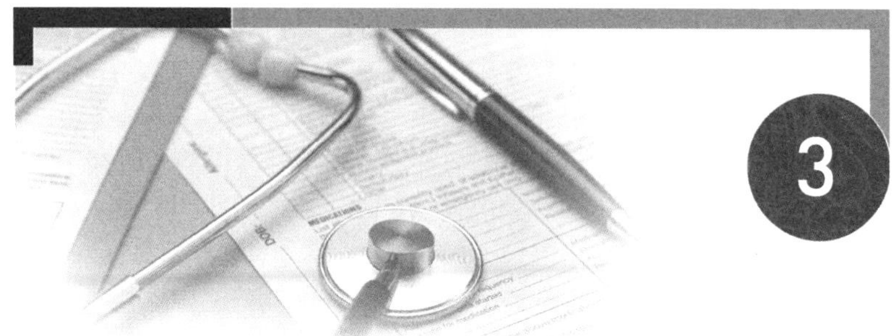

무면허의료행위

Ⅰ 의 의

1. 무면허의료행위

무면허의료행위란 '법률이 정한 면허를 소지함이 없이 행하는 의료행위'를 말한다. 현행 의료법 제27조 제1항은 "의료인이 아니면 누구든지 의료행위를 할 수 없으며 의료인도 면허된 이외의 의료행위를 할 수 없다"고 규정함으로써 의료영역과 비의료영역 사이의 교류를 금기시하며, 이 규정의 위반에 대해 형법적 제재 — 5년 이하의 징역이나 5천만원 이하의 벌금(의료법 제87조의2 제2항 제2호)을 가함으로써 두 영역을 형벌의 철책으로 경계지운다.

> **의료법 제27조(무면허의료행위 등 금지)** ① 의료인이 아니면 누구든지 의료행위를 할 수 없으며 의료인도 면허된 것 이외의 의료행위를 할 수 없다. 다만, 다음 각 호의 어느 하나에 해당하는 자는 보건

복지부령으로 정하는 범위에서 의료행위를 할 수 있다.
1. 외국의 의료인 면허를 가진 자로서 일정 기간 국내에 체류하는 자
2. 의과대학, 치과대학, 한의과대학, 의학전문대학원, 치의학전문대학원, 한의학전문대학원, 종합병원 또는 외국 의료원조기관의 의료봉사 또는 연구 및 시범사업을 위하여 의료행위를 하는 자
3. 의학·치과의학·한방의학 또는 간호학을 전공하는 학교의 학생

특히 판례는 무면허의료행위금지의 입법취지를 고려하여 의료법 제27조 제1항의 단서가 규정하는 예외 인정의 범위를 제한하는 경향을 보인다.

> 간호조무사 자격시험에 응시하기 위하여 국·공립 간호조무사 양성소 또는 「학원의 설립·운영 및 과외교습에 관한 법률」의 규정에 의한 간호조무사 양성학원에서 학과교육을 받고 있거나 간호조무사 양성학원장 등의 위탁에 따라 의료기관에서 실습교육을 받고 있는 사람은 의료법 제25조 제1항 단서 제3호(현행 의료법 제27조 제1항 단서 제3호에 해당)에서 규정하고 있는 '간호학을 전공하는 학교'의 학생이라고 볼 수 없고, 따라서 설령 의료인의 지시·감독을 받았다 하더라도 의료행위인 주사행위를 할 수 없다(대판 2005도5652).

그리고 의료법 제27조 제1항에서 규정하는 '무면허의료행위'가 있다고 보기 위해 '영리목적'이나 '영업성'이 요구되는 것은 아니다. 보수 등 금전을 받지 않았더라도 무면허의료행위죄의 성립이 가능하다.

> 무면허의료행위를 금지하는 의료법의 취지는 의료인이 아닌 자가 의료행위를 하는 것을 금지하려는 데 있으므로 그와 같은 행위를 함에 계속 반복할 의사가 인정된 이상 반드시 영리의 목적이나 영리행위를 구성요건으로 하는 것은 아니다(대판 84도2271).

2. 부정의료업행위: '영리적', '영업적' 무면허의료행위

무면허의료행위가 '영리의 목적'과 결합되고 더 나아가 이를 '업으로' 하는 경우에는 「보건범죄 단속에 관한 특별조치법」에서 규정하는 이른바 '부정의료업죄'에 해당되어 무면허의료행위죄의 경우보다 더 높은 법정형이 부과된다.

보건범죄단속에 관한 특별조치법 제5조(부정의료업자의 처벌) 「의료법」 제27조를 위반하여 영리를 목적으로 다음 각 호의 어느 하나에 해당하는 행위를 한 사람은 무기 또는 2년 이상의 징역에 처한다. 이 경우 100만원 이상 1천만원 이하의 벌금을 병과한다.

1. 의사가 아닌 사람이 의료행위를 업(業)으로 한 행위
2. 치과의사가 아닌 사람이 치과의료행위를 업으로 한 행위
3. 한의사가 아닌 사람이 한방의료행위를 업으로 한 행위

여기서 "'영리의 목적'이란 널리 경제적인 이익을 취득할 목적을 의미한다[1]고 할 것이고, '업으로'의 의미는 행위자가 그 행위를 일회적으로 함에 그치는 것이 아니라 영업으로 반복, 계속할 의사로써 하는 것을 의미한다."[2] 그리고 여기서, 그 경제적 이익의 귀속자나 경영의 주체와 무면허의료행위를 행하는 자가 반드시 일치하여야 할 필요는 없다. 즉, 의사가 영리의 목적으로 비의료인과 공모하여 무면허의료행위를 했다면 그 의사도 위의 규정에 위반한 부정의료업자에 해당한다.[3]

의료인이 아닌 피고인의 사무실에는 인체의 해부도, 질병 및 증상에 따른 인체의 시술 위치를 정리한 게시판, 신체 모형, 인간 골격 모형

1) 대판 2003도2903 참조.
2) 헌재 2003헌바15.
3) 대판 98도2481; 대판 2003도2903 참조.

등이 비치되어 있고, 피고인은 두통, 생리통, 척추디스크 등을 호소하며 찾아온 사람들을 상대로 증상과 통증 부위, 치료경력 등을 확인한 다음 회원카드에 이를 기재하여 관리하여 왔으며, 손님의 질병 종류에 따라 손을 이용하거나 누워 있는 손님 위에 올라가 발로 특정 환부를 집중적으로 누르거나 주무르거나 두드리는 방법으로 길게는 1개월 이상 시술을 하고 그 대가로 일정한 금액을 받았다. 그렇다면 피고인의 이러한 행위는 단순한 피로회복을 위한 시술을 넘어 질병의 치료행위에까지 이른 것으로 그 부작용을 우려하지 않을 수 없어 의료인이 행하지 아니하면 보건위생상의 위해가 생길 우려가 있는 의료행위에 해당할 뿐만 아니라 영리를 목적으로 한 행위로 보아야 한다(대판 2001도298).

회원들을 모집하여 심천사혈요법을 강의하면서 강사가 직접 자신의 신체에 시연을 해보이거나 회원들이 강의내용에 따라 제대로 사혈을 하고 있는지 옆에서 지시·감독하는 방법으로 회원들로 하여금 2인 1조를 이루어 자신 또는 상대방에게 사혈요법을 시술하도록 하고, 장소제공비, 책 설명비 명목으로 회원당 회비를 수령한 경우, 피고인이 위와 같은 직접 또는 간접적인 시술행위와 관련하여 그 대가로 회원들로부터 돈을 받은 이상 그 명목이 강의료 또는 회비라 하더라도 영리성이 인정되며 피고인은 보건범죄단속에 관한 특별조치법 소정의 부정의료업자에 해당된다(대구지법 2007고단370).

피고인이 의사나 기타 의료인이 아니면서 영리목적으로, 다친 허리에 대한 통증 치료를 의뢰하는 환자를 상대로 통증의 부위와 정도, 증상 등을 묻고 눕게 한 다음 양 엄지손가락을 이용하여 전신에 대하여 약 1시간 동안 지압을 하고 그 치료비로 금 1만원을 받은 것을 비롯하여 매일 평균 5~6명의 환자들을 상대로 같은 방법으로 치료행위를 하여 의료행위를 한 것은, 보건범죄 단속에 관한 특별조치법에서 규정하는 부정의료업행위에 해당한다(대판 99도4542).

Ⅱ 무면허의료행위죄의 불법구조

1. 보호법익과 보호정도

(1) 이중적 보호법익

헌법재판소에 따르면 부정의료업죄나 무면허의료행위죄의 보호법익은, 한편으로는 '사람의 생명이나 신체'라는 개인적 법익 그리고 다른 한편으로는 '국가의 의료인 면허제도의 유지·보호 또는 실효성'이라는 국가적 법익으로, 이중적 성격을 갖는다.4)

(2) 추상적 위험범

대법원의 견해에 따르면, 구체적으로 환자에게 위험이 발생하지 않은 경우라 하더라도 추상적 위험이 존재한다고 인정되면 무면허의료행위죄로 처단되어야 한다.

> 무자격자가 행하는 의료행위의 위험은 추상적 위험으로도 충분하므로 구체적으로 환자에게 위험이 발생하지 않았다 하여 사람의 생명, 신체 또는 공중보건상의 위해가 없다고 할 수는 없다(대판 93도153).

2. 불법구조

현행 무면허의료행위죄의 규율은 이원주의, 국가주의, 신분주의의 구조적 특징을 보인다.5)

---

4) 헌재 2003헌바15.

5) 아래 내용은 이상돈, 「무면허의료행위죄 — 현황, 구조, 한계, 대안」, 고려법학, 제40권, 고려대학교 법학연구원, 2003, 158쪽 이하의 내용을 요약하여 재구성한 것이다.

(1) 이원주의

무면허의료행위죄는 질병의 치료나 예방을 도모하는 행위를 의료행위 아니면 비(非)의료행위로 강제로 구분해놓는다. 여기서 의료행위의 영역에서는 비의료인의 진입이 불법으로 낙인찍히며 의료면허가 있는 자의 행위만이 합법으로 승인된다. 다시 말해, 이원주의적 규율로 인해 건강관리행위의 영역에 대한 비의료인의 진입이 불법과 합법이라는 이원적 코드의 판단 구조 속에 갇히게 된다. 그러나 현대사회에서는 의료행위와 비의료행위의 중간영역에 위치하는 건강관리행위(Health Care Service)(예: 음성치료, 피부관리 등)가 많아지고 있다.

(2) 국가주의

현행 의료법상 무면허의료행위죄의 적용기준이 되는 의료 개념의 모든 차원은 국가에 의해 규정된다. 첫째, 의료의 주체인 의료인을 규정짓는 의료인면허가 국가에 의해서만 관리된다. 둘째, 의료행위의 의미는 의료전문가가 아닌 행정관료와 사법부의 유권해석을 통해 구체화된다. 셋째, 어떤 수단이 의료기재가 되는지도 전문가사회인 의료사회내에서 자율적으로 결정되지 않고 국가(식품의약품안전처)가 결정한다.

(3) 신분주의

질병의 치료나 예방을 도모하는 행위 중 어떤 행위가 의료인이 의학적 방법으로 의료기재를 사용하여 해야 하는 행위에 해당하는지가 불분명한 경우, 무면허의료행위죄의 적용 여부는 그 행위자가 국가면허를 지니는 의료인의 신분을 갖고 있는지에 좌우된다.[6]

6) 그 대표적인 사례로는, 앞에서 언급된 판례(대판 93도2544)에서 보여진 프로페셔널 필링포뮬러를 이용한 피부박피술을 시술한 피부관리사의 행위를 들 수

Ⅲ 무면허의료행위죄의 적용

1. 무면허의료행위의 요건

의료법 제27조의 개념정의에 기초해서 보면, '무면허' 즉 면허를 소지하지 않는다는 것은 ① 의료인이 아니거나 ② 면허를 지니긴 하지만 면허된 범위를 넘어서는 행위를 함으로써 결국 그 특정한 행위에 대해서는 면허가 없다고 볼 수 있는 것을 의미한다. 어떤 행위가 '무면허의료행위'인지 여부는 ①의 경우에는 의료인인지 여부와 의료행위인지 여부를 확정함으로써 그리고 ②의 경우에는 특정한 면허를 통해 확정되는 의료행위의 허용범위를 넘어섰는지를 확정함으로써 판단된다.

(1) 의료인 여부의 판단

현행 의료법상 의료인은 국가로부터 면허를 받은 의사·치과의사·한의사·조산사 및 간호사를 말하는데, 의료법상 의료인의 개념과 유형에 대해서는 이 책의 단락 [2]에서 설명하였다.

> **의료법 제2조(의료인)** ① 이 법에서 "의료인"이란 보건복지부장관의 면허를 받은 의사·치과의사·한의사·조산사 및 간호사를 말한다.

(2) 의료행위 여부의 판단

현행 의료법은 '의료행위'의 개념을 정의내리지는 않는다.[7] 무

있다. 이 경우 해당 행위가 '행위의 차원'에서는 여전히 피부미용의 성격을 가지며 '수단의 차원'에서는 그렇게 위험도가 높지 않은 의료기재를 사용함에도, 피부관리사는 의료인이 아니라는 이유만으로 처벌되는 것이라 볼 수 있다. 이에 관해서는 이상돈, 「무면허의료행위죄 — 현황, 구조, 한계, 대안」, 161-162쪽 참조.

면허의료행위죄에서 의료행위의 개념은 좁은 의미의 의료행위(행위성)라는 차원 이외에 의료인(주체성), 의료기재(수단성)를 포함한 세 가지 차원에서 판단할 수 있다.8)

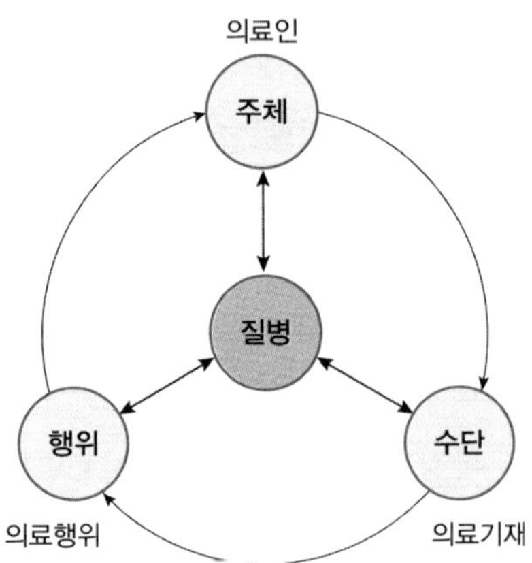

판례9)도 실질적으로는 아래의 예들과 같이 ① 행위의 주체, ② 행위내용의 위험성 그리고 ③ 행위에 사용되는 기기나 재료의 위험성10)을 무면허의료행위에 해당하는지에 대한 판단의 기준으로

7) 의료행위의 개념에 관한 각국의 법적 규율 등에 관해서는 이인영, 「의료행위의 현대적 의의와 과제」, 법과 정책연구, 제7권 제1호, 한국법정책학회, 2007, 28-33쪽; 허준평, 「의료법 체계의 비교법학적 연구 — 일본, 미국, 프랑스를 중심으로」, 한국의료법학회 학술세미나 연제집, 1998, 42쪽 참조.

8) 이에 대해서는 이 책의 [1] 기초이론 단락의 항목 I.1.(2)를 참조.

9) 판례를 통한 의료행위의 개념정립에 관한 분석으로는 류지태, 「의료행위의 개념」, 고려법학, 제39호, 고려대학교 법학연구원, 2002, 61쪽 이하; 길준규, 「E-Health 산업화와 의료행위」, 토지공법연구, 제31집, 한국토지공법학회, 2006, 333쪽 이하 참조; 그 밖에도 이종원, 「의료행위에 관한 일고찰」, 경성법학, 제16권 제2호, 경성대학교 법학연구소, 2007, 171쪽 이하 참조.

10) 다만 어떠한 행위를 의료행위라 판단함에 있어 반드시 그 기기가 '의료기기'일 것이 필수적으로 요구되는 것은 아니며, 전문지식이 없는 사람이 사용할 경우 불러일으킬 수 있는 '위험성'이 중요한 잣대가 된다. "어떤 행위가 의료행위인지의 여부를 판단함에 있어, 질병의 예방과 치료에 사용된 기기가 의료기기냐

사용한다. 대법원이 무면허의료행위가 된다고 결정한 대표사례들을 정리해 보면 다음과 같다.

	무면허의료행위를 긍정한 사례	무면허의료행위를 부정한 사례
주체 의료인면허	· 외국에서 침구사자격을 취득한 사실은 있지만 국내에서 침술행위를 할 수 있는 면허나 자격을 취득하지는 못한 피고인이 단순히 수지침 정도의 수준에 그치지 아니하고 환자의 허리 부위, 다리 부위에도 체침을 시술한 경우 이는 무면허의료행위에 해당한다(대판 2002도5077). · 자격기본법에 의한 민간자격관리자로부터 대체의학자격증을 수여받은 자가 사업자등록을 한 후 침술원을 개설하였다고 하더라도 국가의 공인을 받지 못한 민간자격을 취득하였다면 침술행위를 할 수 없고, 따라서 이러한 자의 침술행위는 부정의료업행위에 해당한다(대판 2003도939). · 주사기에 의한 약물투여 등의 주사는 의학상의 전문지식이 있는 의료인이 행하지 아니하면 보건위생상 위해가 생길 우려가 있는 행위임이 명백하므로 피고인이 두 차례에 걸쳐 약품인 누바인을 1회용 주사기에 넣어 환자의 우측 팔꿈치 정맥에 주사한 것은 무면허의료행위에 해당한다(대판 98도4716).11) · 암치료센터라는 상호로 환자들을 대상으로 돌 등이 들어 있는 스테인레스 용기를 가열하고 이를 천과 가죽으로 덮은 이른바 '지공사십기	

아니냐 하는 것은 문제되지 아니하며, 의학적 전문지식이 없는 자가 이를 질병의 예방이나 치료에 사용함으로써 사람의 생명, 신체나 공중위생에 위해를 발생할 우려가 있느냐의 여부에 따라 결정하여야 한다"는 요지의 판시로는 대판 88도2190.

11) 이는 일찍이 대법원의 판결(대판 77도2191: 의료법에서 말하는 "의료행위라 함은 의료인이 행하지 않으면 보건위생상 위해를 발생할 우려가 있는 행위를 의미"한다)이 취한 입장이 지속되고 있는 것이다.

	운기'라는 찜질기구를 주어 환자로 하여금 직접 이를 환부에 대고 찜질을 하도록 하였고 이로 인해 환자가 피부 등에 화상을 입거나 환자의 신체에 다른 부작용이 발생할 가능성을 배제할 수 없으므로, 이는 의학상 전문지식이 있는 의료인이 행하지 아니하면 보건위생상 위해가 생길 우려가 있는 행위, 즉 의료행위에 해당한다(대판 2000도432). · 초등학교 4년을 중퇴한 학력밖에 없고 단지 치과병원에 조수로서 종사해온 사실로 간호보조원의 자격을 갖고 있는데 불과한 피고인이 치과의사의 지시를 받아 매일 평균 20명, 연인원 1,300명의 치과환자에게 그 환부의 엑스레이를 촬영하여 이를 판독하는 등 초진을 하고 발치, 주사, 투약 등 독자적으로 진료행위를 한 경우 이는 무면허의료행위에 해당한다(대판 86도749).	
행위의 의료행위성	· 건강보조식품판매업자가 고객들에게 체질검사를 하여 체질에 맞는 식이요법이나 운동요법을 곁들인 전문적인 다이어트 관리를 해주겠다고 하면서 남용할 경우 설사 등의 부작용이 있는 건강보조식품 등을 판매하고 고객들이 설사 등의 증상을 호소하자 그 대처방법이나 복용방법의 변경 등을 상담한 행위는 무면허의료행위에 해당한다(대판 2001도6130). · 관절염 등의 질병을 가지고 있는 환자에게 치료를 위하여 그의 신체에 벌침의 시술행위를 하였다면 이는 의료행위를 한 것이다(대판 94도89). · 질병치료를 위하여 인체에 벌침, 쑥뜸 등의 시술행위를 하였다면, 그것이 의료기구, 또는 의약품에 해당하는 여부나 실제로 그 효험이 있는 여부에 관계없이, 금지된 의료행위를 한 것이다(대판 92도1892). · 눈썹 또는 속눈썹 부위의 피부에 자동문신용기계로 색소를 주입하는 방법으로 눈썹 또는 속눈썹 모양의 문신을 하여 준 행위는 의료행	· 환자들에게 질병을 낫게 해달라고 기도를 하게 한 다음, 환부나 다른 신체부위를 손으로 쓰다듬거나 만져주는 방법으로 시술하는 경우 이는 의료행위에 해당하지 않는다(대판 91도3340). · 지압서비스업소에서 근육통을 호소하는 손님들에게 엄지손가락과 팔꿈치 등을 사용하여 근육이 뭉쳐진 허리와 어깨 등의 부위를 누르는 방법으로 근육통을 완화시켜 준 행위는 의료행위에 해당하

	위에 해당한다(대판 91도3219).[12] · 안마나 지압이 단순한 피로회복을 위하여 시술하는 데 그치는 것이 아니라 신체에 대하여 상당한 물리적인 충격을 가하는 방법으로 어떤 질병의 치료행위에까지 이른다면 이는 보건위생상 위해가 생길 우려가 있는 행위, 즉 의료행위에 해당한다(대판 99도4542).	지 않는다(대판 99도4541).
수단의료기재	· 산화알루미늄 성분의 연마제가 든 크리스탈 필링기를 사용하여 얼굴의 각질을 제거하여 주는 피부박피술을 시행하는 행위는 부정의료업행위에 해당한다(대판 2003도2903). · 프로페셔널 필링 포뮬러는 피부박피술을 시행함에 있어 사용하는 치료약물로서 프로페셔널 필링 포뮬러를 사용하여 얼굴의 표피전부를 벗겨내는 박피술을 시행하는 것은 단순한 미용술이 아니라 의료행위에 해당한다(대판 93도2544).	

(3) 면허의 범위확정

의료법 제2조(의료인) ② 의료인은 종별에 따라 다음 각 호의 임무를 수행하여 국민보건 향상을 이루고 국민의 건강한 생활 확보에 이바지할 사명을 가진다.

1. 의사는 의료와 보건지도를 임무로 한다.
2. 치과의사는 치과의료와 구강 보건지도를 임무로 한다.
3. 한의사는 한방의료와 한방보건지도를 임무로 한다.
4. 조산사는 조산과 임산부 및 신생아에 대한 보건과 양호지도를 임무로 한다.
5. 간호사는 다음 각 목의 업무를 임무로 한다.
   가. 환자의 간호요구에 대한 관찰, 자료수집, 간호판단 및 요양을 위한 간호

12) 이 대법원 판결 그리고 문신행위의 의료행위성에 관한 보다 상세한 논의로는 김장한, 「문신의 침습성과 무면허의료행위」, 형사정책연구, 제18권 제3호, 통권 제71호, 한국형사정책연구원, 2007, 165쪽 이하 참조.

나. 의사, 치과의사, 한의사의 지도하에 시행하는 진료의 보조
다. 간호 요구자에 대한 교육·상담 및 건강증진을 위한 활동의 기획과 수행, 그 밖의 대통령령으로 정하는 보건활동
라. 제80조에 따른 간호조무사가 수행하는 가목부터 다목까지의 업무보조에 대한 지도

의사나 치과의사 혹은 한의사의 임무로 규정된 사항 — 즉, (치과/한방)의료와 (한방)보건지도 — 은 의료행위라는 개념과 구별되지 않으며, 간호사와 조산사의 임무로 의료법에 규정된 사항 역시 여전히 포괄적이다. 따라서 면허의 범위를 확정하는 것은 많은 경우 결국 법원 등의 유권해석에 의해 해당 의료행위의 개념을 구체화하는 것과 다름이 없는 것일 수 있다. 이와 관련해서는 특히, 양·한방의료업무의 범위 구분 그리고 간호사와 조산사가 의사와 업무를 공동으로 수행함에 있어서 갖는 업무 범위의 한계 설정 등이 문제될 수 있으며, 의약분업을 표방하는 현행 의료법제 아래에서는 의사와 약사간의 업무영역의 설정 또한 중요한 문제가 된다.13)

2. 면허범위의 구체적 판단

(1) 의료행위와 한방의료행위의 개념적 구분

법은 양·한방 의료를 구분하지만, 의사나 한의사의 업무범위나 면허의 범위에 관한 적극적인 정의규정을 두거나 특정한 (한방)의료행위의 허용이나 금지에 관한 구체적 규정을 두고 있지는 않다. 다만, 한의약 육성법 제2조 제1호에서 한의약은 "우리의 선조들로부터 전통적으로 내려오는 한의학을 기초로 한 한방의료행위(이하

---

13) 이와 관련하여, '의료행위'의 개념을 의약분업의 기본개념이라 설명하는 류지태, 「의료행위의 개념」, 고려법학, 제39호, 고려대학교 법학연구원, 2002, 63쪽 참조.

"한방의료"라 한다)와 한약사"를 말한다고 하고 있을 뿐이다. 그럼에도 불구하고 헌법재판소는 '한방의료행위'라는 개념은, 건전한 상식과 통상적 법감정을 지닌 사람이 구체적으로 어떤 행위가 이에 해당하는지 의심을 가질 정도로 불명확한 개념이라거나 법관에 의한 적용단계에서 다의적으로 해석될 우려가 있다고 볼 수 없어, 명확성의 원칙에 위배된다고 할 수 없다고 보았다.14)

하지만, "현대의학의 발전에 따라 진료기술 및 방법이 점차 접근되어가는 상황"15)에서 업무의 한계를 명확히 구분하는 것은 쉽지 않다. 원칙적으로 양의면허와 한의면허의 구별은, 서양의학이 미시세계에 환원시키는 방법으로 질병현상을 분석적으로 규명하고 치료를 행하는16) 반면 한의학은 우주론적인 세계관을 전제로 몸에 대한 종합적 지식의 사용을 통해 치료를 행하는 것이라는 '서양의학과 한의학의 근본적인 과학 개념의 차이'에 기초해야 할 것이다.17) 최근의 판례가 '의료행위'와 '한방의료행위'를 구별하는 서양의학과 한의학의 "학문적 원리"는 다음과 같다:

> [진찰과 진단에서 양한방의 차이] ① 한의학의 진단 방법은 크게 진찰(診察)과 진단(診斷)으로 나눌 수 있다. 한의학의 주요 진찰법에는 망(望)・문(聞)・문(問)・절(切) 등의 방법이 있다. 망진(望診)은 시각을 통하여 환자의 정신상태, 면색(面色), 형체(形體), 동태(動態), 국소상황(局所狀況), 설상(舌狀) 및 분비물과 배설물의 색, 질, 양 등의 변화를 관찰하는 것이며, 문진(聞診)은 환자로부터 나타나는 여러 가지 소리

14) 헌재 93헌바65; 헌재 2003헌바86 참조.

15) 보건복지부 1985.3.19. 의제 31002-27707

16) 이상돈, 「의료 개념의 법사회학적 구성」, 영남법학, 제27호, 영남대학교 법학연구소, 2008, 110쪽 참조.

17) 한의학의 고유한 특성에 관한 설명으로는 전세일, 「한국의학의 정체성과 독창성」, 한국정신과학회 제21회 2004년도 추계학술대회 논문집, 한국정신과학회, 2004, 14쪽 이하 참조.

와 냄새의 이상한 변화를 통해 질병을 진찰하는 방법이다. 문진(問診)은 의사가 환자나 그의 보호자에게 질병의 발생, 진행 과정, 치료 경과와 현재의 증상 및 기타 질병과 관련된 여러 가지 정황을 물어서 진찰하는 방법이고, 절진(切診)은 맥을 보는 맥진(脈診)과 눌러 보는 안진(按診)으로 나뉘는데, 의사가 손을 이용하여 환자의 신체 표면을 만져보거나 더듬어보고 눌러봄으로써 필요한 자료를 얻어내는 진찰 방법이다. 위의 네 가지 진찰법을 통하여 수집한 증상들을 종합・분석함으로써 환자의 상태에 대한 정확한 인식이 이루어지게 되며, 그에 따라 적합한 치료법이 선정된다. 이 방법으로 진찰해서 완전한 진찰이 이루어지지 않을 때는, 양도락 측정기, 경락 측정기, 파동 진찰기, 경혈 탐지기, 비만 측정기 등을 이용하여 진단 및 치료를 한다. 이처럼 유의성 있는 정보들을 종합 분석하여 하나의 패턴을 구성하는 과정이 변증(辨證)이며, 변증의 기본적인 강령을 '팔강(八綱)'이라고 한다. 팔강이란 환자의 상태를 분석하는 음(陰), 양(陽), 표(表), 리(裏), 한(寒), 열(熱), 허(虛), 실(實)의 여덟 가지 기준을 말한다. ② 이에 반하여 서양의학은 해부, 조직, 생화학의 이론 등을 기초이론으로 하여 질병이라는 것을 주로 외부적인 인자, 즉 세균이나 바이러스 등에 의하여 인체의 특정 부위에 변화가 생겨서 나타나는 것으로 보아 그 특정 증상 및 그 특정 증상을 야기한 직접적인 원인에 관하여 치료를 하는 데 중점을 둔다. 따라서 서양의학의 진찰방법은 서양과학인 실험과학에 근거를 두고 인체의 화학적, 생물학적인 변화를 관찰, 측정하는 데 주안을 두고 있고, 문진(問診), 시진(視診), 청진(聽診), 타진(打診), 촉진(觸診) 등을 비롯한 전통적인 진단방법 이외에 CT기기, MRI기기, 초음파검사, EKG, 혈액검사, 소변검사 등 각종 기기를 이용하여 검사하는 등의 방법으로 진단을 하고 있다(서울행정법원 2008구합11945).

(2) 의사와 한의사의 고유업무와 교차업무

판례나 보건복지부의 유권해석을 통해 한의사의 고유업무와 (양)의사의 고유업무, 그리고 교차업무영역이 구체적으로 구분되고 있다.

의사의 고유업무	한의사의 고유업무
○ 혈액검사, 소변검사, 임상병리검사(보건복지부 1995.8.4. 의정 65507-914) ○ 환자에게 주사를 하는 행위(대판 87도2108)[18] ○ 방사선사로 하여금 CT기기로 촬영하게 하고 이를 이용하여 방사선진단행위를 하는 것(서울고법 2005누1758)[19]	● 환자의 목과 어깨 주변에 멍이 있는 것을 확인한 후, 어혈을 풀기 위한 목적으로 목, 경추 등 부위에 건부황을 약 15분간 시술한 행위(보건복지부 2000.5.9. 의정 65507-104)
의사와 한의사의 교차업무영역	
<양의사의 한방의료적 행위> □ 의사가 국소마취 및 경피자극을 위한 도구로서 침을 사용하는 것과 같이 의학적으로 인정된 치료방법으로 종기나 염증치료 또는 자극요법 등에 침을 사용하는 것(보건복지부 1998.11.20. 의정 65507-920호) □ 의사가 근육 등의 trigger point에 자극을 주면서 단순히 근육 손상을 줄이기 위한 목적으로 침을 사용하려는 것(보건복지부 1998.9.25. 의정 65507-799호) □ 신경외과 전문의가 경피뇌척수신경자극술이라는 현대 의학적으로 인정된 치료방법과 학술적 이론에 근거를 두고 침을 활용하되 전통적 침술행위가 아닌 전기 또는 기계적 자극을 주는 방법을 이용하여 환자를 치료하는 행위(보건복지부 1985.3.19. 의제 31002-27707) <한의사의 양방의료적 행위> ■ 주사침에 의한 경피자극은 의사로서 행할 수 있는 의료행위이나 약물주입을 목적으로 하는 주사기를 한의학의 이론체계인 경락이나 경혈에 침으로 대용하거나 사용함은 한방의료가 될 것(보건복지부 1987.1.13. 의제 01254-3479) ■ 한방의학의 진단방법에도 청진이 있을수 있다는 점에서 정확한 진단을 위하여 청진기를 사용하는 행위(보건복지부 1986.10.15. 의제 01254-23088) ■ 한의사가 한방 병·의원에서 시설기준에 의한 한방요법실을 갖추고 물리치료기구로 한방물리요법(한방이론에 입각하여 경락과 경혈에 자극을 주는 것)을 시술하는 것(보건복지부 1993.1.24. 의정 65507-501)	

18) 이 판례에서 대법원은 한의사가 면허없이 환자에게 주사를 하였다면 "사실상 의사의 자질을 갖고 있다거나 그 진료대금을 받지 않았다 하더라도" 무면허의료행위의 성립에는 아무런 영향이 없다. 즉, 대법원은 해당행위의 유·무상 여부와 한의사의 양의학 지식은 무면허의료행위죄의 성립에 아무런 영향이 없다고 보는 것이다.

19) 다만, 이 사안에서 법원은, 한의사가 CT기기를 사용하여 진단행위를 할 수 있

특히 의사와 한의사의 업무의 교차성을 판단함에 있어 특정한 진단기구나 치료기구가 양방이나 한방 중 어느 쪽에서 제작되었는가 하는 것만으로는 그 사용자를 (양)의사나 한의사로 한정하는 절대적인 기준이 된다고 볼 수는 없다.[20] 예를 들어, 전통적인 단순한 침술행위는 한의사의 고유업무로서 의사의 업무범위에 포함될 수 없음[21]이 원칙이긴 하다. 하지만 이는 의사가 침을 사용하여 진료행위를 한다는 것만으로 면허된 이외의 의료행위에 해당한다고 하는 것은 아니며, 무면허의료행위인지의 여부는 그 구체적인 사용의 모습이나 정황 등에 비추어 판단해야 할 것이다. 즉, 특정한 침의 사용이 인체에 미치는 효과에 대한 ― 양의학적 기초에서의 ― 분석적 규명이 이루어질 수 있다는 전제하에서는 정형외과의사 등도 침을 사용하여 치료행위를 할 수 있다고 보아야 한다. 뿐만 아니라, 주사기나 정진기, 물리치료기구 등도 한의학적 기초하에 사용된다면 그 사용은 ― 위의 사례에서 보는 바와 같이 ― 한방의료행위에 해당된다고 볼 수 있다.

(3) 조산사 · 간호사의 업무범위

㈎ <u>진료보조행위와 수직적 의료분업</u> 특히, 조산사나 간호사의 경우 무면허의료행위와 관련된 판례들은 조산사나 간호사가 업무수행을 함에 있어 ― 특히 의사와의 관계에서 ― 주의해야 할 업무범위의 한계를 정한다는 의미를 갖는다. 즉, 조산사는 의료행위 중 조산과 임부 · 해산부 · 산욕부 및 신생아에 대한 보건과 양호지도에 종사함을 그 임무로 하며, 간호사는 의사의 지시나 위임을 받

는지 여부에 관하여 선례가 없는 상황에서, 비록 한의사의 CT기기 사용이 그 면허 범위를 벗어나는 의료행위라 하더라도, 해당 의료법인에 대해 3개월의 업무정지 처분을 한 것은 재량권 일탈 · 남용이라고 보았다.

20) 보건복지부 1986.11.21. 의제 01254-25754 참조.

21) 보건복지부 1985.3.19. 의제 31002-27707

아 진료의 보조행위를 함을 임무로 한다. 이런 임무수행은 의사와 간호사 또는 조산사 사이에 수직적 의료분업의 관계가 성립됨을 의미한다.

(나) 금지된 수직적 의료분업 그러나 조산사는 의사만이 할 수 있는 부녀자에 대한 진찰 및 치료 등의 의료행위를 해서는 안 되며, 간호사 역시 의사만이 할 수 있는 진료행위를 하는 것은 금지된다. 금지된 수직적 의료분업의 내용은 판례에 의해 형성되는데, 대표적인 것은 다음과 같다.

조산사의 무면허의료행위	간호사의 무면허의료행위
· 조산사가 자신이 근무하는 산부인과를 찾아온 환자들을 상대로 하는 진찰·환부소독·처방전 발행 등의 행위(대판 2006도2306) · 이상분만으로 인하여 임부·해산부에게 이상현상이 생겼을 때 그 원인을 진단하고 이에 대처하는 조치(약물투여를 포함한다)를 강구하는 것(대판 2005도9670) · 조산사가 행하는 질염치료나 임신중절수술 및 그 수술 후의 처치 등의 행위(대판 92도848)	· 자궁질도말세포병리검사를 위하여 질경으로 여자의 질을 열어 자궁경부 내부에 브러쉬를 넣고 돌려 분비물을 채취하는 행위(대판 2005도5579)

또한 이처럼 의사와 간호사 또는 조산사 사이의 수직적 의료분업이 금지된 행위를 간호사 또는 조산사가 하는 경우에는 설령 의사가 간호사나 조산사에게 위임하고 그 행위내용을 구체적으로 지시하였다 할지라도 무면허의료행위에 해당하며, 의사는 그 죄의 공범이 된다.

[간호조무사의 업무 범위] 간호조무사란 「간호조무사 및 의료유사업자에 관한 규칙」 제3조에 따라 간호조무사 자격시험에 합격하여 '자격' 인정을 받은 자이다. 간호조무사의 업무범위를 두고 간호조무사와 간호사 간의 대립이 계속되어 왔다. 특히 문제가 되어온 것은 간호조무사의 '주사' 행위이다. ① 간호사를 채용하지 못해 간호조무사를 고용해 진료를 하고 있는 의원급 의료기관의 경우 진료의사의 지도 하에 환자에게 주사행위를 할 수 있다. 다만, 간호조무사의 진료보조행위에[22]는 응급상황에 대비해 의사가 동행해야 하며 간호조무사의 단독판단은 자격 범위를 벗어난다(보건복지부의 유권해석[23]). ② 산부인과의 간호조무사가 새벽에 내원해 산통을 호소하는 임산부에 대해 무통주사와 수액주사를 처치하고 내진을 한 경우, 이는 간호조무사가 할 수 있는 진료보조행위의 범위를 벗어난 것이다(대판 2010도1444). ③ 의사가 속눈썹 이식수술을 하면서 간호조무사로 하여금 피시술자의 후두부에서 채취한 모낭을 속눈썹 시술용 바늘에 일정한 각도로 끼우고 바늘을 뽑아낸 뒤 이식된 모발이 위쪽을 향하도록 모발의 방향을 수정하도록 한 행위나, 모발이식시술을 하면서 간호조무사로 하여금 식모기(植毛機)를 피시술자의 머리부위 진피층까지 찔러 넣는 방법으로 수여부에 모낭을 삽입하도록 한 — 특히 일정 부분에 대해서는 간호조무사에게만 맡겨둔 채 별반 관여를 하지 않은 채 이루어진 — 행위는 진료보조행위의 범위를 벗어나 의료행위에 해당한다(대판 2005도8317).

(4) (한)의사와 (한)약사의 업무범위

(한)약사는 의료법상의 의료인이 아니므로, (한)약사가 자신의 업무범위를 — 예컨대 한약사의 경우 기성 한약서에 수재된 처방

22) 간호조무사의 업무 범위를 '간호보조 업무'와 '진료보조 업무'로 명시하였던 동 규칙 제2조 제1항은 현재 삭제되었으나 이와 같은 개정으로 업무의 한계에 관한 논란이 해결되는 것은 아니다.

23) 간호사와 간호조무사 대립 속 복지부 "간호조무사, 주사행위 가능하다", 2006. 4.1.자 국민일보 기사(http://news.naver.com/main/read.nhn?mode=LSD&mid=sec&sid1=102&oid=143&aid=0000020632, 최종접속일: 2013.1.21.).

이나 한의사의 처방전에 의하여 한약을 조제 또는 혼합판매하는 것 — 넘어서 진찰, 치료 등의 행위를 하는 것은 무면허의료행위에 해당된다.[24]

> 한약업사인 피고인이 찾아온 환자들에 대하여 진맥을 하고 혈압기로 혈압을 잰 다음 환부를 물어보고 안색을 살펴본 후 환자에게 병명을 설명하여 주며, 병명에 맞는 치료약인 한약제를 배합하여 조제하여 주기도 하고, 기본처방을 하기도 하였으며, 한약을 조제함에 있어서도 기성한약서인 방약합편에 수재된 처방에 따르기도 하고 환자의 증세에 따라 임의로 한약의 종류나 분량을 가감하였다면, 이와 같은 피고인의 혈압측정 및 진맥 등의 행위는 피고인의 독자적인 진단과 판단에 의한 처방에 따른 것으로 한약업사의 한약혼합판매에 부수된 행위로서 한약업사에게 허용된 것이 아니고, 의료법상의 한방의료행위에 해당한다(대판 93도153).

3. 위법성 조각의 가능성

의료법상의 무면허의료행위에 해당한다고 할지라도 그 행위가 긴급피난(형법 제22조)에 해당하거나, 또는 판례의 입장처럼 "그 시술부위나 시술방법, 일반인들의 인식, 시술자의 시술의 동기, 목적, 방법, 횟수, 시술에 대한 지식수준, 시술경력, 피시술자의 나이, 체질, 건강상태, 시술행위로 인한 부작용 내지 위험발생 가능성 등을 종합적으로 고려하여 구체적인 경우에 있어서 개별적으로 보아 법질서 전체의 정신이나 그 배후에 놓여 있는 사회윤리 내지 사회통념에 비추어 용인될 수 있는 행위에 해당한다고 인정되는 경우에

24) 그 밖에 한약업사의 지위와 한약업사 제도에 관한 비판적 고찰로는 박경용, 「한약업사의 지위 공인과 태생적 강제」, 지방사와 지방문화, 제10권 제1호, 역사문화학회, 2007, 461쪽 이하 참조.

는 사회상규에 위배되지 아니하는 행위(형법 제20조)"로서 위법성이 조각될 수 있다. 따라서 이러한 상당성 요건을 검토함이 없이 이를테면 면허 또는 자격 없이 하는 '침술행위'나 '부항 시술행위'가 곧바로 위법하다는 법적평가를 받을 수는 없다.

> 수지침 시술행위는 침술행위의 일종으로서 의료법에서 금지하고 있는 의료행위에 해당하며 수지침 시술행위가 광범위하고 보편화된 민간요법이고 그 시술로 인한 위험성이 적다는 사정만으로 그것이 바로 사회상규에 위배되지 아니하는 행위에 해당한다고 보기는 어렵다. 하지만, 수지침은 시술부위나 시술방법 등에 있어서 예로부터 동양의학으로 전래되어 내려오는 체침의 경우와 현저한 차이가 있고, 일반인들의 인식도 이에 대한 관용의 입장에 기울어져 있으므로, 이러한 사정과 함께 시술자의 시술의 동기, 목적, 방법, 횟수, 시술에 대한 지식수준, 시술경력, 피시술자의 나이, 체질, 건강상태, 시술행위로 인한 부작용 내지 위험발생 가능성 등을 종합적으로 고려하여 구체적인 경우에 있어서 개별적으로 보아 법질서 전체의 정신이나 그 배후에 놓여 있는 사회윤리 내지 사회통념에 비추어 용인될 수 있는 행위에 해당한다고 인정되는 경우에는 형법 제20조 소정의 사회상규에 위배되지 아니하는 행위로서 위법성이 조각된다고 보아야 한다(대판 98도2389).

> 부항 시술행위가 광범위하고 보편화된 민간요법이고, 그 시술로 인한 위험성이 적다는 사정만으로 그것이 바로 사회상규에 위배되지 아니하는 행위에 해당한다고 보기는 어렵지만, 다만 개별적인 경우에 그 부항 시술행위의 위험성의 정도, 일반인들의 시각, 시술자의 시술의 동기, 목적, 방법, 횟수, 시술에 대한 지식수준, 시술경력, 피시술자의 나이, 체질, 건강상태, 시술행위로 인한 부작용 내지 위험발생 가능성 등을 종합적으로 고려하여 법질서 전체의 정신이나 그 배후에 놓여 있는 사회윤리 내지 사회통념에 비추어 용인될 수 있는 행위에 해당한다고 인정되는 경우에만 사회상규에 위배되지 아니하는 행위로서

위법성이 조각된다고 볼 수 있다(대판 2004도3405).

4. 공범성립과 죄수결정

(1) 공 범

의료인일지라도 비의료인 혹은 직역의 범위가 다른 의료인의 무면허의료행위에 대한 공범이 될 수 있다. 판례는 비의료인의 무면허의료행위에 대하여 의사가 협의의 공범(교사범, 종범)뿐만 아니라 광의의 공범, 즉 공동정범까지 될 수 있다고 본다. 공동정범과 교사범·종범의 구별은 의사가 무면허의료행위에 가공하였는지 여부에 의한다.

> ① **무면허의료행위의 공동정범** 의료인일지라도 의료인 아닌 자의 의료행위에 공모하여 가공하면 (...) 무면허의료행위의 공동정범으로서의 책임을 진다(대판 85도448).
>
> ② **무면허의료행위의 교사범** 치과의사가 환자의 대량유치를 위해 치과기공사들에게 내원환자들에게 진료행위를 하도록 지시하여 동인들이 각 단독으로 (치과의사의) 진료행위를 하였다면 무면허의료행위의 교사범에 해당한다(대판 86도749). 의료법인 이사장이 간호사들로 하여금 병원 검진센터에서 의사의 현장감독 없이 단독으로 자궁질도말세포병리검사를 위한 검체 채취를 하게 했다면, 이는 무면허의료행위를 하도록 교사한 행위에 해당한다(대판 2005도5579).
>
> ③ **무면허의료행위의 방조범** 진료부는 환자의 계속적인 진료에 참고로 공하여지는 진료상황부이므로 간호보조원의 무면허진료행위가 있은 후에 이를 의사가 진료부에다 기재하는 행위는 정범의 실행행위 종료후의 단순한 사후행위에 불과하다고 볼 수 없고 무면허의료행위의 방조에 해당한다(대판 82도122).

그러나 무면허의료행위죄는 의료면허라는 신분요소를 통해 그 성립이 배제되는 것이므로 비의료인의 무면허의료행위에 공모하여 가공한 의사는 공동정범이 될 수 없다(형법 제33조 본문의 적용배제). 형법 제33조 본문은 "신분관계로 인하여 성립될 범죄에 가공한 행위"의 경우에만 적용되어야 하기 때문이다. 그러나 교사범이나 방조범은 정범인 비의료인의 불법을 차용하는 것이므로 의료인의 경우에도 성립할 수 있다. 그러므로 의사가 무면허의료행위를 지시하고 그 행위에 일부 가공하였어도 교사범으로만 처벌할 수 있다고 보아야 한다.

(2) 죄 수

무면허의료행위(또는 부정의료업행위)는 그 범죄의 구성요건의 성질상 동종행위의 반복이 예상되는 것이므로 반복된 수개의 무면허의료행위는 형법상 포괄적으로 한 개의 범죄를 구성하는 '포괄일죄'[25]에 해당한다.[26]

> 4개월여(1982.1.30~동년 6.17)에 걸친 무면허의료행위중 그 일부에 대하여 약식명령이 확정된 바 있다면 동 약식명령의 효력은 그 고지(1982.7.7) 이전의 이 사건 무면허의료행위 전부에 미친다(대판 83도939).

> 피고인이 의사가 아니면서 영리를 목적으로 업으로서 1971.6.3.부터 같은 달 10일까지 사이에 "갑"을 또 같은 달 4일부터 같은 달 8일까지 사이에 "을"을 각 치료하였다면 그 치료장소가 다르더라도 이는 단일범의에 의한 것으로서 포괄 1죄라고 할 것이다(광주고법 71노385).

25) "포괄일죄는 수개의 행위가 포괄적으로 1개의 구성요건에 해당하여 일죄를 구성하는 경우 내지 수개의 행위, 결과가 포괄되어 일죄로 평가되는 경우라고 한다"(김일수 · 서보학, 『새로 쓴 형법총론』, 제11판, 박영사, 2006, 687쪽).

26) 대판 83도939 참조.

Ⅳ 무면허의료행위 규율의 개선과제

1. 헌법재판소의 합헌결정

현행 의료법은 무면허의료행위를 '일률적, 전면적으로' 금지하고 이를 위반한 경우에는 — 앞서 언급했듯, 추상적 위험범으로서 — '그 치료결과에 관계없이' 형사처벌을 가하며, 보건범죄단속에 관한 특별조치법 제5조도 부정의료업행위를 마찬가지의 방식으로 규율한다. 이에 대해 헌법재판소는 그 합헌성을 모두 인정하는 결정을 내린 바 있다.[27] 그 논거로는 ① 생명과 신체의 존귀성을 고려할 때 치료결과와 관계없는 '사전적' 제재가 필요하고, ② 무면허자로서 의료행위를 할 수 있는 특별한 능력을 갖춘 사람이 있다고 하더라도 이를 구분하는 것은 거의 불가능하며, 가능하더라도 일반인들의 식별을 위해서는 국가에서 일정한 형태의 자격인증을 하는 방법 이외에는 달리 대안이 없고 ③ 무면허의료행위죄의 법정형이 높고 부정의료업죄가 형법상 상해죄(7년 이하의 징역, 10년 이하의 자격정지 또는 1,000만원 이하의 벌금)나 중상해죄(1년 이상 10년 이하의 징역)보다 더 중하게 처벌되는 것은 첫째, 무면허의료행위죄나 부정의료업죄는 개인적 법익과 국가적 법익 모두를 보호대상으로 삼는다는 점에서 '신체'라는 개인적 법익만을 대상으로 하는 상해죄나 중상해죄와 단순히 평면적으로 비교될 수 없고, 둘째, 부정의료업죄는 경제적 이득을 취득할 목적으로 지속적으로 사람의 생명, 신체에 대하여 위험을 야기하는 것으로 단지 일회적으로 사람의

27) 무면허의료행위에 관한 의료법 규율의 합헌성에 대한 결정은 헌재 94헌가7; 부정의료업죄에 관한 보건범죄단속에 관한 특별조치법 규율의 합헌성에 대한 결정은 헌재 2003헌바15 참조.

신체에 대하여 위해를 가하는 상해죄나 중상해죄보다 그 행위 불법도 크며, 셋째, 모든 무면허의료행위의 위험성을 평가하여 그 불법과 비난가능성의 정도에 따라 구성요건을 일일이 세분하여 규정하는 것이 입법기술상 불가능하거나 현저히 곤란하고, 넷째, 부정의료업죄에 대해 부과하는 2년 이상의 징역인 법정형은 작량감경하는 경우 집행유예를 선고할 수 있으며, 하한이 100만원이고 상한이 1천만원인 벌금형은 현재의 경제사정에 비추어 볼 때 그렇게 과중하지 않다고 보기 때문이라는 점을 이야기한다. ④ 또한 보건범죄단속법상 부정의료업행위는 무면허의료행위를 영리 목적으로 '업'으로 하는 경우이어서 단순히 호의적·일회적으로 하는 경우보다 더 많은 국민의 생명과 신체가 위험에 노출시킨다는 점에서 무면허의료행위죄보다 중한 형벌로 처벌될 수 있다고 본다.

2. 협업의 합법화 필요성

현대사회에서는 건강관리서비스(Health Care Service)의 산업이 성장하고 있다. 예를 들어 피부관리사, 심리상담사, 음성치료사, 스포츠마사지사의 직업활동 등이 바로 그러한 예이다. 이들은 의료인은 아니어서 의사와 계약을 맺어 의사의 처방에 따른 시술을 보조하는 직업활동을 하기도 하는데, 의료인들 사이의 공동의료를 분업이라고 표현한다면 이와 같은 직업활동은 의사와 비의료인이지만 건강관리능력을 갖춘 직업인 사이의 '협업'이라 불리울 수 있다. 이러한 협업은 의사가 직접 모든 건강관리서비스를 수행하는 경우에 비해 그 서비스가격을 낮춤으로써 시민들의 접근도를 높이는 등 시민의 복지를 기여한다. 그럼에도 불구하고 현행법제 아래에서는 이러한 협업형태의 행위 역시 (영리를 목적으로 행하는) 무면허의료행위에 해당한다.

> 의료행위는 의료인만이 할 수 있음을 원칙으로 하되, 간호사, 간호조무사, 「의료기사 등에 관한 법률」에 의한 임상병리사, 방사선사, 물리치료사, 작업치료사, 치과기공사, 치과위생사의 면허를 가진 자가 의사, 치과의사의 지도하에 진료 또는 의학적 검사에 종사하는 행위는 허용된다 할 것이나, 그 외의 자는 의사, 치과의사의 지도하에서도 의료행위를 할 수 없는 것이고, 나아가 의사의 전체 시술과정 중 일부의 행위라 하더라도 그 행위만으로도 의료행위에 해당하는 한 비의료인은 이를 할 수 없으며, 의료행위를 할 면허 또는 자격이 없는 한 그 행위자가 실제로 그 행위에 관하여 의료인과 같은 수준의 전문지식이나 시술능력을 갖추었다고 하더라도 마찬가지이다(대판 2003도2903).

이런 논리에 따른다면 예컨대 피부관리에 직업적 능력을 갖춘 피부관리사가 피부과전문의에게 고용되어 그의 처방과 위험관리 아래서 환자에게 크리스탈 필링 박피술의 시술을 행한 행위도 무면허의료행위죄에 해당할 수밖에 없다. 그러므로 이와 같은 협업을 합법화하는 법제의 개선이 필요하다.

의료기관법

I 의 의

'의료기관'이란 '의료인이 공중 또는 특정 다수인을 위하여 의료·조산의 업을 하는 곳'(의료법 제3조 제1항)이다.

> **의료법 제3조(의료기관)** ① 이 법에서 "의료기관"이란 의료인이 공중 또는 특정 다수인을 위하여 의료·조산의 업(이하 "의료업"이라 한다)을 하는 곳을 말한다.

의료의 특성상 안전성과 전문성 확보를 위해서는 의료행위의 주체인 의료인의 자격을 통제해야 할 뿐만 아니라[1] 일정수준의 시설과 장소를 갖추어야 할 필요가 있다.[2] 이를 위해 의료법 제33조

---

1) 이에 대해서는 이 책의 [2] 의료인 그리고 [3] 무면허의료행위 단락을 참조.
2) 한국의료법학회 보건의료법학편찬위원회, 『보건의료법학』, 동림사, 2003, 272쪽; 대한의사협회, 『의료법원론』, 법문사, 2008, 161쪽 참조.

이하에서는 의료업의 수행을 위한 의료기관의 개설과 기타 준수사항들에 관해 규정하고 있다.

Ⅱ '의료인'의 의료기관 개설

1. 의료기관 내에서의 의료업

(1) 의료기관의 개설

1) 원 칙

일정한 자격을 갖추고 국가로부터 의료면허를 부여받게 된 의료인이 의료업을 하기 위해서는 '반드시 의료기관을 개설해야' 한다(의료법 제33조 제1항).

2) 예 외

다만 의료기관 개설의 원칙에 대해 일정한 경우 예외가 인정된다.

> **의료법 제39조(시설 등의 공동이용)** ② 의료기관의 장은 그 의료기관의 환자를 진료하는 데에 필요하면 해당 의료기관에 소속되지 아니한 의료인에게 진료하도록 할 수 있다.

㈎ 의료기관을 개설하지 않은 의료인의 경우 보건복지부는 2010.1. 유권해석을 통해 — 기존의 태도를 변경하여 — 비전속의사의 경우 이른바 프리랜서 의료인으로 2개 이상의 요양기관에서 근무할 수 있다고 보았다.[3] 다만 프리랜서 의료인에 대해서는 근무일수와 시간에 따라 수가가 차등 적용된다.

---

3) '프리랜서 의사' 먼저 등록된 곳만 수가 적용, 데일리메디, 2010.1.17.자 기사(http://www.dailymedi.com/news/view.html?section=1&category=3&no=712054, 최종접속일: 2013.1.21.).

[프리랜서 의료인 제도의 의의] 어떤 의료기관에 소속됨이 없이 불특정 다수의 의료기관에서 자유로이 의료업을 수행하는 프리랜서 의료인제도는 의료인력의 효율적 사용을 가능하게 할 수 있다는 장점이 있는 반면, 의료인이 과로로 인하여 집중력이 저하될 수 있는 등 의료행위의 질을 저하시킬 위험도 안고 있다. 또한 이 제도는 의료의 공공성보다는 영리성을 강화시킬 수 있고 탈세의 가능성을 높일 수도 있다. 그러나 특히 전문의의 분과에 따라서는 의료인력의 부족과 편중 문제 등을 해소하기 위해 프리랜서 의료인 제도를 도입할 필요성이 있다. 프리랜서 의료인에 대한 보건당국의 관리는 해당 의료인들의 보건당국에 대한 신고를 통해 이루어지고 있다.

(나) 의료기관을 개설한 의료인의 경우 다만 법원은 의료기관을 개설한 의료인의 경우에는 다른 의료기관에서 활동할 수 있는 범위를 제한하고 있다.

의료법 제33조 제1항에서는 "의료인은 이 법에 따른 의료기관을 개설하지 아니하고는 의료업을 할 수 없으며, 다음 각 호의 어느 하나에 해당하는 경우 외에는 그 의료기관 내에서 의료업을 해야 한다"라고 규정하고, 제39조 제2항에서는 "의료기관의 장은 그 의료기관의 환자를 진료하는 데에 필요하면 해당 의료기관에 소속되지 아니한 의료인에게 진료하도록 할 수 있다"고 규정하고 있는바, 의료법 제33조 제1항에서의 의료인은 당해 의료기관 내에서의 의료업을 하여야 한다는 원칙을 규정하는 한편, 의료법 제39조 제2항에서 환자에 대한 최적의 진료를 하도록 하기 위하여 필요한 경우 해당 의료기관에 소속되지 아니한 전문성이 뛰어난 의료인을 초빙하여 진료하도록 허용한 것이라고 해석함이 상당하므로, 의료법 제39조 제2항에 따른 진료는 그러한 범위 내에서 허용되고, 해당 의료기관에 소속되지 아니한 의료인이 사실상 그 의료기관에서 의료업을 하는 정도에 이르거나 해당 의료기관에 소속되지 아니한 의료인에게 진료하도록 할 필요성에 대한 구체적 판단 없이 반복하여 특정 시기에 내원하는 환자를 일률적으로 진료하도록 하는 행위는 의료법 제39조 제2항에 의하여 허용되는 행위라고 볼 수 없다(대판 2010두11221).

(2) 개설 주체의 제한

의료기관을 개설할 수 있는 의료인은 의사 · 치과의사 · 한의사 · 조산사이다(의료법 제33조 제2항 제1호). 간호사는 의료인이기는 하지만 의료기관 개설권자가 아니다. 의료기사도 넓은 의미에서는 의료인이지만 — 유일한 예외로서 안경사의 경우를 제외하고는 — 의료기관(예: 물리치료원)을 독립하여 개설할 수 없다.

(3) 의료기관 내에서의 의료업

1) 원 칙

더 나아가 의료업은 "그 의료기관 내에서" 이루어져야 한다(의료법 제33조 제1항).

의료법 제33조(개설 등) ① 의료인은 이 법에 따른 의료기관을 개설하지 아니하고는 의료업을 할 수 없으며, (...) 그 의료기관 내에서 의료업을 하여야 한다.

2) 예 외

다만, 의료인이 의료기관 외에서 의료업을 할 수 있는 예외적인 경우가 있다.

의료법 제33조(개설 등) ① 의료인은 (...) 다음 각 호의 어느 하나에 해당하는 경우 외에는 그 의료기관 내에서 의료업을 하여야 한다.

1. 「응급의료에 관한 법률」 제2조제1호에 따른 응급환자를 진료하는 경우
2. 환자나 환자 보호자의 요청에 따라 진료하는 경우

3. 국가나 지방자치단체의 장이 공익상 필요하다고 인정하여 요청하는 경우
4. 보건복지부령[4]으로 정하는 바에 따라 가정간호를 하는 경우
5. 그 밖에 이 법 또는 다른 법령으로 특별히 정한 경우나 환자가 있는 현장에서 진료를 하여야 하는 부득이한 사유가 있는 경우

예를 들어, 의료기관을 개설하고 있는 의사가 의료기관에 내원하는 장애인의 불편을 덜어주기 위해 물리치료사를 대동하여 방문진료하는 행위는 의료법 제33조 제1항에 따른 행위로서 의료기관 '외'에서이지만 가능하다.[5]

(4) 원격의료

1) 의 의

원격의료(사이버의료)는 정보통신기술과 보건의료영역의 결합을 통해 탄생한 새로운 형태의 의료로 우리나라에서는 1988년 한국통신의 지원을 받아 서울대학교병원과 경기도 연천보건소 간에 시범사업으로 처음 시도된 바 있다.[6] 원격의료는 전자처방전이나 전자의무기록 등과 함께 의료생활세계를 사이버세계 또는 정보통신세계로까지 확장하는 기능을 수행한다. 2003년 법개정에 의해 의료업에 종사하는 의사・치과의사・한의사[7]는 "컴퓨터・화상통신 등 정

4) 의료법 시행규칙 제24조.
5) 보건복지부 2000.3.29. 의정 65507-10049.
6) 조한익, 「국민복지를 위한 원격의료와 의료정보 표준화」, 정보화저널, 제4권 제2호, 한국전산원, 1997, 117쪽; 그 이후 여러 시범사업 등과 원격의료의 발전 상황에 대해서는 박종렬, 「원격의료계약의 법적 성질에 관한 연구」, 법학연구, 제30집, 한국법학회, 2008, 68-69쪽 참조.
7) 아울러, 제주특별자치도 설치 및 국제자유도시 조성을 위한 특별법 제313조에 의하면, 동법 제307조의 규정에 의한 의료기관(「외국인투자촉진법」 제2조 제1항 제1호의 규정에 의한 외국인이 설립하여 제주자치도에 소재지를 둔 법인)에 종사하는 외국 의사・치과의사 면허소지자도 원격의료를 행할 수 있다.

보통신기술을 활용하여 먼 곳에 있는 의료인에게 의료지식이나 기술을 지원"하는 "원격의료"를 할 수 있게 되었다(의료법 제34조 제1항).[8] 원격의료는 '의료기관 내에서의 의료업 수행'이긴 하지만, 언급했듯 그 의료기관의 물리적 활동 영역을 확장시킨다. 이런 확장은 의료사각지대에 의료서비스를 제공해 주는 장점을 지니는 반면, 대면(對面) 진료의 결여로 인해 부실의료의 위험을 발생시킬 수 있다는 문제점을 안고 있다.

2) 요건과 제한

(가) 시설의 요건 그러므로 법은 첫째, 원격의료를 행하거나 받기 위해서는 일정한 장비를 갖출 것을 요구한다(의료법 제34조 제2항 및 동법 시행규칙 제29조).

> **의료법 제34조(원격의료)** ① 의료인(의료업에 종사하는 의사·치과의사·한의사만 해당한다)은 제33조 제1항에도 불구하고 컴퓨터·화상통신 등 정보통신기술을 활용하여 먼 곳에 있는 의료인에게 의료지식이나 기술을 지원하는 원격의료(이하 "원격의료"라 한다)를 할 수 있다.
> ② 원격의료를 행하거나 받으려는 자는 보건복지부령으로 정하는 시설과 장비를 갖추어야 한다.

> **의료법 시행규칙 제29조(원격의료의 시설 및 장비)** 법 제34조 제2항에 따라 원격의료를 행하거나 받으려는 자가 갖추어야 할 시설과 장비는 다음 각 호와 같다.
> 1. 원격진료실
> 2. 데이터 및 화상을 전송·수신할 수 있는 단말기, 서버, 정보통신망 등의 장비

8) 그 밖에 원격의료의 개념에 대해서는 임창선, 「현행 의료법상 원격의료관련규정의 개정방향」, 민사법연구, 제14집 제2호, 대한민사법학회, 2006, 157-159쪽 참조.

(나) 행위의 제한 　둘째, 보건복지부의 유권해석에 따르면 의료법상의 원격의료 규정은 의료인이 환자에게 화상 등의 방식으로 직접 진료를 하는 '넓은 의미의 원격의료'인 '원격치료'에 관한 것은 아니며, 다만 원격지에 있는 의료인(혹은 의료기관)간의 상담을 통한 진료 즉 '좁은 의미의 원격의료' 혹은 '원격진단'을 허용한 것일 뿐이라고 한다.[9] 이와 같은 해석은 면대면 진료의 결여로 인한 의료사고위험을 예방하기 위한 제한이다.

하지만 교도소나 지리적 특성상 의료 접근이 어려운 오・벽지 등에 의료취약계층을 대상으로 하는 원격치료를 시범적으로 운영하는 등 이른바 U-Healthcare를 활성화하려는 움직임이 이루어지면서 관련 규정들을 개정해야 할 필요성이 제기되어 왔다.[10] 최근에는 코로나19 팬데믹을 겪으면서 「감염병의 예방 및 관리에 관한 법률」 제49조의3이 신실 및 시행되어[11] '의사 - 환자' 간의 이른바 비대면 진료가 한시적으로 허용되는 근거가 마련되었다. 동조 제1항은 의료인(의사・치과의사・한의사만 해당)이 "의료기관 외부에 있

9) 2003.3.13. 보건복지부 보건의료정책과 인터넷민원회신; '좁은 의미의 원격의료'인 '원격진단'과 '넓은 의미의 원격의료'인 '원격치료'의 의미에 대해서는 윤석찬, 「원격의료(telemedizin)에서의 의료과오책임과 준거법」, 저스티스, 제37권 제4호, 2004, 23-24쪽 참조.

10) 임창선, 「현행 의료법상 원격의료관련규정의 개정방향」, 174쪽 이하; 2008.6.21. 인터넷 청년의사(http://www.docdocdoc.co.kr/), 의료산업 - 'U-Healthcare 활성화, 이제는 현실화될까?' 참조.

11) 감염병의 예방 및 관리에 관한 법률 제49조의3(의료인, 환자 및 의료기관 보호를 위한 한시적 비대면 진료) ① 의료업에 종사하는 의료인(「의료법」 제2조에 따른 의료인 중 의사・치과의사・한의사만 해당한다)은 감염병과 관련하여 「재난 및 안전관리 기본법」 제38조 제2항에 따른 심각 단계 이상의 위기경보가 발령된 때에는 환자, 의료인 및 의료기관 등을 감염의 위험에서 보호하기 위하여 필요하다고 인정하는 경우 「의료법」 제33조 제1항에도 불구하고 보건복지부장관이 정하는 범위에서 유선・무선・화상통신, 컴퓨터 등 정보통신기술을 활용하여 의료기관 외부에 있는 환자에게 건강 또는 질병의 지속적 관찰, 진단, 상담 및 처방을 할 수 있다.

는 환자에게 건강 또는 질병의 지속적 관찰, 진단, 상담 및 처방을 할 수 있다"고 규정한다.[12] 이러한 한시적 비대면 진료는 앞서 언급한 이른바 넓은 의미의 원격의료인 '원격치료'에 해당하는 행위로, 이로 인해 원격의료의 확대 논의가 더욱 활발히 진행되고 있다.[13] 입법론적으로는 이를테면 초진을 방문진료 등을 통해 면대면 진료로 행한 경우에는 원격진료를 통한 치료(원격치료)를 일정한 범위에서 허용하는 방안 등을 생각해볼 수 있을 것이다.

[코로나19 팬데믹 하에서의 한시적 비대면 진료] 코로나19 팬데믹 상황 하에서 2020. 12. 15.부터 시행된 「감염병의 예방 및 관리에 관한 법률」 제49조의3 등에 근거하여 보건복지부는 「한시적 비대면 진료 허용방안」을 공고하였고(보건복지부 공고 제2020-889호), 이를 기초로 비대면 진료가 한시적으로 시행되었다. 이 방안에 따르면 의사·

---

12) 최혜영 국회의원실에서 보건복지부에 제출한 자료에 따르면, 2020년 2월 24일부터 2021년 9월 5일까지의 기간 동안 비대면 진료를 시행한 의료기관의 수는 1만 1936개이고, 진료건수는 약 275만 7000건에 달한다고 한다 ("위드 코로나 시대 '비대면 진료' 제도화 과제는", 전자신문 2021.10.20.자 기사: https://www.etnews.com/20211019000129, 최종접속일: 2023.1.31.).

13) 2021.9.30. 강병원 의원이 대표발의한 의료법 일부개정법률안(의안번호 12756)은, 원격의료의 허용 범위를 의원급 의료기관이 고혈압, 당뇨, 부정맥 등 일정 범위의 만성질환자를 재진하는 경우까지도 포함하는 것으로 확대하는 방안을 담고 있으며, 이러한 진료를 대면진료를 보조하는 "원격 모니터링"이라 칭한다; 다른 한편 2021.10.18. 최혜영의원이 대표발의한 의료법 일부개정법률안(의안번호 12870)은, 그동안 허용되어 온 의료인 간의 원격의료는 "비대면 협진"으로 명명하고, 그 밖에 '의료인-환자'간의 원격의료는 "비대면 진료"라 칭하면서 이를 제한적으로 허용하기 위한 근거 조항을 새로이 신설하였다. 동안에 따르면 의원급 의료기관은 ① 섬·벽지에 거주하는 환자, ② 교정시설에 수용 중인 사람, 현역 복무중인 군인 등으로서 의료기관 이용이 제한되는 환자, ③ 대리수령자에 의한 처방전 수령이 가능한 환자, ④ 고혈압·당뇨병 등 일정 범위의 만성질환자와 정신질환자, 수술·치료 후 신체에 부착된 의료기기의 작동상태 점검 또는 욕창 관찰이 필요하거나 중증·희귀난치 질환 등 지속적인 관리가 필요한 환자를 대상으로 비대면 진료를 할 수 있으며, ④의 경우는 특히 재진에 한하여 가능하다. 아울러, ③, ④의 경우에는 보건복지부령이 정하는 경우 병원급 의료기관도 비대면 진료를 할 수 있다.

치과의사・한의사는 '유・무선 전화, 화상통신을 활용하여 상담 및 처방'을 할 수 있다. 다만, 원격치료의 질을 보장하기 위해 문자메세지나 메신저만을 이용한 진료는 할 수 없다. 의사가 환자를 비대면으로 진료하면 그 후 환자가 지정하는 약국에 처방전이 전송되며, 환자는 약사와 협의한 방식에 따라 의약품을 수령하게 된다(덧붙여, 처방전 전송시에는 환자의 전화번호를 처방전에 명시하여 복약지도가 전화로도 이루어질 수 있도록 하였다).

3) 원격지의사와 현지의료인의 책임 배분

원격의료가 이루어지는 경우, 환자에 대한 책임은 환자에 대해 직접 의료행위를 한 현지의 의료인이 누구인가에 따라 달라진다. 의료법에 따르면 현지의 의료인이 의사・치과의사・한의사가 아니라면 원격지의사는 "환자를 직접 대면하여 진료하는 경우와 같은 책임"을 부담한다(의료법 제34조 제3항). 하지만, 현지의료인이 의사・치과의사 또는 한의사인 경우에는 그 의료행위에 대해 원격지의사의 과실을 인정할 만한 명백한 근거가 없으면 현지의사가 책임을 부담한다(동법 제34조 제4항).

의료법 제34조(원격의료) ③ 원격의료를 하는 자(이하 "원격지의사"라 한다)는 환자를 직접 대면하여 진료하는 경우와 같은 책임을 진다.
④ 원격지의사의 원격의료에 따라 의료행위를 한 의료인이 의사・치과의사 또는 한의사(이하 "현지의사"라 한다)인 경우에는 그 의료행위에 대하여 원격지의사의 과실을 인정할 만한 명백한 근거가 없으면 환자에 대한 책임은 제3항에도 불구하고 현지의사에게 있는 것으로 본다.

(가) 대면진료의 책임　　의료법 제34조 제3항에서 말하는 "환자를 직접 대면하여 진료하는 경우와 같은 책임"은, 우선은 원격지의사가 환자에 대해 해당의료의 '원격성'에도 불구하고 부담하는

'자신의 과책에 대한' 책임이라 이해할 수도 있다. 즉, 이는 원격지 의사가 원격성으로 인해 소홀히 할 수 있는 의사로서의 의무를 강화하기 위한 책임규정이다. 그러나 이로 인해 의료인들은 원격진료를 주저하게 될 수 있다. 원격진료가 대면진료만큼 충실할 수 없는 진료형태인 한, 책임도 그만큼 적게 인정되어야 한다. 이와 같은 책임의 합리적 제한이 있을 때 비로소 원격진료를 이용할 수밖에 없는 사람들의 의료수요가 충족될 수 있을 것이다.

(나) 공동책임의 제한　　　의료법 제34조 제4항은 환자가 있는 현지에 담당의사가 있는 경우 원격지의사에게 책임을 묻기 위해서는 원격지의사의 과실을 인정할 명백한 근거가 있을 것을 요구한다. 원래 현지의사가 있는 경우에 원격지의사는 현지의사와 공동으로 진료하는 셈이 되며, 따라서 누가 과실을 범하든 두 사람이 함께 책임(공동불법행위책임 또는 부진정연대채무[14])을 부담하는 것이 원칙이다. 이런 공동책임에서도 원격지의사의 대면진료책임원칙(동조 제3항)이 전제되어 있다. 그러나 의료법 제34조 제4항은 원격지의사의 이러한 과잉책임을 다소 완화시키기 위해 현지의사와 원격지의사가 공동으로 진료하는 경우에 원격지의사에게 과실을 인정할 명백한 근거가 있지 않으면[15] 현지의사로 하여금 과실책임을 부담하게 하였다. 이 책임의 제한은 원격진료에서는 대개 현지의사가 일반의이고 원격지의사가 전문의(실질적인 의미의 수직적 의료분업)임에도 불구하고 관철된다. 이로써 현지에 담당의사가 있는 경우에는 원격지의 의사들이 조금은 수월하게 원격진료에 응할 수 있게 되고, 환자들도 현지의 의사로부터 뿐만 아니라 원격지에 있

14) 원격지의사와 현지의사는 환자와 각각 진료계약을 맺는 다는 점에 대해서는 윤석찬, 「원격의료(telemedizin)에서의 의료과오책임과 준거법」, 26-27쪽 참조.

15) 이와 관련하여 '과실을 인정할 명백한 근거'의 의미가 분명하지 않다는 비판으로 임창선, 「현행 의료법상 원격의료관련규정의 개정방향」, 178쪽 참조.

는 유능한 의사의 진료를 함께 받을 수 있다.

[의사가 아닌 현지의료인의 책임] 의료법 제34조 제4항은 현지의료인이 의사인 경우이므로 현지의료인이 간호사나 조산사인 경우에는 이런 책임의 제한이 인정되지 않는다. 의료계약은 원격지의사와 환자 간에 체결되는 것이며 현지의료인은 민법상 이행보조자라고 보는 견해16)에 따르면 현지의료인은 환자와 의료계약을 직접 맺은 채무자가 아니므로, 환자는 현지의료인에 대해 계약상의 책임을 묻지 못하고 불법행위책임만을 물을 수 있게 된다. 그러나 이런 해석은 의료법 제34조 제4항이 단지 현지의사와 원격지의사 사이의 책임분배에 관한 것일 뿐, 환자와 진료를 담당하는 의료인 사이의 계약관계를 규율한 것이 아님을 간과한다. 환자는 현지의료인이 의사가 아닌 간호사나 조산사일지라도 그와 계약을 맺는 것이며, 이 경우 현지의료인은 원격지의사와 부진정연대채무 또는 공동불법행위의 책임을 지게 될 수 있다고 보아야 한다.

2. 복수 의료기관 개설의 금지

의료기관 개설권을 갖는 의료인인 의사 · 치과의사 · 한의사 또는 조산사는 하나의 의료기관만을 개설할 수 있다(의료법 제33조 제8항 제1문).

의료법 제33조(개설 등) ⑧ 제2항 제1호의 의료인은 어떠한 명목으로도 둘 이상의 의료기관을 개설 · 운영할 수 없다.

(1) 입법취지

이러한 규정은 의료인이 의료업을 성실하게 수행할 수 있도록

16) 이러한 견해로는 윤석찬, 「원격의료(telemedizin)에서의 의료과오책임과 준거법」, 26쪽.

특정 의료기관에 그의 능력과 에너지를 집중시키는 데에 그 목적이 있다. 이에 비해 판례는 복수의료기관 개설금지의 취지를 "의사가 의료행위를 직접 수행할 수 있는 장소적 범위 내에서만 의료기관의 개설을 허용함으로써 의사 아닌 자에 의하여 의료기관이 관리되는 것을 그 개설단계에서 미리 방지하기 위한 데에 있다"[17]고 본다. 그러나 이는 입법취지가 아니라 이 규정에 의해 발생할 수 있는 사실상의 효과 중 하나이다. 왜냐하면 복수로 의료기관을 개설해도 다른 의사가 의료업의 대부분을 수행하도록 할 수 있기 때문이다. 또한 의료업의 장소적 범위를 제한하려는 것도 직접적인 입법취지가 되기 어렵다. 왜냐하면 이미 개설한 의료기관 바로 옆 건물에 또 다른 의료기관을 개설하더라도 그 두 기관의 공간총량은 한 개의 큰 의료기관이 차지하는 공간보다 적을 수 있고, 따라서 의사는 의료행위를 직접 수행하기 위한 공간적 지배력을 잃어버리지 않을 수 있기 때문이다.

> "이미 자신의 명의로 의원을 개설, 운영하면서 의료행위를 하고 있는 의사가 다른 의사를 고용하여 그 의사 명의로 새로운 의원을 개설하고 그 운영에 직접 관여하는 데서 더 나아가 그 의원에서 자신이 직접 의료행위를 하거나 비의료인을 고용하여 자신의 주관하에 의료행위를 하게 한 경우에는 의료법 위반죄(의료기관 중복개설죄)의 죄책을 면할 수 없고, 이는 새로운 의원의 개설명의자인 다른 의사가 그 의원에서 직접 일부 의료행위를 하였다거나 위 두 의원이 별도로 개설신고가 되었을 뿐 외형적으로 서로 분리되지 않고 같은 장소에서 사실상 하나의 의원처럼 운영되었다고 하여 달리 볼 것은 아니다"(대판 2006도4652). 이 판례에서 "외형적으로 서로 분리되지 않고 같은 장소에서 사실상 하나의 의원처럼 운영되었다고 하여 달리 볼 것은 아니다"라는 입장은 "의사가 의료행위를 직접 수행할 수 있는 장소적 범

17) 대판 2003도256.

위 내에서만 의료기관의 개설을 허용함으로써"(대판 2003도256)라는 논증과 부정합적인 것이 된다.

(2) 하나의 개설과 중복 개설의 범위

판례는, "하나의 의료기관만을 개설"해야 한다는 의무를 위반하게 되는 경우로 ① 자기 명의로 복수의 의료기관을 개설하거나 ② 타인 명의로 의료기관을 개설하여 그곳에서 직접 의료행위를 하거나 비의료인을 고용하여 자신의 주관하에 의료행위를 하게 하는 경우를 이야기한다.18) 더 나아가 ③ 이미 자기 명의로 의료기관을 개설·운영하면서 의료행위를 하고 있는 의사가 다른 의사가 개설·운영하고 있는 기존 의료기관을 인수하여 개설자 명의변경 신고 또는 허가를 받지 않은 채 또는 다른 의사의 면허증을 대여받아 그 의사 명의로 개설자 명의변경 신고 또는 허가를 받아 종전 개설자를 배제하고 그 의료기관의 시설과 인력의 관리, 의료업의 시행, 필요한 자금의 조달, 그 운영성과의 귀속 등 의료기관의 운영을 실질적으로 지배·관리하는 등 종전 개설자의 의료기관 의료행위와 단절되는 새로운 운영행위를 한 것으로 볼 수 있는 경우에도 중복개설에 해당한다.19)

(3) 복수 면허 의료인의 예외

의료법 제33조(개설 등) ⑧ (...) 2 이상의 의료인 면허를 소지한 자가 의원급 의료기관을 개설하려는 경우에는 하나의 장소에 한하여 면허 종별에 따른 의료기관을 함께 개설할 수 있다.

이 규정은 복수면허 의료인은 단수면허 의료인에 비하여 상대

18) 대판 2003도256.
19) 대판 2016도11407.

적으로 지식 및 능력이 뛰어나다는 점에서 복수면허 의료인에게 하나의 의료기관만을 개설하도록 하는 것은 직업의 자유 및 평등권을 침해한다는 헌법재판소의 결정에 따른 것이다.

> 복수면허 의료인은 의과 대학과 한의과 대학을 각각 졸업하고, 의사와 한의사 자격 국가고시에 모두 합격하였다. 따라서 단수면허 의료인에 비하여 양방 및 한방의 의료행위에 대하여 상대적으로 지식 및 능력이 뛰어나거나, 그가 행하는 양방 및 한방의 의료행위의 내용과 그것이 인체에 미치는 영향 등에 대하여도 상대적으로 더 유용한 지식과 정보를 취득하고 이를 분석하여 적절하게 대처할 수 있다고 평가될 수 있다. 그렇다면 복수면허 의료인들에게 단수면허 의료인과 같이 하나의 의료기관만을 개설할 수 있다고 한 이 사건 법률조항은 '다른 것을 같게' 대우하는 것으로 합리적인 이유를 찾기 어려우며, 복수면허 의료인인 청구인들의 직업의 자유, 평등권을 침해한다(헌재 2004헌마1021).

여기서 복수의 의료기관을 '하나의 장소'에서 개설할 것을 요건으로 삼은 것은 당해 의료인이 공간적 지배력을 확보하도록 하기 위함이 아니라 — 이를테면 양·한방의료를 모두 수행하게 하되 — 그 두 면허의 의료업무가 서로 유기적으로 연관지어지도록 하기 위함이다.

Ⅲ '의료인 등'의 비영리 의료기관 개설

1. 의료기관의 개설권자

(1) 개설권자의 제한

의료인 외에 의료기관을 개설할 수 있는 자는 의료법 제33조에 의해 한정되어 있다. 이는 의료기관 개설자격을 의료전문성을 가진

의료인이나 공적인 성격을 가진 법인, 기관 등으로 엄격히 제한하여 의료의 적정을 기함으로써 국민의 건강을 보호·증진하려는 취지이다.[20] 특히 의료법인의 경우 일정한 요건을 갖춘 경우 시·도지사의 허가가 있는 경우에만 설립 가능하게 함으로써(의료법 제48조), 민간의료기관의 공공성을 도모하고 있다.

의료법 제33조(개설 등) ② 다음 각 호의 어느 하나에 해당하는 자가 아니면 의료기관을 개설할 수 없다. (...)
2. 국가나 지방자치단체
3. 의료업을 목적으로 설립된 법인(이하 "의료법인"이라 한다)
4. 「민법」이나 특별법에 따라 설립된 비영리법인
5. 「공공기관의 운영에 관한 법률」에 따른 준정부기관, 「지방의료원의 설립 및 운영에 관한 법률」에 따른 지방의료원, 「한국보훈복지의료공단법」에 따른 한국보훈복지의료공단

1) 강행규정

대법원은 비영리법인이 아닌 자의 의료기관 개설 금지에 관한 의료법의 규정이 '강행법규'의 성격을 갖는다고 본다.

의료법은 의료인이나 의료법인 등 비영리법인이 아닌 자의 의료기관 개설을 원천적으로 금지하고 이를 위반하는 경우 징역 또는 벌금에 처하도록 한다. 의료기관 개설자격을 의료전문성을 가진 의료인이나 공적인 성격을 가진 자로 엄격히 제한함으로써 건전한 의료질서를 확립하고 영리 목적으로 의료기관을 개설하는 경우에 발생할지도 모르는 국민 건강상의 위험을 미리 방지하고자 하려는 이 규정의 입법 취지, 의료인이나 의료법인 등이 아닌 자가 의료기관을 개설하여 운영하는 행위는 형사처벌의 대상이 되는 범죄행위에 해당하고 거기에 따를 수 있는 국민보건상의 위험성에 비추어 사회통념상으로 도저히

20) 대판 2004도3875 판결 참조.

용인될 수 없는 정도로 반사회성을 띠고 있다는 점, 위와 같은 위반 행위에 대하여 단순히 형사 처벌하는 것만으로는 의료법의 실효를 거둘 수 없다고 보이는 점 등을 종합하여 보면, 위 규정은 의료인이나 의료법인 등이 아닌 자가 의료기관을 개설하여 운영하는 경우에 초래될 국민 보건위생상의 중대한 위험을 방지하기 위하여 제정된 이른바 강행법규에 속하는 것으로서 이에 위반하여 이루어진 약정은 무효라고 할 것이다(대판 2003다2390).

2) 개설 비자격자와 자격자의 공모 개설

의료인이 의료인이나 의료법인 아닌 자의 의료기관 개설행위에 공모하여 가공하면 당해 범죄의 공동정범에 해당하게 된다.[21] 하지만, 의료기관 개설자격이 있는 의료인이 다른 의료인 또는 의료기관을 개설할 자격이 있는 자의 명의를 빌려 의료기관을 개설하는 것은 의료법 위반이 아니다.

의사인 甲은 비영리 재단법인 H 의학연구소의 대표이사인 乙과 공모하여 그 재단의 명의를 빌려 건강검진을 목적으로 하는 '재단법인 H 의학연구소 부설 S 의원'을 개설하였다. 이때 H 재단법인은 의학분야의 연구개발 사업을 수행하여 국민 의료시혜 및 건강관리 증진에 이바지하는 것을 목적으로 하는 민법에 의한 비영리 재단법인으로서 의료기관을 개설할 자격이 있고, "위 규정의 취지는 의료기관 개설자격을 의료전문성을 가진 의료인이나 공적인 성격을 가진 법인, 기관 등으로 엄격히 제한하여 그 이외의 자가 의료기관을 개설하는 행위를 금지함으로써 의료의 적정을 기하여 국민의 건강을 보호 증진하려는 데 있는 것이므로, 의료기관을 개설할 자격이 있는 의료인이 의료법 제30조 제2항 각호 소정의 자들로부터 명의를 빌려 그 명의로 의료기관을 개설하더라도 이는 의료기관을 개설할 자격이 없는 자가 의료기관을 개설하는 경우와는 다르다 할 것이어서 의료법 제30조

21) 대판 2001도2015; 대판 85도448.

제2항 본문에 위반되는 행위로 볼 수 없다 할 것이다"(대판 2004도 3875).

(2) 의료기관의 개설권자 이외의 자: 부속의료기관의 개설

의료기관의 개설권자 이외의 자는, 일정한 요건을 갖춘 경우 '부속의료기관'을 개설할 수 있다. 이 경우 의원급 부속의료기관은 관할 시장·군수·구청장에게 신고해야 하며 병원급 부속의료기관은 관할 시·도지사의 허가를 받아야 한다(의료법 제35조 제1항).

2. 비영리 의료

(1) 비영리성

의료법인 그리고 의료기관을 개설한 비영리법인(의료법 제33조 제2항 제4호)은 의료업을 수행함에 있어 "영리를 추구하여서는 아니 된다"는 사명을 갖는다(동법 시행령 제20조). 영리의료법인의 허용여부는 입법정책적인 문제이다.

1) 영리의료법인 개설금지의 취지

현재 헌법재판소는 영리의료법인의 허용이 보건의료의 질 저하, 영리위주의 과잉의료행위, 의료자원 수급계획 왜곡, 투자자의 자본회수 등으로 인한 의료기관 운영의 왜곡, 소규모 개인 소유 의료기관의 폐업 빈발을 초래한다고 본다.

영리 민간의료기관과 비영리 민간의료기관 그리고 공공의료기관의 구성을 어떻게 할 것인가의 문제는, 보건의료의 수요와 공급 상황, 그 나라의 보건의료체제와 국민들의 보건의료서비스 이용특성, 의료보험의 체계와 재정 등을 감안하여 입법자가 그 사회의 실정에 가장 부합하는 형태를 선택하는 입법정책적인 문제이다. 의료기관의 개설을 의료인이 아닌 일반 개인이나 영리법인에까지 개방하게 되면, 공

정적인 효과도 있겠지만, 국민 건강보호라는 공익보다는 영리추구를 우선하여 환자의 무리한 유치, 1차진료 또는 의료보험 급여 진료보다는 비급여 진료에 치중하는 진료 왜곡, 수요가 적은 전문진료과목의 미개설 또는 과소 공급, 과잉진료로 인한 의료과소비, 의료설비와 시설에 대한 과대투자로 장기적인 의료자원 수급 계획의 왜곡, 의학교육·연구 등 사회적 필요에 따른 요청의 경시, 소규모 개인 소유 의료기관의 폐업 등으로 건전한 의료질서를 어지럽히는 등 부작용을 초래할 가능성도 있다. 그리고 그 결과 의료비 지출 증가, 국민의 의료비 부담 증가, 국민의 의료기관 이용의 차별과 위화감 조성, 의료의 공공성 훼손 등을 초래할 우려가 있다. 우리나라의 취약한 공공의료의 실태, 비의료인이나 영리법인의 의료기관 개설을 허용할 때 의료계 및 국민건강보험 재정 등 국민보건 전반에 미치는 영향이 큰 점, 앞에서 살핀 보건의료서비스의 특성과 국가가 국민의 건강을 보호하고 적정한 의료급여를 보장해야 하는 사회국가적 의무 등을 감안하여 보면, 의료의 질을 관리하고 건전한 의료질서를 확립하기 위하여 의료인이 아닌 자나 영리법인이 의료기관을 개설하는 자유를 제한하고 있는 입법자의 판단이 입법재량을 명백히 일탈하였다고 할 수 없다(헌재 2001헌바87).

2) 영리의료법인 개설금지의 현실

그러나 영리의료법인의 개설을 금지하였어도 현실은 그 금지의 취지와는 정반대의 모습을 보이고 있다. 국민건강보험상의 진료(급여)만으로는 병원들이 만성적인 재정적자에 시달리게 되고, 그 적자를 메우기 위해 의료업무 이외에 영리사업으로 부대사업(예: 보수교육, 의학조사연구, 노인의료복지시설, 장례식장, 부설주차장의 설치·운영, 음식점이나 이·미용업 등의 편의시설운영)을 할 수밖에 없게 되었으며, 의료법 제49조도 부득이하게 이를 인정하고 있다. 병원의 재정적자는 보험외의 진료 (비급여) 영역을 개발· 확장하도록 하고 우수인력도 그런 영역에만 몰리게 함으로써 각 의료분과의

균형발전을 저해하고 있으며, 이는 매우 높은 (중소)병원 도산율의 원인이 되고 있다.

(2) 영리의료법인의 예외적 허용

영리의료법인의 허용은 부정적인 측면만을 갖는 것이 아니라 자본참여를 활성화하여 양질의 의료서비스가 제공될 수 있게 하거나 경쟁촉진을 통해 의료의 발전을 도모하는 등의 긍정적인 효과[22]도 지닐 수 있다. 이런 맥락에서 정부는 의료서비스의 질적인 향상을 유도하고 의료관광을 차세대 핵심 성장 산업으로 육성하기 위해,[23] 2006년 제정된 「제주특별자치도 설치 및 국제자유도시 조성을 위한 특별법」에서 외국인이 설립하여 제주자치도에 소재지를 둔 법인의 경우 — 그 법인의 영리성을 묻지 않고 — 도지사의 허가를 받아 제주자치도에 (한방병원을 제외한) 병원·치과병원·요양병원·종합병원을 개설할 수 있다고 규정한다. 이 법에 따라 개설된 외국의료기관은 「국민건강보험법」에 따른 요양기관 및 「의료급여법」에 따른 의료급여기관으로 보지 않는다(동법 제307조 제4항). 2016년에는 「경제자유구역의 지정 및 운영에 관한 특별법」이 제정되었는데, 동법에 따르면 외국인 또는 외국인이 의료업을 목적으로 설립한 「상법」상 법인 중 경제자유구역에 소재하고 법이 정한 외국인투자비율 및 자본금의 규모에 관한 요건 등을 충족하는 경우 보건복지부장관의 허가를 받아 경제자유구역에 종합병원·병원·치과병원 및 요양병원을 개설할 수 있다. 동법은 이 법에 따라 개설된 외국의료기관은 「의료법」에 따라 개설된 의료기관으로 보며, 「국민건강보험법」에

22) 헌재 2001헌바87 참조.
23) 김동욱·김민철, 「제주특별자치도의 외국의료기관 유치선택방안 — AHP 분석결과를 중심으로」, 한국정책과학회보, 제12권 제2호, 한국정책과학회, 2008, 58쪽.

따른 요양기관으로 보지 않는다고 규정한다(동법 제23조 제4항 및 제5항). 더 나아가 외국의 의사 · 치과의사 면허 소지자는 보건복지부 장관이 정하는 기준에 적합한 경우 경제자유구역에 개설된 외국의료기관에 종사할 수 있다(동법 제23조 제6항).

Ⅳ 의료기관별 개설 요건

1. 의료기관의 종류

(1) 일반적 분류

1) 일반적 분류[24)]

의료법상 의료기관은 입원 가능한 환자의 수와 해당의료의 목적에 따라 의원급 의료기관(의원, 치과의원, 한의원), 조산원, 병원급 의료기관(병원, 치과병원, 한방병원, 요양병원, 정신병원, 종합병원)으로 분류된다.[25)] 「장애인복지법」에 따른 의료재활시설은, 의료법 제3조의2가 정하는 요건을 갖춘 경우 '요양병원'에 포함된다(의료법 제3조 제2항). 의료법에 따른 각 의료기관의 정의는 다음과 같다(동법 제3조 제2항):

---

24) 여기서 서술하는 분류는 '의료법'상의 의료기관 분류이다. 그 밖에 국민건강보험법은 '요양기관' 의 분류에 대해(국민건강보험법 제42조 제1항), 의료급여법은 의료급여기관의 분류에 대해(동법 제9조 제2항) 그리고 응급의료에 관한 법률은 응급의료기관의 분류에 대해(동법 제2조 제5호) 규율하며, 그 밖에도 의료기관은 전문의 수련이나 자격인정, 특수질환, 특정진료대상에 의해 분류되기도 한다. 이에 대해서는 송기민 · 김윤신 · 최호영 · 이영호 · 고수경, 「의료기관 종별기준에 대한 현행 법령상의 문제점과 개선방안」, 대한보건연구, 제34권 제2호, 대한보건협회, 2008, 67-71쪽 참조.

25) 의료법상 의료기관의 종별 구분 기준에 대해 좀 더 상세히는 송기민 · 김윤신 · 최호영 · 이영호 · 고수경, 「의료기관 종별기준에 대한 현행 법령상의 문제점과 개선방안」, 대한보건연구, 제34권 제2호, 대한보건협회, 2008, 65쪽 참조.

- **의원급 의료기관** 의사, 치과의사 또는 한의사가 주로 외래환자를 대상으로 각각 그 의료행위를 하는 의료기관
- **조산원** 조산사가 조산과 임부・해산부・산욕부 및 신생아를 대상으로 보건활동과 교육・상담을 하는 의료기관
- **병원급 의료기관** 의사, 치과의사 또는 한의사가 주로 입원환자를 대상으로 의료행위를 하는 의료기관

2) 업종간 교차 금지

특히 의료인의 경우 그 직역에 따라 의사는 종합병원・병원・요양병원・의원을, 치과의사는 치과병원・치과의원을 그리고 한의사는 한방병원・요양병원・한의원을 개설할 수 있으며, 조산사는 조산원만을 개설할 수 있다(의료법 제33조 제2항).

3) 진료과목의 추가 운영

다만, 병원급 의료기관의 경우 일정한 시설・장비를 갖춘 후 진료과목을 추가로 설치・운영할 수 있다.

의료법 제43조(진료과목 등) ① 병원・치과병원 또는 종합병원은 한의사를 두어 한의과 진료과목을 추가로 설치・운영할 수 있다.
② 한방병원 또는 치과병원은 의사를 두어 의과 진료과목을 추가로 설치・운영할 수 있다.
③ 병원・한방병원 또는 요양병원 또는 정신병원은 치과의사를 두어 치과 진료과목을 추가로 설치・운영할 수 있다.
④ 제1항부터 제3항까지의 규정에 따라 추가로 진료과목을 설치・운영하는 경우에는 보건복지부령으로 정하는 바에 따라 진료에 필요한 시설・장비를 갖추어야 한다.

(2) 특수한 분류

그 밖에 보건복지부장관은 상급종합병원이나 전문병원을 지정

할 수 있다.

1) 상급종합병원

의료법 제3조의4(상급종합병원 지정) ① 보건복지부장관은 다음 각 호의 요건을 갖춘 종합병원 중에서 중증질환에 대하여 난이도가 높은 의료행위를 전문적으로 하는 종합병원을 상급종합병원으로 지정할 수 있다.

1. 보건복지부령으로 정하는 20개 이상의 진료과목을 갖추고 각 진료과목마다 전속하는 전문의를 둘 것
2. 제77조 제1항에 따라 전문의가 되려는 자를 수련시키는 기관일 것
3. 보건복지부령으로 정하는 인력·시설·장비 등을 갖출 것
4. 질병군별(疾病群別) 환자구성 비율이 보건복지부령으로 정하는 기준에 해당할 것

2) 전문병원

의료법 제3조의5(전문병원 지정) ① 보건복지부장관은 병원급 의료기관 중에서 특정 진료과목이나 특정 질환 등에 대하여 난이도가 높은 의료행위를 하는 병원을 전문병원으로 지정할 수 있다.

② 제1항에 따른 전문병원은 다음 각 호의 요건을 갖추어야 한다.

1. 특정 질환별·진료과목별 환자의 구성비율 등이 보건복지부령으로 정하는 기준에 해당할 것
2. 보건복지부령으로 정하는 수 이상의 진료과목을 갖추고 각 진료과목마다 전속하는 전문의를 둘 것

2. 개설 요건 및 준수사항

(1) 기관별 개설요건

1) 병 원

㈎ 당직의료인 각종 병원에는 응급환자와 입원환자의 진료

등에 필요한 당직의료인을 두어야 한다(의료법 제41조).

(나) 병상의 수

ㄱ. 병원 · 치과병원 · 한방병원 · 요양병원 : 30개 이상의 병상(병원 · 한방병원만 해당) 또는 요양병상(의료법 제3조의2)

ㄴ. 종합병원 : 100개 이상의 병상(동법 제3조의3 제1항 제1호)

(다) 종합병원의 필수진료과목

ㄱ. 100병상 이상 300병상 이하인 경우 : 내과 · 외과 · 소아청소년과 · 산부인과 중 3개, 영상의학과, 마취통증의학과와 진단검사의학과 또는 병리과를 포함한 7개 이상의 진료과목(및 각 진료과목의 전속전문의)(동법 제3조의3 제1항 제2호)

ㄴ. 300병상을 초과하는 경우 : 내과 · 외과 · 소아청소년과 · 산부인과 · 영상의학과 · 마취통증의학과 · 진단검사의학과 또는 병리과 · 정신건강의학과 및 치과를 포함한 9개 이상의 진료과목(및 각 진료과목의 전속전문의)(동법 제3조의3 제1항 제3호)

2) 조산원

조산원을 개설하는 경우에는 반드시 지도의사를 두어야 한다(동법 제33조 제6항).

(2) 명칭 사용

의료기관의 명칭이나 이와 비슷한 명칭은 의료기관만이 사용할 수 있다(의료법 제42조 제3항). 더 나아가, 각 의료기관은 의료법에서 규정한 해당 의료기관의 종류에 따른 명칭을 사용하여야 한다. 다만, 종합병원은 '병원'의 명칭을, 상급종합병원이나 전문병원으로 지정받았다면 지정받은 기간 동안 그 명칭을 사용할 수 있으며, 복수면허의료인이 면허 종별 명칭을 함께 사용하거나 국가 · 지방자치단체에서 개설하는 의료기관이 보건복지부장관이나 시 · 도지사와 협의하여 정한 명칭을 사용하는 것 그리고 다른 법령으로 따로 정한 명칭을 사용하는 것은 허용된다(동법 제42조 제1항). 이는 일반인이 의료기관의 종류를 구분하고 명칭 표기에 따라 혼동을 일으키지 않도록 하기 위한 것이다.26)

의료법 시행규칙은 의료기관의 명칭 표시에 관한 더 상세한 사항들을 규율한다(동법 제42조 제2항 및 동법 시행규칙 제40조). 예를 들어, 고유명칭은 의료기관의 종류 명칭 앞에 붙이며 의료기관의 종류 명칭과 혼동할 우려가 있거나 특정 진료과목 또는 질환명과 비슷한 명칭을 사용하지 못하고, 전문의가 의료기관을 개설하는 경우 고유명칭과 의료기관의 종류명칭 사이에 자신이 인정받은 전문과목을 삽입하여 표시할 수 있고, 고유명칭 앞에 전문과목 및 전문의를 함께 표시할 수 있다. 그 밖에도 부속의료기관은 종별 명칭 앞에 그 개설기관의 명칭과 '부속'이라는 문자를 붙여야 한다.

> 의료기관의 종류와 명칭사용에 대한 의료법의 규제는 법이 정한 의료기관의 명칭 이외의 명칭은 그 의료기관의 종별에 따르는 명칭으로서 뿐 아니라 고유명사의 일부로서도 사용하는 것을 허용하지 않는 취지이다. 그러므로 의료기관의 고유명칭인 '강남'과 의료기관의 종별표시인 '의원' 사이에 '크리닉'이라는 명칭을 사용하였다면, 이를 고유명사의 일부로서 사용하였건 의료기관의 종류나 성질의 표시로서 사용하였건 의료법에 위배된다(대판 92도686).

(3) 진료과목의 표시

의료기관이 표시할 수 있는 진료과목은 의료법 시행규칙에 정해져 있으며, 의료법 제43조에 따라 병원 등이 진료과목을 추가로 설치하여 운영하는 경우에도 그 표시할 수 있는 진료과목은 마찬

---

26) 대판 92도686.

가지로 한정되어 있다. 의료기관이 표시할 수 있는 진료과목은 아래의 규정과 같다:

> **의료법 시행규칙 제41조(진료과목의 표시)** ① 법 제43조에 따라 의료기관이 표시할 수 있는 진료과목은 다음 각 호와 같다.
> 1. 종합병원 : 제2호 및 제3호의 진료과목
> 2. 병원·정신병원이나 의원 : 내과, 신경과, 정신건강의학과, 외과, 정형외과, 신경외과, 심장혈관흉부외과, 성형외과, 마취통증의학과, 산부인과, 소아청소년과, 안과, 이비인후과, 피부과, 비뇨의학과, 영상의학과, 방사선종양학과, 병리과, 진단검사의학과, 재활의학과, 결핵과, 가정의학과, 핵의학과, 직업환경의학과 및 응급의학과
> 3. 치과병원이나 치과의원: 구강악안면외과, 치과보철과, 치과교정과, 소아치과, 치주과, 치과보존과, 구강내과, 영상치의학과, 구강병리과, 예방치과 및 통합치의학과
> 4. 한방병원이나 한의원: 한방내과, 한방부인과, 한방소아과, 한방안·이비인후·피부과, 한방신경정신과, 한방재활의학과, 사상체질과 및 침구과
> 5. 요양병원: 제2호 및 제4호의 진료과목

(4) 기 타

1) 의료기관과 약국의 장소적 분리

현행 의료법이 전제하는 의약분업의 목적을 효율적으로 달성하기 위해서는 의료기관의 외래환자에 대한 원외조제를 의무화하는 등[27] 의료기관과 약국간의 담합을 방지해야 한다. 설령 의료기관과 약국이 소유상 및 경영상으로 독립되어 있더라도 의료기관과 약국이 상호간에 담합하게 되면 의사가 발행한 처방전을 약사가 적극적으로 검토하지 않을 가능성이 높아지고 의사와 약사간의 상

27) 대판 2002두10995 참조.

호견제가 제대로 이루어지 않을 수 있기 때문이다.[28] 특히 약국이 의료기관 내에 있거나 의료기관과 장소적으로 밀접하게 연관되어 있으면, 의료기관의 처방을 독점하게 됨으로써 발생할 수 있는 커다란 경제적인 이득을 위해 약국과 의료기관이 담합할 가능성이 매우 크다.[29] 이를 위해 의료법 제33조 제7항은 약국을 의료기관과는 공간적·기능적으로 독립된 장소에 두기 위해 아래와 같은 경우 의료기관의 개설을 금지한다. 이와 유사하게 약사법 제20조 제5항도 마찬가지로 제2호에서 제4호에 걸쳐 거의 동일한 내용을 규정한다.[30] 동 조항의 위반여부를 판단함에 있어서는 그 입법취지를 고려하여 건물의 용도, 관리 및 소유관계와 출입이나 통행 등 공간적·기능적 관계에서 약국과 병원이 독립된 장소에 위치하는지를 살펴보아야 한다.[31]

> **의료법 제33조(개설)** ⑦ 다음 각 호의 어느 하나에 해당하는 경우에는 의료기관을 개설할 수 없다.
> 1. 약국 시설 안이나 구내인 경우
> 2. 약국의 시설이나 부지 일부를 분할·변경 또는 개수하여 의료기관을 개설하는 경우
> 3. 약국과 전용 복도·계단·승강기 또는 구름다리 등의 통로가 설치되어 있거나 이런 것들을 설치하여 의료기관을 개설하는 경우

---

28) 헌재 2001헌마700 참조.
29) 헌재 2001헌마700 참조.
30) 약사법 제20조 ⑤ 다음 각 호의 어느 하나에 해당하는 경우에는 개설등록을 받지 아니한다. (...) 2. 약국을 개설하려는 장소가 의료기관의 시설 안 또는 구내인 경우 3. 의료기관의 시설 또는 부지의 일부를 분할·변경 또는 개수(改修)하여 약국을 개설하는 경우 4. 의료기관과 약국 사이에 전용(轉用) 복도·계단·승강기 또는 구름다리 등의 통로가 설치되어 있거나 이를 설치하는 경우
31) 대판 2002두10995 참조.

약국과 의료기관의 담합행위를 방지하여 의약분업을 효율적으로 실현함으로써 국민보건을 향상시키려는 이사건 법률조항들(의료기관의 시설 또는 부지의 일부를 분할·변경 또는 개수하여 약국을 개설하는 것을 금지하는 규정)의 입법목적은 헌법상 정당하고 그 금지방식은 입법목적 달성에 적합하다. 또한 의료기관의 시설의 일부를 분할·변경한 장소에서만 약국을 개설하지 못하도록 할 뿐 다른 장소에서는 얼마든지 약국을 개설하여 영업을 할 수 있도록 하고 있으므로 청구인들의 직업행사의 자유의 제한의 정도가 그다지 크지 않은 반면에, 이 사건 법률조항들이 의료기관과 약국의 담합행위를 방지하는 입법목적의 달성을 통해서 얻게 되는 국민보건의 향상이라는 공적 이익은 상당히 크다고 할 것이므로, 이 사건 법률조항들은 청구인들의 직업행사의 자유를 침해하지 않는다(헌재 2001헌마700).

2) 기타 시설 및 운영 기준

그 밖에 의료법은 의료기관의 종류에 따른 시설기준이나 규격, 안전관리시설 기준, 운영기준, 고가의료장비의 설치·운영기준, 의료인 등의 정원 기준, 급식 관리 기준, 의료기관의 위생관리, 의료기관의 의약품 및 일회용 의료기기의 사용, 감염병환자 등의 진료기준 — 감염관리가 필요한 시설의 출입 기준, 의료인 및 환자 안전을 위한 보안장비설치 및 보안인력 배치, 의료기관의 신체보호대 사용, 의료기관의 의료 관련 감염 예방에 관한 사항 등에 관해 규정하며(의료법 제36조), 진단용 방사선 발생장치나 특수의료장비의 설치 및 운영 — 신고의무, 안전관리, 품질관리검사 등 — 에 관해서도 규정한다(동법 제37조 및 제38조).

더 나아가, 의료자원을 공동으로 이용함으로써 그 효율성을 극대화하기 위해, 의료인은 다른 의료기관의 장의 동의를 받아 그 의료기관의 시설·장비 및 인력 등을 이용하여 진료를 할 수 있고 또 역으로 의료기관의 장은 그 의료기관의 환자 진료에 필요하면 해당 의료기관에 소속되지 않은 의료인에게 진료하도록 할 수 있게 하는 규정을 두고 있다(동법 제39조 제1항 및 제2항). 이 경우 의료사고 발생시의 책임 소재를 분명히 하는 규정 역시 두고 있는데, 다른 의료기관의 시설·장비 및 인력 등을 이용하여 진료하는 과정에서 발생한 의료사고에 대한 책임은 진료를 한 의료인의 과실 때문인지 아니면 공동 이용된 의료기관의 시설·장비 및 인력 때문인지에 따라 — 진료를 한 의료인과 시설·장비 및 인력을 제공한 의료기관 개설자가 — 각각 부담하게 한다(동법 제39조 제3항). 그리고 일정 규모 이상[32]의 병원급 의료기관의 장은, 병원감염 예방을 위해 감염관리위원회와 감염관리실을 설치·운영하고 전담인력을 두는 등 필요한 조치를 취하여야 한다(동법 제47조 제1항 및 동법 시행규칙 제43조 제1항).

그 밖에, 의료기관의 장은 의료기관의 건전한 발전과 국민보건 향상에 기여하기 위해 전국 조직을 두는 단체를 설립할 수 있으며, 그 단체의 성격은 '법인'으로 해야 한다(동법 제52조).[33]

32) 의료법 시행규칙 제43조(감염관리위원회 및 감염관리실의 설치 등) ① 법 제47조제1항에서 "보건복지부령으로 정하는 일정 규모 이상의 병원급 의료기관"이란 다음 각 호의 구분에 따른 의료기관을 말한다.

1. 2017년 3월 31일까지의 기간: 종합병원 및 200개 이상의 병상을 갖춘 병원으로서 중환자실을 운영하는 의료기관
2. 2017년 4월 1일부터 2018년 9월 30일까지의 기간: 종합병원 및 200개 이상의 병상을 갖춘 병원
3. 2018년 10월 1일부터의 기간: 종합병원 및 150개 이상의 병상을 갖춘 병원)

33) 이에 대해서는 이 책의 [2] 의료인 중 항목 II.1.(2) 참조.

3. 개설허가 · 신고 및 허가의 취소

(1) 개설허가 및 신고

의원 · 치과의원 · 한의원 또는 조산원을 개설하려면 시장 · 군수 · 구청장에게 '신고'해야 하며(의료법 제33조 제3항),[34] 종합병원 · 병원 · 치과병원 · 한방병원 또는 요양병원을 개설하려면 시 · 도지사의 '허가'를 받아야 한다(동법 제33조 제4항).

부속의료기관을 개설하는 경우, 부속의료기관이 종합병원 · 병원 · 치과병원 · 한방병원 또는 요양병원이면 시 · 도지사의 허가가, 의원 · 치과의원 · 한의원 또는 조산원인 경우에는 시장 · 군수 · 구청장의 신고가 필요하다(동법 제35조 제1항).

(2) 의료기관의 휴 · 폐업 신고

의료기관 개설자는 의료업을 폐업하거나 1개월 이상 휴업(입원환자가 있는 경우에는 1개월 미만의 휴업도 포함)하려면 보건복지부령으로 정하는 바에 따라 관할 시장 · 군수 · 구청장에게 신고하여야 한다(의료법 제40조 제1항).

(3) 허가의 취소

1) 의료법인의 설립허가 취소

보건복지부장관이나 시 · 도지사는 의료법 제51조 각호에서 규정하는 사유가 존재하는 경우에는 의료기관 설립에 대한 허가를 취소할 수 있다(임의적 취소사유).

> **의료법 제51조(설립 허가 취소)** 보건복지부장관 또는 시 · 도지사는 의료법인이 다음 각 호의 어느 하나에 해당하면 그 설립 허가를 취

34) 허가와 신고와 관련해서는 의료법 시행규칙 제25조 및 제27조 참조.

소할 수 있다.

1. 정관으로 정하지 아니한 사업을 한 때
2. 설립된 날부터 2년 안에 의료기관을 개설하지 아니한 때
3. 의료법인이 개설한 의료기관이 제64조에 따라 개설허가를 취소당한 때
4. 보건복지부장관 또는 시・도지사가 감독을 위하여 내린 명령을 위반한 때
5. 제49조 제1항에 따른 부대사업 외의 사업을 한 때

전라북도에서 의료법인의 설립허가를 받고 이후 해당 의료법인을 인수한 자가 해당 법인의 분사무소 2곳을 서울에 설치한 후 서울 성북구와 노원구에 각각 병원을 개설하였다. 이 경우, 의료법인 설립허가 취소사유의 하나인 의료법 소정의 '설립된 날로부터 2년 이내에 의료기관을 개설하지 아니한 때'는 '설립된 날로부터 2년 이내에 그 주된 사무소의 소재지에 의료기관을 개설하지 아니한 때'의 의미라고 해석함이 타당하며, 따라서 주된 사무소의 소재지가 아닌 분사무소에 병원을 개설했다 할지라도 이 의료법인의 설립취소 처분은 타당하다(전주지법 2004구합1640).

2) 의료기관의 개설허가 취소・의료기관 폐쇄・의료업 정지 명령

보건복지부장관이나 시장・군수・구청장은 의료기관에 대해 다음과 같은 의료법 제64조 제1항의 규정에 의거하여 일정한 경우 1년의 범위에서 의료업을 정지시키거나 개설 허가를 취소하거나 의료기관 폐쇄를 명할 수 있으며(임의적 사유), 개설 허가를 취소해야만 하는 경우도 있다(필요적 취소 사유). 이 경우 개설 허가를 취소당하거나 폐쇄 명령을 받게 되면 취소된 날이나 명령을 받은 날부터 6개월 이내에는 의료기관을 개설하거나 운영할 수 없으며, 의료업 정지처분을 받은 경우에는 그 업무 정지기간 중 의료기관을 개설하거나 운영할 수 없다. 특히, 필요적 취소사유에 의해 의료기관

개설 허가가 취소된 경우에는, 취소당한 날이나 폐쇄 명령을 받은 날로부터 3년 안에는 의료기관을 개설하거나 운영하지 못한다(의료법 제64조 제2항).

의료법 제64조(개설 허가 취소 등) ① 보건복지부장관 또는 시장·군수·구청장은 의료기관이 다음 각 호의 어느 하나에 해당하면 그 의료업을 1년의 범위에서 정지시키거나 개설 허가의 취소 또는 의료기관 폐쇄를 명할 수 있다. 다만, 제8호에 해당하는 경우에는 의료기관 개설 허가의 취소 또는 의료기관 폐쇄를 명하여야 하며, 의료기관 폐쇄는 제33조 제3항과 제35조 제1항 본문에 따라 신고한 의료기관에만 명할 수 있다.

1. 개설 신고나 개설 허가를 한 날부터 3개월 이내에 정당한 사유 없이 업무를 시작하지 아니한 때

1의2. 제4조 제2항을 위반하여 의료인이 다른 의료인 또는 의료법인 등의 명의로 의료기관을 개설하거나 운영한 때

2. 제27조 제5항을 위반하여 무자격자에게 의료행위를 하게 하거나 의료인에게 면허 사항 외의 의료행위를 하게 한 때

3. 제61조에 따른 관계 공무원의 직무 수행을 기피 또는 방해하거나 제59조 또는 제63조에 따른 명령을 위반한 때

4. 제33조 제2항 제3호부터 제5호까지의 규정에 따른 의료법인·비영리법인, 준정부기관·지방의료원 또는 한국보훈복지의료공단의 설립허가가 취소되거나 해산된 때

4의2. 제33조 제2항을 위반하여 의료기관을 개설한 때

4의3. 제33조 제8항을 위반하여 둘 이상의 의료기관을 개설·운영한 때

5. 제33조 제5항·제7항·제9항·제10항, 제40조, 제40조의2 또는 제56조를 위반한 때. 다만, 의료기관 개설자 본인에게 책임이 없는 사유로 제33조 제7항 제4호를 위반한 때에는 그러하지 아니하다.

5의2. 정당한 사유 없이 제40조 제1항에 따른 폐업·휴업 신고를 하지 아니하고 6개월 이상 의료업을 하지 아니한 때

6. 제63조에 따른 시정명령(제4조 제5항 위반에 따른 시정명령을 제외한다)을 이행하지 아니한 때
7. 「약사법」 제24조 제2항을 위반하여 담합행위를 한 때
8. 의료기관 개설자가 거짓으로 진료비를 청구하여 금고 이상의 형을 선고받고 그 형이 확정된 때
9. 제36조에 따른 준수사항을 위반하여 사람의 생명 또는 신체에 중대한 위해를 발생하게 한 때

V 법적 제재

의료기관의 개설 등에 관한 의료법의 규정을 위반한 경우에는, 형법적 또는 행정법적 제재가 가해질 수 있다.

1. 형법적 제재

의료기관 개설권자가 아닌 자가 의료기관을 개설하거나 직역을 교차하여 의료기관을 개설하는 경우(의료법 제33조 제2항 위반) 또는 복수의 의료기관을 개설하는 경우(동법 제33조 제8항 위반)에는, 5년 이하의 징역이나 5천만원 이하의 벌금에 처해진다(동법 제87조의2 제2항 제2호).

의료기관의 개설자나 관리자가 품질관리검사에서 부적합 판정을 받은 특수의료장비를 사용한 경우(동법 제38조 제3항 위반)에는 3년 이하의 징역 또는 3천만원 이하의 벌금에 처해지며(동법 제88조), 시·도지사의 허가를 받지 않고 병원을 개설하거나(동법 제33조 제4항 위반) 시·도지사의 허가를 받지 않고 병원급의 부속의료기관을 개설하는 경우(동법 제35조 제1항 단서규정 위반)에는 3년 이하의 징역이나 3천만원 이하의 벌금에 처해진다(동법 제88조). 그

밖에 시·군·구청장에게 신고하지 않고 부속의료기관을 개설한 경우(동법 제35조 제1항 본문규정 위반), 병원에 당직의료인을 두지 않은 경우(동법 제41조 위반), 의료기관이 허용되지 않은 명칭을 사용하는 경우(동법 제42조 제1항 위반)에는 500만원 이하의 벌금에 처한다(동법 제90조).

2. 행정법적 제재

그 밖에 행정법적 제재로서 과태료가 부과되는 경우도 있다. 신고 없이 진단용 방사선 발생장치를 설치·운영하거나(의료법 제37조 제1항 위반) 진단용 방사선 발생장치에 대한 안전관리책임자를 선임하지 않은 경우 또는 이에 대한 정기검사와 측정 또는 방사선 관계 종사자에 대한 피폭관리를 실시하지 않은 경우(동법 제37조 제2항 위반) 의료기관이 시·도지사에게 신고하지 않고 부대사업을 실시한 경우(동법 제49조 제3항 위반)에는 300만원 이하의 과태료가 부과된다(동법 제92조 제1항). 의료기관이 휴·폐업 신고를 하지 않거나(동법 제40조 제1항 위반) 개설장소 이전이나 중요사항의 변경을 신고하지 않은 경우(동법 제33조 제5항 위반)에는 100만원 이하의 과태료가 부과된다(동법 제92조 제3항).

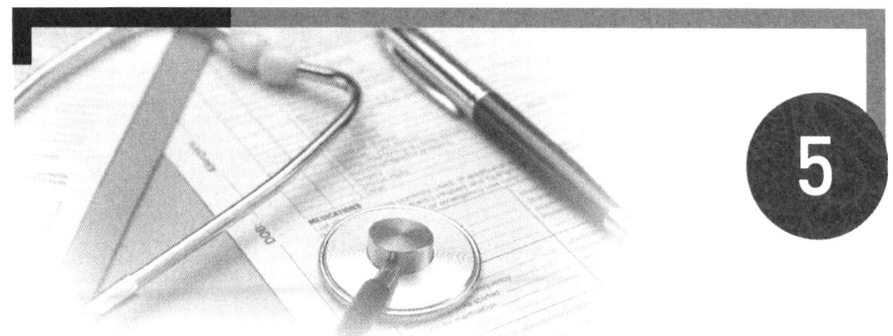

5

의료광고법

I 의료광고의 의의

의료광고란 의료인이나 의료기술 등에 관한 정보 등을 불특정 다수인에게 전파하는 것을 말한다. 일반적으로 광고는 헌법상 '언론·출판의 자유(헌법 제21조 제1항)' 혹은 '표현의 자유'[1]가 보호하는 대상에 속하며, 상업성과 결합된 상업광고의 경우는 '직업수행의 자유' 내지 '영업의 자유(헌법 제15조)'가 보호하는 대상에 속하기도 한다.[2]

[의료광고 개념의 환자유인적 요소] 의료광고는 환자의 유인이라는 효과를 많든 적든 발생시키는 것으로, 환자유인적 요소가 전혀 없는 사

1) 의료광고를 통해 보장되는 '표현의 자유'에 대해서는 이호용, 「의료광고규제의 법적 문제」, 법과 정책연구, 제2권 제1호, 한국법정책학회, 2002, 148쪽 이하 참조.
2) 헌재 96헌바2; 헌재 2015헌바75.

항을 의료소비자에게 알리는 행위는 법적 의미에서의 의료광고의 개념에 해당한다고 보기 어렵다. 예를 들어 단순한 공익적 광고가 의료광고에 해당한다고 보기는 어렵다. 의료광고의 환자유인적 성격이 강할수록 이에 대한 법적인 규제의 필요성이 더 강해진다고 볼 수도 있는데, 이러한 맥락에서 의료법은 단지 의료기관의 명칭과 소재지, 전화번호, 소속의료인의 성명 등의 내용으로만 구성되어 환자유인적 성격이 매우 약하거나 거의 없다고 볼 수 있는 의료광고는 의료광고 심의를 받지 않을 수 있다고 규정한다.[3]

'의료광고'라 함은 의료법인·의료기관 또는 의료인이 그 업무 및 기능, 경력, 시설, 진료방법 등 의료기술과 의료행위 등에 관한 정보를 신문·인터넷신문, 정기간행물, 방송, 전기통신 등의 매체나 수단을 이용하여 널리 알리는 행위를 의미한다. 원심은 이 사건 공소사실 중 피고인이 '미국 치주과학회 정회원'이 아님에도 위 경력이 포함된 유리액자 형태의 약력서를 자신이 운영하던 치과의원 내에 게시하여 허위 광고를 하였다는 점에 관하여 그 판시와 같은 사정을 들어 위 공소사실을 유죄로 인정한 제1심판결을 그대로 유지하였다. 그러나 위 공소사실에 의하더라도 피고인은 유리액자 형태의 약력서를 위 의원 내에만 게시하였을 뿐 이를 신문, 잡지, 방송이나 그에 준하는 매체 등을 이용하여 일반인에게 알린 것은 아닌 점, 위 약력서는 의원을 방문한 사람만 볼 수 있어 그 전파가능성이 상대적으로 낮아 피고인의 경력을 널리 알리는 행위라고 평가하기는 어려운 점 등을 위 법리에 비추어 살펴보면, 피고인의 위와 같은 행위를 의료광고에 해당한다고 보기는 어렵다(대판 2014도16577).

3) 이러한 점을 규정하는 의료법 제57조 제3항에 대해서는 아래의 IV.1.(2) 단락 참조.

Ⅱ 의료광고규제의 법이론

1. 의료소비자의 정보권 보장

(1) 의료정보화의 수단으로서 의료광고

광고는 소비자에게 재화에 대한 정보를 제공해줌으로써 소비행위의 합리성을 촉진시킨다. 바꿔 말해 광고는 소비자의 재화에 대한 '알 권리'를 실현시켜 준다. 이런 광고의 의의는 의료재화(의료서비스)에 대한 광고의 경우에도 마찬가지이다.[4] 특히 의료가 매우 전문화되고 그 의료가 관리하는 질병도 매우 다양화되어가는[5] 현대사회에서는 소비자의 합리적인 판단을 위해 의료광고가 더욱 더 필요한 정보화 수단이 되어가고 있다.[6]

(2) 허위 · 과장 의료광고 금지

광고는 다른 한편 정보 전달을 통해 소비자를 설득함으로써 소비자의 판단에 영향을 미치는 유인력을 지닌다[7]. 그러나 광고가 거짓이거나 과장된 경우, 소비자는 합리적인 선택을 할 수 없다. 거짓이거나 과장된 광고는 소비자에게 오인과 혼동을 불러일으키기 때문이다. 그러므로 법은 거짓이나 과장된 내용의 의료광고를 금지한다(의료법 제56조 제2항 제3호 및 제8호). 여기서 거짓이란 사

---

4) 특히 '의료에 관한' 정보는 우리생활과 직접 밀착되어 있다는 점에서 정보의 필요성이 보다 절실하다(이호용, 「의료광고의 규제완화가능성에 대한 법적 검토」, 인권과 정의, 통권 제317호, 2003, 107쪽).

5) 이러한 지적은 헌재 2003헌가3.

6) 같은 견해로는 김자혜, 「의료광고의 실태와 문제점」, 한국광고홍보학회 특별세미나: 의료광고와 소비자, 한국광고홍보학회, 2002, 33쪽.

7) 박창제 · 최대환, 「의료광고의 행태와 효과에 관한 경제학적 접근」, 경제연구, 제7권 제3호, 한국경제통상학회, 1998, 219쪽 참조.

실(진실)에 적극적으로 반하는 것을 말하고, 과장은 부분적으로는 사실이나 표현된 사실이 존재하는 사실의 실제보다 큰 경우를 말한다.

의료법 제56조(의료광고의 금지 등) ② 의료인등은 다음 각 호의 어느 하나에 해당하는 의료광고를 하지 못한다. (...)
3. 거짓된 내용을 표시하는 광고
8. 객관적인 사실을 과장하는 내용의 광고

피고인이 그가 운영하는 △△△한의원의 인터넷 홈페이지에 "국내 최초 양·한방 협진의원 개설, 국내 최상품 청정한약재 처방, Ham's Children's Clinic, △△△ 한의원은 아이질병을 소아과가 아닌 한의원에서 치료할 수 있다는 인식을 최초로 심어 준 대표적 소아전문 한의원입니다"라고 게재한 사실을 알 수 있는바, 이를 앞서 본 법리에 비추어 살펴보면, 위 광고에 포함된 '국내 최초', '국내 최상품', '대표적' 등의 문구는 이를 객관적으로 조사하거나 그에 관한 결정기준을 마련하기 곤란하여 그 자체로 진실에 반하거나 실제보다 과장된 것으로 보일 뿐 아니라 위 피고인 스스로도 명확한 근거를 제시한 바 없으므로, 위 광고는 일반인으로 하여금 오인·혼동하게 할 염려가 있는 광고로서, '허위 또는 과대한 광고'에 해당한다(대판 2006도9311).

의료법 제56조 제3항은 '의료법인·의료기관 또는 의료인은 거짓이나 과장된 내용의 의료광고를 하지 못한다'고 규정하고 있는데[8], 위 규정에 의하여 금지되는 의료광고에는 의료행위는 물론 의료인의 경력 등 의료와 관련된 모든 내용의 광고가 포함된다. 원심은, 제1심 증인 공소외인의 증언 등을 토대로 피고인이 자신의 인터넷 블로그에 거짓 내용이 기재된 명패를 사진 촬영하여 게시함으로써 그 이력에 관

8) 이러한 구 의료법 제56조 제3항의 내용은 현행 의료법에서는 제56조 제2항 제3호 및 제8호의 규정 내용에 상응한다.

하여 거짓 광고를 하였다는 이 사건 공소사실을 유죄로 인정한 제1심판결을 그대로 유지하였다. 원심판결 이유를 위 법리와 기록에 비추어 살펴보면 원심의 위와 같은 판단은 정당하다(대판 2015도556).

[과대광고로서 양·한방 협진광고] ① 판례는 의원급 의료기관이 의학·한의학 복수면허 소지자에 의해 운영되는 것이 아님에도 '의학·한의학 협진'이라는 문구를 사용하면 과대광고로 본다: "한의원과 내과의원을 같은 건물의 1, 2층에 각자 독립하여 운영하고 있으며, 의료장비도 각각 구입하여 비치하면서 각자의 의료장비를 이용하여 각그 해당 분야에 관하여 개별적으로 각종 검사와 진료를 할 수 있을 뿐 다른 일방에게 그의 해당 분야에 관한 검사와 진료를 받아보도록 권유하는 정도의 협조밖에 할 수 없는데도, 2개의 의료기관 개설을 안내하는 1장의 광고전단지에 '양·한방 협진 검사 안내'라는 문구 등을 넣어 광고한 것은, 의료지식이 부족한 일반 환자로 하여금 그 두 개의 의료기관 중 어느 한 곳에만 가면 마치 병원급 의료기관에서 각 진료분야별 전문의들이 조직적이고 유기적인 협조체제 아래 각종 질병에 관하여 종합적인 검사와 진료가 행해지는 것처럼 한의사와 내과의사의 긴밀하고 유기적인 협조 아래 한방과 양방의 종합적인 검사와 진료를 받을 수 있는 것으로 오인하게 할 염려가 있다는 점에서(...) 과대광고에 해당한다(대판 2002두12342)." ② 이에 비해 대학병원 등은 의료광고심의위원회의 심의를 거쳐 협진광고를 할 수 있다.

이러한 허위 또는 과장 여부는 광고된 의료서비스 자체의 실질을 갖고 판단해야 하며, 의료기술이 신의료기술로 평가·인정되었는지의 여부나 사용하는 의료기기가 식품의약품안전청의 수입허가 및 등록절차를 마쳤는지의 여부 혹은 허가와 등록의 내용적 범위에 의해 판단되어서는 안 된다.

가령 '주름살 펴는' 용도로 식약청의 수입허가를 받고 의료기기 등록을 마친 레이저기기가 임상에서 여드름치료 효과가 있기 때문에 — 또한 그런 점이 특히 외국 학계의 연구와 관련 문헌에서도 인정되고 있을 경우에는 — 의원의 홈페이지에 있는 의료기기 안내 창에서 여드름 치료 효과도 있는 기기로 기재되어 있다고 하여 그 의료광고가 허위 또는 과장 의료광고가 되는 것은 아니다.

2. 의료의 공공성과 의료광고

(1) 의료의 공공성

의료가 사회보장체계에 편입되어 있는 국가에서는 의료는 공공재가 되고, 의료광고도 의료의 공공성을 훼손해서는 안 된다. 현행 국민건강보험법상 모든 의료기관은 요양기관이므로, 의료광고에 있어 의료의 공공성에 따른 제약을 받는다. 따라서 의료기관은 허위·과장광고뿐만 아니라 환자를 적극적으로 유치하는 성격의 광고 및 영리의료광고는 금지 또는 제한된다.

(2) 환자유치(성)광고의 제한

의료의 공공성 요청은 의료기관이 — 광고에 내재된 유인효과, 즉 소극적인 유치를 넘어서서 — 환자를 적극적으로 유치하는 성격의 광고(환자유치광고)를 허용하지 않도록 한다. 환자를 유치하려는 경쟁은 의료를 돈벌이의 수단으로 전락시키며, 이는 의료의 공공성에 정면으로 반하기 때문이다. 예를 들어 치료비를 할인해준다는 광고와 같은 것이 환자유치광고에 해당한다고 할 수 있다.

의료법 제27조(무면허의료행위 등 금지) ③ 누구든지 「국민건강보험법」이나 「의료급여법」에 따른 본인부담금을 면제하거나 할인하는 행위, 금품 등을 제공하거나 불특정 다수인에게 교통편의를 제공하는 행위 등 영리를 목적으로 환자를 의료기관이나 의료인에게 소개·알선·유인하는 행위 및 이를 사주하는 행위를 하여서는 아니 된다.

다만 환자 유인은 의료광고의 본질이기도 하므로, 법원은 의료법 제27조 제3항이 금지하는 환자유인행위는 의료광고에 대한 관계에서는 제한적으로 해석할 필요가 있음을 명시한다.[9] 그렇지 않다면 의료인의 직업수행의 자유와 표현의 자유 그리고 의료소비자의 '알 권리'가 지나치게 침해될 수 있을 뿐만 아니라, 새로운 의료인의 의료시장 진입이 제한되어 의료인 간의 경쟁을 통한 건전한 발전이 저해될 우려가 있다.[10]

의사인 피고인 甲과 피고인 乙 주식회사의 대표이사 피고인 丙이 공모하여, 2008. 3.경 피고인 乙 주식회사가 운영하는 인터넷 사이트인 OOO의 30만 명의 회원들에게 'OOO과 함께하는 라식/라섹 90만 원 체험단 모집'이라는 제목으로 "응모만 해도 강남 유명 안과에서 라식/라섹 수술이 양안 90만 원 OK, 응모하신 분 중 단 1명에게는 무조건 라식/라섹 체험의 기회를 드립니다"라는 내용의 이벤트광고를 이메일로 2회 발송하여 그 응모신청자 중 공소외인 등 20명이 위 이벤트 광고내용대로 90만 원에 라식·라섹수술 등을 받도록 한 경우, (...) 피고인 甲이 피고인 乙 주식회사를 통하여 이메일을 발송한 행위는 불특정 다수인을 상대로 한 의료광고에 해당하므로 특별한 사정이 없는 한 (...) 의료법 제27조 제3항의 환자의 '유인'이라고 볼 수 없고, 위와 같은 광고 등 행위가 피고인 甲의 부탁을 받은 피고인 乙 주식회사 등을 통하여 이루어졌더라도 환자의 '소개·알선' 또는 그 '사주'에 해당하지 아니한다고 보아야 한다(대판 2010도1763).

9) 대판 2010도1763.
10) 대판 2010도1763.

(3) 영리의료광고의 제한

더 나아가 의료의 공공성 요청은 의료광고의 경우 영리성을 강하게 띠는 상업적 광고를 허용하지 못하게 한다.

㈎ 전면금지의 위헌성 (2007.1.3. 개정 이전의) 구 의료법은 "특정의료기관이나 특정의료인의 기능·진료방법에 관한 광고"를 전면적으로 금지하였다. 영리적 또는 상업적 성격을 띠는 의료광고를 일체 하지 못하도록 한 것이다. 그러나 현대사회에서는 의료행위의 서비스적 성격이 강화되고, 의료의 산업화가 국민경제적으로 요청되며, 특히 질병의 세분화와 의료인력의 전문화로 인해 소비자의 의료정보가 심각한 결핍을 보임으로써, 영리적 또는 상업적 목적의 의료광고를 전면적으로 금지하는 것은 우선은 의료소비자의 이익에 완전히 부합하지 않게 되었다. 뿐만 아니라 의료기관의 입장에서는 의료인의 기능과 진료방법에 관한 광고와 선전의 기회를 전면적으로 박탈당하는 것은 표현의 자유 및 영업의 자유를 지나치게 침해받는 것이기도 하다. 이러한 취지에서 헌법재판소는 언급한 구 의료법의 규정이 위헌이라는 결정을 내렸다.

> [의료광고금지의 위헌결정] 비록 의료광고가 전문적이고 기술적인 영역에 관한 것이고, 일반 국민들이 그 가치를 판단하기 어려운 측면이 있다 하더라도, 소비자로 하여금 과연 특정의료인이 어떤 기술이나 기량을 지니고 있는지, 어떻게 진단하고 치료하는지를 알 수 없게 한다면, 이는 소비자를 중요한 특정 의료정보로부터 차단시킴으로써 정보의 효율적 유통을 방해하는 것이며, 표현의 자유와 영업의 자유의 대상이 된 상업광고에 대한 규제가 입법목적의 달성에 필요한 한도 내에서 섬세하게 재단된 것이라 할 수 없다. 특정의료기관이나 특정의료인의 기능·진료방법에 관한 광고를 금지하는 의료법(2002. 3. 30. 법률 제6686호로 개정되기 전의 것) 제46조 제3항 및 그 위반시 300만

원 이하의 벌금에 처하도록 하는 동법 제69조는 의료인에게 자신의 기능과 진료방법에 관한 광고와 선전을 할 기회를 박탈함으로써 표현의 자유를 제한하고, 다른 의료인과의 영업상 경쟁을 효율적으로 수행하는 것을 방해함으로써 직업수행의 자유를 제한하고 있고, 소비자의 의료정보에 대한 알 권리를 제약하는 것으로, 헌법 제37조 제2항의 비례의 원칙에 위배하여 표현의 자유와 직업수행의 자유를 침해하는 것이다(헌재 2003헌가3).

(나) 공익과 사익의 조화 헌법재판소의 위헌결정 이후 2007. 1.3. 개정된 의료법은 의료광고를 원칙적으로 허용하되, 주체와 내용 그리고 광고매체에서 의료광고를 제한하는 '네거티브' 방식[11]의 규제를 채택하였다. 다만, 가장 강력한 영리광고의 매체인 방송의 경우에는 의료광고를 전면적으로 허용하지 않는다. 이와 같은 규율은 의료의 공공성과 의료의 자유, 의료광고의 공익적 측면과 사익적 측면, 의료인(의료기관)과 의료소비자의 상충하는 이해들 사이에서 균형과 조화를 도모한 것이라 할 수 있다.

Ⅲ 의료광고의 법적 기준

의료광고에 대한 실체적 규제는 의료법 제56조에 기초하여 이루어진다. 의료법 제56조는 의료광고의 주체와 내용 그리고 광고매체에 대한 일반적인 기준을 제시한다.

---

11) 이에 대해서는 이세정, 「의료광고제도의 개선방안에 관한 연구」, 법제연구, 통권 제33호, 한국법제연구원, 2007, 371쪽 참조; 종전에는 의료광고를 원칙적으로 금지했지만, 2007.1.3. 개정되고 2007.4.4.부터 시행된 의료법에 따라 일정한 기준에 해당하는 의료광고만을 금지하고 그 외의 광고는 허용하되, 의료광고를 하려면 사전에 심의를 받도록 하게 되었다.

1. 의료광고의 주체

의료법은 의료법인, 의료기관 또는 의료인만이 의료에 관한 광고를 할 수 있도록 규정한다(의료법 제56조 제1항).

> **의료법 제56조(의료광고의 금지 등)** ① 의료기관 개설자, 의료기관의 장 또는 의료인이 아닌 자는 의료에 관한 광고(의료인등이 신문·잡지·음성·음향·영상·인터넷·인쇄물·간판, 그 밖의 방법에 의하여 의료행위, 의료기관 및 의료인등에 대한 정보를 소비자에게 나타내거나 알리는 행위를 말한다)를 하지 못한다.

의료광고의 주체를 이렇게 법률상 제한하는 것은 의료에 관한 전문적 지식과 소양을 갖추지 못한 자가 의료광고를 할 경우에는 소비자들의 이해와 판단에 혼란을 야기하고 국민의 건강에 중대한 위해를 끼칠 수 있기 때문이다. 더 나아가 의료에 관한 전문적 지식과 소양을 갖추고 있더라도 법이 규정하는 형식적 요건을 갖추지 못한 경우, 예컨대 의료기관 부속시설(부설연구소 및 연구센터 등)은 의료광고의 주체가 될 수 없다.[12] 이는 무면허의료행위죄의 적용에서 아무리 의료전문지식과 의료행위능력의 실질을 갖추고 있어도 의료면허라는 법적 형식을 획득하지 못한 사람의 의료행위를 무면허의료행위로 보는 것과 같은 이치이다.

> [의료인 등이 아닌 자의 의료광고] 의료인 등이 아닌 자가 한 광고가 의료법 제56조가 금지하는 의료광고에 해당하기 위해서는 '의료에 관한 광고'에 해당해야 한다. 즉 광고 내용이 의료행위에 관한 것이어야 한다. 문제되는 광고의 대상 행위가 의료행위인지의 여부를 판단

12) 대한의사협회/대한치과의사협회/대한한의사협회 의료광고심의위원회, 의료광고 심의기준 (2019.11.19.).

할 때 법원은 광고의 내용 및 광고주가 영업장소에서 실제로 행한 영업의 내용 등을 종합적으로 고려한다.

‘맞춤운동 처방 서비스 제공, 맞춤 운동 처방 장비 개발, 제조, 판매, 임대’ 등을 목적으로 설립된 주식회사 K법인의 대표이사이자 운동생리학 전공자가 일간지에 “초경 후에도 키 10㎝ 더 클 수 있어요. 키 작은 아이들의 키 크는 비결 키네스(KINESS) 성장법 화제”라는 제목 하에 “초경 직후에도 키네스 성장법을 실시하면 키가 13~15㎝ 정도를 더 키워준다 (...)”라는 내용으로 광고하였다. 관할 보건소 및 수사기관의 방문확인 결과 의료적 치료행위의 시술사실은 발견되지 않고, (...) 균형과 유연성 등을 검사하여 자세를 교정하여 주는 운동을 시행하면서 이것을 성장성판 검사라 부르고, 비치된 운동기구는 모두 특허청에서 특허를 취득한 후 정상적으로 설치, 이용되고 있었다. (...) 이 사건 광고 내용 및 영업장소에서 실제로 행한 영업의 내용 등에 비추어 보면, 위 광고의 전체적인 취지는 비정상인 혹은 질환자에 대한 진단·치료 등을 내용으로 하는 광고라기보다 고유한 의료의 영역이라고 단정하기 어려운 체육 혹은 운동생리학적 관점에서 운동 및 자세교정을 통한 청소년 신체성장의 촉진에 관한 광고라고 볼 여지가 더 많을 뿐만 아니라 실제 피고인이 행한 영업의 내용에 비추어 보더라도 그와 다른 취지의 광고라고 보기 어렵다. 그렇다면 이 사건 광고가 의료법 제56조에서 금지하는 ‘의료에 관한 광고’에 해당한다고 하는 이 사건 공소사실에 관한 증명은 결국 부족하며, 피고인에게 무죄를 선고한 원심판단은 정당하다(대판 2009도7455).

2. 의료광고의 내용

의료법 제56조 제2항은 네거티브 방식으로 의료광고의 내용을 규제한다.

의료법 제56조(의료광고의 금지 등) ② 의료인등은 다음 각 호의 어느 하나에 해당하는 의료광고를 하지 못한다.

1. 제53조에 따른 평가를 받지 아니한 신의료기술에 관한 광고
2. 환자에 관한 치료경험담 등 소비자로 하여금 치료 효과를 오인하게 할 우려가 있는 내용의 광고
3. 거짓된 내용을 표시하는 광고
4. 다른 의료인등의 기능 또는 진료 방법과 비교하는 내용의 광고
5. 다른 의료인등을 비방하는 내용의 광고
6. 수술 장면 등 직접적인 시술행위를 노출하는 내용의 광고
7. 의료인등의 기능, 진료 방법과 관련하여 심각한 부작용 등 중요한 정보를 누락하는 광고
8. 객관적인 사실을 과장하는 내용의 광고
9. 법적 근거가 없는 자격이나 명칭을 표방하는 내용의 광고
10. 신문, 방송, 잡지 등을 이용하여 기사(記事) 또는 전문가의 의견 형태로 표현되는 광고
11. 제57조에 따른 심의를 받지 아니하거나 심의받은 내용과 다른 내용의 광고
12. 제27조 제3항에 따라 외국인환자를 유치하기 위한 국내광고
13. 소비자를 속이거나 소비자로 하여금 잘못 알게 할 우려가 있는 방법으로 제45조에 따른 비급여 진료비용을 할인하거나 면제하는 내용의 광고
14. 각종 상장·감사장 등을 이용하는 광고 또는 인증·보증·추천을 받았다는 내용을 사용하거나 이와 유사한 내용을 표현하는 광고. 다만, 다음 각 목의 어느 하나에 해당하는 경우는 제외한다.
    가. 제58조에 따른 의료기관 인증을 표시한 광고
    나. 「정부조직법」 제2조부터 제4조까지의 규정에 따른 중앙행정기관·특별지방행정기관 및 그 부속기관, 「지방자치법」 제2조에 따른 지방자치단체 또는 「공공기관의 운영에 관한 법률」 제4조에 따른 공공기관으로부터 받은 인증·보증을 표시한 광고
    다. 다른 법령에 따라 받은 인증·보증을 표시한 광고
    라. 세계보건기구와 협력을 맺은 국제평가기구로부터 받은 인증

을 표시한 광고 등 대통령령으로 정하는 광고

의료법 제56조 제4항은 동조 제2항에 따라 금지되는 의료광고의 구체적인 기준 등에 대한 규율을 대통령령에 위임하며, 이에 기초해 동법 시행령 제23조는 동법 제56조 제2항 각호에서 제시하는 금지 기준 중 일부를 구체화하고 있다. 우선 동법 시행령 제23조 제1항 제2호는 동법 제56조 제2항 제2호가 말하는 '환자에 관한 치료경험담 등 소비자로 하여금 치료 효과를 오인하게 할 우려가 있는 내용의 광고'의 금지와 관련하여 "특정 의료기관 · 의료인의 기능 또는 진료 방법이 질병 치료에 반드시 효과가 있다고 표현하거나 환자의 치료경험담 또는 6개월 이하의 임상경력을 광고하는 것"을 금지한다고 구체화한다. 아울러 동법 시행령 제23조 제1항 제6호는 동법 제56조 제2항 제6호가 말하는 수술 장면 등 직접적인 시술행위를 노출하는 내용의 광고 금지를 보다 구체화하여 "의료인이 환자를 수술하는 장면이나 환자의 환부(患部) 등을 촬영한 동영상 · 사진으로서 일반인에게 혐오감을 일으키는 것을 게재하여 광고하는 것"을 금지한다.

그 밖에 동법 시행령 제23조 제1항 제10호는 동법 제56조 제2항 제10호가 규정하는 '신문, 방송, 잡지 등을 이용하여 기사 또는 전문가의 의견 형태로 표현되는 광고'의 금지를 구체화하여 "특정 의료기관 · 의료인의 기능 또는 진료 방법에 관한 기사나 전문가의 의견을 「신문 등의 진흥에 관한 법률」 제2조에 따른 신문 · 인터넷 신문 또는 「잡지 등 정기간행물의 진흥에 관한 법률」에 따른 정기간행물이나 「방송법」 제2조 제1호에 따른 방송에 싣거나 방송하면서 특정 의료기관 · 의료인의 연락처나 약도 등의 정보도 함께 싣거나 방송하여 광고하는 것"을 금지한다.

의료법 시행령 제23조(의료광고의 금지 기준) ① 법 제56조제2항에 따라 금지되는 의료광고의 구체적인 기준은 다음 각 호와 같다.

1. 법 제53조에 따른 신의료기술평가를 받지 아니한 신의료기술에 관하여 광고하는 것
2. 특정 의료기관·의료인의 기능 또는 진료 방법이 질병 치료에 반드시 효과가 있다고 표현하거나 환자의 치료경험담이나 6개월 이하의 임상경력을 광고하는 것
3. 의료인, 의료기관, 의료서비스 및 의료 관련 각종 사항에 대하여 객관적인 사실과 다른 내용 등 거짓된 내용을 광고하는 것
4. 특정 의료기관 개설자, 의료기관의 장 또는 의료인(이하 "의료인등"이라 한다)이 수행하거나 광고하는 기능 또는 진료 방법이 다른 의료인등의 것과 비교하여 우수하거나 효과가 있다는 내용으로 광고하는 것
5. 다른 의료인등을 비방할 목적으로 해당 의료인등이 수행하거나 광고하는 기능 또는 진료 방법에 관하여 불리한 사실을 광고하는 것
6. 의료인이 환자를 수술하는 장면이나 환자의 환부(患部) 등을 촬영한 동영상·사진으로서 일반인에게 혐오감을 일으키는 것을 게재하여 광고하는 것
7. 의료인등의 의료행위나 진료 방법 등을 광고하면서 예견할 수 있는 환자의 안전에 심각한 위해(危害)를 끼칠 우려가 있는 부작용 등 중요 정보를 빠뜨리거나 글씨 크기를 작게 하는 등의 방법으로 눈에 잘 띄지 않게 광고하는 것
8. 의료인, 의료기관, 의료서비스 및 의료 관련 각종 사항에 대하여 객관적인 사실을 과장하는 내용으로 광고하는 것
9. 법적 근거가 없는 자격이나 명칭을 표방하는 내용을 광고하는 것
10. 특정 의료기관·의료인의 기능 또는 진료 방법에 관한 기사나 전문가의 의견을 「신문 등의 진흥에 관한 법률」 제2조에 따른 신문·인터넷신문 또는 「잡지 등 정기간행물의 진흥에 관한 법률」에 따른 정기간행물이나 「방송법」 제2조 제1호에 따른 방송에 싣거나 방송하면서 특정 의료기관·의료인의 연락처나 약도 등의 정보도 함께 싣거나 방송하여 광고하는 것

11. 법 제57조제1항에 따라 심의 대상이 되는 의료광고를 심의를 받지 아니하고 광고하거나 심의 받은 내용과 다르게 광고하는 것
12. 외국인환자를 유치할 목적으로 법 제27조제3항에 따른 행위를 하기 위하여 국내광고 하는 것
13. 법 제45조에 따른 비급여 진료비용의 할인・면제 금액, 대상, 기간이나 범위 또는 할인・면제 이전의 비급여 진료비용에 대하여 허위 또는 불명확한 내용이나 정보 등을 게재하여 광고하는 것
14. 각종 상장・감사장 등을 이용하여 광고하는 것 또는 인증・보증・추천을 받았다는 내용을 사용하거나 이와 유사한 내용을 표현하여 광고하는 것. 다만, 법 제56조 제2항 제14호 각 목의 어느 하나에 해당하는 경우는 제외한다.

법 제56조 제2항 제1호에서 규정한 '제53조에 따른 평가'는 문언 그대로 제53조에서 정한 평가, 즉 '새로 개발된 의료기술에 대하여 보건복지가족부장관이 신의료기술평가 필요성이 있다고 인정하여 평가위원회의 심의를 거친 신의료기술평가'를 말하며, 그 신의료기술평가를 받지 아니한 새로 개발된 의료기술, 즉 보건복지가족부장관은 신의료기술평가 필요성이 있다고 인정하였으나 평가위원회로부터 안전성・유효성을 인정받지 못하여 신의료기술로 평가를 받지 못한 새로 개발된 의료기술과 보건복지가족부장관이 신의료기술평가 필요성을 부정하거나 그 여부에 관하여 판단하지 아니하여 평가위원회의 신의료기술평가 대상이 되지 못한 새로 개발된 의료기술은 모두 '제53조에 따른 평가를 받지 아니한 신의료기술'로서 광고가 금지된다고 해석된다.

2011. 1.경부터 2012. 5.경까지 자신이 운영하는 병원에서 제왕절개를 하고 자연분만으로 출산한 환자들이 위 병원 홈페이지 'VBAC(Vaginal Birth After Cesarean, 제왕절개 후 자연분만, 이하 "브이백") 소감'란에 브이백성공소감이라는 글을 게시하면 분만비의 10%를 할인해 주는 방법으로 유인하여 환자들로 하여금 별도의 로그인 절차 없이 누구나 게시물을 확인할 수 있는 위 병원 홈페이지 게시판에 자신들의

> 치료경험담을 게시하도록 한 경우, (...) 특히 이 사건과 같이 제왕절개의 경험이 있는 산모가 자연분만을 시도하는 경우에는 (...) 그렇지 않은 경우에 비하여 산모나 태아의 생명, 신체에 위험을 초래할 가능성이 높아 전문 의료인에 의한 특별한 관리와 검사, 시술이 요구되는 점 등을 고려하면 그러한 상태에 있는 산모의 출산을 돕는 브이백 시술은 치료에 해당하고, 따라서 그에 관한 경험담은 '특정 의료기관・의료인의 기능 또는 진료 방법이 질병 치료에 반드시 효과가 있다고 표현하거나 환자의 치료경험담이나 6개월 이하의 임상경력을 광고하는 것'을 금지하는 의료법 시행령 제23조 제1항 제2호에서 말하는 '환자의 치료경험담'으로서 그 시술이 갖는 위와 같은 위험성과 원심이 적법하게 채택한 증거에 의하여 알 수 있는 이 사건 치료경험담들의 구체적 내용에 비추어 볼 때, 소비자를 현혹하거나 국민건강에 중대한 위해를 발생하게 할 우려가 있는 의료광고에 해당한다 (대판 2013도8032).

특히 최근에는 의료인이나 의료기관에서 인터넷 홈페이지를 통해 다양한 방식으로 의료광고를 하고 있다. 의료법 시행령 제23조 제3항은 이와 같은 형태의 인터넷 의료광고에 관한 세부적인 기준을 보건복지부장관이 고시할 수 있다고 규정한다.

> **의료법 시행령 제23조(의료광고의 금지 기준)** ③ 보건복지부장관은 의료인등 자신이 운영하는 인터넷 홈페이지에 의료광고를 하는 경우에 제1항에 따라 금지되는 의료광고의 세부적인 기준을 정하여 고시할 수 있다.

더 나아가 의료광고의 자율심의기구[13]가 마련한 심의기준은 법령에서 정한 의료광고 내용에 대한 기준을 좀 더 상세하게 구체화하고 있다.

---

13) 의료광고의 사전심의에 대해서는 아래의 .. 단락 참조.

3. 의료광고의 매체

의료광고는 방송법 제2조 제1호의 '방송'이라는 매체를 사용해서는 할 수 없으며, 그 밖에 국민의 보건과 건전한 의료경쟁의 질서 유지를 위해 제한할 필요가 있는 경우에는 대통령령으로 그 매체를 제한할 수 있다(의료법 제56조 제3항). 다만 아직 광고를 제한하는 매체를 규정하는 하위 법령은 마련되어 있지 않다.

Ⅳ 의료광고 사전심의제도

의료법 제57조는 의료광고에 대한 '사전심의제'의 근거 규정이다. 동 규정에 따르면 법이 규정하는 매체를 이용한 의료광고를 하는 경우에는 법에 따른 심의기구의 심의를 받아야 한다.

1. 사전심의의 대상

(1) 사전심의대상 의료광고

사전심의 대상이 되는 의료광고는 신문・인터넷신문・정기간행물, 옥외광고물 중 현수막・벽보・전단 그리고 교통시설과 교통수단에 표시되는 것, 전광판, 이동통신단말장치의 애플리케이션을 포함한 대통령령이 정하는 인터넷 매체, 그 밖에 대통령령이 정하는 광고매체를 이용하여 이루어지는 의료광고이다.

의료법 제57조(의료광고의 심의) ① 의료인등이 다음 각 호의 어느 하나에 해당하는 매체를 이용하여 의료광고를 하려는 경우 미리 의료광고가 제56조 제1항부터 제3항까지의 규정에 위반되는지 여부에 관하여 제2항에 따른 기관 또는 단체의 심의를 받아야 한다.
1. 「신문 등의 진흥에 관한 법률」 제2조에 따른 신문・인터넷신문

또는 「잡지 등 정기간행물의 진흥에 관한 법률」 제2조에 따른 정기간행물
2. 「옥외광고물 등의 관리와 옥외광고산업 진흥에 관한 법률」 제2조 제1호에 따른 옥외광고물 중 현수막(懸垂幕), 벽보, 전단(傳單) 및 교통시설·교통수단에 표시(교통수단 내부에 표시되거나 영상·음성·음향 및 이들의 조합으로 이루어지는 광고를 포함한다)되는 것
3. 전광판
4. 대통령령으로 정하는 인터넷 매체[이동통신단말장치에서 사용되는 애플리케이션(Application)을 포함한다]
5. 그 밖에 매체의 성질, 영향력 등을 고려하여 대통령령으로 정하는 광고매체

의료법 시행령 제24조(의료광고의 심의) ① 법 제57조 제1항 제4호에서 "대통령령으로 정하는 인터넷 매체"란 다음 각 호의 매체를 말한다.
1. 「신문 등의 진흥에 관한 법률」 제2조 제5호에 따른 인터넷뉴스서비스
2. 「방송법」 제2조제3호에 따른 방송사업자가 운영하는 인터넷 홈페이지
3. 「방송법」 제2조제3호에 따른 방송사업자의 방송프로그램을 주된 서비스로 하여 '방송', 'TV' 또는 '라디오' 등의 명칭을 사용하면서 인터넷을 통하여 제공하는 인터넷 매체
4. 「정보통신망 이용촉진 및 정보보호 등에 관한 법률」 제2조제1항 제3호에 따른 정보통신서비스 제공자 중 전년도 말 기준 직전 3개월 간 일일 평균 이용자 수가 10만명 이상인 자가 운영하는 인터넷 매체

② 법 제57조 제1항 제5호에서 "대통령령으로 정하는 광고매체"란 전년도 말 기준 직전 3개월 간 일일 평균 이용자 수가 10만명 이상인 사회 관계망 서비스(Social Network Service)를 제공하는 광고매체를 말한다.

(2) 사전심의의 면제

의료광고의 내용이 가치 판단을 필요로 하지 않는 단순한 사실의 전달에 불과하고 또 그러한 맥락에서 광고의 영리성과 상업성이 매우 낮은 경우에는, 광고 내용이 법이 정한 기준을 충족시켰는지의 여부를 검토하는 사전심의가 필요하다고 보기 어렵다. 이러한 점에서 의료법 제57조 제3항은 의료기관의 명칭·소재지·전화번호, 의료기관이 설치·운영하는 진료과목, 소속 의료인의 성명·성별 및 면허의 종류와 그 밖에 대통령령이 정하는 사항으로만 구성된 경우에는 사전심의를 받지 않을 수 있다고 규정한다.

의료법 제57조(의료광고의 심의) ③ 의료인등은 제1항에도 불구하고 다음 각 호의 사항으로만 구성된 의료광고에 대해서는 제2항에 따라 보건복지부장관에게 신고한 기관 또는 단체의 심의를 받지 아니할 수 있다.
1. 의료기관의 명칭·소재지·전화번호
2. 의료기관이 설치·운영하는 진료과목(제43조 제5항에 따른 진료과목을 말한다)
3. 의료기관에 소속된 의료인의 성명·성별 및 면허의 종류
4. 그 밖에 대통령령으로 정하는 사항

의료법 시행령 제24조(의료광고의 심의) ⑦ 법 제57조 제3항 제4호에서 "대통령령으로 정하는 사항"이란 다음 각 호의 사항을 말한다.
1. 의료기관 개설자 및 개설연도
2. 의료기관의 인터넷 홈페이지 주소
3. 의료기관의 진료일 및 진료시간
4. 의료기관이 법 제3조의5제1항에 따라 전문병원으로 지정받은 사실
5. 의료기관이 법 제58조제1항에 따라 의료기관 인증을 받은 사실
6. 의료기관 개설자 또는 소속 의료인이 법 제77조 제1항에 따라 전문의 자격을 인정받은 사실 및 그 전문과목

2. 사전심의 주체: 자율심의기구

(1) 사전심의의 자율성

의료광고의 사전심의가 행정주체에 의해 이루어진다면 이는 헌법에서 보장하는 언론·출판의 자유를 제한하는 '사전검열'에 해당할 수 있다. 헌법재판소는 헌법 제21조 제2항에서 규정하는 언론·출판에 대한 '사전검열금지원칙'[14]은 어떠한 명칭이나 형식으로 이루어지던 관계 없이 "실질적으로 행정권이 주체가 되어 사상이나 의견 등이 발표되기 이전에 예방적 조치로서 그 내용을 심사, 선별하여 (...) 허가받지 아니한 것의 발표를 금지"[15]해서는 안된다는 원칙으로, 의료광고도 언론·출판의 자유의 보호 대상이자 사전검열금지원칙의 적용대상이라고 본다. 다만 사전검열금지원칙은 모든 형태의 사전심사를 금지하는 것이 아니고 의사 표현의 발표 여부가 오로지 행정권의 허가에 달려 있는 사전 심사만을 금지하는 것인데, 사전심의가 이와 같은 사전검열에 해당하지 않기 위해서는 사전심의 업무를 수행하는 주체가 행정권의 영향력에서 벗어난 독립성과 자율성을 갖추어야 한다.

[의료광고 사전심의제도의 위헌성 판단] 헌법재판소는 (2018.3. 개정되기 이전의) 구 의료법상의 의료광고 사전심의제도는 행정권의 영향에서 독립된 자율적 심의의 성격을 갖지 않으므로 위헌이라는 결정을 내린 바 있다.[16] 헌법재판소는 동 결정에서 헌법상 사전검열금지원칙이

---

14) 헌법 제21조 ② 언론·출판에 대한 허가나 검열 (...) 는 인정되지 아니한다.

15) 헌재 2015헌바75.

16) 좀더 구체적으로는 의료광고에 대한 사전심의에 관한 의료법 제56조 제2항 제9호 중 '제57조에 따른 심의를 받지 아니한 광고' 부분 및 이를 처벌하는 제89조 중 '제57조에 따른 심의를 받지 아니한 광고'에 관한 부분이 헌법 제21조 제2항이 규정하는 사전검열금지원칙에 위배되어 위헌이라고 보았다 (헌재 2015헌바75).

적용되는 사전검열의 요건으로 ① 허가를 받기 위한 표현물의 제출의무, ② 행정권이 주체가 된 사전심사절차, ③ 허가를 받지 아니한 의사표현의 금지, ④ 심사절차를 관철할 수 있는 강제수단이 존재해야 한다고 보았다.17) 그리고 문제가 된 구 의료법상의 의료광고 사전심의제도는 ① 의료광고 심의를 위해 해당 의료광고 내용을 첨부하여 심의업무 담당 기관에 제출해야 하고(구 의료법 제57조 제1항 및 동법 시행령 제25조 제1항), ② 심의를 받지 않으면 의료광고를 할 수 없으며, ③ 사전심의 없이 의료광고를 하면 1년 이하의 징역이나 1천만원 이하의 벌금에 처하고(동법 제89조), ④ 심의를 담당하는 대한의사협회・대한치과의사협회・대한한의사협회가 실질적으로는 행정권의 영향력 하에 행정기관성을 띠고 심의업무를 한다는 점에서 위헌이라고 보았다. 특히 심의 주체의 행정기관성에 관한 요건 ④에 대해서는, 민간단체인 대한의사협회・대한치과의사협회・대한한의사협회가 심의를 담당하지만 의료법상 심의의 주체는 행정기관인 보건복지부장관으로 보건복지부장관이 언제든 위탁을 철회하고 직접 심의업무를 담당할 수 있다는 점, 심의위원회의 구성이 시행령으로 규율된다는 점에서 행정권이 심의위원회 구성에 영향을 미칠 가능성이 있다는 점, 보건복지부장관은 심의기관의 위임사무처리에 대한 관리・감독권을 지니고 심의기관의 장은 심의・재심 결과를 장관에게 분기별로 보고한다는 점에서 제도적 자율성이 보장되지 않는다는 점, 보건복지부장관이 의료인・의료기관・중앙회 또는 의료관련 단체에 대한 재정 보조를 할 수 있음(동법 제83조 제1항)에 기초하여 언제든 사전심의절차에 영향력을 행사할 가능성이 있다는 점, 심의에 관한 사항을 대통령령에 위임하므로(동법 제57조 제4항) 심의에 대한 행정권의 개입이 언제든 가능하다는 점에서, 동 협회들이나 그 산하의 심의위원회가 행정권의 영향력에서 완전히 벗어난 독립적이고 자율적인 심의를 한다고 볼 수 없다고 판단하였다.

17) 헌재 94헌가6; 헌재 2005헌마506.

(2) 사전심의 주체

의료법에서는 의료광고의 사전심의는 어디까지나 '자율심의'의 형태로 이루어져야 한다고 규정하면서, 법이 정하는 요건을 갖추고 보건복지부장관에게 신고한 의료인단체나 소비자단체가 사전심의 업무를 수행하도록 하고 있다.

> **의료법 제57조(의료광고의 심의)** ② 다음 각 호의 기관 또는 단체는 대통령령으로 정하는 바에 따라 자율심의를 위한 조직 등을 갖추어 보건복지부장관에게 신고한 후 의료광고 심의 업무를 수행할 수 있다.
>
> 1. 제28조 제1항에 따른 의사회 · 치과의사회 · 한의사회
> 2. 「소비자기본법」 제29조에 따라 등록한 소비자단체로서 대통령령으로 정하는 기준을 충족하는 단체

특히 이러한 사전심의기구가 수행하는 의료광고 심의 업무 및 이와 관련된 업무의 수행에 관해서는 행정관청의 허가 등에 관한 관련 규정의 적용이 배제됨으로써, 심의기구의 독립성을 확보하고자 하는 노력이 이루어지고 있다. 보다 구체적으로는, 심의주체인 의료인단체에 대해서는 의료인단체 중앙회의 정관 변경에 대한 보건복지부장관의 허가, 중앙회의 보건복지부장관에 대한 협조의무, 중앙회와 지부에 대한 보건복지부장관의 감독, 중앙회에 대한 보건복지부장관의 경비 등 보조에 관한 의료법 규정 및 법인 사무에 대한 주무관청의 검사 · 감독에 관한 민법 규정의 적용이 배제되며, 심의주체인 소비자단체에 대해서는 법인 사무에 대한 주무관청의 검사 · 감독에 관한 민법 규정의 적용이 배제된다.

V 형사제재

잘못된 의료광고는 소비의 합리성을 저해하는 폐해만을 가져오는 것이 아니라, 환자의 생명과 신체에 위험을 초래하는 결과를 가져올 수 있다. 또한 의료인과 시민 사이에 있는 의료지식의 비대칭성으로[18] 인해 의료소비자는 더욱 잘못된 의료광고에 현혹되기 쉽다. 이러한 점에서 의료법은 의료광고에 관한 규정 위반에 대해 형사 제재를 가한다. 의료법에서 정한 의료광고의 주체가 아닌 자가 의료광고를 하거나, 의료법 제56조 제2항에서 금지하는 내용의 의료광고 혹은 허위·과장된 내용의 의료광고를 한 경우 그리고 의료법 제56조 제3항에서 금지한 매체를 이용한 의료광고를 한 경우(이상 의료법 제56조 각항 위반)에는 1년 이하의 징역이나 1천만원 이하의 벌금에 처한다(동법 제89조).

18) 이러한 점에서 환자와 의사간에는 '(의료적) 지식과 힘의 불균형'이 존재함을 이야기할 수 있다(김나경, 「의사의 설명의무의 법적 이해」, 한국의료법학회지, 제15권 제1호, 한국의료법학회, 2007, 10-11쪽).

의료책임법

I 의료사고책임의 의의

의료행위는 환자의 신체에 대한 소위 '침습'을 수반하므로 항상 환자의 생명과 신체를 훼손할 위험을 안고 있다. 의료사고란 의료행위에 수반되는 생명·신체에 대한 위험이 실현되어 의료행위로서 기획하지 않았던 — 그러니까 환자가 기대했던 혹은 의사와 환자가 계약체결단계에서 지향했던 치료나 신체적 개선 등의 결과와는 다른[1] — 결과(즉, 악결과(惡結果))가 발생하는 경우를 뜻한다.

1) 그 밖에 '의료사고'의 개념에 대하여는 황근수, 「의료분쟁과 의사배상책임보험에 관한 고찰」, 상사법연구, 제26권 제3호, 2007, 145쪽 이하; 최정호, 「의료배상책임보험시장의 문제점과 활성화 방안」, 지식연구, 제5권 제2호, 명지대학교 금융지식연구소, 170쪽 참조.

1. 윤리적 책임과 법적 책임

의료사고에 대한 책임은 윤리적 책임과 법적 책임으로 나누어 볼 수 있다.

(1) 후견주의적 의료문화와 윤리적 책임

우리나라에서 1970년대 중반 이전까지는 전통적인 의료문화가 지배했다. 즉, 의사와 환자의 관계는 의사가 고도의 직업윤리를 바탕으로 스스로 환자를 돌보는 후견적 관계로 이해되었다. 후견주의적 관계모델에서 의료행위는 의사의 직업이라는 신분에서 나오는 권리의 행사이고, 환자는 그러한 권리의 객체, 즉 후견적인 의료행위의 대상일 뿐이다. 이런 의료문화에서 의료사고는 원칙적으로 법적 문제가 되지 않는다. 설령 예외적으로 의료사고를 법적 문제로 다루더라도 그때의 의료과실은 법률적 개념으로 이해되기 보다는 윤리적 개념, 즉 의사가 의료행위에서 직업 윤리적 요청을 충족하지 않은 것으로 파악되기 쉽다.

(2) 계약적 관계와 법적 책임의 강화

1) 의료소비자의 권리의식 성장

1980년대 이후 이러한 신분법적 사고는 급속히 해체되었다. 이는 의사와 환자의 관계가 의료서비스를 유상으로 교환하는 관계로 파악되기 시작했음을 의미하는데, 이러한 변화는 환자들의 권리의식이 급속히 성장한 결과라고 할 수 있다.

[의료관계의 계약적 성격] 계약관계 속에서 의사와 환자는 서로에 대해 권리를 향유하고 의무를 부담하는 '균형적인 관계' 속에 놓인다. 즉, 의사의 의료행위는 의사와 환자라는 두 인격적 주체 사이의 '의료행위-의료비'라는 계약적 교환관계 속에 편입되며, 의료는 서비스

> 의 한 종류로 이해된다. 이와 같은 계약은 민법학적으로는 쌍무계약에 속한다.[2] 또한 의료인의 채무는 결과채무가 아니라 수단채무라는 점에서, 환자가 원하는 결과의 달성을 치료비 지급의 조건으로 삼는 특약을 맺지 않는 한 의료관계는 도급계약적 관계가 될 수 없고 위임계약의 관계에 가까운 것이 된다. 다만 위임계약을 구성하는 무상(無償)원칙이나 수임인의 보고의무 등은 의료계약에 적용될 수 없다. 이런 점에서 의료계약은 '위임에 유사한 무명계약'이라고 이야기하기도 한다.[3]

이러한 변화에 따라 의료사고는 환자의 권리를 침해하는 행위로 이해되기 시작했고 그러한 권리침해에 대해 의료인의 책임을 묻는 법제, 즉 의료책임법(제)이 성장하게 되었으며, 의료소송의 양도 — 1980년대 이후 — 급증하였다. 그리고 환자의 권리의식은 지속적으로 성장하여 이제는 이른바 '의료소비자의 주권'을 말하는 시대가 되어가고 있다.

2) 의료책임법제의 다층화

의료사고에 대한 책임을 실현하여 환자(또는 그 가족들)가 의료사고로 인한 아픔과 손해를 보전받는 법제는 형사법과 민사법을 넘어 보험법 그리고 조정제도와 같은 ADR의 법제로도 성장해가고 있다. 의료사고에 대한 ① 형사책임과 ② 민사책임은 고의 또는 과실로 의료사고를 인과적으로 야기했을 때

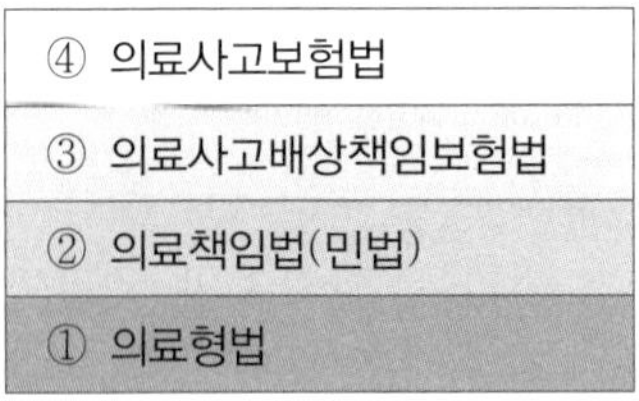

④ 의료사고보험법
③ 의료사고배상책임보험법
② 의료책임법(민법)
① 의료형법

---

2) "의료계약이란 (...) 의사는 진료행위를 부담하고, 환자는 그 대가로 보수를 지급해야 하는 채권계약으로 유상의 쌍무계약"이다(최행식, 「의료행위와 의료계약에 관한 기초론적 고찰」, 법학연구, 제14집, 한국법학회, 2004, 587-614쪽, 599쪽 참조).

3) 이덕환, 『의료행위와 법』, 현문사, 2006, 21쪽.

의료인에게 귀속될 수 있다. 더 나아가 ③ 의료사고로 인한 손해배상이 책임보험에 의하여 이루어지게 하고 의료인은 그 보험에 가입하여 보험료를 납부하게 하되 보험금의 지급을 의료사고 분쟁의 조정 성립여부와 연계시키는 의료사고배상책임보험법제도가 성장할 수 있다. 이때 배상책임은 엄격한 의미에서의 의료인의 과실을 전제하는 형태가 아니라 위험책임의 형태로 인정할 수 있다. 즉 과실은 없지만, 의료인이 그 의료사고가 발생한 위험영역을 지배하는 자였을 때에 배상책임을 인정하는 것이다. ④ 마지막으로 고의든 과실이든 또는 위험지배이든 어떠한 귀책사유도 없이 의료사고가 발생한 경우에도 무조건 환자(또는 그 가족)에게 일정한 금액의 보상금을 지불하는 사고보험제도도 구축될 수 있다. 아직까지 의료사고보험제도는 현실화되지 않고 있다.

2. 좁은 의미의 의료책임법

이 단락에서는 좁은 의미의 의료책임을 다루게 되는데, 이는 의료인에게 손해배상책임을 묻는 민사책임법의 대상으로서의 의료책임을 의미하는 것이다. 이와 같은 의료책임법은 계약책임인 '채무불이행책임'(민법 제390조)과 '불법행위책임'(민법 제750조 이하)을 두 축으로 한다.

(1) 채무불이행 책임

채무불이행책임은 특히 앞에서 이야기했던 바와 같이 의사와 환자간의 채권적 '계약'관계에 기초하여 의사가 부담하게 되는 책임이다. 특히, 의사가 의료행위와 관련하여 부담하게 되는 채무불이행책임은 많은 경우 채무불이행의 여러 가지 유형 중 '불완전이행'으로 인한 책임의 모습을 띠게 된다.[4]

민법 제390조(채무불이행과 손해배상) 채무자가 채무의 내용에 좇은 이행을 하지 아니한 때에는 채권자는 손해배상을 청구할 수 있다. 그러나 채무자의 고의나 과실 없이 이행할 수 없게 된 때에는 그러하지 아니하다.

(2) 불법행위책임

의료인은 의료사고로 인하여 환자에게 발생한 손해에 대해 민법 제750조에 기초한 불법행위책임을 부담할 수도 있다. 특히, 민법 제751조와 제752조의 규정들은 불법행위로 인한 손해배상의 책임이 재산 이외의 손해인 신체, 자유에 대한 손해 기타 정신적 고통에 대해서도 발생할 수 있으며(민법 제751조 제1항) 생명이 침해된 경우에는 피해자의 직계존속이나 직계비속 그리고 배우자에 대해서도 발생할 수 있음(민법 제752조)을 명시하고 있다.

민법 제750조(불법행위의 내용) 고의 또는 과실로 인한 위법행위로 타인에게 손해를 가한 자는 그 손해를 배상할 책임이 있다.

민법 제751조(재산이외의 손해의 배상) ① 타인의 신체, 자유 또는 명예를 해하거나 기타 정신상 고통을 가한 자는 재산이외의 손해에 대하여도 배상할 책임이 있다.

민법 제752조(생명침해로 인한 위자료) 타인의 생명을 해한 자는 피해자의 직계존속, 직계비속 및 배우자에 대하여는 재산상의 손해없는 경우에도 손해배상의 책임이 있다.

(3) 청구권의 경합

민법상 채무불이행으로 인한 손해배상청구권과 불법행위에 기

---

4) 한국의료법학회 보건의료법학편찬위원회 편, 『보건의료법학』, 동림사, 2003, 133쪽 참조.

초한 손해배상청구권이 모두 존재하는 경우, 현재의 통설과 판례에 따르면 손해배상청구권자는 그 중 어느 한쪽만을 주장할 수도 있고 양 청구권을 선택적으로 주장할 수도 있다.[5] 따라서 환자는 자신에게 유리하다고 생각하는 방식으로 손해배상을 청구하면 된다. 실무에서 의료책임은 계약책임보다는 주로 불법행위책임으로 구성된다. 이는 아마도 불법행위로 구성할 경우에 환자의 가족들의 위자료청구권을 실현할 수 있기 때문인 것으로 보인다.

Ⅱ 의료과실

의료사고에 대하여 손해배상책임을 물을 수 있으려면 환자의 손해에 대하여 의료인의 귀책사유로서 과실이 있어야 한다. 민법상 과실책임원칙(또는 과책원칙)에 따라 의료인의 책임도 그 의료사고에 대하여 의료인에게 고의나 과실이 있을 때에만 인정된다. 과실이란 널리 '거래상 요구되는 주의의무의 위반'[6]이다. 의료인은 "사람의 생명·신체·건강을 관리하는 업무의 성질에 비추어 환자의 구체적인 증상이나 상황에 따라 위험을 방지하기 위하여 요구되는 최선의 조치를 행하여야 할 주의의무"[7]가 있다. 즉, 의료과실의 판단은 의료사고를 낸 의료행위와는 다른 어떤 의료행위를 당위적으로 했어야만 했다는 점이 인정될 수 있는가를 기준으로 이루어진다. 이러한 의료과실의 개념은 계약책임이든 불법행위책임이든 똑같다.[8]

5) 지원림, 『민법강의』, 제7판, 홍문사, 2009, 1583-1584쪽; 대판 82다카1533 참조.
6) 이상돈, 『의료형법: 의료행위의 법제화와 대화이론』, 법문사, 1998, 11쪽.
7) 대판 2007다75396.
8) 박영규, 「제9편 특별기고 — 의사의 주의의무의 일반적 기준」, 한독법학, 제11권, 한독법률학회, 1995, 484-485쪽.

1. 의료인의 주의의무

(1) 규범적 수준의 주의의무

1) 통상적으로 숙련된 의사의 능력

의사가 '거래상 요구되는 주의의무를 위반'했는지의 여부를 판단하는 기준은 일반적으로, "같은 업무와 직종에 종사하는 일반적 보통인"[9]이라 할 수 있는 '통상적으로 주의깊고 숙련된 의사'[10]가 "의료행위를 할 당시 의료기관 등 임상의학 분야에서 실천되고 있는 의료행위의 수준"[11]에 따라 의료행위를 하면서 기울이는 주의의 정도이다.

㈎ 판례 이러한 주의의 정도는 '규범적'으로 요구되는 수준이므로, 문제되는 의사나 의료기관의 구체적인 상황에 따라 판단할 것은 아니다.[12]

> 의사의 주의의무는 의료행위를 할 당시 의료기관 등 임상의학 분야에서 실천되고 있는 의료행위의 수준을 기준으로 삼되 그 의료수준은 통상의 의사에게 의료행위 당시 일반적으로 알려져 있고 또 시인되고 있는 이른바 의학상식을 뜻하므로 진료환경 및 조건, 의료행위의 특수성 등을 고려하여 규범적인 수준으로 파악해야 한다(대판 2018다263434).

㈏ 의료기관의 수준별 주의의무 해당 의료기관이 의원급인지 아니면 병원급인지 혹은 진료지가 벽지인지 도시인지 등과 같이

9) 대판 2006도1790; 대판 99도3711.

10) 이덕환, 『의료행위와 법』, 현문사, 2006, 45쪽.

11) 대판 2007다75396; 대판 99다66328

12) 대판 2002다3822; 김천수, 「의료과오책임의 이론과 판례」, 대구법학, 제3호, 대구대학교 법과대학, 2000, 28쪽; 박종권, 「의료과오에서 의사의 주의의무」, 비교법학연구, 제7집, 한국비교법학회, 2007, 54쪽 참조.

진료환경이나 조건에 따라 의사가 부담할 수 있는 주의의무의 정도에는 차이가 있을 수 있다.

다만, 해당 의사는 당해 의료기관의 설비 및 지리적 요인 기타 여러 가지 사정으로 인하여 진단에 필요한 검사를 실시할 수 없는 경우에는 특단의 사정이 없는 한 당해 환자로 하여금 그 검사를 받을 수 있도록 해당 의료기관에 전원을 권고할 의무가 있다.[13]

> [전원의무] 패혈증은 혈액 내에 있는 세균 또는 세균독소에 의하여 발생하는 질환으로서 입원환자들에게 쉽게 발생하며 오한과 38℃ 이상의 발열로서 시작하는 것이 보통이다. 입원중인 환자에게 38℃ 이상의 발열이 있는 등 패혈증의 증후가 보일 때 곧바로 패혈증을 의심하고 그에 대한 처치를 시작하거나 그러한 처치가 가능한 종합병원으로 신속히 전원시킴으로써 패혈증 쇼크로 인한 사망이라는 결과를 회피하기 위하여 최선을 다할 주의의무가 있다(대판 98다12270).

2) 적정진료를 위한 주의의무

그러나 주의의무의 범위와 수준은 법원에 의해 정책적으로 ― 대체로 환자에게 이익이 되는 방향으로 ― 설정되기 쉽다. 특히 주의의무의 법적 개념은 그 실질이 고무줄처럼 늘었다 줄었다 할 수 있다. 법원은 오랫동안 "최선의 진료"가 되기 위해 필요한 주의의무를 의료과실의 판단기준으로 삼아 왔다. 하지만 건강보험체제 아래에서는 규격진료가 법적으로 요청되는 현실이 되어 있고 저수가 및 진료비의 높은 미수율 등으로 인해 최선의 진료가 현실적으로 불가능하다. 따라서 최선의 진료라는 기준으로 주의의무를 설정하는 것은 후견주의적 의료관계 속에서 의료윤리적으로 바람직한 것일 뿐 계약적 의료관계에서 공정한 것은 아니다. 의료과실에서 주

---

13) 울산지방법원 2008.9.19. 2006가단52265 참조.

의의무의 범위와 수준은 임상의료지침(Clinical Practice Guidelines)을 참고하되, 적정진료가 이루어질 수 있게 하는 수준에서 결정되어야 한다.

(2) 의사의 재량성

의료인이 의료행위를 함에 있어 준수해야 할 의무는 단 한 가지 방식의 의료적 조치에 지향되어 있는 것이 아니다. 의료인은 현재의 의료적 법칙과 수준에 부합하는 다양한 합리적 조치들 가운데 하나를 선택할 재량이 있다. 따라서 의사가 재량의 범위 내에 있는 어떤 한 조치를 선택하여 취함으로써 다른 조치를 취하지 못한 것을 두고 주의의무의 위반이라고 볼 수는 없다.

> 의사의 질병 진단의 결과에 과실이 없다고 인정되는 이상 그 요법으로서 어떠한 조치를 취하여야 할 것인가는 의사 스스로 환자의 상황 기타 이에 터잡은 자기의 전문적 지식·경험에 따라 결정하여야 할 것이고, 생각할 수 있는 몇 가지의 조치가 의사로서 취할 조치로서 합리적인 것인 한 어떤 것을 선택할 것이냐는 당해 의사의 재량의 범위 내에 속하고 반드시 그 중 어느 하나만이 정당하고 이와 다른 조치를 취한 것은 모두 과실이 있는 것이라고 할 수 없다. 이러한 점에서 볼 때에 손바닥 파열상을 입은 환자를 수술함에 있어 전신마취를 했다고 해서 그것만으로 의료상의 과실에 해당한다고는 볼 수 없다(대판 98다45379).

의료과실을 인정한 대표사례	의료과실을 부정한 대표사례
· 산욕기에 나타나는 발열, 질 출혈, 복통 등은 잔류태반이 일으키는 주요한 증상이라는 산부인과 전문의 사이의 일반적인 의학지식과 태반용수제거술을 시행할 경우 태반 조각이 자궁 내에 잔류하는 것이 드	· 의료 경험칙상 동일 계열 항생제는 동일한 특성을 가지고 있어 동일한 약리작용을 얻을 수 있다고 봄이 일반적인데, 이 사건 기록에 의하면 이미페넴과 메로페넴은 모두 카바페넴 계열의 항생제임을 알 수 있

문 일이 아니라는 점에 비추어 볼 때, 태반용수제거술을 받은 산모가 산욕기에 위와 같은 증상을 호소한다면 의사로서는 마땅히 잔류태반의 가능성을 의심하고 그에 따른 적절한 조치를 취하여야 할 의무가 있다 할 것이다(대판 2005다11688).

· 분만담당의사는 만기태아에게 심박동감소 등 태아곤란증을 의심할 만한 상황이 생기면 즉시 산모에 대한 산소공급 등 필요한 조치를 취하여 태아의 상태가 호전되는지 여부를 관찰하면서 태아상태가 호전되지 않을 경우에는 응급제왕절개술 등 조기에 태아를 만출시킬 수 있도록 적절한 조치를 취하고 설령 일시적으로 태아의 상태가 호전되었다고 할지라도 지속적으로 태아의 심박동에 이상이 있는지 여부 등을 주의 깊게 관찰함으로써 발생 가능한 이상상황에 대처하여야 할 주의의무를 부담하며, 나아가 태변착색 등으로 태변흡입증후군이 의심되는 경우 담당의사는 신속히 태변을 흡인제거하고 산소를 공급하는 등 필요한 조치를 취하여야 한다(대판 2004다13045).

· 임산부가 예정내원일보다 앞당겨 단기간에 2회에 걸쳐 내원하여 심한 부종 등을 호소하면서 임신중독증을 염려하는 것을 듣고도 기본적인 검사인 체중측정과 소변검사조차 시행하지 아니하고 별 이상이 없다는 진단을 내린 의사와, 급격한 체중증가와 혈압상승에도 불구하고 즉시 입원치료를 하게 하지 않고 앞서 진찰한 의사의 부실한 진단결과와 당일 1회의 간단한 검사결과으므로, 이미페넴과 메로페넴이 동일 계열의 항생제임에도 별도로 항생제 감수성 검사를 시행하여야 한다고 볼 만한 사정이 없는 한 항생제 감수성 검사 결과 엔테로박테리아에 이미페넴에 감수성이 있다고 나타났다고 하더라도 이미페넴 대신 메로페넴을 계속 투약한 것만을 가지고 의사에게 요구되는 치료에 관한 주의의무를 위반할 정도의 과실이 있다고 단정할 수 없고, 또한 세균 배양검사 내지는 항생제 감수성 검사 결과에 소요된 기간을 구체적인 과실의 근거로 삼으려면 그 검사에 소요되는 통상적인 기간을 먼저 심리하고 이에 비추어 이 사건 검사 결과가 지연되었는지 여부 및 지연된 정도를 심리하여야 하며 검사 결과가 나올 때까지 상당한 일자가 소요되었다는 사정만으로는 과실이 있다고 단정할 수 없다(대판 2007다75396).

· 손바닥 파열상에 대한 수술 후 입원치료를 받던 환자가 화장실에서 흡연을 한 후 나오다가 쓰러져 사망한 경우, 의료종사자들에게 금연에 관한 일반적인 요양지도 외에 환자의 기왕증과 관련된 흡연의 위험성을 경고하고 화장실에서의 흡연 여부까지 상시 확인·감독할 주의의무는 없다(대판 98다45379).

· 응급수술이 불가능한 병원의 의사가 전원요청을 받은 환자의 상태에 대해 응급수술이 필요한지 여부를 전원을 요청하는 의사로부터 확인하여 전원을 허용하였다면 전원요청을 받은 의사로서는 구체적이고 추가적인 질문을 하여 환자의 상태

만에 의존하여 저염, 고단백식사만을 권유한 채 만연히 귀가케 한 병원장에게는 태반조기박리로 인한 신생아의 사망에 대하여 공동불법행위책임이 인정된다(대판 2001다2013).

· 질식분만의 시도 중 태아곤란증을 뚜렷하게 시사하는 만기심박동감소 양상이 발생한 경우는 물론 다양성 심박동감소와 같이 그것만으로는 태아곤란증이라고 보기는 어렵더라도 이와 더불어 태아의 심박동수가 시간의 경과에 따라 정상수치보다 훨씬 낮아지고 그 빈도 및 정도가 악화되는 등 태아의 병적인 상태에 대한 의심을 배제할 수 없는 상황이 발생하였다면, 분만을 담당하는 의사로서는 즉시 내진을 하여 제대탈출 여부를 확인하고 임신부의 체위 변경, 산소 및 수액공급 등의 조치를 취하여야 하며, 만약 그 후에도 태아의 심박동 측정 결과가 개선되지 않고 태아곤란증을 시사하는 양상이 나타날 때에는 제왕절개술을 통한 즉각적인 분만을 시도하는 등 산모와 태아의 안전을 위하여 필요한 조치를 신속히 취하여야 할 것이다(대판 2004다2342).

· 체육실기시험으로 앞·뒤 구르기를 하고 난 직후부터 흉부 통증을 느끼기 시작하여 상당 기간 흉근염좌의 치료를 받고 난 후에도 계속하여 흉부 통증을 호소하여 왔으며 치료를 종료한 상황에서 훨씬 전에 발생한 외상에 의한 제4흉추 진구성 압박골절이 진단되고 제3·4흉추가 유합되어 있으며 그로 인하여 흉부동통 및 척추운동 제한의 장해를 더 구체적으로 정확하게 파악한 후에야 전원을 허용할 것인지의 여부를 결정하여야 할 주의의무까지 있다고 보기는 어렵다(대판 2005다16713).

가 남은 것으로 판명된 경우, 달리 특별한 사정의 주장·입증이 없는 한 위 환자는 앞·뒤구르기 과정에서 제4흉추 압박골절을 당하였던 것으로 추정함이 상당하므로, 그 환자를 진료한 의사로서는 진료 당시 일단 흉추골절에 대하여도 의심을 가지고 그에 관한 정밀한 진단을 실시함과 아울러 그에 합당한 치료 방법을 시행함으로써 흉추골절로 인한 후유장해의 발생을 회피하여야 할 주의의무가 있다(대판 97다38442).	

(3) 의료과실 개념의 변용

판례는 아래에서 설명하는 바와 같이 환자의 과중한 입증부담과 열악한 입증능력을 고려하여 전문적인 지식에 의해 판단되는 의료과실의 개념을 환자에게 유리하게 변용시키기도 한다.

1) 상식적 의료과실

그 첫 번째 방법은 의료과실을 상식에 의해 판단할 수 있는 과실 개념, 즉 "일련의 의료행위 과정에서 저질러진 일반인의 상식에 바탕을 둔"[14] 과실 개념으로 변용시키는 것이다. 예를 들어, 다한증 환자가 교감신경절제수술을 받던 중 뇌경색을 일으켜 사망한 사건에서 의사가 '수술의 일부분을 다른 의사들에게 맡기고 늦게 수술에 참여하여 수술도중 피부 및 근육을 절개해 놓고 기다린 시간이 다소 많이 경과했다는' '상식적 의미의 막연한 과실'만으로 배상책임을 인정한 바 있다.[15]

14) 대판 99다3709; 대판 2001다2013 참조.
15) 대판 93다52402.

환자의 사망원인인 뇌경색이 이 사건 수술 후에 일어났으며, 이 사건 수술과 환자의 사망 사이에 다른 원인이 개재되었을 가능성은 찾아볼 수 없고, 환자가 이 사건 다한증 외에는 특별한 질병 없이 정상적인 생활을 하여 왔고 수술전 사전검사에서도 특이한 이상증상이 나타나지 아니하였는데, 이 사건 치료과정에 있어서 피고 의사가 수술의 일부분을 다른 의사들에게 맡기고 늦게 수술에 참여하여 수술도중 피부 및 근육을 절개해 놓고 기다린 시간이 다소 많이 경과하는 등 수술과정에 있어 소홀한 점이 있었으며 수술 후 사후대처가 소홀했다는 원심 인정사실을 종합하여 보면, 결국 환자의 사망은 피고 의사의 이 사건 수술과정에서의 잘못으로 인한 것이라 추정할 수밖에 없고, 의료전문가가 아닐 뿐 아니라 수술과정에 참여한 바도 없는 원고들이 피고 의사의 과실을 정확하게 지적하고 전문적인 지식을 동원하여 망인의 사망의 원인을 밝혀 내지 못하였다고 하여 피고들의 손해배상 책임을 부정할 수는 없다고 하겠다(대판 93다52402).

2) 위험책임화

두 번째 방법은 의료과실을 위험책임으로 변용시키는 것으로, 의료사고로 인지되는 환자의 증세가 '의사의 지배영역 내에서' 발생했다면 의료과실을 사실상 인정하는 것이다. 이와 같은 위험책임의 개념에 따르면, 과실이 구체적으로 어떤 주의의무위반으로 이루어졌는지를 묻지 않고 의료사고가 발생할 위험원을 지배하고 있었다는 사실만으로 귀책사유를 인정하게 된다. 예컨대 전방경추융합술 시행 이후에 환자의 사지부전마비증세가 나타난 사건에서 대법원은 그 의학적 원인이 밝혀지지 않는데도 단지 그 증세가 '의사의 지배영역' 내에서 발생하였다는 이유만으로 과실을 인정하고 배상책임을 인정한 바 있다.[16]

---

16) 대판 94다39567.

원고의 사지부전마비증세가 이 사건 수술 직후에 나타났고, 그 증상에 대한 최종적인 의학적 진단명이 혈류부족으로 인한 제6 및 제7 경추부위의 척수위축증으로 밝혀져 그 부위가 이 사건 수술부위와 일치되며, 이 사건 수술전후를 통하여 원고에게 척수위축으로 인한 하반신 마비를 초래할 만한 특별한 원인이나 증상이 관찰되지 아니하고, 나아가 척수위축으로 인한 하반신마비가 생기는 원인들 중 세균감염, 탈수초성 및 혈관성으로 인한 경우에는 각 특유한 전구증상이 나타나는데도 원고에게는 이러한 전구증상이 없었으므로 외상성 또는 원인불명의 두 가지만이 남게 되는데다가, 신경근 동맥이 압박을 받으면 동맥경련 또는 혈전증이 생겨 척수병변을 발생시킬 수 있고, 척수 또는 전면척수동맥이 수술 중 외과적인 원인에 의하여 손상되면 운동마비 감각장애 등의 증상을 일으킬 수 있는 것이라면, 비록 시술상의 잘못 이외의 알 수 없는 원인으로 합병증이 발생하는 확률이 1퍼센트 미만으로 알려졌다고 하더라도, 원고의 사지부전마비증세는 피고 의사가 시술과정에서 수술기구 등으로 원고의 전면척추동맥 또는 신경근 동맥을 과다압박 또는 손상하게 하여 척수혈류장애를 초래하였거나, 또는 원고의 제6 또는 제7 경추 부위의 척수를 손상시킨 잘못으로 인하여 초래된 것이라고 추정할 수밖에 없다(대판 94다39567).

2. 의사의 설명의무

(1) 설명의무 일반론

1) 설명의무의 의의

상호신뢰를 바탕으로 하는 최선의 치료에 도달하기 위해서는 환자가 자신에게 시행되는 의료행위에 대해 이해하고 동의하는 의사소통의 과정이 필요하다. 의사의 설명의무란 바로 이와 같은 의사소통을 위해 의사가 환자에게 필요한 의료행위에 관한 정보를 제공하는 것이다.[17] 의료는 특히 신체에 대한 침습을 수반하는 행

17) 보다 자세히는 김나경, 「의사의 설명의무의 법적 이해」, 한국의료법학회지, 제

위이므로 환자에게는 의료행위의 시행 여부에 대한 자기결정권이 보장되어야 한다는 점에서, 의사의 설명의무는 환자의 자기결정 또는 자율성을 강조하고 아울러 의료관계를 계약적 관계로 이해하는 패러다임의 변화에 힘입어 그 중요성이 더욱 부각되고 있다.

2) 설명의 유형[18]

의사와 환자가 질병의 치료라는 궁극적 목표에 도달하기까지 — 이른바 '의료적 개입(Ärztlicher Eingriff)'을 포함하여 — 서로를 이해하고 협력하기 위해 필요한 다양한 행위들 전체를(의료행위의) '시퀀스'라고 할 수 있다. 이 시퀀스 내에서 행해지는 다양한 설명은 그 시기에 따라 의료적 개입 이전과 개입 중 그리고 개입 후의 설명으로 나누어 볼 수 있다.

㈎ 의료적 개입 이전의 설명 의료적 개입이 이루어지기 전 의사의 설명은 의료적 개입의 전제조건으로서 환자의 "자기결정을 위한 설명(Selbstbestimmungsaufklärung)"[19]이라 할 수 있다. '의료적 개입 이전의 설명'에는 1) 환자에게 의학적인 진단의 결과에 대해 알려주는 진단설명, 2) 질병의 치료를 위해 필요한 의료적인 개입의 실질적 내용이라 할 수 있는 개입의 방식과 범위에 대해 알려주는 경과설명(Verlaufsaufklärung) 그리고 의료적 개입 후 일반적으로 발생되는 개입 후의 상태, 예를 들어 부작용이나 합병증 등에 관해 알려주는 위험설명(Risikoaufklärung)이 있다.

의사는 응급환자의 경우나 그 밖에 특별한 사정이 없는 한 환자에게

15권 제1호, 한국의료법학회, 2007, 10-20쪽 참조

18) 보다 자세히는 김나경, 「의사의 설명의무의 법적 이해」, 10-20쪽 참조; 이 항목의 이하의 내용은 이 논문의 내용 중 일부를 요약하고 다소 보완한 것임.

19) Adolf Laufs/Wilhelm Uhlenbruck, Handbuch des Arztrechts, 제2판, C.H.Beck Verlag, 1999, 265쪽.

> 수술 등 인체에 위험을 가하는 의료행위를 할 경우 그에 대한 승낙을 얻기 위한 전제로서 환자에게 질병의 증상, 치료방법의 내용 및 필요성, 발생이 예상되는 생명, 신체에 대한 위험과 부작용 등에 관하여 당시의 의료수준에 비추어 환자가 의사결정을 함에 있어 중요하다고 생각되는 사항을 구체적으로 설명하여 환자가 수술 등의 의료행위에 응할 것인지 스스로 결정할 기회를 가지도록 할 의무가 있다(대판 2021다265010).

대법원은 '의료적 개입 이전의 설명'을 통해 환자의 자기결정권이 온전히 실현될 수 있기 위해서는, 의사는 의료행위를 행할 시점과의 사이에 "적절한 시간적 여유를 두고" 설명의무를 이행해야 한다고 판시한 바 있다.

> 의사의 설명의무는 의료행위가 행해질 때까지 적절한 시간적 여유를 두고 이행되어야 한다. 환자가 의료행위에 응할 것인지를 합리적으로 결정할 수 있기 위해서는, 그 의료행위의 필요성과 위험성 등을 환자 스스로 숙고하고 필요하다면 가족 등 주변 사람과 상의하고 결정할 시간적 여유가 환자에게 주어져야 하기 때문이다. 의사가 환자에게 의사를 결정함에 충분한 시간을 주지 않고 의료행위에 관한 설명을 한 다음 곧바로 의료행위로 나아간다면, 이는 환자가 의료행위에 응할 것인지를 선택할 기회를 침해한 것으로서 의사의 설명의무가 이행되었다고 볼 수 없다. 이때 적절한 시간적 여유를 두고 설명의무를 이행하였는지는 의료행위의 내용과 방법, 그 의료행위의 위험성과 긴급성의 정도, 의료행위 전 환자의 상태 등 여러 가지 사정을 종합하여 개별적·구체적으로 판단하여야 한다(대판 2021다265010).

㈏ 의료적 개입 '중' 그리고 개입 '후'의 설명 　다른 한편 ① 의료적 개입이 행해지는 도중에 설명이 필요한 경우가 있을 수 있다. 예컨대 특정한 치료에 있어서 몸에 지닌 귀금속을 탈착해야 한다거나 의료적 개입이 이루어지는 동안 호흡을 멈추어야 한다는

점과 같은 사항들을 설명하는 것이 이에 해당한다(의료적 개입'중'의 설명). 또한 ② 의료적 개입 이후에도 환자에게 환자의 상태나 주의사항, 투약방법 등에 관한 내용을 알려줄 필요가 있다(의료적 개입'후'의 설명). 의료법에서 규정하는 '요양방법지도'[20]도 이에 해당하는 것이라 이해할 수 있을 것이다.

3) 설명의무 위반에 대한 법적 책임

㈎ 정신적 손해배상　　설명의무는 원칙적으로는 계약상의 주된 급부의무가 아니라 종된 의무에 해당한다. 그렇기 때문에 법원은 설명의무의 위반을 기초로는 정신적 손해를 배상받을 수는 있지만(위자료), 의사의 진료상 과실은 인정되지 않고 설명의무 위반만 인정되는 경우 재산상 손해를 배상받을 수는 없다고 본다.[21]

㈏ 의료과실의 인정효과　　다만, 설명의무의 위반과 환자에게 발생한 나쁜 결과 사이에 법적 인과관계가 인정되는 경우에는, 설명의무의 위반이 진료상 과실과 유사하게 — 정신적 손해만이 아닌 — 전(全) 손해를 배상받는 기초가 될 수 있다.

> 의사가 설명의무를 위반한 채 수술을 시행하여 환자에게 중대한 결과가 발생하였다는 것을 이유로 결과로 인한 모든 손해를 청구하는 경우에는 그 중대한 결과와 의사의 설명의무 위반 내지 승낙취득 과정에서의 잘못과의 사이에 상당인과관계가 존재하여야 하며, 그 때의 의사의 설명의무 위반은 환자의 자기결정권 내지 치료행위에 대한

---

20) 의료법 제24조(요양방법 지도) 의료인은 환자나 환자의 보호자에게 요양방법이나 그 밖에 건강관리에 필요한 사항을 지도하여야 한다; 물론 이는 환자의 승낙을 염두에 두는 행위가 아니라는 점에서 이를 의사의 설명의무라고 보기 어렵다고 할 수도 있겠지만, 의사의 설명의무를 의료행위의 시퀀스 전체 내에서 치료목적의 달성을 위한 치료방법과 질병에 대한 지식제공과 이해의 과정이라 이해한다면, 요양방법지도 역시 설명의무에 개념적으로 포함시킬 수 있을 것이다.

21) 대판 2011다29666.

> 선택의 기회를 보호하기 위한 점에 비추어 환자의 생명, 신체에 대한 구체적 치료과정에서 요구되는 의사의 주의의무 위반과 동일시할 정도의 것이어야 한다(대판 2002다45185).

㈐ **의료과실의 입증책임 전환** 의료적 개입행위 자체에 과실이 있으면서 그 의료적 개입에 대한 설명이 없었던 경우에는, 설명의무의 위반은 의료적 개입 자체의 과실(의료과실)의 존재에 대한 입증책임을 환자에서 의사에게로 전환시키는 법적 효과를 가져올 수 있다.

> 정기검사 시기에 맞추어 자궁암검사를 의뢰하기 위하여 처음 찾아온 의뢰인에게 세포진검사와 질확대경검사를 실시하였을 뿐 아니라 조직검사로 인하여 발생할지도 모르는 후유증에 대하여 아무런 설명도 없이 조직검사까지 실시한 의사의 행위는 과잉진료 내지 설명의무 위반의 불법행위에 해당할 여지가 있다(대판 97다56761).

(2) 의료법상의 설명의무

의료법은 ― 앞에서 언급했던 요양방법지도의무(동법 제24조)와는 별개로 ― 생명이나 신체에 대한 개입의 정도와 위험이 큰 유형의 의료행위에 대한 설명의무를 "의료행위에 관한 설명"이라는 제목으로 명시적으로 규정한다. 이와 같은 의료법상의 설명의무에 대해서는, '의료행위 그 자체에 대한 과실 판단과는 별개로' 당해 의무의 위반 그 자체에 대해 독자적인 위법성이 인정된다.

1) 의료법상의 설명의무

의료법 제24조의2 제1항은 의사 · 치과의사 또는 한의사가 사람의 생명 또는 신체에 중대한 위해를 발생하게 할 우려가 있는 수술, 수혈, 전신마취를 하는 경우에는 동조 제2항에서 정하는 사항을 환자 또는 (환자가 의사결정능력이 없는 경우) 환자의 법정대리인에게 설명하고 서면으로 동의를 받아야 한다고 규정한다. 이와 같이 명시적으로 부과되는 의료법상의 설명의무는, 설명과 동의의 절차로 인해 해당 의료행위가 지체됨으로써 환자의 생명에 위험을 가져오거나 심신상에 중대한 장애를 가져올 수 있는 경우에는 면제된다.

> **의료법 제24조의2(의료행위에 관한 설명)** ① 의사·치과의사 또는 한의사는 사람의 생명 또는 신체에 중대한 위해를 발생하게 할 우려가 있는 수술, 수혈, 전신마취를 하는 경우 제2항에 따른 사항을 환자(환자가 의사결정능력이 없는 경우 환자의 법정대리인을 말한다)에게 설명하고 서면(전자문서를 포함)으로 그 동의를 받아야 한다. 다만, 설명 및 동의 절차로 인하여 수술등이 지체되면 환자의 생명이 위험하여지거나 심신상의 중대한 장애를 가져오는 경우에는 그러하지 아니하다.

2) 의무적 설명사항

의료법 제24조의2 제1항에서 설명의무를 부과하는 경우 환자에게 설명해야 하는 사항은 다음과 같다: 1. 환자에게 발생하거나 발생 가능한 증상의 진단명, 2. 수술등의 필요성, 방법 및 내용, 3. 환자에게 설명을 하는 의사, 치과의사 또는 한의사 및 수술등에 참여하는 주된 의사, 치과의사 또는 한의사의 성명, 4. 수술등에 따라 전형적으로 발생이 예상되는 후유증 또는 부작용, 5. 수술등 전후 환자가 준수하여야 할 사항(동법 제24조의2 제2항). 더 나아가 이와 같은 사항에 대해 동의를 받았으나 이후 수술등의 방법 및 내용, 수술등에 참여한 주된 의사, 치과의사 또는 한의사가 변경된 경우에는 변경된 사유와 내용을 환자에게 서면으로 알려야 한다(동조

제4항).

3) 법적 책임

이와 같은 의료법상의 설명의무를 위반하는 경우, 즉 환자에게 설명을 하지 않거나 서면동의를 받지 않은 경우에는 300만원 이하의 과태료가 부과된다(동법 제92조 제1항 제1호의2). 이와 같은 설명의무의 위반을 기초로 민법상의 손해배상책임이 인정될 것인지의 여부와 범위는 앞의 단락에서 설명한 설명의무에 대한 일반적인 이론과 판례에 따라 결정될 것이다.

Ⅲ 의료과실과 환자의 사망·상해 사이의 인과관계

의료사고에 대하여 의료인에게 손해배상책임을 부담지우기 위해서는 의료인의 주의의무위반행위와 환자의 사망·상해 사이에 인과관계가 존재해야 한다.

1. 인과관계의 의의

(1) 인과관계의 개념

의료행위상 주의의무위반이 인정된다고 할지라도 채무불이행책임 또는 불법행위책임을 묻기 위해서는 주의의무위반과 손해의 발생 사이에 인과관계가 존재해야 한다. 민사법상의 인과관계는 '객관적으로 보아 전행사실(의료과실)로부터 일반적으로 초래되는 후행사실(환자의 상해 또는 사망)이 있을 때' 인정될 수 있다. 달리 말하면, 인과관계의 판단에서는 동일한 상황과 조건하에서는 동일한 결과가 발생할 것인가라는 '반복가능성'[22]이 주요한 기준으로 작동한

22) 석희태, 「의료과오에서의 인과관계에 관한 연구」, 연세법학연구, 제2권 제1호,

다고 할 수 있다. 이때 반복가능성의 정도는 확실성(Gewißheit)의 수준에 이르러야 한다.

(2) 인과관계의 기준 완화

그러나 판례는 환자보호정책의 일환으로 이 확실성의 수준을 개연성(Wahrscheinlichkeit) 또는 가능성의 수준으로 낮추고 있다. 이 점은 의료사고에서 해당 행위를 하지 않았더라면 손해가 발생하지 않았을 가능성이 그다지 높지 않은 경우에도 인과관계를 인정하는 데에서 드러난다. 예컨대 대법원은 뇌실질내출혈을 뇌부종, 뇌좌상으로 오진하고 약물치료를 하다가 환자가 사망한 경우, 뇌부종과 뇌좌상의 치료방법은 뇌실질내출혈에 대한 치료방법으로서도 동일하게 처방될 수 있고 설령 환자가 신경외과전문의가 있는 병원에 전원되어 뇌실질내출혈에 대한 치료를 받았더라도 환자가 사망하지 않거나 생명이 연장될 가능성이 50% 정도에 불과한 경우에도, 의사의 오진과 환자의 사망 사이에 인과관계를 인정한 바 있다.[23)]

> 일반외과 전문의인 피고가 자전거에 충격되어 넘어진 환자의 우측두부에 대한 상처를 진단함에 있어 신경외과적 진찰과 머리부분의 방사선촬영 등을 하고서도 그 방사선 사진상에 나타나 있는 우측두부의 약 15센티미터 가량의 선상골절을 발견하지 못하여 환자가 뇌실질내출혈상을 입었음을 예상하지 못하고 단순히 뇌부종과 뇌좌상 등의 증세가 있는 것으로 판단하여 피고 경영의 병원에 입원시켜 치료를 하던중, 환자가 다음날 11:30경 뇌실질내출혈로 인하여 사망했다. 원심은 이 사건 환자의 경우와 같이 뇌기저부 출혈로 인한 뇌혈종이 생긴 경우에는 수술자체에 수반하는 고도의 위험성으로 말미암아 개두수술은 거의 시행되지 않고 있는 것이 상례인 사실, 피고가 뇌부

1992, 296쪽.

23) 대판 88다카26246 참조.

종, 뇌좌상 등을 전제로 위 망인에 대하여 시행한 원판시 투약 등의 약물치료는 뇌실질내출혈에 대한 약물치료로서도 동일하게 처방될 수 있는 방법인 사실, 일반적으로 뇌실질내출혈이 시작된 환자에 대하여 위와 같은 치료를 하지 아니할 경우 거의 사망에 이르게 되고 제때에 약물치료나 개두수술을 시행할 경우 그 환자가 사망하지 않거나 생명이 연장될 가능성은 뇌출혈의 정도 등 환자의 상태에 따라 상이하나 위 망인의 경우 이러한 가능성이 50퍼센트 정도에 불과한 사실에 기초해 의사인 피고가 선상골절상이나 이에 따른 뇌실질내출혈 등을 발견 내지 예견하지 못하였다거나 제때에 완전한 시설을 갖춘 다른 병원으로 전원조치를 취하지 아니한 행위와 위 망인의 사망 사이에는 인과관계가 있다고 볼 수 없다고 판시하고 있지만, 다른 특별한 사정이 없는 한 피고가 위 방사선사진상에 나타나 있는 선상골절상이나 이에 따른 뇌실질내출혈 등을 발견 내지 예견하지 못하여 망인을 제때에 신경외과 전문의가 있는 병원에 전원하여 확정적인 진단 및 수술을 받을 수 있는 필요한 조치를 취하지 아니한 사실과 환자의 사망과의 사이에는 인과관계를 인정함이 상당하며 원심이 원고의 청구를 배척한 것은 위법하다(대판 88다카26246).

2. 의료사고의 예견가능성과 회피가능성

의료사고에 대한 의료인의 손해배상책임은 의료인이 그가 행한 의료행위로 인해 나쁜 결과, 즉 의료사고가 발생할 것을 예견할 수 있었고 동시에 회피할 수 있었을 때 인정할 수 있다. 의료사고의 예견 및 회피가능성은 주의의무를 구성할 뿐만 아니라 주의의무의 위반성을 판단하는 기준적 요소가 되기도 하고 더 나아가 인과관계의 존재를 인정하기 위한 요건이 되기도 한다.

(1) 주의의무위반의 내용으로서 결과의 예견 및 회피의무

판례에 의하면 규범적 수준의 주의의무에 대한 판단은 의료인이 자신의 의학지식과 경험에 터잡아 신중히 의료행위를 함으로써 해당 의료행위가 불러일으킬 수 있는 위험한 결과의 발생을 예견할 수 있었는지(예견가능성) 그리고 그러한 결과의 발생을 회피할 수 있었는지(회피가능성)를 기준으로 이루어진다.

> 진단은 문진·시진·촉진·청진 및 각종 임상검사 등의 결과에 터잡아 질병 여부를 감별하고 그 종류, 성질 및 진행 정도 등을 밝혀내는 임상의학의 출발점으로서 이에 따라 치료법이 선택되는 중요한 의료행위이므로, 진단상의 과실 유무를 판단하는 데에는 비록 완전무결한 임상진단의 실시는 불가능할지라도, 적어도 임상의학 분야에서 실천되고 있는 진단 수준의 범위 안에서 해당 의사가 전문직업인으로서 요구되는 의료상의 윤리와 의학지식 및 경험에 터잡아 신중히 환자를 진찰하고 정확히 진단함으로써 위험한 결과 발생을 예견하고 그 결과 발생을 회피하는 데에 필요한 최선의 주의의무를 다하였는지 여부를 따져 보아야 한다(대판 2002다3822).

(2) 인과관계의 요소로서 의료사고의 예견 및 회피가능성

더 나아가 의료사고의 예견 및 회피가능성은 의료사고의 결과를 어떤 주의의무 위반행위에 귀속시키기 위한 전제조건이 된다. 즉 객관적인 예견 및 회피가능성은 주의의무위반행위가 창출하는 의료사고의 위험이 실제로 발생한 의료사고의 결과에 이어지고 있는지라는 위험관련성[24]을 판단하는 기준의 하나가 된다. 이와 같은 의료사고의 객관적 예견 및 회피가능성은 특이체질의 환자에게서 주로 문제된다. 판례도 특이체질환자의 특별한 손해를 인과관계의 문제로 바라보기도 한다.

---

24) 이 설의 대표적인 주장으로 일본의 石田 穰, 損害賠償法の再構成, 1977; 김형배, 「불법행위에 있어서의 책임구속의 근거와 손해배상의 범위」, 고려대학교 법학논집, 제18집, 1980, 139-141쪽 참조.

환자가 전신마취 및 수술 도중에 심정지를 일으켜 뇌손상으로 인한 전신마비 등의 증세에 이른 경우에는, 피해자 측에서 일련의 의료행위 과정에 있어서 저질러진 일반인의 상식에 바탕을 둔 의료상의 과실 있는 행위를 입증하고 그 결과와의 사이에 일련의 의료행위 외에 다른 원인이 개재될 수 없다는 점, 이를테면 환자에게 의료행위 이전에 그러한 결과의 원인이 될 만한 건강상의 결함이 없었다는 사정을 증명한 경우, 의료행위를 한 측이 그 결과가 의료상의 과실로 말미암은 것이 아니라 환자의 특이체질 등 전혀 다른 원인으로 말미암은 것이라는 입증을 하지 아니하는 이상, 의료상 과실과 결과 사이의 인과관계를 추정하여 손해배상책임을 지울 수 있도록 입증책임을 완화하는 것이 손해의 공평·타당한 부담을 그 지도원리로 하는 손해배상제도의 이상에 맞는다(대판 95다41079).

환자에게 발생한 무과립구증, 약제열 등의 부작용이 리팜핀에 대한 과민반응으로 인하여 발생한 것으로 보이는 점, 성급하게 재투약을 결정한 과실이 없었더라면 리팜핀의 재투약을 피할 수 있었을 것으로 보인다는 점 등의 사정에 비추어 보면 의사는 환자가 리팜핀에 과민반응하는 특이체질이 있다는 점을 예견할 수 있었으므로 이에 관한 의사의 과실을 인정할 수 있으며, 의사의 과실과 환자의 사망 사이에 인과관계를 인정할 수 있다(대판 2005다64774).

Ⅳ 의료사고의 입증책임

의료사고에 있어 의사에게 채무불이행책임을 물을 것인지 아니면 불법행위책임을 물을 것인지에 따라 입증책임의 분배에는 차이가 있다. 채무불이행책임을 묻는 경우 환자는 의사의 계약내용에 좇은 이행이 없었다는 사실을 입증해야 하며 의사는 자신에게 고의 또는 과실이 없었다는 사실을 입증해야 하지만, 불법행위책임을 묻는 경우에는 환자가 의사의 고의나 과실을 입증해야 한다.

1. 환자의 과중한 입증부담[25)]

그러나 민사법의 영역에서는 — 의사에게 채무불이행책임을 묻건 아니면 불법행위책임을 묻건 간에 — 실질적으로는 환자가 짊어지는 '입증부담'에는 큰 차이가 없다. 왜냐하면 의료사고를 채무불이행책임으로 구성하더라도, 의료계약은 도급계약이 아니라 위임계약 혹은 고용계약이라는 점에서 — (즉, 일의 완성이 아니라 치료행위 자체가 채무의 내용이라는 점에서) — 환자는 나쁜 결과의 발생사실뿐만 아니라 의료행위의 불완전성에 대해서도 입증해야 하는데, 이는 실질적으로는 의료과실에 대한 입증과 거의 같기 때문이다. 즉, 어떤 법률적 구성을 선택하든 — 법형식적으로 입증책임(거증책임)에서는 차이가 있지만 — 실질적으로는 환자가 의료과실을 입증하는 부담을 짊어지는 셈이다.

그러나 의료사고에서 환자가 그런 입증부담을 제대로 이행하는 것은 거의 기대하기 어렵다. 문외한인 환자의 입장에서는 의료의 전문성이나 기밀성 그리고 재량성이라는 특성으로 인해[26)] 의료의 과정에서 일어나는 일들을 쉽게 알 수 없기 때문이다. 이러한 점에서 의료책임소송에서 입증영역은 의사와 환자의 실질적 불평등의 핵심적 근원지가 된다.

---

25) 이하의 설명은 이상돈, 「의료행위의 법제화와 형법-의료분쟁조정법안의 기본구상에 대한 법사회학적 비판」, 형사정책연구, 제8권 제1호(통권 제29호), 형사정책연구원, 1997, 161쪽; 김나경, 「의사의 설명의무의 법적 이해」, 한국의료법학회지, 제15권 제1호, 한국의료법학회, 2007, 9쪽을 종합하고 요약한 것임.

26) 의료과오소송에서의 환자의 증명곤란을 불러일으키는 원인으로 이와 같은 의료의 속성을 언급하는 박종권, 「의료과오소송에서 인과관계의 입증경감」, 비교법학연구, 제2집, 한국비교법학회, 2003, 135쪽 참조.

[입증부담을 완화하는 편법들] 이와 같은 상황으로 인해 의료소송에서는 환자 측의 입증부담을 덜어주는 여러 편법들이 사용된다. 예컨대 ① 많은 환자들은 이러한 어려움으로 인해 민사소송에서 필요한 증거를 수사기관의 힘을 빌어 수집하기 위해 형사소송을 제기하기도 한다.27) 또한 ② 법원도 앞서(앞의 항목 II.2.(1)) 설명한 바와 같이 의료적 개입 자체에 있어서의 과실 이외에 환자 측에서 입증하기가 쉬운 설명의무의 위반을 마치 의료적 개입 자체의 과실과 같이 취급해 주기도 한다. ③ 또한 법원은 의료과실을 상식적인 의미의 과실이나 위험책임으로 변환시켜 주거나(앞의 항목 II.1.(3)), 의료과실이 없었다면 의료사고가 발생하지 않았을 확률을 확실성 수준에서 개연성 또는 가능성 수준으로 낮추어주기도 한다(앞의 항목 III.1.(2)).

2. 입증책임의 사실상 전환

법원은 환자의 과중한 입증부담을 고려하여 오랜 동안 의료사고에 관한 입증책임을 경감시키는 조치를 취해 왔다.28) 그 대표적인 것으로 '간접사실에 의거한 사실상의 추정', '일응의 추정'이나 '표현증명'29) 등을 들 수 있다. 예컨대 법원은 여러 간접사실 등을 통하여 '그 의료행위와 결과 사이에 일련의 의료행위 외에 다른 원인이 개재될 수 없다는 사정을 증명하면', 의료행위를 한 측이 그 결과가 의료상의 과실로 말미암은 것이 아니라 전혀 다른 원인으로 말미암은 것이라는 입증을 하지 않는 이상, "과실과 결과사이의 인과관계가 추정"된다고 봄으로써30) 환자 측의 입증책임을 사실상

---

27) 이에 대해서는 이 책의 [7] 의료형법 단락의 항목 I.2.(1) 참조.

28) 이를 의료에서의 '사회국가적 법제화' 경향이라 표현할 수 있는데, 이에 대해서는 이상돈, 『의료형법: 의료행위의 법제화와 대화이론』, 법문사, 1998, 13-14쪽 참조.

29) 의료과오소송에서 이른바 '표현증명'이 지니는 의미에 대해서는 박종권, 「의료과오소송에서 인과관계의 입증경감」, 비교법학연구, 제2집, 한국비교법학회, 2003, 7쪽 이하 참조.

의료인에게 전환시킨다. 물론 이 경우에도, 의사에게 무과실의 입증책임을 지우는 것까지 허용되는 것은 아니다.[31]

의료행위상 주의의무 위반으로 인한 손해배상청구에서 피해자 측이 일련의 의료행위 과정에서 저질러진 일반인의 상식에 바탕을 둔 의료상 과실 있는 행위를 증명하고 행위와 결과 사이에 일련의 의료행위 외에 다른 원인이 개재될 수 없다는 점을 증명한 경우에는 의료상 과실과 결과 사이의 인과관계를 추정하여 손해배상책임을 지울 수 있도록 증명책임을 완화하여야 한다(대판 2009다82275, 82282).

인과관계를 추정한 사례	인과관계를 추정하지 않은 사례
· 심장수술 도중 발생한 대동맥박리 현상으로 인하여 환자가 사망한 경우, 그 대동맥박리는 심장수술을 위한 캐뉼라 삽관 직후에 나타나 그 수술 이외에는 다른 원인이 개재하였을 가능성이 없고, 그 발생 부위도 캐뉼라 삽관과 연관하여 볼 수 있는 부위로 보이며, 환자에게 심장수술 전후를 통하여 대동맥박리를 초래할 만한 특별한 질환이나 증상이 관찰되지 아니하였고, 또 대동맥에 캐뉼라를 삽입하는 과정에서 부적절한 시술로도 대동맥박리가 나타날 수 있는데다가, 심장수술 과정에서의 잘못 이외의 합병증으로 대동맥박리가 발생할 수 있는 확률도 극히 미미하게나마 있지만 그 경우도 주로 혈관질환을 보유하고 있는 환자들에게서 나타난 것이라는 사정 등에 비추어, 그 대동맥박리는 결국 대동맥박리가 일어날 수 있는	· 피고 병원의 응급실에서 급성 결석성 담낭염으로 진단받고 담관 조영술을 통해 담석 제거수술을 받은 환자가 간헐적인 복부 통증을 호소하다가 간질과 비슷한 증상을 보인후 심폐정지를 일으킨 경우, 환자가 호소한 복통의 변화 양상 및 담낭염 자체에 의하여도 복막염이 발생할 수 있다는 점 등을 종합하여 볼 때 1차 담관 조영술이 실패하여 2차 담관 조영술을 실시하였다는 점 및 담관 조영술 후 실시한 담낭절제술 과정에서 비로소 담관 천공이 발견되었다는 점만으로는 2차 담관 조영술 후 담낭절제술을 시행하기 전에 담관 천공이 발생하였을 것이라는 추측이 가능할 뿐, 담낭염 또는 담도 천공과 심장발작과의 연관관계를 인정할 아무런 자료가 없는 한, 피고 병원이 담관 조영술을 시행함

30) 대판 2001다2013; 대판 2002다3822; 대판 93다5240 참조.
31) 대판 2005다41863; 대판 2001다20127 참조.

원인 중에서 부적절한캐뉼라 삽관에 의하여 초래된 것이라고 추정할 수밖에 없다(대판 99다66328).	에 있어 어떠한 잘못을 저질러 위 담관 천공이 발생하였다고 인정하기는 어렵다(대판 2005다41863). · 환자의 기존 병력, 뇌혈관조영술의 시술방법 및 위 시술과 합병증으로서의 뇌경색의 상관관계 등을 고려할 때, 의사가 이 사건 시술에서 한 조치 외에 혈관조영술의 실시에 있어서 혈전이 떨어져 나가는 것을 방지하기 위하여 보다 안전한 조영제의 투여량과 방법이 있는지 등에 관하여 심리하지도 아니한 채 막연히 의사가 조영제를 투여하면서 최대한의 주의를 기울였다고 인정하기에 부족하다는 등의 이유로 시술상의 과실을 추정할 수는 없다. 또한 이 사건에서 피고의 시술상의 과실이 아니더라도 이미 중증의 뇌경색 증세를 가진 원고의 체내에서 혈전 등이 떨어져 나와 혈류를 따라다니다가 기저동맥을 막을 가능성이 배제될 수 없는 이상 환자가 입원치료받는 며칠 동안 증세가 호전되었다는 사정만으로 의사의 시술과 사망 사이의 인과관계를 추정하기도 어렵다(대판 2002다45185).

3. 감정결과의 비구속성

법원이 의료과실여부나 인과관계에 관하여 전문기관(예: 의료기관, 의사협회)에게 감정이나 사실조회를 의뢰하여 받은 회신의 결과는 법원의 사실판단을 구속하지 않는다.

법원의 감정촉탁에 대한 의료기관의 회보결과 및 법원의 사실조회에 대한 대한의사협회장의 회보결과는 사실인정에 관하여 특별한 지식과 경험을 요하는 경우에 법관이 그 특별한 지식, 경험을 이용하는 것에 불과한 것이며, 의료과오가 있었는지 여부는 궁극적으로는 그 당시 제반 사정을 참작하여 경험칙에 비추어 규범적으로 판단할 수 밖에 없으므로, 위 각 회보결과에 의료과오의 유무에 관한 견해가 포함되어 있다고 하더라도 법원은 의사에게 과실이 있는지 여부를 판단함에 있어서 그 견해에 기속되지 아니한다(대판 98다12270).

V 손해배상액의 산정

의료인에게 채무불이행책임이나 불법행위책임이 인정되는 경우 그 손해배상액을 산정할 때에는 의료인에게 손해의 전부를 배상하게 하는 것이 공평 또는 형평의 이념에 반하는 경우 과실상계의 법리를 유추적용할 수 있다.[32] 예를 들어, 환자의 질환의 양태나 그 정도, 위험성, 환자의 체질 등은 손해배상액을 경감시키는 요인이 될 수 있다. 덧붙여, 채무불이행책임과 불법행위책임은 손해배상의 범위와 과실상계의 문제에 있어서는 동일하게 규율된다.[33]

의사의 의료행위에 주의의무 위반이 있어 불법행위로 인한 손해배상책임이 인정되더라도 의료행위의 과오와 피해자 측의 요인이 경합하여 손해가 발생하거나 확대된 경우에는 피해자 측의 요인이 체질적인 소인 또는 질병의 위험도와 같이 피해자 측의 귀책사유와 무관한 것이라고 할지라도, 질환의 태양·정도 등에 비추어 가해자에게 손해의 전부를 배상하게 하는 것이 공평의 이념에 반하는 경우에는, 법원은 손해배상액을 정하면서 과실상계의 법리를 유추적용하여 손해의 발생 또는 확대에 기여한 피해자 측의 요인을 참작할 수 있다(대판

32) 대판 2005다16713 참조.
33) 민법 제763조(준용규정) 제393조, 제394조, 제396조, 제399조의 규정은 불법행위로 인한 손해배상에 준용한다.

2015다55397).

폐전색증은 제왕절개 수술을 받은 산부들에게도 드물게 나타나는 병인 점, 그 진단이나 사전 예방이 용이하지 아니하고 일단 발병하면 치사율이 높은 점, 환자가 폐전색증의 대표적인 증세인 돌발적인 호흡 곤란을 보인 것은 수술 다음날 05:20경이고 그 후 의사 소외 2 등의 응급처치에는 별다른 잘못이 없는 점, 의사가 환자의 폐전색증을 적기에 진단하였다 하더라도 환자가 사망하였을 가능성을 배제할 수 없는 점 등을 감안하면, 망인의 사망으로 인한 손해를 피고 측에게 전부 부담하게 하는 것은 공평의 원칙상 부당하므로 피고의 손해배상책임을 40%로 제한한 것은 정당하다(대판 98다50586).

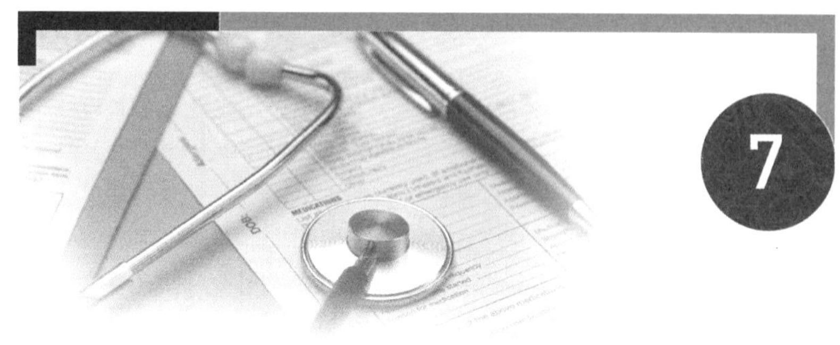

의료형법

I 의 의

1. 의료형사책임법

의료형법은 넓게는 의료영역의 기초규범을 관리하는 법이다. 이에는 의료사고의 발생에 따른 피해에 대해 형벌을 부과하는 경우, 무면허 의료행위나 기타 의료인의 중요한 법적 의무에 대해 형벌을 부과하는 경우 그리고 다양한 생명의료에 관련한 행위들에 대해 형벌을 부과하는 경우들이 포함된다.

[광의의 의료형법] 가령 의료법에서 규정하는 진료인수거부죄(의료법 제15조 제1항 및 제89조)[1]나 응급의료의무위반죄[2](응급의료에 관한 법률

1) 의료법 제15조 제1항은 "의료인 또는 의료기관 개설자는 진료나 조산 요청을 받으면 정당한 사유 없이 거부하지 못한다"고 규정하며 동법 제89조는 그 위반행위에 대해 "1년 이하의 징역이나 1천만원 이하의 벌금"을 부과한다.
2) 응급의료에 관한 법률 제6조 제2항은 "응급의료종사자는 업무 중에 응급의료

제6조 제2항 및 제60조 제3항 제1호), 태아 성감별 행위의 금지(의료법 제20조 제1항 및 제88조의2)[3] 등은 광의의 의료형법에 속한다. 진료인 수거부죄나 응급의료의무위반죄는 형법상의 '진정부작위범'으로 진료나 응급의료를 거부함으로써 있을 수 있는 '환자의 생명이나 신체에 대한 위험성'을 처벌의 근거로 하며, 태아 성감별 행위의 금지는 태아의 성별을 감별할 경우 있을 수 있는 '성별을 이유로 임신중절을 할 위험' 즉 '태아의 생명에 대한 위험'을 처벌의 근거로 한다. 다만, 태아의 성감별 행위와 관련하여, 의료인이 — 성감별을 목적으로 임부를 진찰하는 것이 아니라 — '태아나 임부를 진찰하거나 검사하면서 태아의 성을 알게 되었을 때'에 이를 임부 등에게 알려주는 '성감별 고지행위'를 포괄적으로 금지하는 구 의료법 제20조 제2항은, "낙태 그 자체의 위험성으로 인하여 낙태가 사실상 이루어질 수 없는 임신 후반기에는 태아에 대한 성별 고지를 예외적으로 허용하더라도 성별을 이유로 한 낙태가 행해질 가능성은 거의 없다"는 점에서 "의사가 자유롭게 직업수행을 하는 자유"와 "임부나 그 가족의 태아 성별 정보에 대한 접근을 방해받지 않을 권리"를 과도하게 제한한다는 헌법재판소의 '헌법불합치' 결정이 있었다.[4] 그러나 가장 좁은 의미의 의료형법은 의료'사고'에 대한 의료인의 형사책임을 다루는 법, 즉 의료사고책임법의 하나로서의 의료형사책임법을 지칭한다. 이는 주로 의료사고에 대하여 형법 제268조(업무상 과실치사상죄), 제257조(상해죄), 제270조 제1항(낙태죄) 등을 적용함으로써 형성되는 구체적인 형법규범을 가리킨다.

를 요청 받거나 응급환자를 발견하면 즉시 응급의료를 행하여야 하며 정당한 사유 없이 이를 거부하거나 기피하지 못한다"고 규정하며 동법 제60조 제3항 제1호는 그 위반행위를 "3년 이하의 징역 또는 3천만원 이하의 벌금에 처한다"고 규정한다.

3) 의료법 제20조 제1항은 "의료인은 태아 성 감별을 목적으로 임부를 진찰하거나 검사하여서는 아니되며, 같은 목적을 위한 다른 사람의 행위를 도와서도 아니 된다"고 규정하며, 동법 제88조의2는 그 위반행위에 대해 "2년 이하의 징역이나 2천만원 이하의 벌금"을 부과한다.

4) 헌재 2004헌마1010, 2005헌바90(병합): 이후 이 조항은 개정되어 태아의 성별을 고지하는 행위는 "임신 32주 이전에" 행하여지는 경우 금지되고 있다. 이에 대해서는 이 책의 [2] 의료인 단락의 항목 I.4.(2).1)에서도 언급하였다.

2. 의료형법의 특성

이와 같이 의료형사책임법으로서 의료형법은 다른 일반형법과 구별되는 특성을 갖는다.

(1) 규율대상의 특성

(가) 약한 행위반가치성 의료형법이 규율하는 대상인 의료사고는 범죄사건과는 달리 그 사고의 원인이 되는 행위자들이 치료의 목적을 좇아 행한 행위의 결과이다. 즉, 의료사고라는 나쁜 결과의 반(反)가치성은 언제나 치료목적성이라는 행위가치에 의해 상쇄된다. 그렇다면 의료사고에서는 형사불법을 구성하는 행위반가치의 요소가 일반 범죄행위와 비교할 때 상대적으로 약하다고 할 수 있다.

(나) 불확실성 의료형법이 규율하는 사안은 언제나 불확실성에 시달린다. 의료행위와 문제되는 의료사고의 나쁜 결과 사이의 인과관계가 언제나 불분명하며, 과실로 판단되는 의료행위가 창출한 위험이 모든 의료행위에 수반되는 통상적인 위험(또는 허용된 위험) 인지 여부도 불명확하기 때문이다. 그렇기 때문에 가령 '임상현실에서 통용되고 준수를 기대할 수 있는' 의료인의 행위규범인 임상의료지침(clinical pratice guideleines)마저도 곧바로 의료형법의 행위규범으로 삼을 수 있는 것은 아니다.

(다) 수단성 의료형법은 많은 경우 의료사고를 당한 환자 측에서 손해배상의 목적을 실현하는 수단으로서 활용된다. 환자들은 의사와의 배상액 협상에서 유리한 고지를 점령하기 위해, 더 나아가 손해배상소송에서 사용하게 될 증거를 수사기관의 손을 빌어 비용 없이 수집하기 위해 의료사고를 형사사건화하려는 경향을 보인다.

(2) 형법적 제재의 특성

의료형법은 일반형법보다 더 극도로 절제되지 않으면 의사의 '방어진료'의 경향을 확산시키고 의료사회를 병리화시킬 수 있다. 형사처벌은, 의료인이 자신의 직업생활을 거의 할 수 없게 하며, 양성하는 데 오랜 세월이 걸리는 의료전문인력을 사실상 폐기처분하는 결과를 가져올 수 있다. 그렇기 때문에 의료인에 대한 형사처벌의 경향이 확대되면 의료인들은 형사처벌의 빌미를 주지 않기 위한 방어적 조치를 스스로 강구하게 되고 이로써 질병의 치료라는 목적에 몰입할 수 없게 된다. 이런 병리적 현상의 피해자는 물론 시민일반들이다.

3. 의료인의 형사책임제한

이와 같은 의료형법의 특성을 고려할 때, 의료사고가 발생한 경우 의료인에게 업무상 과실치사상의 형사책임을 물을 때에는 — 일반형법의 법치국가적 제한수준을 넘어설 만큼 — 극도로 신중할 필요가 있다.

(1) 법치국가적 제한

먼저 의료형법은 일반형법의 법치국가적 제한원리를 충실히 실현해야 한다. 첫째, 의료형법은 의료책임법(손해배상법)보다는 좁은 범위의 의료사고만을 규율해야 한다(형법의 보충성). 둘째, 의료사고에 대해 의료인에게 과실이 있어도 형법의 투입이 가져오는 '긍정적 결과보다 부정적 결과가 더 클 것'이 예상되면 이를 자제할 필요가 있다(형법의 비례성). 셋째, 의료사고에 대한 형사책임은 철저하게 '과거에 발생한 의료사고에서 의사 개인에게 과실이 있었는지'의 여부에 따라 귀속되어야 하며, '형평'이나 '공평'의 원칙 또는 정책적으로 설정되는 목적에 좌우되어서는 안 된다(형법의 책임원칙).

(2) 의료형법의 가중된 제한

의료형법은 여기서 더 나아가 의료형법에 고유한 형사책임의 제한원리를 갖는다. 그러한 제한원리로서 다음 두 가지를 이야기할 수 있다.

(가) In dubio pro libertate-원칙 　첫째, 의료사고에 대한 형사책임을 판단할 때에는 임상의 현실과 관행 그리고 건강보험의 구조적 결함에서 빚어지는 문제점 등에 비추어 형사제재의 적정성에 대한 의문이 든다면 의료인의 자유이익 또는 의료의 자율성을 우선하는 방향으로 법적 판단을 내려야 한다. 이는 의료형법에서 비례성원칙을 충실하게 실현하기 위함이다.

(나) 의료문화의 재생산 　둘째, 의료형법이 설정하는 행위규범은 단지 환자보호를 위해 필요한 것이어야 할 뿐만 아니라 의료인 사회에서의 보편적인 행위규범으로 수용될 수 있는 것이어야 한다. 이를테면 법원이 의료과실의 전제로서 부과하는 의료인의 주의의무는 그 의료인이 속한 직업세계 안에서도 타당한 것으로 수용되어 있어야 한다. 이와 같은 타당성을 심사함에 있어서 당해 의료기관의 현실 속에서 부득이하게 행해지고 있는 관행은 매우 중요한 요소로 고려되어야 한다. 그렇게 할 때에만 의료형법규범이 의료문화를 건강하게 재생산하는 기능을 수행할 수 있다. 그렇지 않을 때에 의료형법은 의료영역에 다양한 병리적 현상을 초래할 수 있다.

Ⅱ 의료형법상 행위

환자가 상해를 입거나 사망하게 된 의료사고가 발생하는 경우에 당해 의료인에게 형사책임이 귀속되기 위해서는 우선 의료사고를 야기하는 '진료행위'가 있음을 확인해야 한다.

1. 작위행위와 부작위행위

의료형사책임의 근거가 되는 법적인 의미의 진료행위는 — 의료인들은 아무것도 하지 않는 것이 의료사고를 야기하는 범죄'행위'가 되는 것을 이해하기 어렵겠지만 — 작위행위만이 아니라 부작위행위로도 가능하다.

(1) 작위의 진료행위

의료영역에서 의료인의 작위행위로는 진찰, 검사, 투약, 주사, 마취, 수술, 수혈, 분만, 회복, 요양방법지도 등이 있다.

(2) 부작위행위

부작위행위도 의료형사책임을 묻는 근거가 되는 진료행위가 될 수 있다. 부작위행위란 법적으로 요구되는 진료행위를 하지 않은 것을 의미한다. 즉, 부작위가 의료사고를 야기하는 법적인 의미의 행위가 되기 위해서는 — 진정부작위범이 아닌 이상 — 작위의무(보증인의무, 결과방지의무)가 존재해야 한다. 이 작위의무는 법률에 의해서 또는 진료계약에 의해서 — 그리고 법원의 실무에서는 신의칙에 의해서도 — 의료인에게 부과된다. 그러니까 의료사고 야기행위로서 부작위란 '진료계약이나 법률에 의해 환자의 사상을 방지할 진료의무'를 다하지 않은 것이다.

진료계약으로부터 구체적으로 어떤 작위행위가 요구되는지를 판단할 때에는 계약에 명시되어 있는 내용이나 계약의 해석을 통해 구체화되는 진료내용 그리고 해당 진료를 행할 때 임상에서 관행적으로 행해지는 진료의 방법과 범위(임상의료지침)를 고려할 수 있다. 임상의료지침은 계약 밖의 거래계에 존재하는 신의칙으로 볼 수도 있으나 그보다는 진료계약의 해석표준으로 이해하는 것이 타당하다.

> 이러한 맥락에서 의사의 의학적 충고에 반하여 퇴원(DAMA: Discharge Against Medical Advice)을 한 환자에게 발생하는 사고에 대하여 의사에게 — 고의의 살인(방조)죄든 업무상 과실치사상죄이든 — 형사책임을 부담지워서는 안 된다.

2. 이중적 의미의 의료행위

(1) 이중적 의미의 행위

부작위를 법적으로 의미가 있는 행위로 인정하기 위해서는 — 작위의 경우와는 달리 — 작위의무에 대한 법적 근거(법률이나 계약)가 있어야 한다. 바로 이러한 차이에 작위와 부작위를 구분하는 실천적인 의미가 있다. 그런데 예컨대 인공호흡기를 제거하는 행위는 작위행위(퇴원조치, 인공호흡기 제거)와 부작위행위(인공호흡기를 계속 부착하지 않은 '치료의 중단')의 의미를 모두 가질 수도 있다. 이처럼 이중적 의미를 지니는 행위(ambivalentes Verhalten)를 부작위범으로 취급할지 아니면 작위범으로 취급할지를 결정하는 기준에 대해서는 — 비난가능성의 중점이 어디에 있는지에 따라 결정해야 한다거나, 먼저 작위 측면에 대해 살펴보고 의심스러울 때에는 적

극적인 작위로 파악해야 한다는 견해 등 — 서로 다른 다양한 견해들이 대립한다.[5)]

(2) 의심스러울 때에는 부작위범으로 – 원칙

어떤 행위가 작위와 부작위의 이중적 의미를 지니는 경우에는 특히 그 행위와 관련된 의료형사책임을 판단할 때에 — 물론 일반형법의 이론에 따르더라도 그러하지만 — 의료형법의 특수성을 고려하여 부작위범으로 취급하여야 한다. 그렇게 함으로써만 의료인에게 의료사고를 발생하지 않게 했을 것으로 기대되는 어떤 진료행위를 할 의무가 법률상 또는 계약상 있는지에 대한 검토, 즉 작위의무에 대한 검토가 형사책임 판단의 전제를 이루게 된다. 그러한 검토의 요청은, 형법을 적용할 때 형사정책적 결정의 정당성에 대해 회의가 들수록 상세한 이유에 대한 설명을 통해 그 결정의 타당성에 대해 사람들을 설득해야 할 의무를 더 많이 부담시키게 할 필요성이 있다는 점에 기초하는 것이다. 그리고 이러한 요청을 '의심스러울 때에는 부작위범으로'-원칙[6)](in dubio pro imissio)이라 부를 수 있을 것이다.

Ⅲ 의료형법상 과실

의료사고에서 의사에게 형사책임이 귀속되기 위해서는 문제되는 행위가 의사의 고의나 과실에 기초해야 한다. 다만, 의료사고는 주로 과실범의 형태를 띤다.

---

5) 이러한 견해들에 대해서는 이상돈, 『치료중단과 형사책임』, 법문사, 2003, 55쪽 이하; 이상돈, 『의료형법: 의료행위의 법제화와 대화이론』, 법문사, 1998, 144쪽 참조.
6) 이에 대해 자세히는 이상돈, 『치료중단과 형사책임』, 68쪽 이하.

1. 형법상 의료과실의 엄격한 적용

의료사고에 대한 형사책임에서 과실(형법 제14조)은 민사책임과 마찬가지로 '사회적 교류에서 일반적으로 요구되는 주의'를 다하지 않은 것이다. 의료사고에 대한 의료인의 형법적 과실 유무는 "같은 업무와 직무에 종사하는 보통인의 주의 정도를 표준"[7]으로 하여 판단한다. 하지만 의료형사책임을 논하는 경우에는 민사책임을 논하는 경우에 있어서보다 다음 세 가지 점에서 과실을 더 엄격하게 인정해야 한다.

(1) 중과실로서 의료과실

첫째, 형법적 의료과실을 판단할 때에는 첫째, 민사책임에서의 과실판단과는 달리 문제되는 주의의무의 위반이 '중과실'에 해당하는 경우에만 형법적 책임을 귀속시킬 수 있다고 보아야 한다. 형법 제268조가 "업무상 과실 또는 중대한 과실로 인하여"라고 하면서 업무상 과실치사상죄와 중과실치사상죄를 나란히 함께 규정한 것은 업무상 과실이 중과실과 동등한 불법가치를 지녀야 함을 의미하는 것이라 할 수 있는데, 이러한 점에 비추어 볼 때에 의료과실 역시 중과실에 해당하는 업무상 과실일 경우에만 형법적 책임 귀속의 기초가 될 수 있음을 이야기할 수 있다. 만일 의사에게 가벼운 과실만이 있는 경우에도 형사책임을 부담지운다면 법적 책임판단과 의학적 책임판단의 간격은 현저히 커지게 되고, 의사사회에 공포와 불안의 심리가 팽배해져 의료의 기능을 오히려 왜곡시키고 위축시킬 것이다. 의료사고가 '가벼운' 과실에 의하여 발생한 경우에는 책임법적 또는 책임보험법적 통제로 만족해야 한다.

---

7) 대판 2009도13959.

(2) 의료기관 유형별 주의의무의 차등화

의료형사책임의 기초가 되는 의료인의 주의의무 위반 여부를 판단함에 있어서는 일반의와 전문의 또는 1차, 2차 및 3차 의료기관의 유형에 따라 그 요구되는 주의의무를 더 명확하게 차등화해야 한다. 대법원도 의사의 과실 유무를 판단함에 있어 사고당시의 일반적인 의학적 수준뿐만 아니라 "의료 환경 및 조건, 의료행위의 특수성" 등을 의사의 과실 유무를 판단하는 기준으로 고려해야 한다고 본다.[8)]

> 산부인과 개업의들이 매 분만마다 수혈용 혈액을 준비한다 하더라도 이를 사용하지 아니한 경우(대부분의 분만에서는 사용하지 아니한다) 에는 혈액원에 반납할 수 없고, 산부인과 의원에서는 이를 보관하였다가 다른 산모에게 사용할 수도 없기 때문에 결국 사용하지 못한 혈액은 폐기하여야 하며, 헌혈 부족으로 충분한 혈액을 확보하지 못하고 있는 당시 우리나라의 실정상 만약 산부인과 개업의들이 매 분만마다 수혈용 혈액을 미리 준비하고 이를 폐기한다면 혈액 부족이 심화될 우려가 있음을 알 수 있는바, 제왕절개분만을 함에 있어서 산모에게 수혈을 할 필요가 있을 것이라고 예상할 수 있었다는 사정이 보이지 않는 한, 산후과다출혈에 대비하여 제왕절개수술을 시행하기 전에 미리 혈액을 준비할 업무상 주의의무가 있다고 보기 어렵다(대판 96도3082).[9)]

이와 같은 주의의무의 차등화는, 형사책임의 요건으로서 주의의

---

8) 대판 97도1678; 대판 86다카1469; 대판 95도2710 참조.

9) 그러나 이후 비슷한 사안에서 대법원은 "산부인과(개원의) 의사가 산모의 태반조기박리에 대한 대응조치로서 응급 제왕절개 수술을 시행하기로 결정하였다면 이러한 경우에는 적어도 제왕절개 수술 시행 결정과 아울러 산모에게 수혈을 할 필요가 있을 것이라고 예상되는 특별한 사정이 있어 미리 혈액을 준비하여야 할 업무상 주의의무가 있다고 보아야 한다"(대판 99도3621)고 판시하겠다. 하지만 이런 판단은 민사책임의 인정에서나 적합하며, 민사책임을 묻는 경우에도 위자료수준으로 그 배상책임의 범위를 한정할 필요가 있다.

무의 위반에서는 민사책임에서보다 — 책임원칙(Schuldprinzip)이 요구하는 바로서 — 의무이행의 기대가능성과 같은 요소가 더 강하게 고려되어야 할 필요가 있다는 점에 기초한다.

(3) 넓은 재량영역의 인정

형사책임의 인정요건으로서 의료과실을 판단함에 있어서는 민사책임의 경우보다 의사에게 인정되는 재량의 범위를 좀더 넓게 인정할 필요가 있다.

> 대법원은 산모의 태아가 역위로 조기분만 되면서 난산으로 인하여 분만 후 사망한 사안에서, 비록 조산 위험이 있기는 하였으나 산모에게 분만진통이 있었다고 단정하기 어려워 내진이나 초음파검사 없이 경과를 관찰하기로 한 산부인과 의사의 행위가 진료행위에 있어서 합리적인 재량의 범위를 벗어난 것이라고 보기 어려울 뿐만 아니라 일반적으로 산부인과 의사에게 요구되는 주의의무를 위반한 것이라고 보기는 어렵다고 하였다(대판 2006도1790).

이러한 요청은 민사책임의 귀속에서는 작용하지 않는 원칙, 즉 형법에만 고유한 원칙인 보충성(Subsidiarität)의 원칙에 기초하는 것이다. 형법에서의 보충성의 요청은 의료영역에서는 의료의 자율성에 대한 존중으로 이어지며, 이는 다시 진료행위에 있어서의 의사의 선택재량을 인정하라는 요청으로 구체화되는 것이다.

2. 의료분업과 의료과실의 판단

(1) 의료분업의 의의

오늘날 의업은 다수의 의료인이 팀을 이루어 수행하는 경우가 많으며, 그들 사이에는 분업적 관계가 성립하게 된다. 이와 같은 의료분업은 의료의 전문화·세분화와 수준 높은 의료서비스의 제

공을 위해 불가피하게 등장하게 되었다.10)

1) 의료분업의 양면성과 의료형법의 과제

의료분업은 다른 팀원들이 자신이 분담한 의료를 정상적으로 수행한다는 점에 대한 상호신뢰가 있을 때에 가능하다. 그런데 의료분업은 다른 한편 의료사고의 새로운 위험원이 되기도 한다. 가령 수술 전 감기몸살을 앓고 있는 환자의 전신마취에 대한 적합성을 판단하는 일을 일반외과전문의와 마취과전문의가 서로에게 미루게 된다면 그 결과 마취사고가 발생할 수 있다.

> [의료분업의 4가지 위험원] 의료분업의 위험원은 ① 한 환자의 진료에서 업무분담을 하고 있는 의료인들 상호간의 지시가 불완전하거나 불명확할 가능성 (의사소통상의 하자), ② 한 환자의 진료에서 업무분담을 하고 있는 의료인들이 각기 행한 의료행위가 서로 조화를 이루지 못할 가능성 (조정상의 하자), ③ 한 환자의 진료에서 업무분담을 하고 있는 의료인들 가운데 어떤 특정 의료인이 자신이 분담한 업무를 행하는 데 필요한 지식과 경험이 부족할 가능성 (자질상의 하자), ④ 한 환자의 진료에서 업무분담내용이 불분명하여 환자의 진료에 필요한 어떤 업무를 아무도 맡지 않을 가능성 (분담영역설정상의 하자)의 4가지로 분류할 수 있다.11)

그러므로 의료형법은 의료의 전문화와 수준향상을 위해 불가피한 의료분업을 가능하게 하는 신뢰의 원칙을 세워야 하는 동시에

---

10) 예를 들어, 맹장수술과 같은 간단한 수술을 하는 경우에도, "수술전 다른 전문의 및 담당의사의 진단과 처방, 수술중의 집도의와 보조의 또는 마취의의 역할분담, 수술후의 회복과정의 간호사의 활동"과 같이 많은 의료인들이 각 전문분야에 따라 업무를 분담한다(이러한 예는 최호진, 「분업적 의료행위에 따른 형사책임의 분배 — 특히 수직적 의료분업을 중심으로」, 형사법연구, 제19권 제1호, 한국형사법학회, 2007, 1쪽).

11) 이러한 위험유형의 분석은 Ulsenheimer, Arztstrafrecht in der Praxis, 2.Aufl., C.F.Müller Verlag, 1998, 119-120쪽.

의료분업으로부터 생기는 위험이 관리되도록 의료인의 분업적 행동을 통제해야 한다는 이중의 과제를 진다.

2) 의료분업의 유형

의료분업은 수평적 분업과 수직적 분업으로 구분된다. 수평적 분업은 마취과 전문의와 외과 전문의가 함께 수술 팀을 이루는 경우처럼 의료인들이 파트너십에 입각한 동등한 지위를 지니는 분업 형태이다. 수직적 분업은 종합병원의 스텝인 전문의와 수련의 사이나 의사와 간호사 사이와 같이 상위의 의료인이 지시하고 하위의 의료인은 그에 복종하는 위계질서를 특징으로 하는 분업형태이다. 다만, 종합병원 동일전문분과 내의 과장과 전문의의 관계에서는, 과장이 전문의에 대해 행정상의 책임을 넘어선 치료에 관한 지시·감독의 일반적인 주의의무가 있다고 볼 수는 없다.[12)]

(2) 주의의무의 분할과 책임의 분할

1) 분할의 근거

의료분업에서 각 의료인은 환자의 진료 전체에 대해서가 아니라 그 진료 가운데 의학적·임상적으로 자신이 분담한 의료업무에 대해서만 주의의무를 부담하며 그러한 주의의무의 위반에 대해서만 형사책임을 진다. 이를 의료분업에서의 '형사책임의 분할'[13)]이라 말할 수 있다. 이런 분할원칙은 첫째, 형법의 기본원칙인 '(개별)책임원칙'을 구체화한 것이며, 둘째, 상호신뢰가 전제되지 않고는 각자의 업무가 정상적으로 수행될 수 없는 영역(예: 교통영역)에서 효력이 있는 원칙인 '신뢰원칙', 즉 다른 상대방이 준수할 것으로 신뢰하는 주의의무를 져버리고 행동할 것까지를 미리 예견하고 이에

---

12) 대판 95도2710 참조.
13) Ulsenheimer, Arztstrafrecht in der Praxis, 2.Aufl.,121쪽.

대비해야 할 주의의무는 없다는 원칙의 연장선상에 있는 것이다.[14)]

2) 수평적 의료분업에서 분할

수평적 의료분업이 이루어지는 경우에는 서로 다른 의료인의 업무에 대한 감독의무가 없다.[15)] 따라서 이 경우에는 신뢰의 원칙이 제한없이 적용된다.

3) 수직적 의료분업에서 분할

수직적 의료분업(예: 전문의와 수련의, 의사와 간호사)이 이루어지는 경우에는 위험관리의무와 위임한계준수의무의 위반은 의료과실이 된다.

(가) 위험관리의무의 위반으로서 의료과실　　　상위의 의료인은 하위의 의료인에 대하여 '위험관리의무'를 부담한다.[16)] 예를 들어 의사와 간호사 사이에서 의사의 위험관리의무란, 간호사가 지시한 분업을 수행할 수 있는 자질을 갖추고 있는가를 심사하고 (자질 심사), 분담된 업무를 특정 간호사가 이행할 수 있는지를 숙고하며 (위임적합성 심사), 간호사가 지시된 분업의 내용을 제대로 이해하고 있는지를 살피고 (지시내용 이해여부의 심사), 간호사가 지시된 분업의 내용을 제대로 이행하는지를 감독할 (이행 감독) 의무를 내용으로 한다. 이 경우 상위의 의료인이 위험관리의무를 부담하는 만큼 — 그에 대한 — 신뢰원칙의 적용은 제한되는 셈이다. 즉, 상위의 의료인의 위험관리의무 위반은 그의 의료과실로서 평가된다.

---

14) 정영일, 「의료과실에 있어서 위험의 분배」, 법정고시, 1998.6, 119면 이하; 박영규, 「의료행위에 있어서의 허용된 위험과 신뢰의 원칙」, 경기행정논집, 1994, 27면 참조.

15) 이에 대해 좀더 상세히는 이상돈, 『의료형법: 의료행위의 법제화와 대화이론』, 법문사, 1998, 116-117쪽 참조.

16) 이상돈, 『의료형법: 의료행위의 법제화와 대화이론』, 114쪽.

주치의 겸 당직의사(레지던트)는 00:30분경 갑상선아전절제술 및 전경부임파절청소술을 받은 후 부종을 보이고 있는 환자에 대하여 통상 6시간마다 실시하는 활력증상 체크를 2시간마다 1번씩 시행하도록 당직간호사에게 지시했고, 보호자에게도 만일의 경우 생길 수 있는 호흡 곤란 상태에 관해 설명하면서 환자를 주의깊게 관찰하고 이상이 있으면 즉시 연락하라고 부탁했다. 그러나 간호사는 활력체크지시를 제대로 이행하지 아니하였으며 의사를 불러달라는 환자 보호자의 요청도 듣지 아니하였다. 당직의사는 계속 당직실에서 수면을 취하다가 07:00경 간호사가 전화를 한 기회에 피해자의 상태만을 물어보고 괜찮다는 말에 계속 당직실에 있었다. 환자는 9:00경 기도부종으로 인한호흡장애로 뇌기능 부분손상상태(식물인간상태)에 이르렀다. 이 사안에서 대법원은 당직의사와 담당간호사에게 업무상과실치상죄를 인정하였다(대판 93도3030).

의료과실을 구체적으로 판단함에 있어서, 위험관리의무를 어느 정도로 강하게 설정하느냐는 과실 인정 여부를 결정하는 데에 중요한 역할을 한다. 형사책임의 요건으로서 의료과실을 판단할 때에는 임상현실을 충분히 고려하여 분업을 하는 의료인들에게 이행할 것이 기대가능한 수준의 주의의무가 기준이 되어야 한다.

위 사안에서 전화 한통화의 대화로 감독의무가 충분하다고 보면 당직의사에게 의료과실이 인정되지 않는 반면, 당직실에서 잠을 자더라도 1~2회 직접 병실에 와서 체크하는 방식으로 감독해야 한다고 보면 의료과실이 인정된다. 생각건대, 종합병원의 임상현실에서 거의 매일 당직을 서고 주간에도 과중한 업무에 시달리는 수련의에게는 — 당직근무규칙상으로는 당직중 수면이 인정되지 않지만 — 수면이 관례상 묵인되는 점 그리고 활력체크는 환자보호자가 간호사를 부분적으로 대신하는 관행이 있을만큼 매우 단순한 의료업무라는 점 등을 고려할 때 이 사안에서 당직의사에게는 약한 감독의무만을 부과하고 의료과실을 인정하지 않는 것이 타당하다.

(나) 수직적 분업의 금지와 의료과실 수직적 분업(위임)이 금지되는 업무영역에서는 위임행위 자체가 의료과실이 된다. 예컨대 수혈업무[17]나 마취제의 정맥주사는 간호사에게 위임될 수 없는 업무이며, 간호사는 의사의 이행보조자로서 이러한 업무들을 도울 수 있을 뿐이라고 할 수 있다.

[마취제정맥주사 위임금지의 위반] 주사약인 에폰톨은 3, 4분 정도의 단시간형 마취에 흔히 이용되는 마취제로서 점액성이 강한 유액성분이어서 반드시 정맥에 주사하여야 하며, 정맥에 투여하다가 근육에 새면 유액성분으로 인하여 조직괴사, 일시적인 혈관수축 등의 부작용을 일으킬 수 있으므로 위와 같은 마취제를 정맥주사할 경우 의사로서는 스스로 주사를 놓든가 부득이 간호사나 간호조무사에게 주사케 하는 경우에도 주사할 위치와 방법 등에 관한 적절하고 상세한 지시를 함과 함께 스스로 그 장소에 입회하여 주사시행 과정에서의 환자의 징후 등을 계속 주시하면서 주사가 잘못 없이 끝나도록 조치하여야 할 주의의무가 있다. 산부인과의사인 피고인이 피해자에 대한 임신중절수술을 시행하기 위하여 마취주사를 시주함에 있어 피고인이 직접 주사하지 아니하고, 만연히 간호조무사로 하여금 직접방법에 의하여 에폰톨 500밀리그램이 함유된 마취주사를 피해자의 우측팔에 놓게 하여 피해자에게 상해를 입혔다면 의사로서의 주의의무를 다하지 아니한 과실이 있다고 할 것이다(대판 90도579).

[수혈위임금지의 위반] 수혈은 종종 그 과정에서 부작용을 수반하는 의료행위이므로, 수혈을 담당하는 의사에게는 혈액형의 일치 여부는

17) 예를 들면, 수혈의 경우에는 채혈과는 달리 혈액형 타입의 동질성 검사 등을 해야 한다는 점에 기초하여, 채혈은 의사의 지시에 의해 간호사가 할 수 있는 반면 수혈은 오로지 의사만 해야 한다는 업무범위를 설정할 수 있다. 이러한 위임범위의 설정은 BGH Urteil, 1967.6.6. 1StR 131/67.

> 물론 수혈의 완성 여부를 확인하고, 수혈 도중에도 세심하게 환자의 반응을 주시하여 부작용이 있을 경우 필요한 조치를 취할 준비를 갖추는 등의 주의의무가 있다. 이를 소홀히 한 채 만연히 간호사를 신뢰하여 간호사에게 당해 의료행위를 일임함으로써 간호사의 과오로 환자에게 위해가 발생하였다면 의사는 그에 대한 과실책임을 면할 수 없다(대판 97도2812).

그러나 위임한계준수의무의 위반행위가 병원내에서 관행화된 행위라면 위임행위를 한 의료인에게 형사책임을 물을 수는 없다. 예컨대 병원에서 인턴의 수가 부족하여 수혈을 할 때 첫 번째 혈액봉지는 의사가 교체하고 두 번째 이후의 혈액봉지는 인턴 대신 간호사가 교체하는 관행이 있었다면, 두 번째 이후의 혈액봉지에 대해 간호사에게 수혈을 지시한 의사에게 — 간호사의 과실로 인한 — 환자의 사망에 내한 민사책임을 물을 수 있으나 형사책임은 물을 수 없다고 보아야 한다. 그럼에도 불구하고, 앞에서 언급한 판례(대판 97도2812)는 이를 인정하지 않고 의사에게 형사책임을 귀속시켰다. 이와 관련하여, 형법은 가능하지 않은 것에 대해 책임을 물어서는 안될 것이라는 점을 이야기할 수 있다.

Ⅳ 인과관계

의료사고에 대한 의료인의 형사책임 귀속의 세 번째 요건은 진료행위와 환자의 상해 · 사망 사이의 '인과관계'(형법 제17조)이다.

1. 의료행위의 의료사고에 대한 법적 인과성

법적 인과관계를 이야기하기 위해서는 우선은 의료행위와 의료사고의 결과 사이에 '자연법칙적인 결합관계'가 존재해야 한다. 그러나 어떠한 행위와 합법칙적 조건관계에 놓여있는 결과의 범위는 매우 넓기 때문에, '법적' 인과관계의 개념은 규범적인 관점에서 법적으로 책임을 져야 할 합법칙적 조건의 범위로 제한되어야 한다 (합법칙적 조건설).

(1) 상당인과관계

그런 제한의 이론으로 판례는 상당인과관계설을 따르고 있다. 판례에 의하면 일반적인 생활경험에 비추어 상당한 조건만이 법적 인과관계로서 인정될 수 있는데, 상당인과관계설은 의료민사책임의 판단과 형사책임의 판단에 있어 공통으로 사용되고 있다.

> 자기집 안방에서 취침하다가 일산화탄소(연탄가스) 중독으로 병원 응급실에 후송되어 온 환자를 진단하여 일산화탄소 중독으로 판명하고 치료한 담당의사에게 회복된 환자가 이튿날 퇴원할 당시 자신의 병명을 문의하였는데도 의사가 아무런 요양방법을 지도하여 주지 아니하여 환자가 일산화탄소에 중독되었던 사실을 모르고 퇴원 즉시 사고 난 자기 집 안방에서 다시 취침하다 전신피부파열 등 일산화탄소 중독을 입은 것이라면, 위 의사에게는 그 원인 사실을 모르고 병명을 문의하는 환자에게 그 병명을 알려주고 이에 대한 주의사항인 피해장소인 방의 수선이나 환자에 대한 요양의 방법 기타 건강관리에 필요한 사항을 지도하여 줄 요양방법의 지도의무가 있는 것이므로 이를 태만히 한 경우 의사로서의 업무상과실이 있고 이 과실과 재차의 일산화탄소 중독과의 사이에 인과관계가 있다고 보아야 한다(대판 90도2547).

(2) 객관적 귀속론

판례가 법적 인과관계의 판단기준으로 이야기하는 상당인과관계설은 그 의미가 모호하다. 일반적인 생활경험에서 볼 때 상당하다는 것의 의미는 오늘날 객관적 귀속론에 의해서 더욱 세련화되고 있다. 객관적 귀속론은 교통사고와 더불어 의료사고의 영역에서 발전되어, 일반형법[18]과 민사책임법[19]에서 동시에 성장하게 된 규범적인 인과관계의 이론이다.

1) 객관적 귀속의 의미

객관적 귀속론에 의하면, 어떤 의료행위가 법적으로 허용되지 않은 위험을 창출하고 (위험의 창출) 그 위험이 의료사고의 결과에 실현되었으며 (위험의 실현), 더 나아가 그 결과의 발생이 관련 법규범(의료법규범 및 형법)이 규율하는 것이 마땅한 현실영역(즉, 규범영역) 안에서 이루어진 경우에 (규범의 보호목적), 발생한 결과는 그 의료행위의 탓으로 귀속시킬 수 있다.

2) 상당인과관계와의 차이

㈎ 주의의무규정의 보호목적　　객관적 귀속론은 무엇보다도 규범의 보호목적에 의해 법적 인과관계가 인정되는 조건의 범위가 제한된다는 점에서 상당인과관계설과 차별화된다.

> 예컨대 앞에서 언급한 연탄중독사건(대판 90도2547)을 다시 생각해보면, 재차 중독의 방지가 요양방법지도의무를 규정한 의료법 제24조의 보호목적에 포함되는지에 따라 인과관계의 인정여부는 달라진다고 할 수 있다. 여기서 의사의 요양방법지도의 범위가 ⓐ 의사가 환자에게 병명 및 신체의 완전한 정상회복을 위해 필요한 사항을 지도하는 것(예: 음식이나 수면, 운동이나 노동량 등에 관한 조언, 운전부적합성 등의 지적 등)까지로 한정되는 것이라고 해석하면 환자가 연탄가스에 재차 중독되어 사망한 것은 보호목적 밖의 결과이므로 — 객관적 귀속론에 따르면 — 인과관계를 인정할 수 없게 된다.

---

18) 대표적으로는 Roxin, Pflichtwidrigkeit und Erfolg bei fahrlässigen Delikten, ZStW 74, 1962, 411쪽 아래.

19) 선구적인 연구로 김형배, 「불법행위에 있어서의 책임귀속의 근거와 손해배상의 범위」, 법학논집, 제18집, 1980, 91-150쪽 참조.

특히, 불확실하지만 상당한 조건이라고 판단되는 경우에도 의료사고의 결과가 의료인의 주의의무를 규정한 법규정의 보호목적 밖에 있는 것이라면 — 객관적 귀속론에 따르면 — 법적 인과관계가 인정될 수 없다.

(나) 형법의 보호목적으로서 자기위태화에의 관여 　　객관적 귀속론에서 규범의 보호목적의 범위는 형법(제268조)의 효력범위라고도 이해할 수 있다. 의료사고로 발생한 결과가 피해환자의 '고의적인 자기위태화'(vorsätzliche Selbstgefährdung)에 의해 일어났다면, 그 의료과실과 결과 사이에 상당인과관계가 인정된다고 할지라도 그 결과는 형법 제268조의 효력범위 밖에서 일어난 것으로 보아야 하는 것이다.

앞에서 이야기한 연탄중독사건에서 의료법 제24조의 보호목적이 ⓑ 병의 원인이 되는 요인을 제거하도록 지도하거나(예: 작업환경이나 생활환경의 개선에 대한 조언) 더 나아가 병을 예방하는 데 필요한 사항을 지도(예: 환자의 생활방식의 변경에 대한 지도)하는 것까지도 포함한다고 본다면, 중독증인 연탄가스중독의 경우에 연탄가스가 새는 주거환경의 개선에 대한 지도도 요양방법지도에 포함되는 것이라 보게 된다. 이런 해석에 의하면 환자의 재차 중독에 대한 책임은 요양방법지도를 하지 않은 의사의 행위에 귀속될 수 있다. 하지만 환자가 자신에게 나타나는 증상의 특성 등을 통해 자신의 병이 연탄가스중독증의 전형임을 인지했다면 환자는 집안에 연탄가스가 샐 가능성을 인식할 수 있었음에도 불구하고 사고가 난 방에 들어간 것이므로 '자율적인 의사결정(고의)에 의해 스스로를 위태화한 것이라 할 수 있다. 이러한 경우에는 의사의 요양방법지도의무위반은 그런 고의적인 자기위태화에 관여한 행위가 된다.

2. In dubio pro libertate－원칙

의료형법에서 인과관계의 판단은 의료책임법에 있어서보다 한층 엄격해야 한다. 이러한 엄격성의 요청은 특히 위험의 실현에 대한 판단의 척도와 관련된 문제이다.

1) 위험증대이론과 위험관련성설

일반형법의 귀속론에서 위험의 결과에로의 실현여부를 판단할 때에는 흔히, 과실행위가 창출한 위험이 결과에 실현되었는지가 확실하지 않더라도 결과를 발생시킬 확률(위험)을 (5~10%정도라도) 증대시키기만 하면 위험의 실현을 인정한다. 이를 위험증대설(Risikoerhöhungstheorie)이라고 부른다. 그런데 이런 위험증대설은 사실상 민사책임에서 이야기하는 위험성관련성설과 인과관계를 인정하는 범위가 매우 유사하다. 위험성관련성설에 의하면 후속손해가 1차손해의 부가적 위험(zusätzliches Risiko)으로 나타난 것이기만 하면 인과관계를 인정하며, 이러한 인과관계의 기준은 책임을 제한하는 기능이 미약하다.

2) 자유우선원칙

의료형법에서의 인과관계 판단이 의료책임법의 그것보다 엄격해야 한다고 할 때 그것은 바로 위험증대설을 배척해야 함을 의미한다. 위험증대설 대신 채택되어야 하는 것은, 의료과실이 의료사고의 발생위험을 확실하게(예컨대 95% 이상) 증대시켰을 때에만 인과관계를 인정하자는 자유우선의 원칙(in dubio pro libertate: '의심스러운 경우에는 자유의 이익으로' 원칙)이다. 역으로 보면, 주의의무를 다했을 때에도 의료사고의 결과가 발생할 확률이 5% 이상이면 인과관계는 부인되어야 한다. 바로 이와 같은 자유우선원칙을 통해 의료형사책임의 엄정성이 실현될 수 있다.

가령, 이와 관련하여 대법원에서 문제되었던 다음과 같은 사안(대판 90도694)을 생각해볼 수 있다. 이 사안에서는 난소 종양 진단을 받은 환자에 대해 산부인과의사가 개복수술을 하면서 산부인과 의사가 수술적합성 여부의 확인을 위해 일반혈액검사, 소변검사, 흉부엑스레이 검사 등은 실시했지만 혈청의 생화학적 반응에 의한 간기능검사(이하 혈청간기능검사) 는 실시하지 않았으며, 마취담당의사는 이러한 검사 결과에 기초하여 환자를 할로테인으로 전신마취했다. 수술 후 환자가 지속적인 고열증세를 보이자, 혈청간기능검사 등을 실시한 결과 환자는 급성전격성간염으로 판정되었고 이후 환자는 황달증세를 보이고 간성혼수의 위험을 나타내다가 간세포괴사에 의한 간성혼수로 사망했다. 이러한 사안에서 인과관계의 판단기준으로 상당인과관계설을 취하게 되면 피고인 의사들에게 업무상 과실치사죄가 성립할 수 있다. 그러나 혈청간기능검사로 간이상이 발견될 확률이 90%이고, 그 검사로 이상수치가 나온 환자에게 할로테인마취가 부작용을 일으킬 확률이 가령 90%라고 한다면, 혈청간기능검사를 하지 않은 부작위행위는 환자의 간성혼수로 인한 사망을 일으킬 확률을 81% 증가시킨 것에 불과하다. 그렇다면 이와 같은 경우 형사책임의 요건으로서 위험의 실현이 있었음은 부인해야 한다고 이야기할 수 있다.

8

치료중단법

I 의 의

치료중단은 말 그대로 환자에 대해 이루어지고 있던 치료를 더 이상 하지 않는 것이다. 치료중단이 법적으로 특히 문제되는 것은 치료 말기의 환자에 대한 이른바 연명치료중단의 경우이다. 아울러 '안락사' 문제는 치료중단을 이해하기 위한 전제이다. 안락사는 매우 광범위한 개념의 뜰을 가지는데, '소극적 안락사'는 특히 '치료중단'과 인접한 개념이다. 이러한 안락사와 치료중단의 문제에서는 죽음에 대한 결정에 있어서 전통적인 생명보호사상과 환자의 자율성이라는 서로 다른 이념을 어떻게 조화시킬 것인지가 문제된다.[1)]

1) 이와 관련하여 연명치료중단에서 환자의 생명과 환자의 자기결정권 간의 가치 충돌과 이익형량의 구조에 대한 연구로는 고봉진, 「연명치료중단에서 이익형량의 구조와 내용」, 법철학연구, 제13권 제2호, 2010, 155-180쪽 참조.

Ⅱ 안 락 사

1. 법적 개념

법학 영역에서는 안락사를 적극적 안락사, 간접적 안락사, 소극적 안락사라는 세 가지 유형으로 분류한다.[2] ① 첫째, '적극적 안락사'란 불치의 병으로 극심한 고통을 받고 있는 환자의 고통 제거를 위해 환자의 생명을 단절시키는 것이다. 혈관에 공기를 주입하여 공기색전을 일으켜 사망하게 하는 경우가 이에 해당한다. ② 둘째, '간접적 안락사'란 생명을 단축시킬 염려가 있음에도 불구하고 고통완화 목적의 처치를 한 결과 (의도하지는 않았으나 예상된 부작용으로 인해) 환자가 사망하는 것을 의미한다. 환자의 고통을 감소시키기 위해 몰핀을 계속 증량하여 사용함으로써 결과적으로 환자가 사망하는 경우가 이에 해당된다. ③ 셋째, '소극적 안락사'란 죽음에 직면한 환자에 대한 치료를 중지하거나 생명유지장치를 제거함으로써 환자가 죽도록 내버려 두는 것을 말한다. 말기 환자에게 정맥을 통한 수액공급이라는 생명 연장 처치를 중단하여 환자가 사망하는 경우가 이에 해당한다.

[안락사 개념의 불일치] 이와 같은 안락사의 법적 개념은 안락사의 일상적 개념 또는 의료실무적 개념과는 일치하지 않는다.[3] 일상언어적으로 안락사는 환자가 '편하게 죽도록 하는 적극적 행위'를 내포해야

---

2) 이와 같이 안락사의 유형을 분류하는 이 단락의 설명은 이상돈, 「생명공학과 법 — 생명의 공학화와 생명문화의 절차적 재생산」, 아카넷, 2003, 256-257쪽의 설명을 수정・보완한 것이다.

3) 이와 같은 안락사의 개념적 불확실성에 대한 이 단락의 설명은 이상돈, 「생명공학과 법」, 256-260쪽.

한다. 그렇다면 법적 개념 중 좁게는 적극적 안락사, 그리고 아무리 넓게 잡더라도 간접적 안락사까지만이 일상언어적으로 안락사에 해당된다. 다른 한편 의료실무에서는 소극적 안락사 개념의 범위가 법적 안락사 개념보다 더 확장되어 있다. 예를 들어 생존가능성이 아직 불확실한 환자에 대한 연명치료중단의 경우에는 소극적 안락사와 명확히 구분되지 않아 왔다.

2. 이익형량적 사고

(1) 일반론

법적 안락사의 유형별로 현행법을 적용해온 논의들[4]은 많은 경우 환자의 자기결정권이나 환자가족의 이익을 환자의 생명이나 의사의 생명유지의무와 형량하여 그 정당화 여부를 결정한다.[5] 즉, 〈적극적 안락사→간접적 안락사→소극적 안락사〉의 순서로 환자의 생명·의사의 생명유지의무는 점점 덜 중요하고 환자의 자기결정권·가족의 처분권은 점점 더 중요하게 평가된다. 그렇기 때문에 적극적 안락사의 경우 환자의 집요한 요구가 있었던 경우에 한해 촉탁·승낙살인죄(형법 제252조 제1항)가 성립하며 안락사라는 살인 동기는 양형에서만 고려된다. 간접적 안락사의 경우에는 대체로 ① 환자가 불치의 질병으로 죽음에 임박했고 ② 고통이 극심하며, ③ 환자가 의식이 명료한 상태 하에서 진지하게 요구한 경우 ④ 오로지 환자의 고통 제거 또는 완화를 위해 ⑤ 의사에 의해 ⑥ 윤리적 타당성이 인정되는 방법으로 시술된 경우 정당행위(형법 제

4) 많은 연구 중 예를 들어 전지연, 「안락사에 대한 형법적 고찰」, 한림법학 1994/95, 113쪽 아래; 정현미, 「안락사와 형법」, 형사정책연구, 1994, 겨울호, 175쪽 아래; 박정일, 「형법적 측면에서의 안락사 및 존엄사에 관한 연구」, 연세대 박사학위논문, 1987 참조.

5) 기존의 논의에 대한 이 단락의 설명은 이상돈, 「생명공학과 법」, 261-262쪽의 내용을 요약·재구성하거나 옮긴 것이다.

20조)로서 위법성이 인정되지 않는다고 본다. 소극적 안락사의 경우 예를 들어 뇌사자[6]나 식물인간에 대한 소극적 안락사는 환자의 생존시 의사나 추정적 의사가 있고 (또는 학설에 따라서는 환자가족의 승낙이 있는 경우) 식물인간상태가 '불가역적인 의식상실'의 상태에 이른 경우 법적으로 허용된다.[7]

(2) 한 계

이러한 논의는 환자의 생명・의사의 생명유지의무를 환자의 자기결정권・환자가족의 이익과 비교 형량하면서, 환자의 자기결정권・환자가족의 이익이 보다 더 우월해야 안락사가 정당화된다고 본다. 더 나아가 이러한 해석론은 이익형량의 결론을 법원이 판단할 수 있으며 그 결론은 개인적 가치 관점과는 상관없이 누구나 구속력 있는 법으로 받아들여야 한다는 실체적 정의 관념을 전제한다. 하지만 이와 같이 실체적 정의를 좇는 이익 형량에 기초한 문제 해결은 일정한 한계를 갖는다[8]. 안락사를 둘러싼 다양한 권리나 이익들 간의 우열관계는 처해 있는 입장이나 가치 관념 — 예를 들어 사회경제적 상황, 인생관, 종교관 — 에 따라 다양할 수 있으며, 이를 정하는 통일적 정의 기준을 확정하는 것은 민주적 법치국가에서 허용될 수 없다. 뿐만 아니라 설령 이익들 간의 우열관계를 정할 수 있다 할지라도 법관이 그러한 판단을 내리는 것은

---

6) 뇌사설에 따른다면 뇌사자에 대한 소극적 안락사는 물론 아무런 법적 문제도 없을 것이다.

7) 다만 치료가 무의미한 상태를 의미하는 뇌사상태에 이르기까지 의사나 환자의 가족들이 경제적 이유 등으로 환자의 생사여탈을 결정하는 것은 '생명권의 최대보장요구의 관점에서 허용되어서는 안 된다'는 입장도 있다. 이러한 견해는 김일수, 「안락사, 유혹인가 권리인가」, 시민과 변호사, 제65호, 1999, 24-25쪽.

8) 기존의 안락사 논의에 대한 이와 같은 이 단락의 이해는 이상돈, 『생명공학과 법』, 265쪽 이하 그리고 이상돈, 『의료형법』(그 중 특히 [8] 안락사와 의사의 생명유지의무), 법문사, 1998, 213쪽 이하의 내용을 재구성한 것이다.

안락사의 경우 적합지 않다. 안락사에서 형량되어야 할 이익은 관찰자의 입장에서 형량할 수 있는 법익에만 국한되는 것이 아니라 법익화할 수 없는 이익 — 예를 들어 환자가족의 정신적 고통과 사회적 부담 — 까지 포함하고 있기 때문이다.

[의료윤리원칙 적용의 한계] 다른 한편 의료윤리학에서 이익형량의 가치토대가 되는 의료윤리원칙을 통해서도 안락사의 이익형량 문제가 해결되기 어렵다.[9] 첫째, 자율성존중원칙, 피해회피원칙, 선행원칙, 정의원칙이라는 네 가지 의료윤리원칙은 모두 그 의미가 불명확하다. 예를 들어, 선행원칙이나 피해회피원칙에 따르면 한편으로는 생명이라는 이익의 시간적 길이를 볼 때 선행이 아닌 피해를 안겨준다고 볼 수 있지만, 다른 한편 안락사가 환자의 이익에 부합한다고 본다면 동 원칙에 의해서도 안락사를 부정하지 않을 수 있는 것이다. 둘째, 이러한 다양한 의료윤리원칙 중 어떠한 의료윤리원칙이 안락사문제에 적용되어야 하는지에 관한 원칙, 즉, 원칙의 선택에 관한 '메타규칙'이 존재하지 않는다. 예를 들어, 선행원칙에 대한 해석을 안락사가 환자에게 피해를 안겨준다고 일원화할지라도 선행원칙과 자율성존중원칙 중 무엇을 우선해야 하는지를 윤리적으로 근거지을 수 없다는 문제에 또다시 봉착하게 된다.

3. 절차적 정당화의 요청

따라서 안락사의 법제화는 실체적 정의를 좇는 이익형량이라는 통상적인 법적 정당화 구조에 의존할 수 없다.[10] ① 법은 안락사 시술의 실체적 요건을 말하는 것이 아니라 관련 당사자들이 서로의 관점을 교환하고 성찰하면서 합리적 결정을 내릴 수 있는 의사

9) 이러한 이 단락의 설명은 이상돈, 『생명공학과 법』, 269-271쪽의 내용 중 일부를 재구성한 것이다.

10) 이러한 이 단락의 설명은 이상돈, 『생명공학과 법』, 277쪽 이하의 내용을 재구성한 것이다.

소통의 통로를 마련해 주는 역할을 해야 한다. 예를 들어 환자의 고통과 불치에 대한 주치의를 포함한 다수 의사들의 협의에 기초한 진단, 환자와 의사·가족·관련 종교인 등과의 대화, 환자·담당의사·가족·관련 종교인이 펼치는 병원 생명윤리위원회에서의 의견 교환, 환자의 자율적 의견 표명 등이 이루어지는 절차가 마련되어야 한다. 다만 적극적 안락사의 경우에는 보다 강화된 안전장치 또는 법원이 의사에게 안락사 시술결정권한을 부여하는 추가적 절차를 둘 수 있을 것이며, 소극적 안락사의 경우에는 보다 간소화된 절차를 둘 수도 있을 것이다. ② 어쨌든 이러한 절차가 준수된다면, 의사의 안락사 시술 결정 자체에 대해서는 법관이 법적 심사를 할 수 없다고 보아야 할 것이다. ③ 형법은 실체적 정의의 기준을 제시하는 것이 아니라, 안락사의 절차에서 지켜야 할 절차 준수 의무가 위반된 경우 투입되는 것이 바람직하다. 즉, 법원은 결정의 실질적 내용을 형법에 의해 통제하지는 않지만 결정절차의 비합리성에 대해서는 형법적인 통제를 가해야 한다.

Ⅲ 연명치료중단 판결

연명치료중단은 특히 1990년대에서 2000년대에 걸쳐 등장한 이른바 '보라매병원 사건'(대판 2002도995) 그리고 — 어쨌든 결론만 놓고 보면 이 사안과는 '상반된' 결정을 내린[11] — '신촌세브란스병원 사건'(대판 2009다17417)을 통해 의료 영역에서 가장 큰 논란을 일으킨 문제 중 하나가 되었다.

---

11) 두 판결 사이에 논리적 일관성이 결여되어 있다는 지적으로는 김학태, 「무의미한 생명연장치료 중단에 관한 법 윤리적 고찰」, 외법논집, 제33권 제1호, 2009, 8쪽.

1. 보라매병원 사건(대판 2002도995)

(1) 사실관계

이 사안의 사실관계를 정리해 보면 다음과 같다.[12)]

> ① 응급후송된 환자가 경막외출혈로 인한 혈종제거수술을 받았으며 수술은 성공적으로 이루어졌다. ② 환자는 수술 후 중환자실로 옮겨졌으며, 자가호흡을 할 수 없어 산소호흡기를 부착한 채 후유증 등에 대한 치료를 계속 받았다. ③ 그 사이 환자의 부인은 — 환자가 그간 가족에 대해 폭행을 일삼으며 무위도식해 왔다는 사정 하에 — 수술에 참여한 신경외과 전문의(A)와 레지던트(B)에게 치료비 부담을 이유로 지속적으로 퇴원을 요구하였고, 이들은 퇴원을 거부하였으나 환자 부인이 퇴원 요구를 계속하자 결국 전문의는 레지던트에게 환자의 퇴원을 지시하였다. ④ 환자 부인은 퇴원후 환자의 사망에 대해 법적 이의를 제기하지 않겠다는 귀가서약시에 서명을 받은 후 퇴원 수속을 마쳤다. ⑤ 퇴원 당시 환자의 인공호흡기에 의한 호흡횟수와 산소농도는 호전되었지만, 운동반응은 '아무 반응이 없는 상태'(글라스고우 혼수척도 M1)으로 약화되었고, 환자는 급성호흡부전, 급성신부전, 파종성 혈관내 응고증 등의 상태를 보였다. ⑥ 레지던트의 지시를 받아 인턴(C)이 환자를 퇴원시켰으며 구급차에서는 인공호흡기 대신 인공호흡보조장치를 통하여 호흡하게 한 후 환자의 집에 도착하자 인공호흡보조장치를 제거하였다. ⑦ 환자는 이후 뇌간압박에 의한 호흡곤란으로 사망하였다.

(2) 판결의 분석

이 사안에서 제1심 법원은 치료중단을 행한 의사 A와 B에 대해 살인죄의 죄책을 인정했으며, 뒤이어 제2심 법원은 제1심 판결

12) 이 판결의 사실관계에 대한 아래의 정리는 김나경, 「한국 의료법에서 후견주의 이념의 수용, 변형 그리고 거부 — 치료중단에 대한 법원 판결을 중심으로」, 발생과 생식, 제14권 제2호, 2010, 147쪽의 내용을 그대로 옮긴 것이다.

을 파기하고 A와 B를 살인방조죄로 처단하였고, 대법원은 제2심 법원의 결론을 확정지었다.13) 즉, 법원은 의료살인의 개념을 인정하였다. 법원은 이와 같은 결론에 이르기 위해 특히 다음과 같이 논증한다.14)

1) 실체적 이익형량

㈎ 이익형량 법원이 치료중단을 살인 또는 살인방조라고 보는 것은 — 안락사에 관한 앞의 II. 2. (1) 단락에서 설명한 바와 같이 — 환자의 자기결정권과 의사의 생명유지의무를 형량하고 의사의 생명유지의무가 보다 더 중요한 것이라 판단함을 전제한다.15)

> 의료행위의 중지가 곧바로 환자의 사망이라는 중대한 결과를 초래하는 경우에 있어서는 의료행위의 중지, 즉 퇴원요구를 받은 의사로서는 환자의 생명을 보호하기 위하여 의료행위를 계속하여야 할 의무와 환자의 요구에 따라 환자를 퇴원시킬 의무와의 충돌이 일어나게 되는 바, 그러한 의무의 충돌이 있는 경우 의사로서는 더 높은 가치인 환자의 생명을 보호할 의무가 우선하여 환자의 퇴원요구에도 불구하고 환자를 보호하여야 할 지위나 의무가 종료되지는 아니한다고 할 것이다(서울남부지방법원 98고합9).

---

13) 다만, 이 사건 의사들 중 또다른 피고인이었던 C에 대해서는 의사 A, B의 지시에 따라 그들의 의료행위를 보조하는 역할을 담당할 뿐이며 환자의 치료의 중단 여부를 독자적으로 결정하거나 결정에 관여할 수 있는 지위에 있지는 않다는 점에서 일관되게 무죄를 인정하였다.

14) 보라매병원 사건에 대한 III.1. (2) 단락에서의 판결의 분석 내용은 김나경, 「한국 의료법에서 후견주의 이념의 수용, 변형 그리고 거부」, 146-149쪽 이하의 내용 중 일부를 요약하거나 재구성하고 경우에 따라서는 그대로 옮긴 부분도 있으며, 여기서는 각 문장마다 따로 각주는 달지 않음을 분명히 밝혀둔다.

15) 다만 제1심 법원은 이러한 이익형량을 구성요건 단계에서부터 진행시키며, 항소법원은 양형단계에서 진행시킨다는 차이가 있으며 이러한 차이는 각 법원이 의사에게 부과한 죄책의 차이에서 기인한 것이라 볼 수 있다. 이러한 설명은 이상돈, 『치료중단과 형사책임』, 법문사, 2002, 17쪽.

(나) 의사의 양심적 결정 같은 맥락에서 법원은 이 사안에서 환자의 진정한 의사가 추정되거나 더 나아가 환자의 진지한 요구가 있다고 할지라도 그것에만 기초해서는 치료의 중단이 가능하지 않으며, 치료의 중단이 의사의 진지한 (객관적 선에 대한) 양심적 결정에 따른 것이어야 함을 강조한다. 이와 같은 의사의 "양심적 결단"에 대한 요청은 바로 의사가 환자의 생명이라는 '객관적 선'에 대해 성찰하고 자신의 행위를 이에 부합하게 하여야 한다는 요청이다.

> 환자가 (...) 퇴원한 후 그것이 직접적인 원인이 되어 사망에 이를 수 있다는 점에 대하여 위 피고인들로서는 이미 그러한 행위가 자신들의 양심에 반하는 것임을 알았을 것이다(서울남부지방법원 98고합9).

> 인간의 생명과 직결되는 치료행위의 중지는 (...) 의사의 양심적 결단에 따라 이루어질 경우에만 제한적으로 허용될 수 있을 뿐이다(서울고등법원 98노1310).

2) 법원의 종국적 결정

(가) 생존가능성 기준 더 나아가 이 사안에서 법원은 특히 환자의 회복가능성 또는 생존가능성이 높을수록 의사의 생명유지 의무는 더 강화된다고 본다. 제1심법원은 "환자가 불치의 병에 걸려 회복을 예상할 수 없고, 사망의 시기가 임박한 상태"에 있는 경우 의사의 치료중단 행위의 위법성이 조각될 수 있다고 보면서 이 사안은 "환자의 회복가능성의 측면에서도 (...) 의료행위의 중지에 있어서 요구되는 법적 허용요건을 충족하지 못한 것"이라 하는데, 제2심법원과 대법원도 동일한 판단을 내린다.

(나) 법원의 종국적 결정 이러한 논증은 다른 한편 법원이 환

자의 회복가능성/생존가능성에 대한 종국적인 판단의 주체가 됨을 드러내는 것이기도 하다. 특히 제1심법원은 — 물론 피고 의사들과 증인인 의사의 진술에 기초하기는 하지만 — 어쨌든 "피해자는 혈종제거수술이 성공적으로 이루어졌고, 시간이 경과함에 따라 대광반사와 충격에 대한 반응의 속도가 점점 빨라지고 이름을 부르면 스스로 눈까지 뜨려고 하는 등 그 상태가 호전되었던 점 등"에 비추어 "피해자는 계속적으로 치료를 받을 경우 회복될 가능성이 많았"음을 다시 한 번 '스스로' 확정하는 모습을 보인다. 아울러 항소심도 같은 취지에서, "피해자는 (...) 인공호흡기를 부착하고 경막외혈종 제거수술 후 합병증 및 후유증에 대한 치료를 계속하였다면 생존가능성이 있었던 것으로 보"인다는 점을 이야기했다.

㈐ 법원후견주의　이러한 법원의 태도는 의사에게 자연법을 발견하고 준수할 의무를 부여하지만 자연법의 확정에 대한 최종적 권위를 부여하지는 않는 것이다. 환자에 대해 담당의사가 지니는 의료적 해석의 권한을 충분히 인정하지는 않음으로써 자연법 발견의 최종적 주체를 종국적으로는 법원으로 상정하며, 스스로를 환자에 대한 독자적 후견인으로 규정하는 것이다. 뿐만 아니라 환자나 환자 가족의 결정이 갖는 의미에도 관심을 기울이지 않으면서 이들의 결정 역시 법원의 자연법적 결정 뒤로 물러나게 한다.[16]

3) 작위범으로의 논증 전환

보라매병원 사건의 제1심법원의 결정은 의사인 피고인들에 대해 '부작위에 의한 살인'을 인정했지만, 항소심과 대법원은 '작위에 의한 살인 방조'의 죄책을 인정한다. 항소심과 대법원이 이와 같이

---

16) 보라매병원 사건 판결에서 법원의 태도를 '법원후견주의' 표제화하는 이 단락의 분석은 김나경, 「한국 의료법에서 후견주의 이념의 수용, 변형 그리고 거부」, 152쪽의 내용을 요약하거나 옮긴 것이다.

태도를 변화시킨 것은 피고 의사들을 피해자에 대한 생명유지의무로부터 벗어날 수 있게 하기 위한 것이 아니라, 치료 중단 행위를 형법상 '부작위'로 구성하는 경우에는 '작위'로 구성하는 경우보다 '더 큰 논증 의무'를 부담하게 되기 때문이라 설명할 수 있다.[17] 항소법원의 판결은 논증 변화를 통한 논증 부담의 변화를 인지하고 있음을 다음과 같이 드러낸다.

> 피고인 A, B의 작위의무에 대한 주장이나, 피해자의 회복가능성이 낮았기 때문에 피고인 A, B의 치료의무가 없었고, 치료의 중단은 위법성조각사유에 해당한다는 주장, 피고인 B는 피해자의 사망이라는 결과발생방지의무를 가진 보증인적 지위에 있지 않았다는 주장, 작위의무에 대한 착오 및 의무의 충돌 등의 주장은 원심에서 판시한 바와 같이 그 이유가 없거나 피고인 A, B의 이 사건 범행이 부작위임을 전제로 한 것이므로 당심이 위 피고인들의 이 사건 범행을 작위에 의한 방조범으로 인정하는 이상 이유 없다(서울고등법원 98노1310).

[의심스러울 때는 부작위범으로 원칙] 연명 치료 중단은 행위가 작위와 부작위의 이중적 의미를 지니는 대표적인 경우[18]라 할 수 있다. 이러한 경우 부작위범으로 취급하여 의료인에게 특정한 행위를 해야 하는 의무, 즉 작위의무에 대해 검토하는 것이 바람직하다. 형법적 판단에서는 그 정당성에 대한 회의가 들수록 그 결정의 타당성에 대해 더 많은 논증 부담[19]을 지워 사람들을 설득하도록 것이 타당하기 때문이다.[20]

---

17) 이러한 설명은 이상돈, 『치료중단과 형사책임』, 법문사, 2002, 54쪽 이하 참조.

18) 이와 관련하여 치료중단처럼 이중적 의미를 지니는 경우 그 판단의 기준과 관련된 다양한 관점의 소개로는 김혁돈, 「환자의 자기결정권과 치료중단」, 형사법연구, 제25호, 2006, 121쪽.

19) 작위범과 비교할 때 부작위범의 성립에 대한 논증이 갖는 더 큰 부담과 관련해서는 "부작위범에 있어서는 보증인의 지위와 같은 불문의 구성요건요소가 충족되어야 하는 등 범죄의 성립요건과 그 판단과정이 훨씬 착잡"하다고 설명하는 임웅, 『형법총론』, 법문사, 2004, 219쪽 참조.

2. 신촌세브란스병원 사건(대판 2009다17417)

보라매병원 사건 이후 많은 병원들과 의사들은 의료현실과 법적 요청 사이의 간극으로 인해 심각한 공황상태에 빠지게 되었다. 이후 병원들은 쉽게 치료 중단 결정을 내리지 못하는 경향을 보였으며, 신촌 세브란스병원 사건에서는 바로 의사가 환자가족의 치료중단 요청을 거부한 것이 문제되었다. 그러던 중 지난 2009년 대법원은 보라매병원 사건과는 — 어쨌든 그 결론만 놓고 보자면 — 정반대의 결정을 내렸다.

(1) 사실관계

이 사안의 사실관계를 정리해 보면 다음과 같다.[21]

> ① 환자가 병원에서 폐종양 조직 검사를 받던 중 과다출혈로 인한 심정지가 발생하였다. ② 이에 병원의 주치의 등은 심장마사지 등을 시행하여 심박동기능을 회복시키고 인공호흡기를 부착하였으나 환자는 저산소성 뇌손상을 입고 중환자실로 이송되었다. ③ 환자는 '지속적 식물인간상태(persistent vegetative state)'에 있으면서 치료를 받게 되었다. ④ 이에 환자의 가족들은 환자의 치료가 단순한 생명의 연장에 불과한 것이므로 환자 역시 인공호흡기를 제거할 의사가 있을 것이라고 주장하며, 환자에 대해 인공호흡기를 제거할 것을 요청하였다. ⑤ 이에 대해 병원은 치료를 중단할 수 없다며 가족의 요청을 거부하였다.

(2) 판결의 분석

이 사안에서 제1심법원은 피고 병원이 원고에 대하여 인공호흡기를 제거하라는 결정을 내렸고(2008가합6977) 뒤이은 항소와 상고

---

20) 이러한 점에 대한 설명은 이 책의 [7] 의료형법 중 II.2.(2) 단락 참조.

21) 이 판결의 사실관계에 대한 아래의 정리는 김나경, 「한국 의료법에서 후견주의 이념의 수용, 변형 그리고 거부」, 149쪽의 내용을 그대로 옮긴 것이다.

는 모두 기각되었다(2008나116869; 2009다17417). 이와 같은 결론에 이르는 법원의 핵심적인 논증은 다음과 같다.[22)]

1) 환자의 자기결정권

㈎ 인정 근거 이 사안에서 법원은 치료행위에 대한 환자의 자기결정을 헌법의 최고이념인 "인간으로서의 존엄과 가치 및 행복을 추구할 권리",[23)] 즉 "개인의 인격권과 행복추구권"[24)]으로부터 비롯되는 "개인의 자기운명결정권"[25)]이라는 '헌법적' 권리라고 설명한다.[26)][27)] 대법원은 특히 "생명권이 가장 중요한 기본권이라고 하더라도", "인간으로서의 존엄성이라는 인간 존재의 근원적인 가치에 부합하는 방식으로 보호"되어야 한다고 강조한다. 이는 말하자면 '죽음의 존엄성'에 대한 인지라고도 볼 수 있는데, 제1심 법원은 "인간의 존엄성은 (...) 죽음을 맞이하는 과정과 죽음의 순간에도 구현되어야 하는 궁극적 가치"이므로 경우에 따라서는 "자연스러운 죽음"을 맞이하는 것이 생명연장치료보다 존엄성에 더 부

---

22) 신촌세브란스병원 사건에 대한 III.2. (2) 단락에서의 판결의 분석 내용은 김나경, 「한국 의료법에서 후견주의 이념의 수용, 변형 그리고 거부」, 149-152쪽 이하의 내용 중 일부를 요약하거나 재구성하고 경우에 따라서는 그대로 옮긴 부분도 있으며, 여기서는 각 문장이나 단락마다 따로 각주는 달지 않음을 분명히 밝혀둔다.

23) 서울고등법원 2008나116869.

24) 대판 2009다17417.

25) 서울서부지방법원 2008가합6977.

26) 이러한 근거지음은 '적극적'인 자기결정권을 도출해내는 것으로 연명치료 중단에서 이야기해야 하는 '소극적'인 자기결정권을 설명하지 못한다는 비판으로 이석배, 「연명치료 단의 기준과 절차」, 형사법연구, 제21권 제2호, 2009, 151쪽 이하 참조.

27) 이와 관련하여 연명치료중단에 관한 미국의 논의에서는 1976년 이른바 카렌 퀸란 사건에 대한 뉴저지주 대법원의 판결을 통해 존엄사가 "헌법상의 프라이버시권"의 문제로 표제화되기도 했으며, 이후에는 "자유권"의 문제로도 바라본다는 설명은 이재석, 「존엄사에 관한 고찰」, 법학연구, 제37집, 한국법학회, 2010, 179쪽 참조.

합한다고 보며 대법원의 보충의견[28] 역시 다음과 같이 죽음의 존엄성에 대해 명시한다.

> 죽음이란 삶의 마지막 과정에서 겪게 되는 삶의 또 다른 형태라 할 것이므로, 모든 인간은 죽음을 맞이하는 순간까지 인간으로서의 존엄과 가치를 보존할 권리를 보장받아야 한다(대판 2009다17417).

㈏ 자기결정권의 내용　　환자의 자기결정권은 환자의 치료 중단 요청을 의사가 받아들일 의무를 전제한다. 이와 관련하여 첫째, 제1심, 제2심 그리고 대법원은 모두 "치료를 받지 않으면 질병이 계속 진행되어 장차 시간이 지나면 사망에 이르게 될 상황이라고 하여도" "특별한 사정이 없는 한" 환자가 치료중단을 요구하는 경우 "의사는 이에 응하여야" 한다고 본다. 둘째, "치료행위를 중단함으로써 환자가 곧바로 사망에 이르게 되는 경우" 제1심 법원은 응급의료법 제10조가 적용되어 의사는 응급의료를 중단할 수 없고 '정당한 사유'가 있는 한에서 예외적으로만 치료를 중단할 수 있다고 본다.[29] 하지만 제2심 법원은 연명치료장치를 장착하면 응급상황에서 일단 벗어나므로 연명치료 중단의 정당성은 헌법상 인간의 존엄과 가치에 의거한 자기결정권에 의해 직접 근거지어진다고 보아, 환자의 자기결정에 의사가 응하는 것을 보다 '원칙적'인 것으로 바라본다. 이러한 논증의 변화는 — 그 결론은 동일할지라도 — 환자 주권을 강조하는 태도의 변화를 보여준다. 대법원의 보충의

---

28) 대판 2009다17417 중 "7. 연명치료 중단의 허용기준에 대한 대법관 김지형, 대법관 차한성의 보충의견".

29) "인공호흡기의 도움으로 생명을 유지하는 것이 가능하지만 인공호흡기를 제거하면 곧바로 사망에 이르게 되는 상황에 있는 환자의 경우에도, 의사는 치료중단의 방법으로서 인공호흡기를 제거하라는 환자의 요구에 원칙적으로 응할 의무가 없다(...)" (서울서부지방법원 2008가합6977).

견30)이 치료중단의 허용여부는 "단순히 사망과의 시간적 근접성을 기초로 판단할 것이 아니라"고 본 것도 같은 맥락에서다.

(다) 자기결정권의 확대 법원은 특히 자기결정권의 시간적 범위를 두 가지 측면에서 확대한다.

① 사전의료지시 첫째, 법원은 연명치료중단이 문제되는 시점에서 환자가 자신의 의사를 표시할 수 있는 능력이 결여되어 있더라도 이른바 '사전의료지시'가 있었다면 이를 자기결정권 행사로 인정할 수 있다고 본다. 아울러 사전의료지시가 효력을 발하기 위해서는 일정한 요건을 갖추어야 한다.

> 환자가 회복불가능한 사망의 단계에 이르렀을 경우에 대비하여 미리 의료인에게 자신의 연명치료 거부 내지 중단에 관한 의사를 밝힌 경우에는, 비록 진료 중단 시점에서 자기결정권을 행사한 것은 아니지만 사전의료지시를 한 후 환자의 의사가 바뀌었다고 볼 만한 특별한 사정이 없는 한 사전의료지시에 의하여 자기결정권을 행사한 것으로 인정할 수 있다(대판 2009다17417).

> ① 의사결정능력이 있는 환자가 ② 의료인으로부터 직접 충분한 의학적 정보를 제공받은 후 ③ 그 의학적 정보를 바탕으로 자신의 고유한 가치관에 따라 진지하게 구체적인 진료행위에 관한 의사를 결정하며 ④ 의사결정과정이 (...) 의사결정 내용을 기재한 진료기록 등에 의하여 진료중단 시점에서 명확하게 입증될 수 있어야 비로소 사전의료지시로서의 효력을 인정할 수 있다(대판 2009다17417).

② 추정적 의사 둘째, 법원은 사전의료지시가 없었더라도 경우에 따라 환자의 치료중단 의사를 추정하여 연명치료를 중단할 수 있다고 본다. 이 경우 법원은 "환자의 의사를 확인할 수 있는

---

30) 대판 2009다17417에서 "7. 연명치료 중단의 허용기준에 대한 대법관 김지형, 대법관 차한성의 보충의견".

객관적 자료"와 "객관적인 사정"에 기초하여 "객관적으로" 환자의 의사를 추정할 수 있다고 본다.31)32)

> 환자의 평소 가치관이나 신념 등에 비추어 연명치료를 중단하는 것이 객관적으로 환자의 최선의 이익에 부합한다고 인정되어 환자에게 자기결정권을 행사할 수 있는 기회가 주어지더라도 연명치료의 중단을 선택하였을 것이라고 볼 수 있는 경우에는, 그 연명치료 중단에 관한 환자의 의사를 추정할 수 있다고 인정하는 것이 합리적이고 사회상규에 부합된다(대판 2009다17417).

> 환자의 의사를 확인할 수 있는 객관적인 자료가 있는 경우에는 반드시 이를 참고하여야 하고, 환자가 평소 일상생활을 통하여 가족, 친구 등에 대하여 한 의사표현, 타인에 대한 치료를 보고 환자가 보인 반응, 환자의 종교, 평소의 생활태도 등을 환자의 나이, 치료의 부작용, 환자가 고통을 겪을 가능성, 회복불가능한 사망의 단계에 이르기까지의 치료 과정, 질병의 정도, 현재의 환자 상태 등 객관적인 사정과 종합하여, 환자가 현재의 신체상태에서 의학적으로 충분한 정보를 제공받는 경우 연명치료 중단을 선택하였을 것이라고 인정되는 경우라야 그 의사를 추정할 수 있다(대판 2009다17417).

2) 회복불가능성

다른 한편 이 사안에서 법원은 연명치료 중단을 정당화하기 위해서는 — 보라매병원 사건과 마찬가지로 — '회복불가능성'(또는 회생불가능성) 요건이 충족되어야 한다고 본다. 대법원은 회복불가

---

31) 독일 판례에서도 환자가 자신의 의사를 표현할 수 없는 상태에 있는 경우 그 의사를 추정하여 치료중단의 기준으로 삼을 수 있다고 본다(BGHSt, 40, 257, 261). 독일의 치료중단 기준에 대한 연구로는 이석배, 「독일의 치료중단 기준과 입법론」, 형사정책, 제19권, 2007, 229쪽 이하 참조.

32) 연명치료중단과 관련한 환자의 의사추정에 대한 견해 대립에 대해서는 전지연·최아랑, 「연명치료중단에 대한 형사법적 검토」, 연세 의료·과학기술과 법, 제2권 제2호, 2011, 105쪽 이하 참조.

능한 사망의 단계란 "의식의 회복가능성이 없고 생명과 관련된 중요한 생체기능의 상실을 회복할 수 없으며 환자의 신체상태에 비추어 짧은 시간 내에 사망에 이를 수 있음이 명백한 경우"를 의미한다고 본다. 다만 이 판결은 보라매병원 사건에 비해 담당의사와 병원의 자율적 판단 및 판단 방식에 대한 더 많은 고민을 담았다. 첫째, 대법원은 회복가능여부는 "주치의의 소견뿐만 아니라 사실조회, 진료기록 감정 등에 나타난 다른 전문의사의 의학적 소견을 종합"하여 신중하게 판단해야 한다고 본다. 둘째, 항소심 법원과 대법원은 회생가능성 여부에 대해서는 해당 병원의 윤리위원회 등과 같은 기구의 판단을 거칠 필요가 있음을 명시한다.

> 환자가 회생가능성 없는 비가역적인 사망과정에 진입한 상태인지를 판단할 주체가 누구인지에 관하여 보건대, 당해 연명치료를 시행하면서 환자를 진료·관찰하여온 담당의사의 의견이 존중되어야 함은 당연하고, (...) 병원윤리위원회와 같은 기구의 심의 등으로 이를 보완할 필요도 있다(서울고등법원 2008나116869).

> 환자 측이 직접 법원에 소를 제기한 경우가 아니라면, 환자가 회복불가능한 사망의 단계에 이르렀는지 여부에 관하여는 전문의사 등으로 구성된 위원회 등의 판단을 거치는 것이 바람직하다(대판 2009다17417).

(3) 판결의 의의

1) 태도의 변화

이 사안에서 법원의 연명치료중단에 대한 태도는 — 보라매병원 사건과 비교해볼 때 — 이전과 달리 변화했음을 부인할 수 없다.[33] 이 사안에서는 무엇보다 환자의 자기결정권이 갖는 의미를

33) 이러한 이 단락의 설명은 김나경, 「한국 의료법에서 후견주의 이념의 수용, 변

좀더 명확히 언급하며, 더 나아가 그 행사범위를 '내용적'으로 그리고 '시간적'으로도 확대했다. 아울러 법원은 환자의 회복가능성에 대한 판단을 최종적으로는 법원의 몫으로 남겨두긴 했지만, 담당의사의 소견을 존중해야 하며 병원윤리위원회의 심의가 필요함을 이야기함으로써 회복가능성이라는 해석의 문제는 의료전문가에 의해 이루어지는 것이 바람직할 것임을 어느 정도 인정하였다.

2) 한 계

다만 이 사안에 대한 법원의 판결은 여전히 의료의 '자율성'에 대한 이해에서 아쉬움을 남겼다.[34] 첫째, 주치의의 소견을 참조한다거나 병원생명윤리위원회의 심의가 필요하다는 점을 말하면서도 담당의사의 판단이 주도적 역할을 하는 구체적인 절차에 대해 분명히 이야기하지는 못했다. 둘째, 환자 가족의 결정을 중시하기는 하지만 여전히 정황에 대한 (법원의) '객관적' 판단을 강조하면서 법원의 결정주체로서의 권위를 포기하지 않았다. 특히 같은 맥락에서 법원은 어디까지나 "환자 측이 직접 법원에 소를 제기한 경우가 아니라면"[35] 병원생명윤리위원회의 판단을 거치는 것이 바람직하다고 보았는데, 이러한 언급만으로는 소가 제기되었을 때에 법원이 병원생명윤리위원회의 결정에 대한 '실체적 내용'을 판단하는 주체가 되는 것인지 아니면 그러한 구조화된 법절차를 통한 결정을 내렸다는 점에 기초해 '절차적 정당성'을 확인해 주는 주체로 머무를 것인지가 분명하지 않다.

형 그리고 거부」, 152쪽의 내용 중 일부를 요약하고 재구성한 것이다.

34) 이러한 법원 태도에 대한 분석은 김나경, 「한국 의료법에서 후견주의 이념의 수용, 변형 그리고 거부」, 발생과 생식, 152-153쪽 이하의 내용 중 일부를 요약하고 재구성한 것이다.

35) 대판 2009다17417.

Ⅳ 연명의료결정법

보라매병원 사건 판결 및 신촌세브란스병원 사건 판결 이후 연명치료중단에 대한 법률 제정 논의가 지속되었다. 그 결과 2016년 2월 「호스피스·완화의료 및 임종과정에 있는 환자의 연명의료결정에 관한 법률」(이하 "연명의료결정법")이 제정되었다.

1. 연명의료의 법적 정의

연명의료결정법은 '연명의료'를 ① 임종과정에 있는 환자에게 하는 ② 심폐소생술, 혈액 투석, 항암제 투여, 인공호흡기 착용 및 그 밖에 대통령령으로 정하는 의학적 시술로 ③ 치료효과 없이 임종과정의 기간만을 연장하는 것이라고 정의한다(연명의료결정법 제2조 제4호).

(1) 연명의료의 대상

연명의료의 대상은 '임종과정에 있는 환자'이다. 연명의료결정법은 임종과정이란 "회생의 가능성이 없고, 치료에도 불구하고 회복되지 아니하며, 급속도로 증상이 악화되어 사망에 임박한 상태"라고 정의한다(연명의료결정법 제2조 제1호). 환자가 임종과정에 있는지의 여부는 담당의사[36]와 해당 분야의 전문의 1명이 의학적으로 판단한다(동법 제2조 제2호).

(2) 시술 유형

종래의 연명의료결정법은 연명의료의 유형을 심폐소생술, 혈액

---

36) "담당의사"란 "「의료법」에 다른 의사로서 말기환자 등을 직접 진료하는 의사" 이다(연명의료결정법 제2조 제7호).

투석, 항암제 투여, 인공호흡기 착용으로 한정하였으나, 2018년 개정을 통해 "대통령령으로 정하는 의학적 시술"로까지 그 유형을 확대하였다(연명의료결정법 제2조 제4호). 동법 시행령 제2조는 동법 제2조 제4호에서 말하는 '대통령령으로 정하는 의학적 시술'로 '체외생명유지술(ECLS), 수혈, 혈압상승제 투여, 그 밖에 담당의사가 환자의 최선의 이익을 보장하기 위해 시행하지 않거나 중단할 필요가 있다고 의학적으로 판단하는 시술'을 규정한다.

(3) 치료의 무용성

연명의료결정법은 치료효과 없이 임종과정의 기간만을 연장한다는 치료의 무용성을 연명의료의 개념 표지로 삼고 있다. 즉 동법상으로는 치료가 무의미하다는 가치판단이 연명의료의 개념에 이미 내재되어 있다.[37]

2. 연명의료중단등결정의 체계

'연명의료중단등결정'이란 임종과정에 있는 환자에 대한 연명의료를 시행하지 아니하거나 중단하기로 하는 결정이다(연명의료결정법 제2조 제5호). 연명의료중단등결정을 하기 위해서는 연명의료중단등결정에 대한 환자의 의사가 확인되는 것이 원칙이다. 이를 위해 연명의료결정법은 연명의료계획서 및 사전연명의료의향서를 작성하고 관리하는 체계를 마련하고 있다.

37) 입법론적으로는 치료의 무의미성은 연명의료의 개념 정의에 포함시키지 않고 연명의료중단 여부에 대한 결정의 판단 기준으로 삼는 것이 바람직하다는 비판도 제기되고 있다(이러한 견해는 이석배, 「소위 '연명의료결정법'의 주요 내용과 현실적용에서 쟁점과 과제」, 한국 의료윤리학회·한국생명윤리학회 공동 추계학술대회(2016.11.25.) 자료집, 9쪽 참조).

(1) 연명의료계획서

연명의료계획서란 임종과정에 있는 환자의 의사에 따라 담당의사가 환자에 대한 연명의료중단등결정에 관한 사항을 계획하여 작성한 문서이다. 연명의료결정법은 임종과정에 있는 환자(또는 말기환자[38])의 호스피스에 관한 사항을 함께 규율하는데, 호스피스 이용에 대한 계획도 연명의료계획서의 내용에 포함된다(연명의료결정법 제2조 제8호 및 제10조 제4항).

1) 연명의료계획서의 작성

㈎ 정보 제공 임종과정에 있는 환자의 담당의사는 환자에게 연명의료중단등결정과 연명의료계획서에 대한 정보를 제공할 수 있다(동법 제10조 제1항).

㈏ 작성 요청과 설명 임종과정에 있는 환자는 의료기관에서 담당의사에게 연명의료계획서의 작성을 요청할 수 있으며(동법 제10조 제2항), 요청을 받은 담당의사는 해당 환자에게 연명의료계획서를 작성하기 전에 법령이 정한 사항을 설명하고 환자가 그 내용을 이해했음을 확인받아야 한다(동법 제10조 제3항).

> **연명의료결정법 제10조(연명의료계획서의 작성 · 등록 등)** ③ 제2항에 따른 요청을 받은 담당의사는 해당 환자에게 연명의료계획서를 작성하기 전에 다음 각 호의 사항에 관하여 설명하고, 환자로부터 내용을 이해하였음을 확인받아야 한다. 이 경우 해당 환자가 미성년자인 때에는 환자 및 그 법정대리인에게 설명하고 확인을 받아야 한다.
> 1. 환자의 질병 상태와 치료방법에 관한 사항

---

38) 연명의료결정법은 '말기환자'란 '적극적인 치료에도 불구하고 근원적인 회복의 가능성이 없고 점차 증상이 악화되어 보건복지부령으로 정하는 절차와 기준에 따라 담당의사와 해당 분야의 전문의 1명으로부터 수개월 이내에 사망할 것으로 예상되는 진단을 받은 환자.'라고 정의한다(동법 제2조 제3호).

2. 연명의료의 시행방법 및 연명의료중단등결정에 관한 사항
3. 호스피스의 선택 및 이용에 관한 사항
4. 연명의료계획서의 작성 · 등록 · 보관 및 통보에 관한 사항
5. 연명의료계획서의 변경 · 철회 및 그에 따른 조치에 관한 사항
6. 그 밖에 보건복지부령으로 정하는 사항

연명의료결정법 시행규칙 제3조(연명의료계획서) ② 법 제10조 제3항 제6호에서 "보건복지부령으로 정하는 사항"이란 법 제14조 제1항에 따른 의료기관윤리위원회의 이용에 관한 사항을 말한다.

㈐ 연명의료계획서의 작성 담당의사는 연명의료계획서를 작성할 때 법이 규정하는 사항을 포함하여야 하며, 법에 따라 연명의료계획서를 작성하면 지체 없이 소속 의료기관의 장에게 보고하여야 한다(동법 시행규칙 제3조 제4항).

연명의료결정법 제10조(연명의료계획서의 작성 · 등록 등) ④ 연명의료계획서는 다음 각 호의 사항을 포함하여야 한다.
1. 환자의 연명의료중단등결정 및 호스피스의 이용에 관한 사항
2. 제3항 각 호의 설명을 이해하였다는 환자의 서명, 기명날인, 녹취, 그 밖에 이에 준하는 대통령령으로 정하는 방법으로의 확인
3. 담당의사의 서명 날인
4. 작성 연월일
5. 그 밖에 보건복지부령으로 정하는 사항

연명의료결정법 시행령 제7조(연명의료계획서의 작성) 법 제10조 제4항 제2호에서 "대통령령으로 정하는 방법"이란 녹화(錄畵)를 말한다.

연명의료결정법 시행규칙 제3조(연명의료계획서) ③ 법 제10조제4항 제5호에서 "보건복지부령으로 정하는 사항"이란 다음 각 호의 사항을 말한다.

1. 환자의 성명 및 주민등록번호
2. 환자가 말기환자 또는 임종과정에 있는 환자인지 여부
3. 연명의료계획서의 열람허용 여부
4. 담당의사의 소속 의료기관 및 면허번호

2) 연명의료계획서의 등록과 보관

연명의료계획서가 작성되면 의료기관의 장은 이를 등록하고 보관해야 하며, 등록한 결과를 동법 제9조에 기초한 국립연명의료관리기관의 장에게 통보하여야 한다(동법 제10조 제6항).

3) 연명의료계획서의 변경 및 철회

환자는 작성된 연명의료계획서의 변경 또는 철회를 언제든지 요청할 수 있다. 환자의 요청이 있는 경우 담당의사는 지체 없이 소속의료기관의 장에게 보고하고(동법 시행규칙 제3조 제4항) 이를 반영해야 한다(동법 제10조 제5항). 의료기관의 장은 연명의료계획서가 변경 또는 철회된 경우 그 결과를 국립연명의료관리기관의 장에게 통보하여야 한다(동법 제10조 제6항).

(2) 사전연명의료의향서

사전연명의료의향서란 19세 이상인 사람이 자신의 연명의료중단등결정 및 호스피스에 관한 의사를 직접 문서로(전자문서를 포함) 작성한 것이다(연명의료결정법 제2조 제9호). 사전연명의료의향서를 작성하고자 하는 사람은 보건복지부장관이 지정한 사전연명의료의향서 등록기관을 통해 사전연명의료의향서를 작성한다.

1) 사전연명의료의향서 등록기관

㈎ 등록기관의 지정 보건복지부장관은 법령이 정한 일정한 요건을 갖춘 기관 중에서 사전연명의료의향서 등록기관을 지정한다.

연명의료결정법 제11조(사전연명의료의향서 등록기관) ① 보건복지부장관은 대통령령으로 정하는 시설·인력 등 요건을 갖춘 다음 각 호의 기관 중에서 사전연명의료의향서 등록기관을 지정할 수 있다.
1. 「지역보건법」 제2조에 따른 지역보건의료기관
2. 의료기관
3. 사전연명의료의향서에 관한 사업을 수행하는 비영리법인 또는 비영리단체(「비영리민간단체 지원법」 제4조에 따라 등록된 비영리민간단체를 말한다)
4. 「공공기관의 운영에 관한 법률」 제4조에 따른 공공기관

연명의료결정법 시행령 제8조(사전연명의료의향서 등록기관의 지정 요건) ① 법 제11조 제1항에 따른 사전연명의료의향서 등록기관의 지정 요건은 다음 각 호와 같다.
1. 소관 업무를 독립적으로 수행할 수 있는 사무실 및 상담실을 갖출 것
2. 소관 업무의 수행에 필요한 온라인 업무처리시스템을 갖출 것
3. 소관 업무를 전문적으로 수행할 수 있는 1개 이상의 전담부서와 2명 이상의 인력을 갖출 것

② 제1항에 따른 지정기준의 세부 내용 및 운영 등에 필요한 사항은 보건복지부장관이 정하여 고시한다.

사전연명의료의향서 등록기관이 법이 정한 지정 취소 사유에 해당하면 보건복지부장관은 지정을 취소해야 하며, 지정이 취소되면 당해 등록기관은 지정이 취소된 날부터 2년 이내에 사전연명의료의향서 등록기관으로 지정받을 수 없다.

연명의료결정법 제13조(등록기관의 지정 취소) ① 보건복지부장관은 등록기관이 다음 각 호의 어느 하나에 해당하는 경우 그 지정을 취소할 수 있다. 다만, 제1호에 해당하는 경우에는 그 지정을 취소하여야 한다.

1. 거짓이나 그 밖의 부정한 방법으로 지정을 받은 경우
2. 제11조 제1항에 따른 지정기준에 미달하는 경우
3. 제11조 제2항 각 호의 업무를 정당한 사유 없이 이행하지 아니한 경우
4. 정당한 사유 없이 제34조 제3항에 따른 명령·조사에 응하지 아니한 자

② 제1항에 따라 지정이 취소된 날부터 2년 이내에 등록기관으로 지정받을 수 없다.

(나) 등록기관의 업무 　사전연명의료의향서 등록기관은 사전연명의료의향서 등록에 관한 업무, 사전연명의료의향서에 관한 설명 및 작성 지원, 사전연명의료의향서에 관한 상담·정보제공 및 홍보, 국립연명의료관리기관에 대한 사전연명의료의향서의 등록·변경·철회 등의 결과 통보 업무, 사전연명의료의향서의 보존 및 관리에 관한 업무를 수행한다(동법 제11조 제2항 및 동법 시행규칙 제5조 제1항). 등록기관의 장은 이러한 업무 수행의 결과를 기록·보관하고 국립연명의료관리기관의 장에게 보고하여야 한다(동법 제11조 제3항).

2) 사전연명의료의향서의 작성

(가) 설명과 이해 　사전연명의료의향서 등록기관은 사전연명의료의향서를 작성하고자 하는 사람에게 그 작성 전에 법령이 정한 사항을 충분히 설명하고, 작성자로부터 내용을 이해했음을 확인받아야 한다.

연명의료결정법 제12조(사전연명의료의향서의 작성·등록 등) ② 등록기관은 작성자에게 그 작성 전에 다음 각 호의 사항을 충분히 설명하고, 작성자로부터 내용을 이해하였음을 확인받아야 한다.

1. 연명의료의 시행방법 및 연명의료중단등결정에 대한 사항

2. 호스피스의 선택 및 이용에 관한 사항
3. 사전연명의료의향서의 효력 및 효력 상실에 관한 사항
4. 사전연명의료의향서의 작성 · 등록 · 보관 및 통보에 관한 사항
5. 사전연명의료의향서의 변경 · 철회 및 그에 따른 조치에 관한 사항
6. 그 밖에 보건복지부령으로 정하는 사항

(나) 사전연명의료의향서의 작성 　사전연명의료의향서를 작성할 때는 법이 규정하는 사항을 포함하여야 한다.

연명의료결정법 제12조(사전연명의료의향서의 작성 · 등록 등) ③ 사전연명의료의향서는 다음 각 호의 사항을 포함하여야 한다.
1. 연명의료중단등결정
2. 호스피스의 이용
3. 작성 연월일
4. 그 밖에 보건복지부령으로 정하는 사항

연명의료결정법 시행규칙 제8조(사전연명의료의향서) ③ 법 제12조 제3항 제4호에서 "보건복지부령으로 정하는 사항"이란 다음 각 호의 사항을 말한다.
1. 작성자의 성명 및 주민등록번호
2. 작성자가 법 제12조 제2항 각 호의 사항에 대한 설명을 이해하였다는 확인
3. 사전연명의료의향서의 열람허용 여부
4. 등록기관 및 상담자에 관한 사항

사전연명의료의향서는 본인이 충분한 설명에 기초하여 직접 자신의 자발적 의사에 따라 작성해야 한다. 그렇지 않은 경우에는 효력이 인정되지 않는다(동법 제12조 제8항).

연명의료결정법 제12조(사전연명의료의향서의 작성·등록 등) ⑧ 사전연명의료의향서는 다음 각 호의 어느 하나에 해당하는 경우 그 효력이 없다. 다만, 제4호의 경우에는 그때부터 효력을 잃는다.
1. 본인이 직접 작성하지 아니한 경우
2. 본인의 자발적 의사에 따라 작성되지 아니한 경우
3. 제2항 각호의 사항에 관한 설명이 제공되지 아니하거나 작성자의 확인을 받지 아니한 경우
4. 사전연명의료의향서 작성·등록 후에 연명의료계획서가 다시 작성된 경우

3) 사전연명의료의향서의 등록과 보관

작성자가 사전연명의료의향서를 제출하면 사전연명의료의향서 등록기관의 장은 본인의 작성 여부를 확인한 후 작성된 사전연명의료의향서를 등록·보관하여야 하며 등록 결과를 국립연명의료관리기관의 장에게 통보하여야 한다(연명의료결정법 제12조 제4항 및 제5항).

4) 사전연명의료의향서의 변경 및 철회

사전연명의료의향서를 작성한 사람은 언제든지 그 의사를 변경하거나 철회할 수 있으며, 이 경우 등록기관의 장은 지체 없이 사전연명의료의향서를 변경하거나 등록을 말소해야 하며, 변경 또는 철회의 결과를 국립연명의료관리기관의 장에게 통보하여야 한다(연명의료결정법 제12조 제6항 및 제7항).

(3) 관리 기관

1) 국립연명의료관리기관

국립연명의료관리기관은 연명의료, 연명의료중단등결정 및 그 이행에 관한 사항을 적정하게 관리하는 기관으로 보건복지부장관

이 설치한다.

연명의료결정법 제9조(국립연명의료관리기관) ① 보건복지부장관은 연명의료, 연명의료중단등결정 및 그 이행에 관한 사항을 적정하게 관리하기 위하여 국립연명의료관리기관을 둔다.
② 관리기관의 업무는 다음 각 호와 같다.
1. 제10조에 따라 등록된 연명의료계획서 및 제12조에 따라 등록된 사전연명의료의향서에 대한 데이터베이스의 구축 및 관리
2. 제11조에 따른 사전연명의료의향서 등록기관에 대한 관리 및 지도·감독
3. 제17조 제2항에 따른 연명의료계획서 및 사전연명의료의향서 확인 조회 요청에 대한 회답
4. 연명의료, 연명의료중단등결정 및 그 이행의 현황에 대한 조사·연구, 정보수집 및 관련 통계의 산출
5. 그 밖에 연명의료, 연명의료중단등결정 및 그 이행과 관련하여 대통령령으로 정하는 업무

③ 관리기관의 운영 등에 필요한 사항은 대통령령으로 정한다.

2) 의료기관윤리위원회

의료기관이 연명의료중단등결정 및 그 이행에 관한 업무를 수행하려면 의료기관윤리위원회를 설치하고 이를 보건복지부장관에게 등록하여야 한다(연명의료결정법 제14조 제1항). 의료기관윤리위원회는 위원장 1명을 포함하여 5명 이상으로 구성해야 하며, 해당 의료기관에 종사하는 사람으로만 구성할 수 없고, 의료인이 아닌 사람으로서 종교계·법조계·윤리학계·시민단체 등의 추천을 받은 사람 2명 이상을 포함하여야 한다(동법 제14조 제3항). 보건복지부장관은 의료기관윤리위원회가 수행해야 하는 업무를 위탁할 수 있는 공용윤리위원회를 지정할 수 있다(동법 제14조 제6항).

연명의료결정법 제14조(의료기관윤리위원회의 설치 및 운영 등) ② 윤리위원회는 다음 각 호의 활동을 수행한다.

1. 연명의료중단등결정 및 그 이행에 관하여 임종과정에 있는 환자와 그 환자가족 또는 의료인이 요청한 사항에 관한 심의
2. 제19조제3항에 따른 담당의사의 교체에 관한 심의
3. 환자와 환자가족에 대한 연명의료중단등결정 관련 상담
4. 해당 의료기관의 의료인에 대한 의료윤리교육
5. 그 밖에 보건복지부령으로 정하는 사항

3. 연명의료중단등결정의 이행

(1) 이행의 대상

연명의료중단등결정의 이행 대상은 임종과정에 있는 환자이다. '임종과정에 있는 환자'인지의 여부는 임종과정에 있는 환자를 직접 진료하는 담당의사가 해당 분야의 전문의 1명과 함께 판단한다(연명의료결정법 제2조 제2호, 제2조 제7호 및 제16조).

연명의료결정법 제16조(환자가 임종과정에 있는지 여부에 대한 판단) ① 담당의사는 환자에 대한 연명의료중단등결정을 이행하기 전에 해당 환자가 임종과정에 있는지 여부를 해당 분야의 전문의 1명과 함께 판단하고 그 결과를 보건복지부령으로 정하는 바에 따라 기록(전자문서로 된 기록을 포함한다)하여야 한다.
② 제1항에도 불구하고 제25조에 따른 호스피스전문기관에서 호스피스를 이용하는 말기환자가 임종과정에 있는지 여부에 대한 판단은 담당의사의 판단으로 갈음할 수 있다.

환자가 임종과정에 있고 연명의료중단등결정을 원한다는 의사가 확인되거나 그 밖에 법에 따라 연명의료중단등결정이 있는 것으로 보이는 경우 담당의사는 결정을 이행할 수 있다.

연명의료결정법 제15조(연명의료중단등결정 이행의 대상) 담당의사는 임종과정에 있는 환자가 다음 각 호의 어느 하나에 해당하는 경우에만 연명의료중단등결정을 이행할 수 있다.

1. 제17조에 따라 연명의료계획서, 사전연명의료의향서 또는 환자가족의 진술을 통하여 환자의 의사로 보는 의사가 연명의료중단등결정을 원하는 것이고, 임종과정에 있는 환자의 의사에도 반하지 아니하는 경우
2. 제18조에 따라 연명의료중단등결정이 있는 것으로 보는 경우

(2) 환자의 의사 확인

1) 환자의 의사가 확인되는 경우

㈎ 연명의료계획서 의료기관에서 작성된 연명의료계획서가 있으면 연명의료중단등결정을 원하는 의사가 있다고 본다(연명의료결정법 제17조 제1항 제1호). 담당의사는 연명의료계획서의 확인을 위해 국립연명의료관리기관에 등록 조회를 요청할 수 있다(동법 제17조 제2항).

㈏ 사전연명의료의향서 사전연명의료의향서가 있는 경우 담당의사는 그 내용을 환자에게 확인하면 환자의 의사가 있다고 본다(동법 제17조 제1항 제2호 제1문). 담당의사는 사전연명의료의향서의 확인을 위해 국립연명의료관리기관에 등록 조회를 요청할 수 있다(동법 제17조 제2항). 담당의사 및 해당 분야의 전문의 1명이 환자가 사전연명의료의향서의 내용을 확인하기에 충분한 의사능력이 없다고 의학적으로 판단하고 아울러 사전연명의료의향서가 법이 정하는 연명의료의 범위 내에서 법이 정한 절차에 따라 작성되었음을 확인하는 경우에도 환자의 연명의료중단등결정의 의사가 있다고 본다(동법 제17조 제1항 제2호 제2문).

㈐ 환자 가족의 진술 연명의료계획서나 사전연명의료의향서

에 기초해 환자의 의사를 확인할 수 있는 경우에 해당하지 않고 19세 이상의 환자가 의사를 표현할 수 없는 의학적 상태에 있다면, 법이 정하는 환자가족[39] 2명 이상이 환자의 연명의료중단등결정에 관한 의사로 보기에 충분한 기간 동안 일관하여 표시된 연명의료중단등에 관한 의사가 있다고 일치하여 진술하면(또는 환자가족이 1명인 경우에는 그 1명의 진술이 있으면) 담당의사와 해당분야의 전문의 1명의 확인을 거쳐 이를 환자의 의사로 본다.

2) 환자의 의사를 확인할 수 없는 경우

연명의료결정법 제17조의 규정에 따라 연명의료중단등결정에 대한 환자의 의사가 확인되지 않는 경우에도, 환자의 연명의료중단등결정이 있는 것으로 간주되는 경우가 있다. 동법은 ① 미성년자인 환자의 법정대리인(친권자에 한정)이 연명의료중단등결정의 의사표시를 하고 담당의사와 해당분야 전문의 1명이 확인한 경우, 또는 ② 환자가족(행방불명자 등 대통령령이 정하는 사유에 해당하는 사람은 제외) 전원의 합의로 연명의료중단등결정의 의사표시를 하고 담당의사와 해당 분야 전문의 1명이 확인한 경우에는, 해당 환자를 위한 연명의료중단등결정이 있는 것으로 본다. 다만 담당의사 또는 해당 분야 전문의 1명이 환자가 연명의료중단등결정을 원하지 않았다는 사실을 확인한 경우에는 연명의료중단등결정이 있는 것으로 간주되지 않는다.

(3) 연명의료중단결정의 이행

담당의사는 ① 연명의료결정법 제17조에 따라 연명의료중단등결정을 원하는 환자의 의사가 확인되었고 그 의사가 임종과정에

39) 연명의료결정법은 19세 이상인 자로서 환자의 배우자, 직계비속, 직계존속에 해당하는 사람이 없는 경우 환자의 형제자매를 환자의 의사를 진술할 수 있는 자로 규정하고 있다(동법 제17조 제1항 제3호).

있는 환자의 의사에도 반하지 않는 경우 또는 ② 환자의 의사를 확인할 수 없더라도 연명의료결정법 제18조에 따라 연명의료중단등결정이 있는 것으로 간주된 경우에는 연명의료중단등결정을 "즉시" 이행하여야 한다(연명의료결정법 제19조 제1항). 그리고 담당의사는 이행의 과정 및 결과를 기록하여야 하며, 의료기관의 장은 이행의 결과를 지체 없이 관리기관의 장에게 통보하여야 한다(동법 제19조 제4항 및 제5항). 다만, 통증 완화를 위한 의료행위와 영양분 공급, 물 공급, 산소의 단순 공급은 연명의료중단의 이행에 포함되지 않는다(동법 제19조 제2항).

담당의사는 자신의 가치관 등 여러 가지 이유로 연명의료중단등결정의 이행을 거부할 수 있는데, 이 때 해당의료기관의 장은 윤리위원회의 심의를 거쳐 담당의사를 교체해야 하며 이러한 이행거부를 이유로 담당의사에게 해고나 그 밖의 불리한 처우를 해서는 안 된다(동법 제19조 제3항).

(4) 기록의 보존

연명의료결정법 제20조(기록의 보존) 의료기관의 장은 연명의료중단등결정 및 그 이행에 관한 다음 각 호의 기록을 연명의료중단등결정 이행 후 10년 동안 보존하여야 한다.

1. 제10조에 따라 작성된 연명의료계획서
2. 제16조에 따라 기록된 임종과정에 있는 환자 여부에 대한 담당의사와 해당 분야 전문의 1명의 판단 결과
3. 제17조 제1항 제1호 및 제2호에 따른 연명의료계획서 또는 사전연명의료의향서에 대한 담당의사 및 해당 분야 전문의의 확인 결과
4. 제17조 제1항 제3호에 따른 환자가족의 진술에 대한 자료·문서 및 그에 대한 담당의사와 해당 분야 전문의의 확인 결과
5. 제18조 제1항제1호·제2호에 따른 의사표시에 대한 자료·문서 및 그에 대한 담당의사와 해당 분야 전문의의 확인 결과

6. 제19조 제4항에 따라 기록된 연명의료중단등결정 이행의 결과
7. 그 밖에 연명의료중단등결정 및 그 이행에 관한 중요한 기록으로서 대통령령으로 정하는 사항

4. 법적 제재

(1) 형법적 제재

연명의료결정법 제20조에 따른 연명의료중단등결정 및 그 이행에 관한 기록을 허위로 기록한 경우 그리고 연명의료관리기관이나 등록기관, 의료기관에 종사하거나 종사했던 사람이 동법 제32조를 위반하여 연명의료중단등결정 및 그 이행 업무상 알게 된 정보를 유출한 경우에는 3년 이하의 징역 또는 3천만원 이하의 벌금에 처한다(연명의료결정법 제39조). 아울러 보건복지부장관으로부터 지정받지 않고 사전연명의료의향서의 등록에 관한 업무를 한 경우 그리고 임종과정에 있는 환자에 대해 법 제17조에 따른 환자의 의사에 반해 또는 법 제18조에 따른 연명의료중단등결정에 반해 연명의료를 시행하지 않거나 중단한 경우에는 1년 이하의 징역 또는 1천만원 이하의 벌금에 처하며, 법 제20조가 명하는 바에 따라 연명의료중단등결정 및 그 이행에 관한 기록을 보존하지 않은 경우에는 300만원 이하의 벌금에 처한다(동법 제40조).

이 법을 위반한 자를 유기징역에 처할 경우에는 7년 이하의 자격정지를 병과할 수 있다(동법 제41조). 아울러 법인의 대표자나 법인 또는 개인의 대리인, 사용인, 그 밖의 종업원이 그 법인 또는 개인의 업무에 관하여 제39조 또는 제40조의 어느 하나에 해당하는 위반행위를 하면, 당해 법인 또는 개인이 그 위반행위를 방지하기 위하여 해당 업무에 관하여 상당한 주의와 감독을 게을리하지

않은 경우를 제외하고는, 그 행위자를 벌하는 외에 그 법인 또는 개인에게도 해당 조문의 벌금형을 부과한다(동법 제42조).

(2) 행정법적 제재

연명의료중단등결정 및 그 이행에 관한 업무를 수행하는 의료기관이 의료기관윤리위원회를 설치하지 않은 경우 및 연명의료중단등결정을 이행하는 의료기관의 장이 그 이행 결과를 국립연명의료관리기관의 장에게 알리지 않은 경우 500만원 이하의 과태료를 부과한다(연명의료결정법 제43조 제1항). 다음의 경우에는 과태료를 부과하는 행정법적 제재를 가한다. 사전연명의료의향서 등록기관의 장이 업무 수행 결과를 국립연명의료관리기관의 장에게 기록・보관 또는 보고하지 않은 경우에는 300만원 이하의 과태료를 부과한다(동법 제43조 제2항).

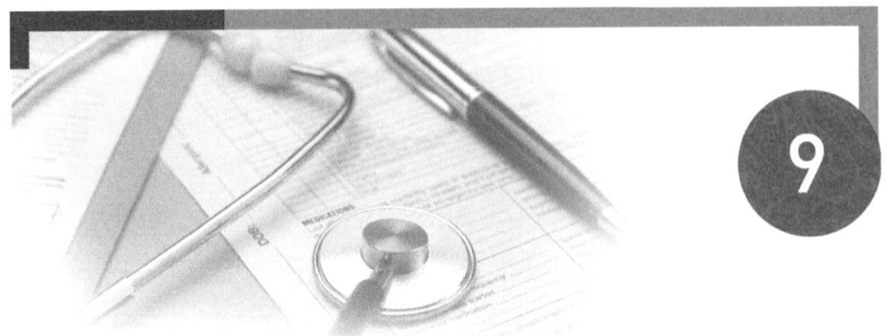

의료분쟁조정중재법

I 의 의

1. 의료분쟁 조정과 중재의 의의

일반적으로 분쟁의 '조정(Mediation)'이란 중립적인 위치의 제3자, 즉 조정인이 의료분쟁당사자의 요구가 있는 경우 그 분쟁당사자들이 협상(Negotiation)을 통하여 합의를 맺고 그 합의에 따라 분쟁을 해결하도록 도와주는 분쟁해결방법을 말한다. 중재(Arbitration)란 의료분쟁당사자가 계약(중재계약)에 의해 그 법적 분쟁에 관한 판단을 제3자에게 맡기고, 그 제3자의 판단에 따라 분쟁을 해결하는 방법이다. 이러한 의료분쟁의 조정은 「소비자기본법」과 「의료사고 피해구제 및 의료분쟁 조정 등에 관한 법률」(이하 "의료분쟁조정법"이라 한다)에 의해 인정되고 있고, 의료분쟁의 중재는 특수한 형태로 의료분쟁조정법에서 인정하고 있다. 이러한 의료분쟁의 조정과 중재는 사법에 의한 분쟁해결을 대체하는 이른바 '대체적 분쟁해결방식(ADR: Alternative Dipspute Resolution)'이다.

2. 절차주의적 법제화

이와 같은 조정·중재의 법제화는 의료법의 사회국가적 법제화의 한계를 극복하기 위한 변화이기도 하다.[1] 의료사고를 규율하는 법제의 패러다임은 역사적으로 <신분법 → 형식법 → 실질법 → 조정·중재법>으로 변화해 왔다. ① 신분법적 사고에 따르면 환자는 의사의 고권적(高權的)·후견적 의료행위의 대상으로 의료사고는 원칙적으로 법적 문제로 인식될 수 없었다. ② 하지만 점차 의사-환자 관계를 계약 관계로 이해하면서 환자의 자기결정권과 의사의 책임원칙을 보장하는 형식법 규율이 등장하였다. 이러한 규율은 자유주의 이념을 실현하기는 하지만 — 과실 입증 등에서의 — 의사와 환자의 근본적인 불균형 상태를 외면한다. ③ 실질법의 구상은 바로 의사와 환자간의 실질적 불평등을 극복하기 위해 의사-환자 관계의 내용을 실질적으로 형성하려는 움직임이다. 이러한 사회국가적 법제화는 의료과실과 인과관계에 대한 환자의 입증부담을 완화하는 판례의 경향에서 찾아볼 수 있다. 하지만 실질화된 의료법 규율은 방어적 의료 경향을 확산시키고 사법의 과부화로 법치국가적 기본원칙들을 희생시킬 수 있는데, 이러한 한계 상황에서 법제화는 바로 '절차화'라는 새로운 단계로 접어들게 된다. ④ 절차화된 법은, 의사의 의료행위를 직접 조종하거나 의사-환자의 법적 관계

1) 의료분쟁 법제화의 발전단계를 설명하면서, 사회국가적 법제화의 한계와 조정법의 등장을 설명하는 이상돈, 「의료행위의 법제화와 형법 — 의료분쟁조정법안의 기본구상에 대한 법사회학적 비판」, 형사정책연구, 제8권 제1호, 1997, 153쪽 이하 참조. 이 단락의 설명은 동 논문에 기술된 내용을 수정·보완하고 재구성한 것임을 밝혀둔다.

의 구체적 내용을 '직접' 규정하지 않고, 의사와 환자간에 분쟁을 자율적으로 해결하는 장치를 규율할 뿐이다. 그럼으로써 법은 의료분쟁해결에서 사회적 자율성을 실현하거나 의료체계 내부의 자기 조절이 이루어질 수 있는 기제를 마련하려 하는데, 이러한 절차화된 법은 이른바 '조정 · 중재법'의 형태로 등장하는 경우가 많다.

Ⅱ 의료분쟁조정 · 중재의 법제화 역사

1. 의료법의 규정

종전의 의료법[2]은 의료사고가 발생하면 관계당사자의 신청에 의해 '의료심사조정위원회'가 분쟁을 조정하는 절차를 제도화하고 있었다. 당시 규정에 따르면, 분쟁 당사자가 시 · 도지사에게 분쟁조정을 신청하면 시 · 도지사 소속 '지방의료심사조정위원회' 또는 보건복지부장관 소속의 '중앙의료심사조정위원회'가 조정을 담당하였다.[3] 각 조정위원회를 통해 조정이 성립하면 민사소송법상 '화해'와 같은 효력이 발생되었다.[4] 하지만 이러한 의료법상의 분쟁조정제도는 거의 활용되지 않았고,[5] 의료분쟁의 소송외적인 해결은 주로 한국소비자원의 소비자분쟁조정위원회를 통해 이루어져 왔다. 이와 같은 의료법상의 의료분쟁조정제도는 2012.4.8.부터 「의료사고 피해구제 및 의료분쟁 조정 등에 관한 법률」이 시행되면서 폐

2) 2011.4.7. 일부개정되어 2012.4.8.부터 시행되기 전의 의료법을 의미한다.
3) 2012.4.8. 시행 이전의 구(舊) 의료법 제70조, 제71조 그리고 제72조.
4) 2012.4.8. 시행 이전의 구(舊) 의료법 제75조.
5) 예를 들어 2010년 의료심사조정위원회에 접수되었던 의료분쟁건수는 25건으로 (http://medipana.com/news/news_viewer.asp?NewsNum=83380&MainKind=A&NewsKind=5&vCount=12&vKind=1, 최종접속일: 2012.12.6.), 당시 한국소비자원의 의료사고피해구제 접수 건수인 721건의 4%에도 못 미친다.

지되었다.

2. 소비자기본법의 확장

구(舊) 「소비자보호법」(현행 「소비자기본법」)에 기초한 한국소비자보호원(현행 '한국소비자원'에 해당)의 소비자분쟁조정위원회는 동법이 1999년 개정되면서[6] 의료피해구제 업무를 담당하게 되었다. 1999년 개정된 소비자보호법 제28조 제2항 제2호 및 동법 시행령 제28조 제1호에서는 "다른 법률의 규정에 의하여 (...) 소비자분쟁조정위원회에 준하는 분쟁조정기구가 설치되어 있는 경우 당해분쟁조정기구에 피해구제가 청구되어 있거나 이미 그 피해구제절차를 거친 사항과 동일한 내용의 피해구제"의 경우에만 한국소비자보호원의 피해구제처리 제외 대상이 된다고 규정하여, 한국소비자원에서도 일정한 경우를 제외하고는 의료피해구제 업무를 수행할 수 있게 되었다. 한국소비자원(구 한국소비자보호원)은 의료분쟁 업무를 담당할 수 있게 되면서 1999.7.1. 의료팀을 신설하였다. 한국소비자원의 의료서비스 피해구제 접수 건수는 2009년 총 711건, 2010년 761건, 2011년 833건 등으로[7] 지속적으로 증가하였다.

---

6) 1999.2.5. 이루어진 개정을 의미하며, 동 개정법은 1999.4.6.부터 시행되었었다. 1999.2.5. 개정 이전의 구(舊) 「소비자보호법」 제28조 제2항 제2호에서는 "다른 법률의 규정에 의한 특정거래분야에 대하여 (...) 소비자분쟁조정위원회에 준하는 분쟁조정기구가 따로 설치되어 있는 경우의 피해구제"에 관한 사항은 한국소비자보호원의 처리대상에서 제외한다고 규정하고 있었다. 이 규정에 의하면, 의료법상 분쟁조정기구가 설치되어 있는 의료분쟁의 경우, 의료피해구제는 — 「소비자기본법」의 제정에 따라 한국소비자원으로 명칭을 바꾼 — 당시 한국소비자보호원의 처리대상에서 제외되었다.

7) 한국소비자원, 「2011 소비자 피해구제 연보 및 사례집」, 156쪽; 한국소비자원, 「2010 소비자 피해구제 연보 및 사례집」, 153쪽 참조.

3. 의료분쟁조정법의 제정

앞서 언급했듯, 의료법상의 의료분쟁조정제도는 거의 유명무실했으며, 많은 경우 한국소비자원의 주도로 피해구제절차가 진행되었지만 그 구제와 조정 등은 충분한 의료적 전문성을 담보하지 못하며 주로 소액 사건 위주로 이루어져온다는 한계를 안고 있었다.[8] 한국소비자원이 의료분쟁조정 절차를 진행하기 전부터 독자적인 의료분쟁조정법의 제정 필요성에 대한 논의는 끊임없이 이루어졌는데, 1980년대 말부터 활발히 이루어졌던 의료분쟁조정제도에 관한 논의가 보다 구체화된 것은 정부가 1994년 「의료분쟁조정법안」을 입법예고하면서부터이다.[9] 이후 수차례에 걸쳐 다양한 법률안이 국회에 상정되었으나 결실을 맺지 못하다가, 2009년 국회의 보건복지위원회가 위원회 대안으로 상정한 법안이 가결되어 — 앞서 언급한 바와 같이 — 「의료사고 피해구제 및 의료분쟁 조정 등에 관한 법률」(이하 "의료분쟁조정법"이라 한다)이 2012.4.8.부터 시행되게 되었다.

의료분쟁조정법이 제정되었더라도 환자는 동법에 따른 의료분쟁 조정절차 이외에 소비자기본법에 기초한 피해구제 및 조정 절차를 선택할 수 있다. 동법 제27조 제3항 제2호에서는 "이미 해당 분쟁조정사항에 대하여 소비자기본법 제60조에 따른 소비자분쟁조정위원회에 분쟁조정이 신청된 경우"에는 조정신청을 각하한다고 규정함으로써, 의료분쟁조정법상의 조정제도와 소비자기본법상의

8) 이러한 지적은, 국회 보건복지위원회가 2011.3.10.에 상정한 — 현재 시행되는 법의 제정법안이었던 — 「의료사고 피해구제 및 의료분쟁 조정 등에 관한 법률안(대안)」(의안번호 11088호)의 '2.대안의 제안이유' 참조.

9) 1994년의 <의료분쟁조정법안>은 2차에 걸친 공청회와 수차례의 의견수렴 과정을 거쳐 정부입법으로 국회에 상정되었다(김정수, 「의료분쟁조정법 무엇이 문제인가?」, 의료와 법률, 창간호(1996.8.), 11쪽).

조정제도가 병존하며 의료소비자는 양자에 대한 선택권을 갖는다는 점을 분명히 했다. 덧붙여, 의료계는 의료분쟁조정법상의 의료분쟁조정절차가 불합리하다고 주장하면서, 의료분쟁조정 신청에 응하지 않는 등의 방식으로 당해 법의 개정을 촉구하는 운동을 전개하거나 특정 조항을 구체화하는 행정 처분의 취소를 구하는 행정소송을 제기하고 있다. 이러한 상황에서 의료분쟁조정법상의 조정제도가 확고한 자리매김을 하기까지는 좀더 시간이 소요될 것으로 보인다.10)

Ⅲ 소비자기본법에 의한 의료분쟁조정

의료분쟁조정법의 제정 이전까지 사법 영역 밖에서 의료사고의 피해구제 및 분쟁조정을 담당해온 주요 기구는 한국소비자원이다. 뿐만 아니라 환자는 의료분쟁조정법 시행 이후에도 — 앞서 언급했던 바와 같이 — 소비자기본법상의 절차를 통해 분쟁을 해결할 수 있다.

1. 한국소비자원

한국소비자원은 소비자기본법에 설치근거를 두고 있는 법인으로 공정거래위원회의 승인을 얻어 필요한 곳에 지부를 두고 있다(소비자기본법 제33조 제1항, 제2항 및 제3항). 한국소비자원이 의료분쟁 피해구제와 조정 임무를 담당해온 것은 동법 제35조 제1항 제5

10) 한국의료분쟁조정중재원이 2012.4.8. 출범한 이후 2012.8.까지 분쟁조정신청이 140건 접수되었고, 이 중 42%인 59건이 의료기관의 거부로 각하되었다("의료분쟁조정 신청 응하지 마라 ... 의협 회원에 당부," 청년의사 2012.8.21.자 기사: http://www.docdocdoc.co.kr/news/newsview.php?newscd=2012082100004, 최종접속일: 2013.1.4.).

호에서 규정한 "소비자의 불만처리 및 피해구제" 업무의 일환이다. 이와 같은 한국소비자원에 의한 의료사고의 피해구제 및 조정의 시작은 환자를 — 의사의 후견적 대상이 아닌 — '의료소비자'로 인식하게 되었음을 의미하는 것이기도 하다.

2. 의료피해구제

(1) 상 담

한국소비자원이 행하는 의료피해구제 및 조정은 환자의 상담으로부터 시작된다. 의료사고의 당사자인 환자는 공정거래위원회가 운영하고 한국소비자원, 민간소비자단체, 지방자치단체가 공동으로 제공하는 소비자상담센터[11]에 전화(국번없이 1372) 또는 인터넷(www.ccn.go.kr)으로 신청하여 상담을 받을 수 있다. 「소비자기본법」에 의하면 의료소비자인 환자는 한국소비자원에 피해 구제를 직접 신청할 수 있지만(소비자기본법 제55조 제1항), 이 경우에도 한국소비자원은 피해 구제 이전 우선 소비자상담센터를 통해 소비자상담을 실시하여 피해구제 접수 여부를 결정하도록 하고 있다.

(2) 피해구제(합의 권고)

환자와의 상담 이후 피해구제가 필요한 경우, 소비자상담센터는 한국소비자원에 그 처리를 의뢰하게 된다.[12] 한국소비자원은 피해

11) 소비자상담센터는 2010년부터 설치·운영되고 있으며, 공정거래위원회는 소비자상담센터의 법적 근거를 명확하기 위한 근거 규정을 신설 설치 근거 신설하기 위한 소비자기본법 일부개정법률(안)을 2012.10.31. 입법예고하였다(공정거래위원회 공고 제2012-66호).

12) 소비자상담센터는 공정거래위원회가 운영하고 한국소비자원, 민간소비자단체, 지방자치단체가 함께 상담서비스를 제공하므로 소비자상담센터에 의한 피해구제 의뢰는 국가·지방자치단체 또는 소비자단체가 소비자로부터 피해구제 신청을 받아 한국소비자원에 그 처리를 의뢰할 수 있다고 규정하는 소비자기본법 제55조 제2항에 의거한 것이 된다. 또는 경우에 따라서는 이러한 소비자상

구제 신청이나 의뢰가 있게 되면 지체 없이 당해 사건의 관련 당사자에게 서면으로 그 사실을 통보하여야 한다(소비자기본법 시행령 제43조 제2항).

1) 합의 권고

한국소비자원은 피해구제가 접수된 사안에 대해 시험 검사나 사실 조사 및 전문가의 자문 등을 거쳐 피해구제신청 당사자에게 피해보상에 관한 합의를 권고할 수 있다(동법 제57조).

2) 조정 신청

이 경우 합의권고에 따른 합의가 피해구제의 신청을 받은 날부터 30일 이내에 이루어지지 않으면 한국소비자원장은 즉시 소비자분쟁조정위원회에 분쟁조정을 신청해야 한다(동법 제58조 본문). 다만, 필요한 경우에는 60일 이내의 범위에서 처리기간을 연장할 수 있다(동법 제58조 단서규정 및 동법 시행령 제44조 제1호).

[한국소비자원에 의한 의료서비스 피해구제의 처리결과 현황] 지난 2010년 한국소비자원에 신청된 의료서비스의 피해구제 건의 처리결과를 보면,[13] 총 821건[14] 중 당사자 간의 합의를 통해 의료기관에 의한 손해 배상이 이루어진 경우는 324건 그리고 환급이 이루어진 경우는 32건으로 전체 신청 건수 중 40.4%에 해당한다. 다른 한편 병원 측의 과책을 인정할 수 있는 입증자료가 없어 정보를 제공하는 것으로

담센터에 의한 상담절차는 소비자가 동법 제55조 제1항에 기초하여 한국소비자원에 피해 구제를 직접 신청하였으나 소비자상담센터가 한국소비자원과 연계하여 먼저 상담절차를 진행하도록 한 것이라고 볼 수도 있다. 이와 같은 근거 규정의 모호성은 소비자기본법에 소비자상담센터에 관한 분명한 규정이 존재하지 않는 데에서 비롯되는 것이기도 하다.

13) 한국소비자원, 「2011 소비자 피해구제 연보 및 사례집」, 159쪽.

14) 2010년 한국소비자원에의 의료서비스 피해구제 신청 건수는 총 833건이었으나 당해 조사 당시 처리가 진행 중이었던 12건은 처리결과에 대한 현황 파악에서 제외되었다.

마무리된 경우는 23.1%에 해당하는데, 그렇다면 합의 권고 단계에서 절차가 종료된 경우는 총 63.5%에 해당한다고 볼 수 있다. 아울러, 소비자분쟁조정위원회로 조정이 신청된 경우는 20.3%에 달하며, 그 밖의 경우(13.3%)는 소비자가 개별적으로 사건을 처리하거나 소송을 원했던 경우들이다.

3) 절차의 중지

한국소비자원의 피해구제 처리 절차는 소송의 제기와 동시에 종료되어야 한다. 당사자는 법원에 소송을 제기할 경우 이에 대한 통보 의무를 가지며(동법 제59조 제1항), 한국소비자원은 소 제기 사실을 아는 즉시 당원의 절차를 중단하고 당사자에게 이를 통지해야 한다(동법 제59조 제2항).

㈎ 절차 중복 방지　　이러한 규정은 우선 비사법적 절차와 사법적 절차가 중복되는 것을 방지하기 위한 것이다. 두 절차가 중복되는 경우에는 각 절차에서 사실의 인정이나 책임의 유무 및 정도에 관한 견해가 다를 수 있거나 먼저 종료된 절차의 결과로부터 자유롭게 판단할 수 없는 문제가 발생할 수 있다.

㈏ 조정과 소송의 선택　　다른 한편 이 규정은 의료사고에 관한 분쟁과 관련해서 당사자가 사법외적인 분쟁해결과 사법적 분쟁해결 중 어느 하나를 선택할 수 있다는 점에 대한 근거의 의미도 갖는다. 소송이 제기되면 한국소비자원의 피해구제 처리가 중단된다는 것은, 소송은 조정 절차를 반드시 거칠 필요가 없음을 말해주는 것이기도 하다(임의적 조정전치주의의 실현). 그리고 이러한 조정전치주의의 배제는 당사자에게 계산과 타협을 배제하고 승패는 불확실하지만 과책주의에 따른 책임을 엄중하게 물을 수 있는 가능성을 보장한다.

3. 의료분쟁조정

의료분쟁에 대해 소비자분쟁조정위원회에 분쟁조정이 신청되면, 분쟁조정절차가 진행된다.

> **소비자기본법 제65조(분쟁조정)** ② 조정위원회는 제58조 또는 제1항의 규정에 따라 분쟁조정을 신청받은 경우에는 대통령령이 정하는 바에 따라 지체 없이 분쟁조정절차를 개시하여야 한다.

(1) 소비자분쟁조정위원회

소비자분쟁조정위원회는 위원장 1인을 포함한 150인 이내의 위원으로 구성되며, 위원장을 포함한 5인의 위원은 상임위원이고 나머지는 비상임위원이다(소비자기본법 제61조 제1항). 위원은 법이 규정하는 일정한 자격을 갖춘 자[15] 중에서 대통령령이 정하는 바에 따라[16] 한국소비자원장의 제청에 의해 공정거래위원회 위원장이 임명 또는 위촉한다(동법 제61조 제2항). 위원의 임기는 3년이며 연임할 수 있다(동법 제61조 제5항). 아울러 소비자분쟁조정위원회는 조정위원회의 업무를 효율적으로 수행하기 위해 조정위원회에 분야별로 10인 이내의 위원[17]으로 구성되는 전문위원회를 둘 수 있

---

15) 소비자기본법 제61조 제2항에서는 그 자격에 대해 1. 대학이나 공인된 연구기관에서 부교수 이상 또는 이에 상당하는 직에 있거나 있었던 자로서 소비자권익 관련분야를 전공한 자, 2. 4급 이상의 공무원 또는 이에 상당하는 공공기관의 직에 있거나 있었던 자로서 소비자권익과 관련된 업무에 실무경험이 있는 자, 3. 판사·검사 또는 변호사의 자격이 있는 자, 4. 소비자단체의 임원의 직에 있거나 있었던 자, 5. 사업자 또는 사업자단체의 임원의 직에 있거나 있었던 자, 6. 그 밖에 소비자권익과 관련된 업무에 관한 학식과 경험이 풍부한 자를 열거한다.

16) 한국소비자원장은 조정위원회의 비상임위원을 제청할 때에는 전국적 규모의 소비자단체 및 사업자단체로부터 추천된 자 중에서 각각 2명 이상이 균등하게 포함되도록 하여야 한다(소비자기본법 시행령 제47조).

17) 당해 전문위원회의 위원은 해당 분야에 관한 학식과 경험이 풍부한 자 중에서 조정위원장이 위촉한다(소비자기본법 제61조 제7항 및 동법 시행령 제50조 제

다(동법 제61조 제6항 및 동법 시행령 제50조 제1항). 특히 동 위원회는 조정위원회의 의사(議事)에 관한 규칙의 제정·개정 및 폐지에 관한 사항을 심의·의결한다(동법 제60조 제2항 제2호).

(2) 조정 절차

소비자분쟁조정위원회는 분쟁조정을 신청받은 때에는 지체 없이 분쟁조정절차를 개시하여야 한다(소비자기본법 제65조 제2항). 소비자분쟁조정위원회의 운영 및 조정절차에 관하여 소비자기본법에서 규정하지 않은 사항에 대해서는 「민사조정법」을 준용한다(동법 제69조)18).

1) 자료 제출 요청

소비자분쟁조정위원회는 분쟁조정을 신청받은 경우 그 분쟁조정을 위하여 필요하다고 인정되면 신청인이나 분쟁당사자에게 증거서류 등 관련 자료의 제출을 요청할 수 있다(소비자기본법 시행령 제53조).

2) 합의 권고

소비자분쟁조정위원회의 위원장은 분쟁조정을 신청받은 경우 분쟁조정 업무의 효율적 수행을 위하여 10일 이내의 기간을 정하여 분쟁당사자에게 보상 방법에 대한 합의를 권고할 수 있다(동법 시행령 제54조).

3) 분쟁 조정

㈎ 조정 주체　　소비자분쟁조정위원회의 회의는 분쟁조정회

2항).

18) 그러나 민사조정법상의 규정들은 소비자분쟁조정의 실무에서는 준용하기 어려운 규정들이 많아 실제로는 소비자분쟁조정규칙이 중요한 기준으로 활용되고 있다고 한다(2010.12.15.자 법률신문에서의 소비자분쟁조정위원회 김학근 위원장과의 인터뷰 내용 참조).

의와 조정부로 구분되는데,[19] 피해구제절차에서 합의권고된 금액이 200만원 이상인 경우에는 분쟁조정회의에서 그리고 200만원 미만인 경우에는 조정부에서 분쟁조정에 관해 심의·의결하게 된다(동법 제63조의2 제1항 제1호 및 제4호, 동법 시행령 제45조의2 제1항). 분쟁조정회의는 위원장, 상임위원과 위원장이 회의마다 지명하는 5명 이하 9명 이하의 위원으로 구성되며, 조정부는 위원장 또는 상임위원과 위원장이 회의마다 지명하는 2명 이상 4명 이하의 위원으로 구성된다(동법 제63조 제1항). 회의의 의결은 위원 과반수의 출석과 출석위원 과반수의 찬성으로 이루어진다(동법 제63조 제3항).

(나) 기간　　소비자분쟁조정위원회는 분쟁조정을 신청받은 경우 신청을 받은 날로부터 30일 이내에 그 분쟁조정을 마쳐야 한다(동법 제66조 제1항). 정당한 사유가 있는 경우로서 30일 이내에 분쟁조정을 마칠 수 없는 경우 조정위원회는 기간을 연장할 수 있으며, 이 경우 그 사유와 기한을 명시하여 당사자 및 그 대리인에게 통지하여야 한다(동법 제66조 제2항).

(다) 자문 및 의견 청취　　소비자분쟁조정위원회는 분쟁조정을 위하여 필요한 경우에는 당해 조정위원회에 설치된 분야별 전문위원회에 자문할 수 있다(동법 제65조 제3항). 아울러 조정위원회는 분쟁조정절차에 앞서 이해관계인·소비자단체 또는 관계기관의 의견을 들을 수 있다(동법 제65조 제4항).

(라) 분쟁 조정　　소비자분쟁조정위원회는 비공개를 원칙으로 한다.[20] 특히 소비자분쟁조정위원회에서 제정한 소비자분쟁조정규

19) 분쟁조정회의란 위원장, 상임위원과 위원장이 회의마다 지명하는 5명 이상 9명 이하의 위원으로 구성되는 회의를 말하며 조정부는 위원장 또는 상임위원과 위원장이 회의마다 지명하는 2명 이상 4명 이하의 위원으로 구성하는 회의를 의미한다(소비자기본법 제63조 제1항).

20) 한국소비자원, 「2011 소비자 피해구제 연보 및 사례집」, 21쪽.

칙 따르면, 당사자가 조정절차에 참여할 가능성이 항상 보장되는 것이 아니다. 소비자분쟁조정규칙은 조정위원회가 당사자의 의견을 듣고자 하거나 또는 당사자가 위원회에 출석해 상대방의 진술을 요구하고 위원회가 상당한 이유가 있다고 판단한 경우에 한하여 당사자가 조정절차에 참여하도록 하고 있다.[21] 이러한 규칙의 내용은 소비자기본법에서 — 조정절차에 관해 동법에 다른 규정이 없는 한 — 준용하도록 하고 있는 민사조정법의 내용과는 다소 차이가 있다. 민사조정법은 당사자인 신청인과 피신청인에게 우선 조정기일을 통지하도록 하면서(민사조정법 제15조 제1항), 신청인에게는 조정기일에 출석하여야 조정을 진행하도록 함으로써 출석 의무를 부과하고[22] 피신청인에게는 출석할 수 있는 기회를 보장하고 있다.[23] 소비자분쟁조정위원회의 조정이 성립하면 재판상 화해의 효력이 발생한다는 점에서 소비자분쟁조정도 당사자에게 원칙적인 참여기회를 보장해 주도록 개정될 필요가 있다.

(마) 의료분쟁조정법과의 관계 　　의료분쟁조정법 제27조 제3항에 따르면 소비자기본법상의 소비자분쟁조정위원회에 분쟁조정이 신청된 경우에는 조정중재원은 당원에의 조정신청을 각하한다. 즉, 환자는 의료분쟁조정법이 제정되었더라도 소비자기본법에 따른 소비자분쟁조정의 절차를 이용할 수도 있는 것이다.

---

21) 이러한 소비자분쟁조정규칙의 내용에 대해서는 김경례, 「소송외적 의료분쟁해결 — 한국소비자원 의료피해구제 사례분석을 중심으로」, 고려대학교 대학원 박사학위논문, 2012.8., 105쪽 참조).

22) 민사조정법 제31조(신청인의 불출석) ① 신청인이 조정기일에 출석하지 아니한 때에는 다시 기일을 정하여 통지하여야 한다. ② 제1항의 새로운 기일 또는 그 후의 기일에 신청인이 출석하지 아니한 때에는 조정신청이 취하된 것으로 본다.

23) 민사조정법에 따르면, 피신청인에게도 조정기일을 통지하되, 피신청인이 조정기일에 출석하지 아니한 경우 조정담당판사는 상당한 이유가 없으면 직권으로 조정을 갈음하는 결정을 하여야 한다고 규정한다(동법 제32조).

4) 절차의 중지

피해구제의 절차에서와 마찬가지로, 조정절차 중에 당사자가 법원에 소를 제기하는 경우 당사자는 이를 한국소비자원에 통보하여야 하며, 한국소비자원은 당사자의 소 제기 사실을 알게 된 경우에는 즉시 조정 절차를 중지하고 당사자에게 이를 통지하여야 한다(소비자기본법 제65조 제5항 및 동법 제59조). 이러한 절차 중지가 갖는 의미는 앞의 피해구제절차에서 설명한 바와 같다.

(3) 조정의 성립

1) 조정의 성립

㈎ **조정 결과 통지** 분쟁조정을 마치게 되면 조정위원회의 위원장은 지체 없이 당사자에게 그 분쟁조정의 내용을 통지하여야 하며(소비자기본법 제67조 제1항), 당사자는 통지를 받은 날부터 15일 이내에 분쟁조정 내용에 대한 수락 여부를 조정위원회에 서면으로 통보하여야 한다(동법 제67조 제2항 제1문 및 동법 시행령 제55조 제1항). 분쟁조정 내용 통지를 받은 날부터 15일 이내에 의사표시가 없는 때에는 당사자가 통지된 내용을 수락한 것으로 본다(동법 제67조 제2항 제2문).

㈏ **조정 조서 작성** 분쟁조정 내용을 수락하거나 수락한 것으로 보는 경우 조정위원회는 조정조서를 작성하고 조정위원회의 위원장 및 각 당사자가 기명날인하거나 서명하여야 한다. 다만, 각 당사자의 수락이 간주되는 경우에는 당사자의 기명날인 또는 서명이 생략될 수 있다(동법 제67조 제3항). 조정위원회는 작성된 조정조서의 원본은 보관하고 그 정본(正本)을 분쟁당사자에게 송달하여야 한다(동법 시행령 제55조 제2항).

2) 조정의 효력

당사자가 분쟁조정의 내용을 수락하거나 수락한 것으로 보는 때에는 그 분쟁조정의 내용은 재판상 화해와 동일한 효력을 갖는다(소비자기본법 제67조 제4항). 재판상 화해는 확정 판결과 같은 효력을 가지므로, 당사자는 분쟁조정이 이루어진 사안에 대해 소송을 제기할 수 없으며 소송 없이 바로 강제집행이 가능하게 된다. 이러한 조정의 효력 그리고 당사자가 통지받은 분쟁조정 내용에 대해 기간 내에 의사표시를 하지 않으면 분쟁조정 내용을 수락한 것으로 간주한다는 점은 소비자분쟁조정위원회가 이른바 '준사법기구'로서의 성격을 갖는다는 점을 보여준다. 하지만 조정위원회의 회의에는 소비자와 사업자를 대표하는 위원이 각 1명 이상 균등하게 포함되어야 할 뿐(동법 제63조 제3항), 법조인이 포함되어야 한다는 점을 의무화하지 않고 있는데, 이는 소비자분쟁조정의 준사법적 성격을 외면한 것이라는 지적[24]도 있다. 하지만 조정제도는 사법의 논리와 다른 것이기 때문에 조정성립의 간주나 법조인 참여의 의무화 등은 조정제도에서 필수적인 것은 아니다.

Ⅳ 의료분쟁조정법에 의한 의료분쟁조정 및 중재

1. 한국의료분쟁조정중재원

(1) 설 치

「의료분쟁조정법」은 이 법에서 규율하는 의료분쟁의 조정 및 중재 등에 관한 사항을 관장하는 기구로서 법인의 성격을 갖는 '한

---

24) 고형석, 「한국과 일본의 소비자분쟁조정제도에 관한 연구」, 영남법학, 제30호, 2010.3., 389쪽.

국의료분쟁조정중재원'(이하 "조정중재원"이라 한다)을 설립하는 근거 규정을 마련하였다(의료분쟁조정법 제6조 제1항 및 제2항).

> **의료분쟁조정법 제6조(한국의료분쟁조정중재원의 설립)** ① 의료분쟁을 신속·공정하고 효율적으로 해결하기 위하여 한국의료분쟁조정중재원을 설립한다.
> ② 조정중재원은 법인으로 한다.

조정중재원은 이사회의 의결을 거쳐 필요한 곳에 지부를 설치할 수 있으며 지부의 명칭, 위치 및 관할 등 지부의 설치·운영에 필요한 사항은 이사회의 의결을 거쳐 조정중재원의 원장이 정한다(동법 제6조 제3항 및 동법 시행령 제2조).

조정중재원장은 보건복지부장관이 임명하며(동법 제10조 제3항), 이사, 조정위원회 위원장, 의료사고감정단장은 보건복지부장관이 위촉한다(동법 제10조 제4항, 제20조 제3항, 제25조 제2항). 아울러 보건복지부장관은 조정중재원을 지도·감독하고 필요한 경우 그 사업에 관해 지시 또는 명령을 할 수 있는데(동법 제16조), 조정중재원 업무의 객관성을 위해서는 조정중재원의 독립성을 보다 많이 확보해야 할 필요가 있다는 지적[25]이 있다.

(2) 업 무

조정중재원이 담당하는 업무는 다음과 같다.

> **의료분쟁조정법 제8조(업무)** 조정중재원의 업무는 다음 각 호와 같다.
> 1. 의료분쟁의 조정·중재 및 상담
> 2. 의료사고 감정

---

25) 신은주, 「의료사고 피해구제 및 의료분쟁 조정 등에 관한 법률에 있어서 조정제도 및 향후전망」, 한국의료법학회 2011년 춘계학술대회 자료집, 150쪽.

3. 손해배상금 대불
4. 의료분쟁과 관련된 제도와 정책의 연구, 통계 작성, 교육 및 홍보
5. 그 밖에 의료분쟁과 관련하여 대통령령으로 정하는 업무

(3) 의료분쟁조정위원회 및 조정부

1) 의료분쟁조정위원회

의료분쟁조정법 제19조(의료분쟁조정위원회의 설치) ① 의료분쟁을 조정하거나 중재하기 위하여 조정중재원에 의료분쟁조정위원회를 둔다.

의료분쟁조정위원회(이하 "조정위원회"라 한다)는 의료분쟁의 조정과 중재라는 조정중재원의 핵심적 업무를 담당한다. 뿐만 아니라, 조정부의 구성, 조정위원회 의사에 관한 규칙의 제정・개정・폐지, 그 밖에 위원장이 심의에 부치는 사항에 대한 심의・의결을 담당하기도 한다(의료분쟁조정법 제19조 제2항). 조정위원회는 위원장 및 100명 이상 300명 이내의 비상임 조정위원으로 구성되며, 조정절차 진행 중 이루어진 당사자 간의 합의 내용을 기초로 하는 조정조서를 작성하기 위한 상임 조정위원을 둘 수도 있다(동법 제20조 제1항).

조정위원의 임기는 3년이며 연임할 수 있다(동법 제20조 제5항). 조정위원과 조정위원상은 다음 규정과 같이 임명 또는 위촉되는데(동법 제20조 제2항 및 제3항), 다만 국가공무원법 제33조에서 규정하는 공무원 결격사유[26]에 해당하는 사람은 조정위원이 될 수 없

26) 국가공무원법 제33조(결격사유) 다음 각 호의 어느 하나에 해당하는 자는 공무원으로 임용될 수 없다. 1. 피성년후견인 또는 피한정후견인, 2. 파산선고를 받고 복권되지 아니한 자, 3. 금고 이상의 실형을 선고받고 그 집행이 종료되거나 집행을 받지 아니하기로 확정된 후 5년이 지나지 아니한 자, 4. 금고 이상의 형을 선고받고 그 집행유예 기간이 끝난 날부터 2년이 지나지 아니한 자, 5. 금고 이상의 형의 선고유예를 받은 경우에 그 선고유예 기간 중에 있는 자, 6. 법원의 판결 또는 다른 법률에 따라 자격이 상실되거나 정지된 자, 6의

다(동법 제21조).

의료분쟁조정법 제20조(조정위원회의 구성 및 운영) ② 원장은 다음 각 호의 어느 하나에 해당하는 사람 중에서 조정위원을 임명 또는 위촉한다.

1. 조정위원 정수의 5분의 2는 판사·검사 또는 변호사의 자격이 있는 사람(외국의 법제에 관한 학식과 경험이 풍부한 사람을 2명 이상 포함하여야 한다)
2. 조정위원 정수의 5분의 1은 보건의료에 관한 학식과 경험이 풍부한 사람으로서 보건의료인단체 또는 보건의료기관단체에서 추천한 사람(외국의 보건의료에 관한 학식과 경험이 풍부한 사람을 2명 이상 포함하여야 한다)
3. 조정위원 정수의 5분의 1은 소비자권익에 관한 학식과 경험이 풍부한 사람으로서 「비영리민간단체 지원법」 제2조에 따른 비영리민간단체에서 추천한 사람
4. 조정위원 정수의 5분의 1은 대학이나 공인된 연구기관에서 부교수급 이상 또는 이에 상당하는 직에 있거나 있었던 사람으로 보건의료인이 아닌 사람

③ 위원장은 제2항 각 호의 어느 하나에 해당하는 자격을 가진 사람 중에서 원장의 제청으로 보건복지부장관이 위촉한다.

---

2. 공무원으로 재직기간 중 직무와 관련하여 「형법」 제355조 및 제356조에 규정된 죄를 범한 자로서 300만원 이상의 벌금형을 선고받고 그 형이 확정된 후 2년이 지나지 아니한 자, 6의3. 「성폭력범죄의 처벌 등에 관한 특례법」 제2조에 규정된 죄를 범한 사람으로서 100만원 이상의 벌금형을 선고받고 그 형이 확정된 후 3년이 지나지 아니한 사람, 6의4. 미성년자에 대한 다음 각 목의 어느 하나에 해당하는 죄를 저질러 파면·해임되거나 형 또는 치료감호를 선고받아 그 형 또는 치료감호가 확정된 사람(집행유예를 선고받은 후 그 집행유예기간이 경과한 사람을 포함한다) 가. 「성폭력범죄의 처벌 등에 관한 특례법」 제2조에 따른 성폭력범죄 나. 「아동·청소년의 성보호에 관한 법률」 제2조제2호에 따른 아동·청소년대상 성범죄, 7. 징계로 파면처분을 받은 때부터 5년이 지나지 아니한 자, 8. 징계로 해임처분을 받은 때부터 3년이 지나지 아니한 자.

그 밖에도 조정위원의 업무를 보좌하기 위하여, 조정·중재 절차의 진행 및 손해액의 산정 등에 관한 지식과 경험이 풍부한 사람으로서 일정한 자격을 갖춘 사람을 둘 수 있다.

의료분쟁조정법 제23조(조정부) ⑦ 조정위원의 업무를 보좌하기 위하여 변호사 등 대통령령으로 정하는 사람을 둘 수 있다.

의료분쟁조정법 시행령 제11조(조정위원회의 업무 지원 인력) 법 제23조 제7항에서 "변호사 등 대통령령으로 정하는 사람"이란 조정·중재 절차의 진행 및 손해액의 산정 등에 관한 지식과 경험이 풍부한 사람으로서 다음 각 호의 어느 하나에 해당하는 사람을 말한다.

1. 변호사
2. 공인회계사
3. 법학 및 보건학 관련 분야에서 석사학위 이상을 취득한 사람
4. 법률에 따라 설립된 분쟁해결 기관 또는 기구에서 2년 이상 근무한 경력이 있는 사람
5. 그 밖에 원장이 조정위원회의 업무를 효율적으로 보좌하기 위하여 필요하다고 인정하는 사람. 이 경우 원장은 채용시험 공고 시 그 자격 및 범위를 공고하여야 한다.

조정중재원은 준사법기구의 성격을 지니므로, 의료분쟁조정법에서는 조정위원의 독립적 업무 수행을 명시적으로 보장하는 동시에 앞에서 언급한 공무원 결격사유에 해당하거나 신체상 또는 정신상의 장애로 직무 수행이 불가능한 경우를 제외하고는 본인의 의사에 반하여 해임 또는 해촉되지 않도록 하고 있다(동법 제22조 제1항 및 제2항).

2) 조정부

의료분쟁조정법 제23조(조정부) ① 조정위원회의 업무를 효율적으

로 수행하기 위하여 5명의 조정위원으로 구성된 분야별, 대상별 또는 지역별 조정부를 둘 수 있다.

조정위원회 업무의 효율성을 실현하기 위해 설치되는 조정부는 의료분쟁의 조정결정 및 중재판정뿐만 아니라 의료사고로 인한 손해액 산정, 조정조서 작성 등의 업무를 담당한다(의료분쟁조정법 제23조 제5항). 이와 같은 조정부는 조정위원들 중에서 제20조 제2항 제1호에 해당하는 사람 2명(판사로 재직하고 있거나 10년 이상 재직하였던 사람 1명을 포함하여야 한다), 제2호부터 제4호까지의 어느 하나에 해당하는 사람 각각 1명으로 구성된다(동법 제23조 제3항). 조정위원회의 위원장은 판사・검사 또는 변호사의 자격이 있는 조정위원 중에서 조정부의 장을 지명한다(동법 제23조 제2항).

3) 분쟁조정위원회의 운영

㈎ 회의의 운영 조정위원회의 회의는 조정위원회의 위원장이 필요하다고 인정하는 경우 또는 조정중재원장이나 재적 조정위원 3분의 1 이상이 요구하는 경우에 소집한다(의료분쟁조정법 시행령 제10조 제1항). 조정위원회의 의결은 재적위원 과반수의 출석과 출석위원 과반수의 찬성으로 성립된다(동법 제20조 제6항). 조정부의 의결 역시 조정부의 장을 포함한 조정위원 과반수의 출석과 출석위원 과반수의 찬성으로 성립되는데(동법 제23조 제4항), 조정부의 이와 같은 의결은 조정위원회가 결정한 것으로 간주한다(동법 제23조 제6항).

㈏ 조정위원의 제척・기피・회피 의료분쟁조정법에서는 분쟁조정의 공정성을 실현하기 위해 조정위원의 제척・기피・회피 결정이나 신청 등에 관한 사항을 규정하고 있다. 제척・기피에 관한 결정은 조정부가 담당하며(동법 제24조 제2항, 제3항 및 제4항), 조정

위원은 자신에게 제척 사유 또는 기피 사유가 있는 경우에는 조정부의 허가 없이 해당 사건의 직무집행에서 회피할 수 있다(동법 제24조 제5항).

의료분쟁조정법 제24조(조정위원의 제척 등) ① 조정위원이 다음 각 호의 어느 하나에 해당하는 경우 그 직무의 집행에서 제척된다. 다만, 제5호부터 제7호까지에 해당하는 경우에는 해당 보건의료기관·법인 또는 단체에 조정신청일로부터 10년 내에 종사하였던 경우로 한정한다.

1. 조정위원 또는 그 배우자나 배우자이었던 사람이 해당 분쟁사건(이하 이 조에서 "사건"이라 한다)의 당사자가 되는 경우
2. 조정위원이 해당 사건의 당사자와 친족관계에 있거나 있었던 경우
3. 조정위원이 해당 사건에 관하여 진술이나 감정을 한 경우
4. 조정위원이 해당 사건에 관하여 당사자의 대리인으로서 관여하거나 관여하였던 경우
5. 조정위원이 해당 사건이 발생한 보건의료기관에 종사하거나 종사하였던 경우
6. 조정위원이 해당 사건이 발생한 보건의료기관과 동일하거나 사실상 동일한 법인이나 단체에 종사하거나 종사하였던 경우
7. 조정위원이 해당 사건이 발생한 보건의료기관과 동일하거나 사실상 동일한 법인이나 단체에 속하는 보건의료기관에 종사하거나 종사하였던 경우

② 사건을 담당한 조정위원에게 제척의 원인이 있는 때에는 해당 조정위원이 속한 조정부는 직권 또는 당사자의 신청에 따라 제척의 결정을 한다.

③ 당사자는 사건을 담당한 조정위원에게 공정한 직무집행을 기대하기 어려운 사정이 있는 경우 사건을 담당한 조정부에 기피신청을 할 수 있다.

④ 기피신청에 관한 결정은 조정위원회의 위원장이 지명하는 조정부가 하고, 해당 조정위원 및 당사자 쌍방은 그 결정에 불복하지 못한다.

⑤ 조정위원은 제1항 또는 제3항에 해당하는 경우 조정부의 허가를 받지 아니하고 해당 사건의 직무집행에서 회피할 수 있다.
⑥ 제3항에 따른 기피신청이 있는 때에는 해당 조정위원이 속한 조정부는 그 신청에 대한 결정이 있을 때까지 조정절차를 중지하여야 한다.
⑦ 제23조제7항에 따라 조정위원의 업무를 지원하는 사람, 제26조에 따른 감정위원 및 조사관에 대하여는 제1항부터 제6항까지의 규정을 준용한다.

(4) 의료사고감정단

1) 설 치

의료분쟁조정법 제25조(의료사고감정단의 설치) ① 의료분쟁의 신속·공정한 해결을 지원하기 위하여 조정중재원에 의료사고감정단을 둔다.

2) 기 능

의료분쟁의 조정 등을 지원하는 의료사고감정단이 수행하는 업무는 다음과 같다. 이와 같은 의료사고감정단의 업무는 — 감정인 선정의 공정성이 전제된다면 — 특히 의료인의 의료과실을 입증하기 어려운 환자의 부담을 덜어주는 기능을 수행한다고도 볼 수 있다.

의료분쟁조정법 제25조(의료사고감정단의 설치) ③ 감정단의 업무는 다음 각 호와 같다.
1. 의료분쟁의 조정 또는 중재에 필요한 사실조사
2. 의료행위 등을 둘러싼 과실 유무 및 인과관계의 규명
3. 후유장애 발생 여부 등 확인
4. 다른 기관에서 의뢰한 의료사고에 대한 감정

3) 구 성

의료사고감정단은 단장 및 100명 이상 300명 이내의 감정위원으로 구성된다. 단장은 비상임으로서 보건의료에 관한 학식과 경험이 풍부한 사람 중에서 원장의 제청으로 보건복지부장관이 위촉하며(의료분쟁조정법 제25조 제2항), 감정위원은 일정한 자격을 갖춘 사람 중 감정위원추천위원회의 추천을 받아 조정중재원장이 임명 또는 위촉한다(동법 제26조 제2항). 감정위원의 임기는 3년이며 연임할 수 있다(동법 제26조 제6항).

> **의료분쟁조정법 제26조(감정부)** ② 감정위원은 다음 각 호의 어느 하나에 해당하는 사람 중에서 9명의 추천위원으로 구성된 감정위원추천위원회(이하 "추천위원회"라 한다)의 추천을 받아 원장이 임명 또는 위촉한다.
> 1. 의사전문의 자격 취득 후 2년 이상 경과하거나 치과의사 또는 한의사 면허 취득 후 6년 이상 경과한 사람
> 2. 변호사 자격 취득 후 4년 이상 경과한 사람
> 3. 보건복지부장관이 제1호 또는 제2호에 상당하다고 인정하는 외국의 자격 또는 면허 취득 후 5년 이상 경과한 사람
> 4. 「비영리민간단체 지원법」 제2조에 따른 비영리민간단체에서 추천한 사람으로서 소비자권익과 관련된 분야에 3년 이상 종사한 사람
>
> ③ 추천위원회의 위원은 다음 각 호의 어느 하나에 해당하는 사람 중에서 원장이 위촉한다. 이 경우 제1호에 해당하는 사람은 3명으로 하고, 제2호부터 제4호까지의 어느 하나에 해당하는 사람은 각각 2명으로 한다.
> 1. 판사·검사 또는 변호사의 자격이 있는 사람으로서 법원행정처, 법무부 또는 대한변호사협회에서 추천한 사람
> 2. 보건의료에 관한 학식과 경험이 풍부한 사람으로서 보건의료인단체 또는 보건의료기관단체에서 추천한 사람
> 3. 소비자권익에 관한 학식과 경험이 풍부한 사람으로서 「비영리민간

단체 지원법」 제2조에 따른 비영리민간단체에서 추천한 사람
4. 대학에서 부교수 이상의 직에 있거나 있었던 사람으로서 한국대학교육협의회에서 추천한 사람(보건의료인은 제외한다)

조정위원과 마찬가지로 국가공무원법상의 공무원 결격사유에 해당하는 경우 감정위원이 될 수 없으며, 이와 같은 공무원 결격사유에 해당하거나 신체상 또는 정신상의 장애로 직무 수행이 불가능한 경우를 제외하고는 본인의 의사에 반하여 해임 또는 해촉되지 않는다(동법 제26조 제12항).

더 나아가 감정단은 그 업무의 효율적 수행을 위해 상임 감정위원 및 비상임 감정위원으로 구성된 분야별, 대상별 또는 지역별 감정부를 둘 수 있다(동법 제26조 제1항). 감정부에 두는 감정위원의 정수는 다음과 같다.

의료분쟁조정법 제26조(감정부) ⑦ 각 감정부에 두는 감정위원의 정수는 다음 각 호와 같다.
1. 제2항 제1호 또는 제3호(외국의 의사전문의 자격이나 치과의사 또는 한의사 면허를 취득한 사람에 한정한다)에 해당하는 사람: 2명
2. 제2항 제2호 또는 제3호(외국의 변호사 자격을 취득한 사람에 한정한다)에 해당하는 사람: 2명(검사로 재직하고 있거나 4년 이상 재직하였던 사람 1명을 포함하여야 한다)
3. 제2항 제4호에 해당하는 사람: 1명

이러한 감정위원 중 의사전문의 자격을 갖춘 자(동법 제26조 제2항 제1호에 해당하는 자)가 단장에 의해 감정부의 장으로 지명되며(동법 제26조 제9항), 감정단에는 감정위원의 업무를 보좌하는 조사관을 둘 수 있다(동법 제26조 제13항 및 동법 시행령 제14조).

의료분쟁조정법 제26조(감정부) ⑬ 감정위원의 업무를 보좌하기 위하여 의사·치과의사 및 한의사, 약사, 한약사, 간호사 등 대통령령으로 정하는 사람 중에서 조사관을 둘 수 있다.

의료분쟁조정법 시행령 제14조(감정위원의 업무 지원 인력) 법 제26조 제13항에서 "대통령령으로 정하는 사람"이란 보건의료, 법률 및 분쟁해결 등에 관한 지식과 경험이 풍부한 사람으로서 다음 각 호의 어느 하나에 해당하는 사람을 말한다.

1. 변호사
2. 「의료법」 제2조에 따른 의사, 치과의사, 한의사 또는 간호사
3. 「약사법」 제2조에 따른 약사 또는 한약사
4. 「의료기사 등에 관한 법률」 제1조의2 제1호 및 제2호에 따른 의료기사 또는 보건의료정보관리사로서 「의료법」 제3조에 따른 의료기관에서 3년 이상 근무한 경력이 있는 사람
5. 법학 및 보건학 관련 분야에서 석사학위 이상을 취득한 사람
6. 법률에 따라 설립된 분쟁해결 기관 또는 기구에서 2년 이상 근무한 경력이 있는 사람
7. 그 밖에 원장이 감정위원의 업무를 효율적으로 지원하기 위하여 필요하다고 인정하는 사람. 이 경우 원장은 채용시험 공고 시 그 자격 및 범위를 공고하여야 한다.

2. 의료분쟁조정제도

(1) 조정 신청

1) 조정 신청

㈎ 신청권자 의료분쟁의 당사자 또는 그 대리인은 한국의료분쟁조정중재원에 분쟁 조정을 신청할 수 있다(의료분쟁조정법 제27조 제1항). 분쟁 조정을 신청하는 대리인으로 선임될 수 있는 자는 당사자의 법정대리인, 배우자, 직계존비속 또는 형제자매, 당사

자인 법인 또는 보건의료기관의 임직원, 변호사이며, 당사자의 법정대리인이나 배우자, 직계존비속 또는 형제자매에 해당하는 자가 없는 경우에는 당사자로부터 서면으로 대리권을 수여받은 자도 대리인이 될 수 있다(동법 제27조 제2항).

㈏ 경정 허가 및 조정 취하　　신청인이 피신청인을 잘못 지정한 것이 명백한 경우 조정부는 신청인의 신청에 따라 결정으로 피신청인의 경정을 허가할 수 있다(동법 제27조 제14항). 조정부의 경정 허가 결정이 있게 되면 새로운 피신청인에 대한 조정신청은 신청인의 경정신청이 있는 때에 한 것으로 보고, 종전의 피신청인에 대한 조정신청은 그 때에 취하된 것으로 본다(동법 제27조 제15항).

2) 신청의 각하

다음에 해당하는 경우에는 조정중재원장은 조정 신청을 각하한다.

> **의료분쟁조정법 제27조(조정의 신청)** ③ 원장은 제1항에 따른 조정신청이 다음 각 호의 어느 하나에 해당하는 경우 신청을 각하한다. 다만, 조정신청이 접수되기 전에 제1호의 소(訴) 또는 제2호의 조정신청이 취하되거나 각하된 경우에는 그러하지 아니하다.
> 1. 이미 해당 분쟁조정사항에 대하여 법원에 소(訴)가 제기된 경우
> 2. 이미 해당 분쟁조정사항에 대하여 「소비자기본법」 제60조에 따른 소비자분쟁조정위원회에 분쟁조정이 신청된 경우
> 3. 조정신청 자체로서 의료사고가 아닌 것이 명백한 경우

㈎ 임의적 조정전치주의　　의료분쟁조정법 제27조 제3항 제1호의 규정은, 소비자기본법에 기초한 소비자분쟁조정위원회의 조정에서와 마찬가지로(소비자기본법 제59조 제2항), 비사법적 절차와 사법적 절차의 중복을 방지함과 동시에 임의적 조정전치주의를 실현한다는 의미를 갖는다. 의료분쟁조정법 제40조는 이를 보다 분명히

규정한다. 동조에 따르면 "의료분쟁에 관한 소송은 이 법에 따른 조정절차를 거치지 아니하고도 제기할 수 있다." 조정절차에서는 특히 당사자 간의 "경제적 계산과 정치적 타협의 논리"[27]가 지배적이기 쉽고, 소송이라는 의사소통의 장에서처럼 과실책임을 실현하기 위한 관점교류가 이루어질 것을 기대하기 어렵다.[28] 그런데 현행법상 조정이 성립하면 민사소송법상 화해의 효력이 발생하므로(의료분쟁조정법 제37조 제4항), 조정 성립 후에는 더 이상 소송으로 다툴 수 없다. 이러한 상황에서 환자에게 조정을 거치지 않고 소송을 선택할 가능성을 보장하는 것은 책임귀속에 관한 입증과 주장을 펼치는 더 넓은 공간을 보장한다는 의미를 갖는다.[29] 뿐만 아니라 임의적 조정전치주의 하에서는 조정제도가 반성적 변화를 도모할 여지가 더욱 크다. 환자들이 소송을 더욱 선호하는 경우 조정 제도는 보다 대화적인 협상과 결정이 가능하도록 스스로를 변화시키려 할 것이기 때문이다. 덧붙여 조정전치주의는 오히려 소송제기까지 시간과 비용을 낭비하여 분쟁 해결을 지연시킬 뿐이라는 지적[30]도 있다.

(나) **소비자분쟁조정과의 관계** 의료분쟁조정법 제27조 제3항 제2호에서는 소비자기본법상의 소비자분쟁조정위원회에 "소비자분쟁조정위원회에 분쟁조정이 신청된 경우" 조정 신청을 각하한다고

---

27) 이상돈, 『의료형법』 중 [1] 의료분쟁해결의 법제화와 형법의 임무, 29쪽.

28) 이상돈, 『의료형법』 중 [1] 의료분쟁해결의 법제화와 형법의 임무, 30-31쪽 참조.

29) 이상돈, 『의료형법』 중 [1] 의료분쟁해결의 법제화와 형법의 임무, 31쪽; 이러한 맥락에서 이를 "국민의 재판받을 권리"의 실현이라고도 볼 수 있는데, 조정전치주의는 이러한 권리를 실질적으로 제한하여 위헌가능성이 있다는 설명은 최재천, 「의료분쟁조정법안에 대한 비판적 고찰」, 법률신문, 제27호, 1998. 9.17., 14쪽 참조.

30) 신은주, 「의료사고 피해구제 및 의료분쟁 조정 등에 관한 법률에 있어서 조정제도 및 향후전망」, 145쪽.

규정한다. 그러나 다른 한편 이 규정에서는 분쟁조정의 신청을 "소비자분쟁조정위원회"에로의 신청으로 한정하므로, 그 전단계로서 한국소비자원에서의 피해구제 절차가 진행되는 동안에도 당사자는 의료분쟁조정중재법에 따른 조정 신청을 할 수 있다. 이 경우 한국의료분쟁조정중재원이 다시 의료사고 감정을 함으로써 사실 인정 등에 있어서 차이가 발생할 수도 있다. 이러한 제도는 의료사고피해자가 소비자의 기본권으로서 피해구제를 받을 권리를 제한하지 않으면서, 의료분쟁조정중재원의 전문적인 조정기능에 대해 독자성을 인정하고, 그러면서도 소비자주권의 실현이라는 관점에서 소비자기본법에 의한 분쟁조정에 대해 우위를 두는 것이라 할 수 있다.

3) 신청 기간

의료분쟁 조정신청은 의료사고의 원인이 된 행위가 종료된 날부터 10년 그리고 피해자나 그 법정대리인이 그 손해 및 가해자를 안 날부터 3년 내에 해야 한다(의료분쟁조정법 제27조 제13항).

(2) 조정 절차 개시

1) 조정부 및 감정부의 지정

조정중재원장은 조정신청을 접수하면 조정위원회와 감정단에 각각 그 사실을 통지하고 조정신청을 한 자의 상대방(이하 "피신청인"이라 한다)에게 조정신청서를 송달하여야 한다(의료분쟁조정법 제27조 제4항). 사실을 통지받은 조정위원장과 감정단장은 지체없이 각각 관할 조정부와 관할 감정부를 지정하고 해당 사건을 배당하여야 한다(동법 제27조 제5항 및 제6항).

2) 조정절차의 개시

㈎ 조정절차의 개시 　　피신청인이 조정신청서를 송달받은 후 조정에 응하고자 하는 의사를 조정중재원에 통지하면 조정절차가

개시된다(동법 제27조 제8항 제1문). 피신청인의 통지가 없더라도, 조정신청의 대상인 의료사고가 사망 또는 1개월 이상의 의식불명이나 장애인복지법 제2조에 따른 장애인 중 장애 정도가 중증에 해당하는 경우로서 대통령령으로 정하는 경우31)에는 지체 없이 조정절차가 개시된다(동법 제27조 제9항).

(나) 이의 신청　　　다만, 피신청인의 통지 없이 의료법 제27조 제9항에 따라 조정절차가 개시된 경우 조정신청서를 송달받은 피신청인은 다음과 같이 조정위원장에게 이의신청을 할 수 있다.

> **의료분쟁조정법 제27조(조정의 신청)** ⑩ 제9항에 따른 조정절차가 개시된 경우 조정신청서를 송달받은 피신청인은 다음 각 호의 어느 하나에 해당하는 경우 조정절차의 개시에 대하여 송달받은 날부터 14일 이내에 위원장에게 이의신청을 할 수 있다.
> 1. 신청인이 조정신청 전에 의료사고를 이유로 「의료법」 제12조제2항을 위반하는 행위 또는 「형법」 제314조 제1항에 해당하는 행위를 한 경우
> 2. 거짓된 사실 또는 사실관계로 조정신청을 한 것이 명백한 경우
> 3. 그 밖에 보건복지부령으로 정하는 사유에 해당되는 경우

---

31) 의료사고 피해구제 및 의료분쟁 조정 등에 관한 법률 시행령 제14조의2(자동조정절차가 개시되는 의료사고의 범위) ① 법 제27조 제9항 제2호에서 “대통령령으로 정하는 경우”란 「장애인복지법 시행령」 별표 1에 따른 장애(자폐성장애 및 정신장애는 제외한다) 중 장애 정도가 심한 장애를 말한다. 다만, 다음 각 호의 어느 하나에 해당하는 경우에는 법 제27조 제9항에 따른 자동조정의 개시 대상에서 제외한다.

1. 장애 정도가 심하지 않은 기존 장애와 의료사고로 인한 다른 장애(장애 정도가 심하지 않은 경우만 해당한다)를 합산 판정하여 장애 정도가 심한 장애가 된 경우
2. 장애 정도가 심하지 않은 기존 장애의 부위와 의료사고로 인한 동일 장애의 다른 부위(장애 정도가 심하지 않은 경우만 해당한다)를 합산 판정하여 장애 정도가 심한 장애가 된 경우
3. 장애 정도가 심한 장애에 해당하는 기존 장애와 동일한 부위에 의료사고로 인한 장애가 추가로 발생한 경우

조정위원장은 이의신청을 받은 때에는 이의신청일부터 7일 이내에 다음과 같이 조치하여야 한다.

> **의료분쟁조정법 제27조(조정의 신청)** ⑪ 위원장은 제10항에 따른 이의신청을 받은 때에는 그 이의신청일부터 7일 이내에 다음 각 호의 구분에 따른 조치를 하여야 한다.
> 1. 이의신청이 이유 없다고 인정하는 경우: 이의신청에 대한 기각결정을 하고 지체 없이 이의신청을 한 피신청인에게 그 결과를 통지한다.
> 2. 이유 있다고 인정하는 경우: 그 사실을 원장에게 통지하고 원장은 그 조정신청을 각하한다.

3) 조정신청의 각하

조정신청이 접수되어 조정부와 감정부가 지정되었다고 할지라도, 피신청인이 조정신청서를 송달받은 날부터 14일 이내에 조정절차에 응하고자 하는 의사를 통지하지 않으면 조정중재원장은 조정신청을 각하한다(동법 제27조 제8항 제2문). 뿐만 아니라 조정위원장 또는 감정단장은 신청인이 조사에 응하지 않거나 2회 이상 출석요구에 응하지 않은 때, 신청인이 조정신청 후에 의료사고를 이유로 의료법 제12조 제2항[32]을 위반하는 행위를 하거나 형법 제314조 제1항[33]에 해당하는 행위를 한 때, 조정신청이 있은 후 소가 제기된 때에는 지체 없이 그 사실을 조정중재원장에게 통지하여야 한다. 이 경우 조정중재원장은 조정신청을 각하한다(동법 제27조 제7항). 피신청인의 통지 없이 의료법 제27조 제9항에 따라 조정절차

32) 의료법 제12조(의료기술 등에 대한 보호) ② 누구든지 의료기관의 의료용 시설·기재·약품, 그 밖의 기물 등을 파괴·손상하거나 의료기관을 점거하여 진료를 방해하여서는 아니 되며, 이를 교사하거나 방조하여서는 아니 된다.

33) 형법 제314조(업무방해) ① 제313조의 방법 또는 위력으로써 사람의 업무를 방해한 자는 5년 이하의 징역 또는 1천500만원 이하의 벌금에 처한다.

가 개시되어 피신청인이 조정위원장에게 조정절차의 개시에 대해 이의신청을 하였고 이의신청이 이유 있다고 인정하면 조정위원장은 이의신청일부터 7일 이내에 조정신청을 각하한다(동법 제27조 제11항 제2호). 이와 같이 조정신청이 각하되는 경우에는 조정중재원장은 지체 없이 조정위원장과 감정단장에게 이 사실을 알려야 한다(동법 제27조 제12항).

(3) 의료사고 감정

1) 의료사고 조사

조정절차가 개시되면 감정부는 당해 의료사고와 관련한 사실조사, 과실 및 인과관계 규명, 후유장애 확인 등의 조사를 실시하게 된다. 감정부는 이를 위한 조사권을 갖게 되는데, 필요하다고 인정하는 경우 관련 당사자나 이해관계인 등의 진술이나 관련 자료의 제출 또는 열람 등을 요청할 수 있다(의료분쟁조정법 제28조).

> **의료분쟁조정법 제28조(의료사고의 조사)** ① 감정부는 의료사고의 감정을 위하여 필요하다고 인정하는 경우 신청인, 피신청인, 분쟁 관련 이해관계인 또는 참고인으로 하여금 출석하게 하여 진술하게 하거나 조사에 필요한 자료 및 물건 등의 제출을 요구할 수 있다.
> ② 감정부는 의료사고가 발생한 보건의료기관의 보건의료인 또는 보건의료기관개설자에게 사고의 원인이 된 행위 당시 환자의 상태 및 그 행위를 선택하게 된 이유 등을 서면 또는 구두로 소명하도록 요구할 수 있다.
> ③ 감정위원 또는 조사관은 의료사고가 발생한 보건의료기관에 출입하여 관련 문서 또는 물건을 조사·열람 또는 복사할 수 있다. 이 경우 감정위원 또는 조사관은 그 권한을 표시하는 증표를 지니고 이를 관계인에게 내보여야 한다.
> ④ 제3항에 따른 조사·열람 또는 복사를 하기 위해서는 7일 전까지

그 사유 및 일시 등을 해당 보건의료기관에 서면으로 통보하여야 한다. 다만, 긴급한 경우나 사전 통지 시 증거 인멸 등으로 그 목적을 달성할 수 없다고 인정하는 경우에는 그러하지 아니하다.
⑤ 조정중재원으로부터 제1항부터 제3항까지에 따른 의료사고 조사 관련 요구를 받은 보건의료기관, 보건의료기관의 의료인, 보건의료기관 개설자 및 조정당사자 등은 정당한 이유가 없으면 이에 응하여야 한다.

2) 감정서 작성

감정부는 조정절차가 개시된 날부터 60일 이내에 감정서를 작성하여 조정부에 송부해야 하며, 다만 필요하다고 인정하는 때에 한하여 그 기간을 1회에 한해 30일까지 연장할 수 있다(동법 제29조 제1항 및 제2항). 감정서에 기재해야 하는 사항은 다음과 같다.

의료분쟁조정법 제29조(감정서) ③ 제1항의 감정서에는 사실조사의 내용 및 결과, 과실 및 인과관계 유무, 후유장애의 정도 등 대통령령으로 정하는 사항을 기재하고 감정부의 장 및 감정위원이 이에 기명날인 또는 서명하여야 한다.

의료분쟁조정법 시행령 제15조(감정서의 기재사항) ① 법 제29조 제3항에서 "대통령령으로 정하는 사항"이란 다음 각 호의 사항을 말한다.
1. 사건번호와 사건명
2. 당사자의 성명
3. 감정대상
4. 사실조사의 내용 및 결과
5. 과실 및 인과관계의 유무
6. 후유장애의 유무, 종류 및 정도
7. 제5호 및 제6호의 사항에 관한 감정소견
8. 작성일

9. 관할 감정부의 명칭

특히 의료분쟁조정법 시행령 제15조 제1항 제7호에 근거한 '감정소견'에는 그 판단 근거 및 이유를 함께 기재하는데, 다만 감정위원 전원이 일치된 감정소견을 갖는 경우에는 판단근거와 이유를 생략할 수 있다(동법 시행령 제15조 제2항). 감정서에 과실 및 인과관계의 유무를 기재하게 되며 감정위원은 조정부에 출석하여 감정결과를 설명하여야 하므로(동법 제30조 제2항), 과실과 인과관계가 인정된 경우 이를 알게 된 신청인이 소송을 제기하여 보다 유리한 결과를 얻고자 하는 경우도 발생할 수 있다는 지적[34]이 있다. 어쨌든 조정부의 조정 결정은 이와 같은 감정부의 감정의견을 고려하여 이루어진다(동법 제33조 제3항). 하지만 조정부 조정결정이 반드시 감정부의 감정의견에 구속되어야 하는 것이라고 볼 수는 없다.[35]

3) 정보 공개

신청인 또는 피신청인은 조정중재원에 조정결정서나 조정조사뿐만 아니라 감정서 및 본인이 제출한 자료의 열람 또는 복사를 신청할 수 있다(동법 제38조). 이는 소송을 제기하게 되는 경우 등에 환자가 비용 부담 없이 필요한 증거를 확보할 수 있는 수단이 될 수 있다.[36]

---

34) 김재춘, 「의료사고 피해구제 및 의료분쟁 조정 등에 관한 법률의 제정과 향후 전망 — 감정(법률가측)을 중심으로」, 한국의료법학회 2011년 춘계학술대회 자료집, 87쪽.

35) 김재춘, 「의료사고 피해구제 및 의료분쟁 조정 등에 관한 법률의 제정과 향후 전망」, 86쪽.

36) 이러한 점에 대한 의료계의 우려에 대해서는 "의료분쟁 대불금, 예치금 성격으로 이해하면 안돼", 청년의사 2012.1.26.자 기사: http://www.docdocdoc.co.kr/news/newsview.php?newscd=2012012600014, 최종접속일: 2013.1.4. 참조; 같은 맥락의 지적은 신은주, 「의료사고 피해구제 및 의료분쟁 조정 등에 관한

(4) 조정의 진행

1) 조정 절차

㈎ 의견진술과 감정　　조정부에서는 신청인, 피신청인 또는 분쟁 관련 이해관계인이 의견을 진술하고37) 감정부가 감정 결과를 설명하게 된다. 특히 조정부는 조정위원 과반수의 찬성으로 재감정을 요구할 수 있으며, 이 경우 새로운 감정부가 구성되어 감정이 이루어지게 되는데 새로운 감정부는 필요한 경우 조정중재원에 속하지 않은 보건의료인에게 자문할 수 있다(의료분쟁조정법 제30조).

의료분쟁조정법 제30조(의견진술 등) ① 조정부는 신청인, 피신청인 또는 분쟁 관련 이해관계인으로 하여금 조정부에 출석하여 발언할 수 있게 하여야 한다.
② 감정부에 소속된 감정위원은 조정부의 요청이 있는 경우 조정부에 출석하여 해당 사건에 대한 감정결과를 설명하여야 하고, 조정부는 조정위원 과반수의 찬성이 있는 경우 그 사유와 기한을 명시하여 재감정을 요구할 수 있다.
③ 조정부가 제2항에 따라 재감정을 요구한 경우 단장은 기존 감정절차에 참여하지 아니한 감정위원으로 새로이 감정부를 구성하여야 한다.
④ 제3항에 따라 새로이 구성된 감정부는 감정을 실시함에 있어서 필요한 경우 조정중재원에 속하지 아니한 보건의료인에게 자문할 수 있다.

㈏ 조정절차의 비공개　　조정부의 조정절차는 공개하지 않는

법률에 있어서 조정제도 및 향후전망」, 한국의료법학회 2011년 춘계학술대회 자료집, 153쪽.

37) 이 때에 출석기일을 당사자에게 통지하여야 하며, 기일의 통지는 출석 요구서를 송달하는 외에 그 밖의 상당한 방법에 따라 이루어져야 한다(의료분쟁조정법 제31조).

것이 원칙이며, 다만 조정부의 조정위원 과반수의 찬성이 있는 경우 예외적으로 공개할 수 있다(동법 제32조).

㈐ 민사조정법의 준용　　조정절차에 관하여 이 법에서 규정하지 아니한 사항에 대하여는 민사조정법을 준용한다.

2) 조정절차의 중단: 조정절차 중 합의

조정신청을 하여 조정절차가 진행중이더라도 신청인은 피신청인과 당해 분쟁에 대해 합의할 수 있다(동법 제37조 제1항). 합의가 이루어지면 조정절차는 중단되며, 조정부는 당사자의 의사를 확인 후 합의 내용에 따라 조정조서를 작성하여야 한다(동법 제37조 제2항 및 제3항). 조정조서가 작성되어 합의가 성립하면 이는 조정결정이 이루어진 경우와 마찬가지로 재판상 화해의 효력을 발한다(동법 제37조 제4항).

3) 조정 결정

㈎ 조정 결정　　조정부는 사건의 조정절차가 개시된 날부터 90일 이내에 조정결정을 하여야 한다(동법 제33조 제1항). 다만, 필요하다고 인정하는 경우 그 기간을 1회에 한하여 30일까지 연장할 수 있는데, 연장하는 경우 그 사유와 기한을 명시하여 신청인에게 통지하여야 한다(동법 제33조 제2항). 특히 조정부는, 앞서 언급했듯, 감정부의 감정의견을 고려하여 조정결정을 하여야 한다(동법 제33조 제3항).

㈏ 조정을 하지 아니하는 결정　　조정부는 다음과 같이 조정을 하지 아니하는 결정으로 사건을 종결시킬 수 있다.

> **의료분쟁조정법 제33조의3(조정을 하지 아니하는 결정)** 조정부는 조정신청이 다음 각 호의 어느 하나에 해당하는 경우 조정을 하지 아니하는 결정으로 사건을 종결시킬 수 있다.

1. 신청인이 정당한 사유 없이 조정을 기피하는 등 그 조정신청이 이유 없다고 인정하는 경우
2. 신청인이 거짓된 사실로 조정신청을 하거나 부당한 목적으로 조정신청을 한 것으로 인정하는 경우
3. 사건의 성질상 조정을 하기에 적당하지 아니한 경우

(다) 조정결정서 작성 　조정부는 조정결정서 작성을 통해 조정결정을 한다. 조정결정서의 결정 이유에는 특히 주문 내용의 정당성을 인정받을 수 있는 논증을 함께 기재해야 한다(동법 제34조 제2항). 조정결정서에 기재해야 하는 내용은 다음과 같다.

의료분쟁조정법 제34조(조정결정서) ① 조정부의 조정결정은 다음 각 호의 사항을 기재한 문서로 하고 조정부의 장 및 조정위원이 이에 기명날인 또는 서명하여야 한다.
1. 사건번호와 사건명
2. 당사자 및 대리인의 성명과 주소
3. 결정주문
4. 신청의 취지
5. 결정이유
6. 조정일자

② 제1항 제5호의 결정이유에는 주문의 내용이 정당함을 인정할 수 있는 정도의 판단을 표시하여야 한다.

(라) 배상금 결정 　조정부는 조정결정을 할 때 손해배상액을 함께 결정하여야 한다. 손해배상액의 결정에서는 의료사고로 인하여 환자에게 발생한 생명·신체 및 재산에 관한 손해, 보건의료기관개설자 또는 보건의료인의 과실 정도, 환자의 귀책사유 등을 고려한다(동법 제35조).

(5) 조정의 성립

1) 조정결과 통지

(가) 조정결정서 송부　　조정중재원장은 조정부가 조정결정 또는 조정을 하지 아니하는 결정을 하면 그 조정결정서 정본을 7일 이내에 신청인과 피신청인에게 송달하여야 한다(의료분쟁조정법 제36조 제1항).

(나) 피해 구제 안내　　조정 결과 의료인의 과실이 인정되지 않으며 더 나아가 당해 사고가 보건의료기관이 사용한 의약품·한약 및 한약제제, 의료기기, 혈액의 흠으로 인한 것이라 의심되는 경우가 있을 수 있다. 이러한 경우 조정중재원장은 신청인에게 이를 설명하고 제조물책임법 등 피해구제의 근거가 되는 법령, 피해구제의 신청방법 및 절차, 배상 또는 보상 청구의 상대방, 그 밖에 피해구제에 필요한 사항을 적은 서면을 신청인에게 송달하여야 한다(동법 제36조 제5항 및 동법 시행령 제16조 제2항).

2) 조정의 성립

신청인과 피신청인은 조정결정서 정본을 송달받으면 받은 날부터 15일 이내에 동의 여부를 조정중재원에 서면으로 통보하여야 하며, 15일 이내에 의사표시를 하지 않으면 동의한 것으로 간주된다(동법 제36조 제2항 및 동법 시행령 제16조 제1항). 이러한 규정에 따라 양 당사자가 모두 조정결정에 동의하거나 동의한 것으로 간주되는 때에 조정이 성립하게 된다(동법 제36조 제3항).

(6) 조정의 효력

조정이 성립되면 조정은 재판상 화해와 동일한 효력을 갖는다(동법 제36조 제4항). 즉, 조정 조서는 확정판결과 같은 효력을 갖게 된다(민사소송법 제220조 참조).

3. 의료분쟁중재제도

(1) 의 의

중재란 당사자의 합의에 의해 정한 중재인의 중재판정에 의해 분쟁을 해결하는 제도이다. 의료분쟁조정법은 의료분쟁의 당사자에게도 중재를 통해 분쟁을 해결할 수 있는 길을 열어놓고 있다.

(2) 중재 절차

1) 중재 신청

당사자는 분쟁에 관해 조정부의 종국적 결정에 따르기로 서면으로 합의하고 중재를 신청할 수 있다(의료분쟁조정법 제43조 제1항). 이러한 중재신청은 조정절차 계속 중에도 할 수 있는데, 이 경우 조정절차에 제출된 서면 또는 주장 등은 중재절차에서 제출한 것으로 본다(동법 제43조 제2항).

2) 조정부의 선택

당사자는 중재인이 되는 조정부를 합의에 따라 선택할 수 있다(동법 제43조 제3항). 당사자는 조정위원장에게 중재를 담당할 조정부의 지정을 위임하는 방법, 위원장이 제시하는 조정부 중 하나를 당사자의 합의로 선택하는 방법 중 하나를 선택할 수 있는데, 중재신청일로부터 15일이 경과할 때까지 합의하지 못하면 후자의 방법을 선택하기로 합의한 것으로 본다(동법 시행령 제17조 제1항). 조정부의 선택 방법 중 후자의 경우에 따라 조정위원장이 조정부를 제시했지만 당사자가 그 날부터 15일 이내에 조정부를 선택하지 않으면, 위원장은 조정사건의 내용, 의료사고의 원인이 된 진료의 분야 등을 고려하여 중재 절차를 담당할 조정부를 지정할 수 있다. 이 경우 그리고 당사자의 위임에 따라 조정위원장이 조정부를 지정한 경우 모두 당사자는 그 지정에 대해 불복할 수 없다(동법 시행령 제17조 제3항).

3) 중재법의 보충적 적용

중재절차에 관하여는 조정절차에 관한 의료분쟁조정법의 규정을 우선 적용하고, 보충적으로 중재법을 준용한다(동법 제43조 제4항).

(3) 중재의 효력

1) 확정 판결의 효력

중재판정 역시 조정이 성립된 경우와 마찬가지로 확정판결과 동일한 효력을 갖는다(의료분쟁조정법 제44조 제1항).

2) 중재판정의 취소

중재판결에 불복하게 되면 법원에 중재판정 취소의 소를 제기하여야 하며(의료분쟁조정법 제44조 제2항 및 중재법 제36조 제1항), 법원은 중재법에서 규정하는 취소 사유[38]가 있는 경우 중재판정을 취소할 수 있다.

---

38) 중재법 제36조(중재판정 취소의 소) ② 법원은 다음 각 호의 어느 하나에 해당하는 경우에만 중재판정을 취소할 수 있다: 1. 중재판정의 취소를 구하는 당사자가 다음 각 목의 어느 하나에 해당하는 사실을 증명하는 경우(가. 중재합의의 당사자가 해당 준거법(準據法)에 따라 중재합의 당시 무능력자였던 사실 또는 중재합의가 당사자들이 지정한 법에 따라 무효이거나 그러한 지정이 없는 경우에는 대한민국의 법에 따라 무효인 사실, 나. 중재판정의 취소를 구하는 당사자가 중재인의 선정 또는 중재절차에 관하여 적절한 통지를 받지 못하였거나 그 밖의 사유로 변론을 할 수 없었던 사실, 다. 중재판정이 중재합의의 대상이 아닌 분쟁을 다룬 사실 또는 중재판정이 중재합의의 범위를 벗어난 사항을 다룬 사실. 다만, 중재판정이 중재합의의 대상에 관한 부분과 대상이 아닌 부분으로 분리될 수 있는 경우에는 대상이 아닌 중재판정 부분만을 취소할 수 있다, 라. 중재판정부의 구성 또는 중재절차가 이 법의 강행규정에 반하지 아니하는 당사자 간의 합의에 따르지 아니하였거나 그러한 합의가 없는 경우에는 이 법에 따르지 아니하였다는 사실). 2. 법원이 직권으로 다음 각 목의 어느 하나에 해당하는 사유가 있다고 인정하는 경우(가. 중재판정의 대상이 된 분쟁이 대한민국의 법에 따라 중재로 해결될 수 없는 경우, 나. 중재판정의 승인 또는 집행이 대한민국의 선량한 풍속이나 그 밖의 사회질서에 위배되는 경우).

4. 형사처벌의 특례 제도

(1) 규정 내용

의료분쟁조정법은 조정이나 합의 또는 중재가 이루어진 경우 당해 의료사고에서 보건의료인의 형사처벌에 대한 특례를 인정하는 조항을 두고 있다.[39] 법 제51조에 따르면 조정・합의・중재가 성립된 경우에는, 의료사고로 인해 보건의료인[40]이 형법 제268조상의 업무상과실치상죄를 범했더라도 — 피해자가 신체 상해로 인해 생명에 대한 위험이 발생하거나 장애 또는 불치나 난치의 질병에 이르게 된 경우를 제외하고는 — 피해자의 명시한 의사에 반하여 공소를 제기할 수 없다.

(2) 규정 취지

이와 같이 업무상과실치상죄를 반의사불벌죄로 인정하는 특례 규정은 의료의 본질 및 의료사고에 대한 형법적 규율의 특징에 대한 이해에서 비롯된 것이라 볼 수 있다. 의료사고는 그 자체로 행위반가치성이 약하며 형법적 과실이나 인과관계의 존부가 분명하지 않은 경우가 많다. 이러한 맥락에서 의료사고에 대한 형사 고소는 많은 경우 손해배상 협상에서 유리한 고지를 점하고 수사기관을 통해 증거를 손쉽게 수집하기 위한 목적으로 이루어진다. 따라서 조정・합의・중재를 통해 분쟁을 해결하려는 당사자 간의 의사의 합치가 있고 이에 기초해 배상액이 결정되는 한, 그 자체로 형

39) 이 제도는 동법 시행 이후 1년의 유예기간을 거쳐 2013.4.8.부터 적용되도록 하였다.

40) 의료분쟁조정법 제2조 제3호에 따르면 보건의료인은 "「의료법」에 따른 의료인・간호조무사, 「의료기사 등에 관한 법률」에 따른 의료기사, 「응급의료에 관한 법률」에 따른 응급구조사 및 「약사법」에 따른 약사・한약사로서 보건의료기관에 종사하는 사람"을 말한다.

법적 가벌성이 높지 않은 의료행위에 대한 의료인의 형사 책임을 면제해 주는 것은 환자의 피해를 회복시켜 주면서도 형사소송의 과잉으로 인한 방어진료를 차단하는 — 그리고 더 나아가서는 보다 많은 의료인이 조정에 참여하도록 유도하는 — 역할을 할 수 있다. 이러한 맥락에서 이 제도를 형사소송에서 당사자 간의 자발적 대화를 통한 피해자의 피해회복에 중점을 두는 회복적 사법 정책의 일환으로 바라보기도 한다.41)

(3) 한 계

하지만 형사 소송은 그 자체로서 당사자 간에 과실 책임을 명확히 하기 위한 충분한 논증을 하도록 보장하는 고유한 기능을 갖는다. 따라서 형사면책 특례 제도는 그 과실의 정도가 심각하지 않은 경우에 한해 운용되는 것이 바람직하다. 왜냐하면 경미한 의료과실에 대해 의사에게 형사책임을 묻게 되면 법적 책임 판단과 의학적 책임 판단의 간격이 현저하게 커질 위험이 있기 때문이다. 또한 형법이 업무상 과실치상죄와 중과실치상죄를 나란히 규정하고 있는 점도 의료사고에서 업무상 과실치상죄의 죄책을 인정하기 위해서는 동 행위가 중과실에 상응하는 불법 가치를 지녀야 한다는 해석을 뒷받침해준다. 그리고 이러한 의료과실의 중대성은 무엇보다도 '주의의무 위반의 정도' 즉 행위반가치를 기준으로 판단해야 하며 결과의 중대성이라는 결과반가치를 기준으로 판단해서는 안 된다. 경미한 과실이 있는 경우더라도 그 결과는 중할 수 있기 때문이다. 하지만 현행법상 형사처벌 특례 조항(의료분쟁조정법 제51조

41) 이러한 관점에서의 연구로는 예를 들어 최민영, 「회복적 사법과 의료분쟁조정법상의 형사처벌특례제도」, 형사정책연구, 제23권 제2호, 2012, 134쪽 이하; 이백휴, 「의료분쟁에 있어 형사처벌특례제도의 확대 필요성과 방안」, 한국의료법학회지, 제19권 제1호, 2011, 122쪽 이하 참조.

제1항)의 단서는 결과가 중대한 경우, 즉 신체의 상해로 인하여 생명의 위험, 장애, 불치나 난치의 질병에 이르게 된 경우에는 적용되지 않는다고 규정한다. 이렇게 결과 중심으로 적용여부를 정하는 것은 물론 우리나라의 법감정에는 부합할 수 있을 것이다. 그렇다면, 단서조항은 법문이 요구하는 바인 결과의 중대성 이외에 이론적으로는 요구되는 바인 의료과실의 중대성까지 인정된 경우에만 적용하는 것이 바람직하다.

5. 손해 배상 관련 제도

(1) 의료배상 공제조합

1) 의 의

의료분쟁조정법은 의료배상공제조합의 설립 및 운영에 대해 규정하고 있다. 동법에 따르면 보건의료인 단체 및 보건의료기관 단체는 보건복지부장관의 인가를 받아, 의료사고에 대한 배상금을 지급하는 공제사업, 즉 일종의 의료책임보험사업을 시행하는 의료배상공제조합을 법인으로 설립하고 운영할 수 있다(의료분쟁조정법 제45조 제1항, 제2항 및 제3항). 이는 의료인에게 항상 존재하는 의료사고와 그로 인한 배상액 부담의 위험을 수직적·수평적으로 분배하고 손해 배상의 확실성을 담보하는 기능을 하며, 더 나아가 의사의 방어의료 경향을 약화시키는 역할도 수행할 수 있다.

2) 운 영

보건의료기관의 개설자는 자신이 소속된 보건의료인 단체 및 보건의료기관 단체가 운영하는 공제조합의 조합원으로 가입할 수 있으며, 가입한 경우 조합이 정한 공제료를 납부해야 한다(동법 제45조 제4항).

(2) 무과실 의료사고 보상 제도

1) 의 의

의료분쟁조정법은 분만에 따른 의료사고가 보건의료인의 과실 없이 불가항력으로 발생했다고 할지라도 피해를 보상하는 제도를 마련하고 있다(의료분쟁조정법 제46조).

2) 운 영

㈎ 보상의 범위 이러한 무과실 의료사고 보상사업은 분만으로 인한 사고 중에서도 다음과 같은 경우로 그 범위가 한정된다(동법 시행령 제22조).

> **의료분쟁조정법 시행령 22조(보상의 범위)** 법 제46조 제1항에 따른 의료사고 보상사업은 다음 각 호의 사고를 대상으로 실시한다.
> 1. 분만 과정에서 생긴 신생아의 뇌성마비 또는 분만 이후 분만과 관련된 이상 징후로 인한 신생아의 뇌성마비
> 2. 분만 과정에서의 산모의 사망 또는 분만 이후 분만과 관련된 이상 징후로 인한 산모의 사망
> 3. 분만 과정에서의 태아의 사망 또는 분만 이후 분만과 관련된 이상 징후로 인한 신생아의 사망

그리고 보상금은 3천만원의 범위에서 뇌성마비의 정도 등을 고려하여 아래에서 설명하는 의료사고보상심의위원회에서 정한다(동법 시행령 제23조).

㈏ 의료사고보상심의위원회 의료사고보상심의위원회(이하 “보상위원회”라 한다)는 동 제도의 보상 요건인 의료인의 무과실 및 불가항력성을 판단하고 보상금을 결정한다(동법 제46조 제1항 및 동법 시행령 제23조). 보상위원회는 산부인과 전문의 2명, 소아청소년과 전문의 2명, 의료분쟁조정위원회의 조정위원 중 2명, 감정단의 감

정위원 중 2명, 비영리민간단체 지원법 제2조에 따른 비영리민간단체에서 추천하는 사람 1명으로 구성되는 비상임 심의위원 9인으로 운영되며, 위원장은 심의위원 중 원장이 임명하고 심의위원은 원장이 위촉한다(동법 시행령 제18조 제1항, 제2항 및 제3항). 보상위원회는 위원장이 필요하다고 인정하는 경우 또는 재적 심의위원 3분의 1 이상이 요구하는 경우 소집하며, 재적 심의위원 과반수의 출석과 출석 심의위원 과반수의 찬성으로 의결한다(동법 시행령 제19조 제1항 및 제2항).

(다) 심의 절차 　의료분쟁조정위원회의 위원장은 의료분쟁 조정이나 중재 절차가 진행 중 해당 의료사고에서 보건의료인의 과실이 인정되지 않는다는 취지의 감정서가 제출되고 해당 의료사고가 보상심의위원회의 심의 대상이라 판단하는 경우에는, 조정 또는 중재 절차의 당사자 중 피해자 측 당사자 또는 그 대리인에게 그 사실과 보상위원회에 보상을 청구할 수 있다는 사실을 알려야 한다(동법 시행령 제24조 제1항).

피해자 측 당사자는 고지받은 날부터 14일 이내에 보상위원회에 보상을 청구할 수 있고(동법 시행령 제24조 제2항), 청구한 경우 조정 또는 중재 절차는 중단되며 해당 사건의 기록 일체가 보상심의위원회에 보내진다(동법 시행령 제24조 제3항).

(라) 보상금 지급 　보상위원회의 심의결과 보상금을 지급하지 않기로 결정하면 중단되었던 조정 또는 중재절차가 재개되며 (동법 시행령 제24조 제5항), 보상금 지급이 결정되면 조정중재원장은 청구인에게 결정일부터 15일 이내에 그 사실을 통지하고 통지한 날부터 1개월 이내에 보상금을 지급하여야 한다(동법 시행령 제24조 제6항).

(마) 재원 조달 　하지만 이와 같은 의료사고 보상사업의 가장 큰 문제는 재원 확보이다. 의료분쟁조정법은 보상사업에 드는 비용

을 보건복지부가 100분의 70 그리고 보건의료기관개설자 중 분만 실적이 있는 자가 100분의 30으로 분담하도록 하고 있다(동법 제46조 제2항 및 제3항, 동법 시행령 제21조 제1항). 이러한 제도의 시행은 산부인과 영역의 심한 반발을 사고 있으며 경우에 따라서는 분만 시술을 주저하게 되는 원인이 되기도 하는 것으로 보인다.[42)]

(3) 손해배상금 대불 제도

1) 의 의

의료분쟁조정법은 의료사고의 피해자에게 조정중재원이 손해배상금을 대불하는 제도를 규정하고 있다(의료분쟁조정법 제47조). 특히 대불금 비용은 보건의료기관 개설자가 부담하는데, 그렇다면 이들의 손해배상금 납부를 담보하고 피해자가 손해배상금을 확실하게 지급받을 수 있도록 하며 더 나아가서는 조정절차를 활성화[43)] 하는 것이 이 제도의 주요 취지이다.

2) 대불금 지급 절차

㈎ 지급 청구 　　의료사고 피해자는 의료분쟁조정법상 조정이 성립되거나 중재판정이 내려진 경우, 소비자기본법상의 조정이 성립한 경우 또는 법원의 민사절차에서 의료인에 대한 배상명령이 내려졌음에도 그에 따른 금원을 지급받지 못했을 경우 미지급금에 대해 조정중재원에 대불을 청구할 수 있다(동법 제47조 제1항).

---

42) 예를 들어, 동 제도 시행 이전 2012년에 실시한 설문조사에서 산부인과 전문의의 25%는 분만의사를 그만둘 생각이며, 51%는 분만 지속을 고민중이라 답한 바 있다(산과의 절반, "무과실보상 시행시 분만 중단 고민", 2012.8.29.자 청년의사 기사, http://www.docdocdoc.co.kr/news/newsview.php?newscd=2012082800035, 최종접속일: 2013.1.3.).

43) 피해자보호를 통해 조정절차를 활성화하는 것을 손해배상금 대불제도라는 공익 사업의 목표로 설명하는 정영철, 「손해배상대불금에 대한 헌법적 정당성 검토」, 한국의료법학회지, 제20권 제1호, 2012, 39쪽 참조.

의료분쟁조정법 제47조(손해배상금 대불) ① 의료사고로 인한 피해자가 다음 각 호의 어느 하나에 해당함에도 불구하고 그에 따른 금원을 지급받지 못하였을 경우 미지급금에 대하여 조정중재원에 대불을 청구할 수 있다. 다만, 제3호의 경우 국내 법원에서의 판결이 확정된 경우에 한정한다.

1. 조정이 성립되거나 중재판정이 내려진 경우 또는 제37조제1항에 따라 조정절차 중 합의로 조정조서가 작성된 경우
2. 「소비자기본법」 제67조제3항에 따라 조정조서가 작성된 경우
3. 법원이 의료분쟁에 관한 민사절차에서 보건의료기관개설자, 보건의료인, 그 밖의 당사자가 될 수 있는 자에 대하여 금원의 지급을 명하는 집행권원을 작성한 경우

대불을 청구하려는 자는 대불청구서에 조정결정서, 중재판정서 또는 조정조서, 집행권원이나 판결확정증명서를 첨부하여 조정중재원장에게 제출한다(동법 시행령 제26조).

[대불금 지급대상인 의료사고의 범위] 대불금 지급대상인 '의료사고'는, 어디까지나 보건의료인이 '대불비용을 부담하는 보건의료기관개설자가 개설·운영하는 보건의료기관에서' 의료행위 등을 실시하다가 발생한 사고에 한정된다. 대법원은 대불금 지급대상을 확대하면 의료사고 피해자 및 보건의료인에 대한 보호범위가 확대되는 반면 보건의료기관개설자들의 – 반대급부 없이 납부하는 재정조절목적 부담금의 성격을 갖는 – 대불비용에 대한 부담이 가중되므로, 대불금 지급대상인 의료사고의 범위를 이와 같이 한정할 필요가 있다고 보았다. 문제된 사안에서는 우리나라의 A 의료기관에서 근무하는 한의사 면허 소지자가 휴가기간 동안에 A 의료기관과는 무관하게 개인 자격으로 말레이시아 소재 B 의료기관과 계약을 체결하여 B 의료기관에서 진료하던 중 환자에게 피해를 입힌 사고가 발생하였고, 당해 환자가 조정중재원에 대불금 지급을 청구하였다. 대법원은 이 사고의 경우 의료분쟁조정법 제47조 제1항이 정한 의료사고에 해당하지 않는다고 보았

다.[44]

㈏ 청구 심사 조정중재원은 대불청구가 있는 때에는 다음의 기준에 따라 심사하고 대불한다(동법 시행규칙 제13조).

의료분쟁조정법 시행규칙 제13조(대불청구의 심사기준) 법 제47조 제5항에 따른 대불청구의 심사기준은 다음 각 호와 같다.

1. 거짓 등 부정한 방법으로 손해배상금 대불을 청구하고 있는지 여부
2. 대불을 청구하고 있는 자가 손해배상 의무자로부터 손해배상금을 받을 가능성이 있는지 여부
3. 그 밖에 대불청구에 대한 효과적인 심사를 위하여 원장이 정하는 기준

㈐ 지급 대상 대불금의 지불 대상은 손해배상금 중 미지급된 금액이다. 조정비용·중재비용 및 소송비용 등은 포함되지 않는다(동법 시행령 제25조 제1항 및 제2항).

㈑ 대불금 구상 조정중재원장은 손해배상금을 대불한 경우 지체없이 해당 보건의료기관 개설자 또는 보건의료인에게 일정 기간 내에 대불금 전액을 납부할 것을 청구하여야 한다(동법 제47조 제6항 및 동법 시행령 제28조 제1항). 이 때 구상의무자의 사망, 법인격 상실 또는 행방불명 등의 사유로 구상권 행사가 불가능한 경우, 구상의무자의 재산이 없거나 있더라도 구상권 행사 절차 비용 또는 구상금 채권에 우선하는 채권 변제에 충당하면 남을 여지가 없는 경우, 구상금 채권의 소멸시효가 완성된 경우, 그 밖에 이에 준하는 경우 조정중재원장은 이사회의 의결을 거쳐 상환 불가능한 구상금에 대해 결손처분을 할 수 있다(동법 제47조 제7항 및 동법 시

44) 대판 2021두36264.

행령 제29조).

3) 대불 비용의 부담

(가) 비용 부담 방법　　이러한 손해배상대불금제도 운용을 위해 필요한 재원은 보건의료기관개설자가 부담한다(동법 제47조 제2항). 이러한 비용 부담은 국민건강보험공단이 요양기관에 지급해야 할 요양급여비용의 일부를 지급하지 않고 조정중재원에 지급하는 방법으로도 할 수 있다(동법 제47조 제4항).

(나) 비용 징수　　조정중재원장은 보건복지부장관의 승인을 받아 연도별 적립 목표액을 정하거나 변경하며, 목표액의 범위 내에서 보건의료기관개설자별 대불비용 부담액의 산정기준 및 징수액을 정한다(동법 시행령 제27조 제1항). 이후 징수일 1개월 전까지 대불비용 부담액과 징수시기를 공고한 후 국민건강보험공단에 이를 통보하여야 한다(동법 시행령 제27조 제1항 및 제2항).

(다) 법적 성격　　보건의료기관개설자가 부담하는 대불비용은 손해배상금 대불제도 시행이라는 공적 과제를 수행하기 위해 반대급부 없이 납부하는 공과금으로 재정조절목적 부담금의 성격을 갖는다.45)

(라) 위헌 여부　　이러한 손해배상금 대불 제도는 현행 의료분쟁조정법상 의료인의 의료배상 공제조합 가입이 의무화되어 있지 않은 상황에서 손해배상금 확보의 대안적 수단이 된다. 하지만 실제 의료사고의 과책을 부담하는 보건의료인이 대불 비용을 부담하는 것이 아니라 보건의료기관 개설자가 과책 여부를 불문하고 비용을 부담하도록 하는 것은 자기 책임의 원리에 반한다는 비판이 의료계를 중심으로 제기되었다. 이러한 맥락에서 보건의료기관개설

45) 헌재 2013헌가4.

자에게 손해배상금 대불비용을 부담하도록 하는 의료분쟁조정법 제47조 제2항과 제4항이 보건의료기관개설자의 재산권을 침해하는 것인지의 여부를 다투는 헌법소원이 청구되었는데, 이에 대해 헌법재판소는 청구인인 개별보건의료기관개설자의 기본권침해는 법령을 집행하는 행위인 조정중재원장의 부과·징수행위가 있어야 비로소 현실화되는 것으로 — 부과·징수행위 이전에 — 문제삼은 법률조항들에 의해 청구인들의 권리관계가 직접 변동되거나 확정된다고 볼 수 없는 한 헌법소원의 청구요건인 기본권침해의 직접성이 인정되지 않는다고 보아 청구를 각하하였다(헌재 2012헌마606). 다른 한편 손해배상금의 금액과 납부방법 등에 관해 필요한 사항을 모두 대통령령으로 위임한 의료분쟁조정법 제47조 제2항 중 “그 금액과 납부방법 및 관리등에 관하여 필요한 사항은 대통령령으로 정한다” 부분이 위헌인지의 여부에 대한 심판이 헌법재판소에 제청되었는데, 헌법재판소는 다음과 같이 동 조항이 법률유보원칙과 포괄위임입법금지원칙에 위배되지 않아 위헌이 아니라고 판단하였다: ① 보건의료기관 개설자의 기본권 제한에 관한 본질적 사항들은 법률에서 규정하고 있으며 구체적인 부담금액이나 부담액 상한은 법률에서 정할 정도의 본질적 사항이 아니므로 심판대상조항은 법률유보원칙[46]에 위배되지 않는다. ② 개별 보건의료기관 개설자의 부담액이나 납부절차 등에 관련된 기술적이고 세부적 사항은 전문적 판단이 필요하고 수시로 변화하는 상황에 대응해야 할 필요가 있어 하위법령에 위임할 필요가 있는 영역이며, 다만 보건의료기관개설자의 부담액에 관해서는 적어도 금액의 상한이나

46) 법률유보원칙이란 헌법상 보장된 국민의 자유나 권리를 제한하는 때에는 그 제한의 본질적인 사항에 관한 한 입법자가 스스로 결정하여 법률로써 규율해야 한다는 원칙이다(헌재 2006헌바70 참조).

산정에 관한 대강의 기준을 법률에서 정해야 하는지가 문제될 수 있다. 그러나 손해배상금 대불제도가 첫 도입단계에 있는 만큼 대불에 필요한 적립금은 실제 운영 과정을 통해 추산할 수밖에 없고 금액산정기준 역시 손해배상을 둘러싼 여러 요소들에 대한 전문적 판단이 필요하다는 특수성이 있으므로, 금액상한이나 산정 기준도 상황의 변동에 탄력적으로 대응할 수 있도록 하위 법령에 위임할 필요성이 인정된다. 뿐만 아니라 대불비용 부담금을 부과하는 산정기준과 이후의 추가적 부담액이 어떻게 정해질 것인지 및 징수방법과 대불비용 부담금의 관리에 관한 기본사항은 수권법률의 관련 조항을 유기적·체계적으로 해석하면 예측가능하다. 따라서 위임의 필요성과 하위법령에 규정될 내용의 예측가능성이 인정되므로 심판대상조항은 포괄위임입법금지원칙에 위배되지 않는다(헌재 2013헌가4).

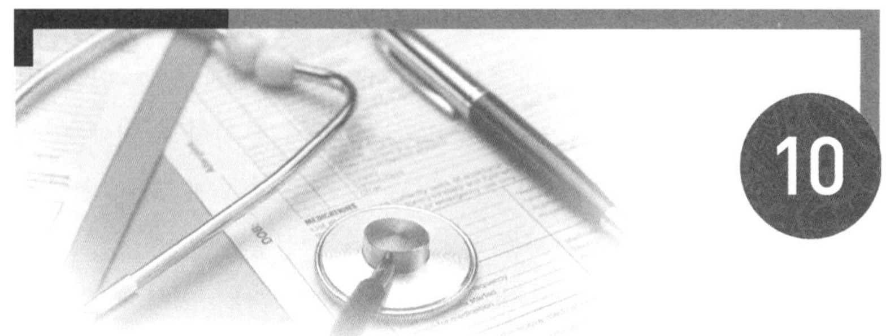

의료보험법

I 기초이론

1. 의료보험제도의 의의

(1) 건강보험제도

'의료보험'은 질병의 치료와 예방 및 건강의 관리에 드는 비용의 부담을 분산시키는 제도이다. 이 분산은 개인적 차원(수직적 분산)과 사회적 차원(수평적 분산)에서 동시적으로 이루어진다. 의료보험의 운영형태에는 민간보험과 사회보험이 있고 양자는 병행적으로 실시될 수도 있다. 의료보험이 사회보험의 형태를 띠는 경우에는 의료의 공공성이 강화되고 의료재의 분배에서 형평성이 높아진다. 또한 사회의료보험은《보험자↔요양기관↔가입자》라는 3당사자의 관계로 이루어지며 이 경우에 의료시장은 '사회적 시장경제체제'의 전형을 이루게 된다.

우리나라 국민건강보험법은 이와 같은 사회보장적 의료보험체계를 구축하고 있으며 많은 경우 '건강보험'이라 불리우고 있다. 우리나라에서 민간보험은 각 민간보험회사의 개별적인 상품으로만 운영되고 있을 뿐 건강보험과 — 보험자의 보험금지급 심사평가과정에서 수집되는 정보(예: 수진관련정보)를 공동으로 활용하는 방식으로 — 연계되어 있지는 않다.

[의료보험제도의 역사개관] 현재 우리나라 의료보험제도의 기초가 되는 「국민건강보험법」은 1963년 제정되었던 「의료보험법」을 모태로 한다. 「의료보험법」은 제정 이래 적용대상과 지역을 점진적으로 확대해나갔다. 1977년에는 「공무원 및 사립학교 교직원 의료보험법」이 제정되어 「의료보험법」과 병행적으로 시행되었고, 이후 1989년에 이르러서는 이른바 '전국민의료보험'제도를 현실화하게 되었다. 1997년에는 「공무원 및 사립학교 교직원 의료보험법」이 폐지되고 「국민의료보험법」이 제정되었으며, 1999년에는 「의료보험법」과 「국민의료보험법」을 통합한 「국민건강보험법」이 탄생하게 되었다.

(2) 의료급여와의 구별

건강보험은 사회보장적 의료보험으로서 사회보장의 하나에 속하지만, 건강보험이 사회보장적 의료보험의 전부는 아니다. 생활이 어려운 자(예: 생활보호대상자, 이재민, 의상자/의사자유족, 탈북자 등)에게 국가가 무상으로 지급하는 의료(급여)는 사회보장으로서 의료보장의 또 다른 중심을 이룬다. 미국의 메디케어와 메디케이드(Medicare & Medicaid)나 우리나라의 의료급여법은 그 대표적인 예이다. 의료급여에서도 수급자인 환자는 일정 부분(의료급여기금이 부담하는 비용을 공제한 부분)에 대해서는 스스로 비용을 부담한다. 하지만 의료급여는 수급자가 보험료의 납부를 통하여 의료급여기금의 형성에 직접 기여하지 않는다는 점에서 건강보험과 구별된다.

2. 의료보험제도의 모델

의료보험제도는 그 이념적 지향에 따라 다양한 모습을 갖추게 된다. 특히 의료재의 생산과 분배의 주체가 누구인지에 따라 의료보험제도를 — 이념형적으로 — '자유주의적' 모델과 '사회국가적' 모델 그리고 '사회주의적' 모델로 유형화할 수 있다. 자유주의적 모델에서는 의료재의 생산과 분배 모두를 개인의 자율에 맡기며 (자유의료시장 정책), 사회주의적 모델에서는 국가가 의료재의 생산과 분배 모두를 관장하고, 사회국가적 모델에서는 의료재의 생산과 분배 가운데 어느 하나가 공공의 요소를 띠게 된다. 미국은 자유주의적 모델을 따르는 대표적 국가로, 영국은 사회주의적 의료보험제도의 모델을 지닌 국가로 이야기되며 우리나라의 의료보험제도는 사회국가적 모델을 따른 것이라 볼 수 있다.1) 특히 우리나라에서 의료재의 대부분은(약 90% 이상) 민간의료공급기구가 자신들의 고유한 자본으로 생산하지만, 의료시장에서 유통되는 의료재의 내용과 가격은 정부(보건복지부장관)의 독점적 결정에 의해 정해진다.2)

Ⅱ 국민건강보험법의 기본 체계

1. 건강보험의 관리주체: 단일보험자로서 국민건강보험공단

'국민건강보험'은 '보건복지부'장관이 관장하는 '공'보험(공공보험)

1) 의료보험의 이념과 유형에 대한 상세한 설명은 김나경, 『의료보험의 법정책: 기초법 이념과 법실무』, 집문당, 2012, 17쪽 이하 참조.

2) 우리나라에서 민간의료보험의 도입에 관한 논의로는 전형준, 「의료서비스에 대한 영리의료법인과 민간의료보험 도입의 문제점 및 개선방향 — 해외사례를 중심으로」, 산업경제연구, 제20권 제1호, 2007, 428쪽 이하; 김연희 · 이희선, 「한국 의료보험체계의 확립방안: 민간의료보험의 도입을 둘러싼 쟁점을 중심으로」, 정책분석평가학회보, 제16권 제1호, 2006, 79쪽 이하 참조.

이다(국민건강보험법 제2조). 건강보험을 운영하는 보험자는 '법인'인 '국민건강보험공단'(이하 "공단"이라 한다)이다(동법 제13조).

> **국민건강보험법 제2조(관장)** 이 법에 따른 건강보험사업은 보건복지부장관이 맡아 주관한다.

> **국민건강보험법 제13조(보험자)** 건강보험의 보험자는 국민건강보험공단으로 한다.

(1) 건강보험 보험자의 업무

국민건강보험공단은 국민건강보험법 제14조가 규정하는 업무들을 관장한다.

> **국민건강보험법 제14조(업무 등)** ① 공단은 다음 각호의 업무를 관장한다.
>
> 1. 가입자 및 피부양자의 자격관리
> 2. 보험료와 그 밖에 이 법에 따른 징수금의 부과·징수
> 3. 보험급여의 관리
> 4. 가입자 및 피부양자의 질병의 조기발견·예방 및 건강관리를 위하여 요양급여 실시 현황과 건강검진 결과 등을 활용하여 실시하는 예방사업으로서 대통령령으로 정하는 사업
> 5. 보험급여비용의 지급
> 6. 자산의 관리·운영 및 증식사업
> 7. 의료시설의 운영
> 8. 건강보험에 관한 교육훈련 및 홍보
> 9. 건강보험에 관한 조사연구 및 국제협력
> 10. 이 법에서 공단의 업무로 정하고 있는 사항
> 11. 「국민연금법」, 「고용보험 및 산업재해보상보험의 보험료징수 등에 관한 법률」, 「임금채권보장법」 및 「석면피해구제법」(이하 "징수위탁근거법"이라 한다)에 따라 위탁받은 업무

12. 그 밖에 이 법 또는 다른 법령에 따라 위탁받은 업무
13. 그 밖에 건강보험과 관련하여 보건복지부장관이 필요하다고 인정한 업무

(2) 단일 보험자의 효율성 문제

다수의 보험조합 형태에서 단일 보험자로의 통합은 보험자 사이의 경쟁구도를 없애버림으로써 보험자의 관리운영에서 있어서의 효율성을 약화시킬 우려가 있다.[3] 따라서 민간보험회사도 건강보험의 운영에 참여하게 하여 관리운영상의 효율성을 두고 공단과 경쟁을 펼치게 하는 방안을 검토해볼 만하다.

2. 피보험자로서 전국민

「국민건강보험법제」 하에서는 실질적으로 모든 국민이 공적인 의료보험이나 보호의 수혜자이다(전국민의료보험제도). 이는 모든 국민의 의료필요의 동등성에 입각하여 의료보험에 대한 "동등한 접근성"을 보장하고자 하는 것이다.[4]

(1) 적용대상

피보험자는 크게 '가입자'와 '피부양자'이다. '국내에 거주하는 모든 국민'은 — 기타 사회적 부조의 방법에 의해 의료서비스의 혜택을 받는 자('의료급여수급권자'[5] 및 '유공자 등)를 제외하고 — 의무

3) 가령 1997년에는 다수의 보험자에 속한 총 인원이 15,036명에 총지출 관리운영비가 6,719억원으로 1인당 평균관리운영비가 4,469만원이었던 반면, 단일 보험자인 국민건강보험공단의 경우 2007년 기준으로 총인원 10,334명에 관리운영비가 9,734억원으로 1997년 대비 1인당 평균관리운영비가 9,419만원으로 상승하였다. 이에 관해 이상돈, 『수가계약제의 이론과 현실』, 세창출판사, 2009, 117쪽 참조.

4) 장동민, 「전국민의료보험하의 보건의료의 형평성」, 보건과 사회과학, 제15집, 2004, 36쪽.

5) 우리나라의 '의료급여' 서비스의 현황과 전망에 대하여는 노상윤 · 윤석완, 「의

적으로[6] '국민건강보험의 가입자 혹은 가입자의 피부양자가 된다(국민건강보험법 제5조 제1항). 이때 '피부양자'란 소득 및 재산이 보건복지부령으로 정하는 기준 이하에 해당하는 사람으로 직장가입자에게 주로 생계를 의존하는 직장가입자의 배우자, 직계존속(배우자 직계존속 포함), 직계비속(배우자 직계비속 포함) 및 그 배우자, 형제·자매를 말한다(동법 제5조 제2항).

(2) 가입자의 종류

1) 직장가입자와 지역가입자

여기서, '국민건강보험 가입자'의 보험 가입형태는 다시, '직장가입'과 '지역가입'으로 구별된다(국민건강보험법 제6조 제1항). 직장가입자가 되는 자들은 모든 사업장의 근로자 및 사용자와 공무원 및 교직원이다(동법 제6조 제2항). 지역가입자는 직장가입자와 그 피부양자를 제외한 자를 말한다(동법 제6조 제3항).

2) 부담의 형평성 문제

직장가입자의 수입은 원천징수 등으로 인해 거의 투명한 반면, 지역가입자의 수입은 대체로(추정하기로는 약 30%선으로) 축소 신고되는 구조적인 문제로 인하여 언제나 보험료부담의 형평성이 문제

료급여 진료비추계모형과 향후 5개년 급여비지출기준선 전망」, 재정정책논집, 제10집 제1호, 한국재정정책학회, 2008, 61쪽 이하 참조.

6) 건강보험가입의 의무성에 대한 합헌결정으로 헌재 2000헌마668(전원재판부) 참조: "국민건강보험법이 의무적 가입을 규정하고 임의해지를 금지하면서 보험료를 납부케 하는 것은, 경제적인 약자에게도 기본적인 의료서비스를 제공하기 위한 국가의 사회보장·사회복지의 증진 의무(헌법 제34조 제2항)라는 정당한 공공복리를 효과적으로 달성하기 위한 것이며, 조세가 아닌 보험료를 한 재원으로 하여 사회보험을 추구하기 위한 것이다....(중략)...한편 의무가입과 임의해지금지 및 보험료 납부에 관한 규정이 추구하는 공익에 비하여 제한되는 사익이 과도하다고 할 수도 없다. 그렇다면 동법 제5조 제1항 본문 및 제62조가 청구인의 재산권이나 인간다운 생활을 할 권리 혹은 행복추구권을 침해한다고 할 수 없다."

된다. 현재 직장가입자의 건강보험재정과 지역가입자의 건강보험재정이 이미 통합되었지만, 헌법재판소가 이 통합이 합헌일 수 있기 위한 전제로 보았던 조건들, 즉, ① 합리적이고 신뢰할 만한 방법에 의한 지역가입자의 소득파악, ② 직장가입자와 지역가입자간의 보험료 분담률의 조정이 제대로 충족되고 있는지는 의문이다.

> 소득형태와 소득파악률에 있어서 본질적으로 이질적인 직장·지역가입자 집단의 통합에도 불구하고 국민건강보험법은 지역가입자의 소득파악 또는 객관적인 소득추정을 위하여 1년 반의 유예기간을 두고 있고, 한편으로는 재정이 통합되는 2002. 1. 1. 이후에도 지역가입자의 소득이 합리적이고 신뢰할 만한 방안을 통하여 파악 또는 추정될 때까지 직장가입자와 지역가입자 모두의 이익을 함께 적절하게 고려하는 재정운영위원회의 민주적 운영을 통하여 직장·지역가입자간의 보험료 분담률을 조정할 수 있고 이로써 직장·지역가입자간의 부담의 평등을 보장할 수 있는 법적 제도장치(법 제31조)를 두고 있으므로, 직장가입자와 지역가입자의 재정통합을 규정하는 국민건강보험법 제33조 제2항은 헌법에 위반되지 아니한다(헌재 99헌마289(전원재판부)).

3. 건강보험료

국민건강보험 가입자가 보험자인 국민건강보험공단에 지불하는 보험료는 사회연대성의 이념에 입각하여 — 보험급여의 종류나 성격에 따라서가 아니라 — 가입자의 경제적 능력을 기준으로 산정되며, 보험료와 보험급여 사이의 등가성이 존재하지 않는다.

(1) 보험료 산정

국민건강보험체계는 바로 앞에서 언급했듯 재원조달의 측면에서 형평성을 달성하기 위해 지불능력의 차등성을 기초로 보험료 부담을 차별화한다.[7] 이를 위해 건강보험체계에서는 가입자의 소득액(경제적 능력) 그리고 대통령령이 정하는 '보험료율'을 보험가입자가 보험공단에 납부하는 보험료를 산정하는 기초자료로 삼는다.

[저보험료율의 문제점] 우리나라의 보험료율은 5%대 내외로서 비슷한 사회의료보험체제를 가진 독일의 약 15%대보다 현저히 낮은 상태에 있다(저보험료율). 이로 인해 환자의 본인부담비율은 매우 높으며(저보장성), 요양기관이 받는 수가도 비교적 낮은 편이다(저수가). 수가가 낮으면 요양기관들은 적정진료를 하기가 어려워진다. 요양기관은 일정 수익을 유지하기 위해 과도하게 많이 진료행위를 해야 하고, 그로 인해 의료서비스의 질이 저하될 수 있는 것이다. 그러므로 각 개인들이 민간보험회사에 지불하는 보험료와 기존의 건강보험료를 합한 수준으로 건강보험의 보험료율을 높이는 것이 필요하다. 보험료율을 높임으로써 보험재정이 확충되면, 본인부담금은 제로에 가깝게 줄어들 수 있게 되고, 또한 늘어난 보험재정을 토대로 적정수가를 요양기관들에게 보장할 수 있게 되며, 그 결과 요양기관들이 적정진료를 할 수 있게 되는 선순환이 발생할 수 있다.

1) 직장가입자

직장가입자가 부담하는 월별 보험료에는 보수월액보험료와 소득월액보험료가 있다.

(가) 보수월액보험료 보수월액보험료는 직장가입자가 사업장 등에서 지급받는 보수를 기준으로 하여 산정되는 월별 보험료이다. 보수월액보험료는 — 아래와 같이 — 법에 따라 산정한 보수월액에 보험료율을 곱한 금액으로 한다(동법 제69조 제4항 제1호).

ㄱ) 보수월액 사용자는 직장가입자에게 지급한 보수의 총액과 해당 사업장에의 종사기간 및 그 밖에 보수월액의 산정에

---

7) 이러한 형평성을 특히 "수직적 형평성"이라 부를 수 있는데, 이에 대한 설명으로는 장동민, 「전국민의료보험하의 보건의료의 형평성」, 36-37쪽 참조.

필요한 사항을 매년 보험공단에 통보한다(동법 시행령 제35조). 그리고 보험공단은 '통보받은 보수총액을 사업장등에의 종사기간의 개월수로 나눈 금액'을 매년 보수월액으로 결정한다(동법 시행령 제36조 제1항).

ㄴ) 보험료율 직장가입자의 보험료율은 80/1000의 범위 안에서 심의위원회의 의결을 거쳐 대통령령으로 정한다(동법 제73조 제1항). 특히 국외에서 업무에 종사하는 직장가입자에 대한 보험료율은 이와 같이 정해진 보험료율의 50/100으로 한다(동법 제73조 제1항 및 제2항).

㈏ 소득월액보험료 소득월액보험료는 직장가입자의 '보수외 소득'이 대통령령으로 정하는 금액[8])을 초과하는 경우 부과하는 월별 보험료이다. 소득월액보험료는 — 아래와 같이 — 법에 따라 산정한 소득월액에 보험료율을 곱하여 얻은 금액으로 한다(동법 제69조 제4항 제2호).[9])

ㄱ) 소득월액 소득월액 산정의 기초가 되는 보수외 소득에는 소득세법에서 규정하는 이자소득, 배당소득, 사업소득, 근로소득, 연금소득, 기타소득이 있으며, 소득세법에 따른 비과세소득은 산정에서 제외된다(동법 시행령 제41조 제1항). 소득월액은 '(연간보수외소득 - 대통령령이 정하는 소득월액보험료 부과기준금액[10]))'을 12로 나누어 산정한다(동법 제71조 제1항, 제2항 및 동법 시행령 제41조 제3항).

ㄴ) 보험료율 소득월액 산정에 이용되는 보험료율은 보

---

8) 국민건강보험법 시행령 제41조 제2항 참조.

9) 특히 국민건강보험법 시행규칙 제44조 제1항에서는 소득월액을 산정할 때, 산정의 기초가 되는 각 소득별로 — 아래에서 설명하는 — 동법 제71조 제1항의 계산식을 적용하여 산출한 금액에 동 조항에서 정하는 소득평가율을 다시 곱하도록 하고 있다.

10) 국민건강보험법 시행령 제41조 제2항 참조.

수월액의 경우와 같다.

2) 지역가입자

지역가입자의 월별 보험료액은 세대 단위로 산정된다. 지역가입자가 속한 세대의 월별 보험료액은 — 아래와 같이 — 법에 따라 산정한 보험료부과점수에 보험료부과점수당 금액을 곱한 금액으로 한다 (동법 제69조 제5항).

(가) 보험료부과점수 보험료부과점수란 지역가입자가 속한 세대의 보험료 부담능력을 표시하는 점수로, 지역가입자의 소득·재산 및 자동차에 대해 법에서 정한 기준에 따른 등급화된 점수를 합산하여 산정한다(동법 제72조 제1항 및 동법 시행령 제42조).

(나) 보험료부과점수당 금액 보험료부과점수당 금액은 심의위원회의 의결을 거쳐 대통령령으로 정한다(동법 제73조 제3항).

(2) 보험료의 부담비율

건강보험은 사회보험으로서 가입자가 그 보험료를 홀로 부담하게 하지 않는다. 국가나 지방자치단체 또는 사업자 등이 보험료를 다음과 같은 비율로 분담한다(국민건강보험법 제76조).

1) 직장가입자

(가) 보수월액보험료

- 근로자: 가입자 50%, 소속 사업장의 사업주 50%
- 공무원: 가입자 50%, 소속 국가·지방자치단체 50%[11)]
- 사립학교 교직원: 가입자 50%, 소속 사립학교 설립·운영자

11) 국민건강보험법 제76조가 2014.1.1. 개정되면서 동조 제1항 제3호에 따르면 공립학교 교직원의 경우 가입자와 동법 제3조 제2호 다목에 해당하는 사용자가 보험료액의 50%씩을 부담하는데, 국민건강보험법 제3조 제2호 다목은 '사립학교' 교직원에 대해서만 규정하고 있어 이에 대한 개정이 필요한 것으로 보인다. 어쨌든 공립학교 교직원은 가입자와 교직원이 소속한 학교의 장이 50%씩을 부담한다고 해석할 수 있다.

30%, 국가 20%

(나) **소득월액보험료**

직장가입자의 소득월액보험료는 직장가입자가 부담한다.

2) **지역가입자**

가입자가 속한 세대의 지역가입자 전원이 연대하여 부담한다.

4. 보험급여

보험급여란 건강보험의 적용을 받는 가입자 및 피부양자의 질병·부상에 대한 예방·진단·치료·재활과 출산·사망 및 건강증진에 대하여 법령이 정하는 바에 의하여 보험자인 공단이 각종형태로 보험가입자에게 실시하는 의료서비스를 말한다. 보험급여의 형태는 크게 현물급여와 현금급여로 나뉜다. 현물급여란 요양기관 등으로부터 직접 제공받는 의료 서비스 등의 일체를 말하며, 현금급여란 가입자 및 피부양자의 신청에 의하여 공단에서 현금으로 지급하는 것을 말한다. 보험급여의 주요내용은 다음과 같다.

(1) 요양급여

1) **의 의**

(가) 개념 요양급여란 질병·부상·출산 등에 대한 보험급여를 말한다. 요양급여의 내용은 다음과 같다.

> **국민건강보험법 제41조(요양급여)** ① 가입자와 피부양자의 질병·부상·출산 등에 대하여 다음 각 호의 요양급여를 실시한다.
> 1. 진찰·검사 2. 약제·치료재료의 지급 3. 처치·수술 그 밖의 치료 4. 예방·재활 5. 입원 6. 간호 7. 이송

(나) 급여와 비급여의 구분 요양급여에 해당하지 않는 의료를

비급여라고 부른다. 즉, 요양기관이 행하는 의료는 요양급여와 비급여로 구분된다.

2) 요양급여의 기준

(가) 규격진료 국민건강보험의 재원은 — 국민이 납부하는 보험료와 일정한 국고부담으로 — 한정되어 있어 국민건강보험법 제41조 제1항에 열거된 요양급여에 해당하는 행위 모두가 국민건강보험의 보험급여 대상이 될 수는 없다. 따라서 동법 제41조 제3항은 요양급여의 방법·절차·범위·상한 등 요양급여의 기준을 보건복지부령에 위임한다.

> [요양급여기준의 위임입법의 합헌성] 피보험자인 국민이 납부하는 보험료라는 기여금과 국고부담을 전제로 이루어지는 의료보험제도 하에서 한정된 재원으로 최적의 의료보험급여를 하기 위해서는 국민의 부담수준, 국가의 재정수준이라는 한계 하에서 여러 가지 측면을 고려하여 보험급여의 우선순위를 정하게 되고, 사회적·경제적 여건에 따라 적절히 대처할 필요성이 있기 때문에 요양급여의 방법·절차·범위·상한기준 등을 미리 법률에 상세하게 규정하는 것은 입법기술상 매우 어렵다. 따라서 심판대상법조항이 요양급여의 기준 등을 더 구체적으로 정하지 아니하였다고 하여 헌법 제40조, 제75조 및 제95조 규정에 의한 포괄위임금지의 원칙에 위반한 것으로는 볼 수 없으며, 심판대상인 해당 법규정 자체에 과잉금지원칙에 위반하여 행복추구권, 직업선택의 자유를 침해하는 내용이 포함되어 있지 아니하다 (헌재 99헌바23).

이에 따른 「국민건강보험 요양급여의 기준에 관한 규칙」(이하 "요양급여규칙"이라 한다) 제8조 제2항은 보건복지부장관이 요양급여 대상을 급여목록표로 정하여 고시하도록 하고 있다. 결국 의료기관이 요양기관으로서 할 수 있는 모든 행위는 그 내용과 가격이 정부에 의해 타율적으로 정해진다. 이를 '규격진료'라고 부른다. 이와 같은 진료의 규격화는 의료의 자유를 심하게 훼손함에도 불구하고 합헌결정을 받은 바 있다.

> [규격진료의 합헌결정] 위와 같은 법정책에 따르면 가령 내과에서 알레르기를 검사할 때에, 의사가 적합하다고 생각하는 방법들을 모두 사용할 수는 없으며 단지 고시가 정해준 알레르기 검사방법만을 사용해야 한다. 이와 같은 진료의 규격화에 대해서 헌법재판소는 "알레르기 검사방법 수를 제한하는 이 사건 고시의 입법목적은 한정된 건강보험재정으로 최대한의 건강보험 혜택을 부여하고자 하는 것이므로 이는 정당하며, 요양기관은 요양급여대상으로 정해지지 아니한 요양급여행위 등에 대하여는 급여대상으로 추가하여 줄 것을 신청할 수 있는 등 검사방법의 추가를 신청하는 길이 마련되어 있어 이 사건 고시가 기본권 제한의 최소성원칙에 위반되지 아니하며, 이 사건 고시로 침해되는 사익은 국민건강보험의 한정된 재원으로 가급적 많은 건강보험의 혜택을 제공할 수 있게 하려는 이 사건 고시가 추구하는 공익보다 크다고 보기 어려우므로 법익의 균형성 요건도 충족한다고 할 것이다. 따라서 이 사건 고시는 청구인의 의료행위에 대한 보수청구나 의료행위의 수행을 헌법 제37조 제2항에 위반하여 과도하게 제한한다고 볼 수 없다"고 판시한 바 있다(헌재 2006헌마417).

㈏ 약제비의 실거래가상환제　약제비의 '실거래가상환제'란 요양기관이 요양급여를 행하면서 사용하는 약제와 치료재료(국민건강보험법 제41조 제1항 제2호)에 대해 요양기관이 구입한 실거래가를 상환해 주는 것이다(동법 시행령 제22조). 이러한 제도의 시행으로 인해 약제의 사용에서 수익은 전혀 없게 되면서 요양기관은 환자에게 도움이 되는 고가약을 처방하게 되기 쉽고, 이는 보험재정을 악화시키는 요인이 되기도 한다. 그래서 공단은 과잉처방으로 판단되는 약제비를 요양기관으로부터 환수함으로써 재정부담을 줄이려

하는데, 이런 환수의 정당성이 법적으로 쟁점이 되고 있다.[12)]

(다) 새로운 요양급여의 신청　　요양급여규칙은, 규격진료의 폐해를 조금이나마 덜기 위해, 새로운 행위 및 치료재료의 경우에는 요양기관, 의약관련 단체, 치료재료의 제조·수입업자가 그리고 약제의 경우에는 약제의 제조·수입업자가 요양급여대상 여부의 결정을 보건복지부장관에게 신청할 수 있도록 함으로써(요양급여규칙 제10조 제1항 및 제10조의2 제1항) 요양급여대상이나 목록의 변경가능성을 열어놓고 있다.[13)]

3) 비급여

요양기관은 비급여의 진료를 자유로이 할 수 있는 것이 아니라 국민건강보험법 제41조 제4항의 위임을 받아 요양급여규칙 제9조 제1항이 비급여대상의 세부적 목록으로 규정한 행위(동규칙의 별표 2)만 할 수 있다.

(가) 비급여항목　　현재 허용되고 있는 비급여의 진료내용은 다음과 같다.

> **요양급여규칙 제9조(비급여대상)** ① 법 제41조제4항에 따라 요양급여의 대상에서 제외되는 사항(이하 "비급여대상"이라 한다)은 별표 2와 같다.
>
> 요양급여규칙 [별표 2]: 비급여대상(제9조 제1항 관련)
>
> 1. 다음 각목의 질환으로서 업무 또는 일상생활에 지장이 없는 경우에 실시 또는 사용되는 행위·약제 및 치료재료[14)]

---

12) 최근 서울대병원은 원외처방 약제비 환수 반환소송에서 승소한 바 있고, 이에 대항하여 다시 국회에서는 원외처방 약제비 환수법의 입법이 추진되고 있기도 하다.

13) 신의료기술 등의 요양급여 결정신청이나 약제 요양급여의 결정신청의 절차에 관한 자세한 사항은 요양급여규칙 제10조, 제10조의2, 제11조 및 제11조의2에 걸쳐 규정되어 있다.

14) 가. 단순한 피로 또는 권태, 나. 주근깨·다모(多毛)·무모(無毛)·백모증(白毛

2. 다음 각목의 진료로서 신체의 필수 기능개선 목적이 아닌 경우에 실시 또는 사용되는 행위・약제 및 치료재료[15]
3. 다음 각목의 예방진료로서 질병・부상의 진료를 직접목적으로 하지 아니하는 경우에 실시 또는 사용되는 행위・약제 및 치료재료[16]
4. 보험급여시책상 요양급여로 인정하기 어려운 경우 및 그 밖에 건강보험급여 원리에 부합하지 아니하는 경우로서 다음 각목에서 정하는 비용・행위・약제 및 치료재료[17]

症)・딸기코(주사비)・점(모반)・사마귀・여드름・노화현상으로 인한 탈모 등 피부질환, 다. 발기부전(impotence)・불감증 또는 생식기 선천성기형 등의 비뇨생식기 질환, 라. 단순 코골음, 마. 질병을 동반하지 아니한 단순포경(phimosis), 바. 검열반 등 안과질환, 사. 기타 가목 내지 바목에 상당하는 질환으로서 보건복지부장관이 정하여 고시하는 질환.

15) 가. 쌍꺼풀수술(이중검수술), 코성형수술(융비술), 유방확대・축소술, 지방흡인술, 주름살제거술 등 미용목적의 성형수술과 그로 인한 후유증치료, 나. 사시교정, 안와격리증의 교정 등 시각계 수술로써 시력개선의 목적이 아닌 외모개선 목적의 수술, 다. 치과교정. 다만, 입술입천장갈림증(구순구개열)을 치료하기 위한 치과교정등 보건복지부장관이 정하여 고시하는 경우는 제외한다, 라. 씹는 기능 또는 발음 기능의 개선 목적이 아닌 외모개선 목적의 턱얼굴(악안면) 교정술, 마. 관절운동 제한이 없는 반흔구축성형술 등 외모개선 목적의 반흔제거술, 바. 안경, 콘텍트렌즈 등을 대체하기 위한 시력교정술, 사. 기타 가목 내지 바목에 상당하는 외모개선 목적의 진료로서 보건복지부장관이 정하여 고시하는 진료.

16) 가. 본인의 희망에 의한 건강검진(법 제52조의 규정에 의하여 공단이 가입자 등에게 실시하는 건강검진 제외), 나. 예방접종(파상풍 혈청주사 등 치료목적으로 사용하는 예방주사 제외), 다. 구취제거, 치아 착색물질 제거, 치아 교정 및 보철을 위한 치석제거 및 구강보건증진 차원에서 정기적으로 실시하는 치석제거. 다만, 치석제거만으로 치료가 종료되는 전체 치석제거로서 보건복지부장관이 정하여 고시하는 경우는 제외한다, 라. 불소부분도포, 치면열구전색(치아홈메우기) 등 치아우식증(충치) 예방을 위한 진료. 다만, 18세 이하의 치아우식증(충치)에 이환되지 않은 순수 건전치아인 제1큰어금니 또는 제2큰어금니에 대한 치면열구전색(치아홈메우기)은 제외한다, 마. 멀미 예방, 금연 등을 위한 진료, 바. 유전성질환 등 태아 또는 배아의 이상유무를 진단하기 위한 유전학적 검사, 사. 장애인 진단서 등 각종 증명서 발급을 목적으로 하는 진료, 아. 기타 가목 내지 마목에 상당하는 예방진료로서 보건복지부장관이 정하여 고시하는 예방진료.

17) 가. 가입자 등이 다음 각 항목 중 어느 하나의 요건을 갖춘 요양기관에서 1개의 입원실에 1인(「의료법」 제3조 제2항 제1호에 따른 의원급 의료기관 및 제3

5. 삭제
6. 영 제21조 제3항 제2호에 따라 보건복지부장관이 정하여 고시하는 질병군에 대한 입원진료의 경우에는 제1호 내지 제4호(제4호 하목을 제외한다), 제7호에 해당되는 행위·약제 및 치료재료. 다만, 제2호 아목, 제3호 아목, 제4호 더목은 다음 각목에서 정하는 경우에 한한다.[18]

호나목에 따른 치과병원의 경우 3인 이하)이 입원할 수 있는 병상(이하 "상급병상")을 이용함에 따라 제8조에 따라 고시한 요양급여대상인 입원료(이하 "입원료") 외에 추가로 부담하는 입원실 이용 비용. 다만, 상급종합병원 및 「의료법」 제3조 제2항 제3호에 따른 병원급 의료기관(치과병원은 제외한다)의 상급병상을 이용하는 경우에는 입원료를 포함한 입원실 이용비용 전액(다만, 격리치료 대상인 환자가 1인실에 입원하는 경우 등 보건복지부장관이 정하여 고시하는 불가피한 경우는 제외한다) (...), 나. 가목에도 불구하고 다음 각 항목에 해당하는 경우에는 다음의 구분에 따른 비용 (...), 다. 법 제51조에 따라 장애인에게 보험급여를 실시하는 보장구를 제외한 보조기·보청기·안경 또는 콘택트렌즈 등 보장구. 다만, 보청기 중 보험급여의 적용을 받게 될 수술과 관련된 치료재료인 보건복지부장관이 정하여 고시하는 보청기는 제외한다, 마. 친자확인을 위한 진단, 바. 치과의 보철(보철재료 및 기공료 등을 포함) 및 치과임플란트를 목적으로 실시한 부가수술(골이식수술 등을 포함). 다만, 보건복지부장관이 정하여 고시하는 65세 이상인 사람의 틀니 및 치과임플란트는 제외한다, 사. 및 아. 삭제, 자. 이 규칙 제8조의 규정에 의하여 보건복지부장관이 고시한 약제에 관한 급여목록표에서 정한 일반의약품으로서 「약사법」 제23조에 따른 조제에 의하지 아니하고 지급하는 약제, 차. 및 카. 삭제, 타. 「장기등 이식에 관한 법률」에 따른 장기이식을 위하여 다른 의료기관에서 채취한 골수 등 장기의 운반에 소요되는 비용, 파. 「마약류 관리에 관한 법률」 제40조에 따른 마약류중독자의 치료보호에 소요되는 비용, 하. 이 규칙 제11조제1항 또는 제13조제1항의 규정에 따라 요양급여대상 또는 비급여대상으로 결정·고시되기 전까지의 행위·치료재료(「신의료기술평가에 관한 규칙」 제2조제2항에 따른 평가 유예 신의료기술을 포함하되, 같은 규칙 제3조 제3항에 따라 서류를 송부받은 경우와 같은 규칙 제3조의4에 따른 신의료기술평가 결과 안전성·유효성을 인정받지 못한 경우에는 제외). 다만, 제11조제9항 또는 제13조제1항 후단의 규정에 따라 소급하여 요양급여대상으로 적용되는 행위·치료재료(「신의료기술평가에 관한 규칙」 제2조제2항에 따른 평가 유예 신의료기술을 포함한다)는 제외한다, 거. 「신의료기술평가에 관한 규칙」 제3조제8항제2호에 따른 제한적 의료기술, 너. 「의료기기법 시행규칙」 제32조제1항제6호에 따른 의료기기를 장기이식 또는 조직이식에 사용하는 의료행위, 더. 그 밖에 요양급여를 함에 있어서 비용효과성 등 진료상의 경제성이 불분명하여 보건복지부장관이 정하여 고시하는 검사·처치·수술 기타의 치료 또는 치료재료.

18) 가. 보건복지부장관이 정하여 고시하는 행위 및 치료재료, 나. 질병군 진료 외

6의2. 영 제21조 제3항 제3호에 따른 호스피스·완화의료 입원진료의 경우에는 제1호부터 제3호까지, 제4호 나목(2)·더목에 해당되는 행위·약제 및 치료재료. 다만, 제2호 사목, 제3호 아목 및 제4호 더목은 보건복지부장관이 정하여 고시하는 행위 및 치료재료에 한정한다.
7. 건강보험제도의 여건상 요양급여로 인정하기 어려운 경우[19]
8. 약사법령에 따라 허가를 받거나 신고한 범위를 벗어나 약제를 처방·투여하려는 자가 보건복지부장관이 정하여 고시하는 절차에 따라 의학적 근거 등을 입증하여 비급여로 사용할 수 있는 경우. 다만, 제5조 제4항에 따라 중증환자에게 처방·투여하는 약제 중 보건복지부장관이 정하여 고시하는 약제는 건강보험심사평가원장의 공고에 따른다.

비급여대상이 되는 의료행위의 가격은 요양기관이 보건소에 신고를 거쳐 자유로이 정한다. 그렇기 때문에 의료기관들이 저수가로 발생하는 재정적자를 메우기 위해 또는 더 큰 수익을 얻기 위해 비급여대상에 속하는 의료서비스(예: 초음파검사, 자기공명진단검사, 상급병실료차액, 지정진료료 등)를 개발하고 고가의 진단장비를 앞다투어 도입하는 부작용이 발생하기도 한다.[20] 더 나아가 비급여진료가 중심을 이루는 전문과(예: 성형외과, 안과, 피부과 등)에 우수한 의료인력이 집중되고, 급여진료가 대부분을 차지하는 전문과는 외면되는 병리적 현상도 심각한 문제가 되고 있다.

(나) 임의비급여의 문제 　국민건강보험법 제41조 제1항이 열거한 요양급여의 종류에 해당되는 행위이지만 보건복지부장관이 고

의 목적으로 투여된 약제.

19) 가. 보건복지부장관이 정하여 고시하는 한방물리요법, 나. 한약첩약 및 기상한의서의 처방 등을 근거로 한 한방생약제제.

20) 노인철, 「의료보험 비급여의 현황과 정책과제」, 보건복지포럼, 통권 제18호, 한국보건사회연구원, 1998, 66-67쪽.

시한 요양급여의 목록에도 포함되지 않음은 물론 비급여대상으로 열거되지도 않은 행위'를 '임의비급여'라고 부른다.[21]

> 예컨대 골수이식을 받은 환자가 회복과정에서 원인을 알기 어려운 고열이 나는 경우 골수이식 거부반응을 시기에 늦지 않게 예방하기 위해 — 요양급여기준에 따라 혈액의 균 배양 검사를 한 뒤 낮은 단위의 항생제를 투여하지 않고 — 일단 처음부터 고단위 항생제를 허가 용량을 초과해서 사용하고 환자로부터 그 치료비를 받는 경우를 들 수 있다.

ㄱ) 사적 계약의 원칙적 금지　　대법원은 2012.6.18. 전원합의체 판결을 통해 − 그동안 임의비급여 행위에 기초한 비용에 대한 사적 계약이 전면적으로 금지된다고 보아 왔던 입장(대판 99두4204, 대판 2003두13434)과는 달리 − 사적 계약이 원칙적으로는 금지되나 예외적으로는 인정된다고 보았다(대판 2010두27639, 2010두27646(병합)).[22] 이 판결에서 대법원은 요양기관이 요양급여의 인정기준에 관한 법령에서 정한 "기준과 절차에 따르지 아니하고 임의로 비급여 진료행위를 하고 가입자 등과 사이에 요양 비급여로 하기로 상호 합의하여 그 진료비용 등을 가입자 등으로부터 지급받은 경우"에는 당시 시행되던 「국민건강보험법」 제52조 제1항, 제4항(2012.9.1.부터 시행된 전부개정법 제57조 제1항, 제4항)과 제85조 제1항 제1호(전부개정법 제98조 제1항 제1호)에서 규정한 '사위 기타 부당한 방법' 또는 '속임수나 그 밖의 부당한 방법'으로 가입자 등으

---

21) 보건복지부에서 분류한 임의비급여의 유형에 대해서는 허순임, 「건강보험 보장성 확보를 위한 정책 과제」, 보건복지포럼, 통권 제140호, 한국 보건사회연구원, 2008, 35쪽 참조.

22) 대법원은 이 판결에서 "대법원 2007.6.15. 선고 2006두10368 판결 등을 비롯한 같은 취지의 판결들은 이 판결의 견해와 저촉되는 범위에서 이를 모두 변경한다"고 밝혔다.

로부터 요양급여비용을 받거나 가입자 등에게 이를 부담하게 한 때'에 해당한다고 보았다. 특히 대법원은 이와 같은 원칙적 금지를 모든 국민의 보편적인 "공공복리의 증진"이라는 국민건강보험의 '공공성'으로부터 도출한다.[23)]

> 국민건강보험제도는 보험재정의 허용한도 내에서 가입자 등에게 비용과 대비하여 효과적이면서도 의학적으로 안전성과 유효성을 갖춘 진료행위를 요양급여로 제공하고, 그 보험혜택을 모든 국민이 보편적으로 누릴 수 있도록 함으로써 공공복리의 증진을 도모하기 위한 제도이다. (...) 따라서 요양기관은 법정 비급여 진료행위가 아닌 한 원칙적으로 요양급여의 인정기준에 관한 법령에서 정한 기준과 절차에 따라 요양급여를 제공하고, 보험자와 가입자 등으로부터 요양급여비용을 지급받을 때에도 그 산정기준에 관한 법령에서 정한 기준과 절차에 따라야 한다. 그러므로 요양기관이 그러한 기준과 절차를 위반하거나 초과하여 가입자 등으로부터 요양급여비용을 받은 경우뿐 아니라, 그 기준과 절차에 따르지 아니하고 임의로 비급여 진료행위를 하고 가입자 등과 사이에 요양 비급여로 하기로 상호 합의하여 그 진료비용 등을 가입자 등으로부터 지급받은 경우도 위 기준에 위반되는 것으로서 원칙적으로 구 국민건강보험법 제52조 제1항, 제4항과 제85조 제1항 제1호, 제2항에서 규정한 '사위 기타 부당한 방법으로 가입자 등으로부터 요양급여비용을 받거나 가입자 등에게 이를 부담하게 한 때'에 해당한다고 할 것이다(대판 2010두27639, 2010두27646(병합)).

사적 계약 체결이 '속임수나 그 밖의 부당한 방법'에 해당하면 공단은 당해 요양기관으로부터 그 비급여비용을 부당이득으로 보고 이를 징수하여 가입자 또는 피부양자에게 지급하여야 한다. 이

---

23) 이러한 이 단락의 설명은 김나경, 「의료보험의 법정책」, 142-143쪽의 내용을 일부 수정하고 요약한 것이다.

경우 공단은 가입자나 피부양자에게 지급하여야 하는 금액을 그 가입자 및 피부양자가 내야 하는 보험료 등과 상계할 수 있다(국민건강보험법 제57조 제5항).[24]

또한 이 경우 보건복지부장관은 1년의 범위 안에서 요양기관의 업무정지를 명하거나(동법 98조 제1항 제1호) 경우에 따라서는 해당 금액의 5배 이하의 범위 내에서 과징금을 부과·징수할 수 있다(동법 제99조 제1항).

ㄴ) 사적 계약의 예외적 허용　　그러나 대법원은 일정한 요건이 갖추어진 경우에는 대가를 전제로 하는 임의비급여 행위가 부당하다고 볼 수 없다고 하였다: ① 요양급여/비급여로의 편입 절차의 부재 또는 행위의 시급성, ② 의학적 안전성과 유효성, ③ 의학적 필요성, ④ 사전 합의(당해 의료행위의 내용과 비용에 대한 충분한 설명과 동의).[25] 아울러 대법원은 당해 의료행위를 행함에 있어서 가입자 등에게 미리 그 "비용"에 대해 충분히 설명하고 동의를 받는 과정이 필요함을 언급한다는 점에서 간접적으로나마 비용 징수의 필요성을 이미 요건으로 삼고 있다. 대법원은 이와 같은 요건을 충족시킨 경우 사적 계약을 예외적으로 허용할 필요성을 특히 의료인의 "최선의 진료를 다할 의무" 또는 "의료의 질" 향상의 의무 그리고 환자가 '과도한 비용부담 없이 유효하고 적절한 진료를 받을 권리'에서 도출한다.

요양기관이 국민건강보험의 틀 밖에서 임의로 비급여 진료행위를 하

---

24) 대판 99두12250; 다만 이 사안은 현재 폐지된 공무원및사립학교교직원의료보험법의 시행을 전제로 한 것이었으며 언급한 조항은 현행 국민건강보험법에서 상응하는 규정을 명시한 것이다; 그 밖에 같은 요지의 판례로는 대판 2003두13434 참조.

25) 대법원 전원합의체 판결에 대한 이 단락의 설명은 김나경, 「의료보험의 법정책」, 143쪽의 내용 중 일부를 요약한 것이다.

고 그 비용을 가입자 등으로부터 지급받은 경우라도 ① 그 진료행위 당시 시행되는 관계 법령상 이를 국민건강보험 틀 내의 요양급여대상 또는 비급여대상으로 편입시키거나 관련 요양급여비용을 합리적으로 조정할 수 있는 등의 절차가 마련되어 있지 아니한 상황에서, 또는 그 절차가 마련되어 있다 하더라도 비급여 진료행위의 내용 및 시급성과 함께 그 절차의 내용과 이에 소요되는 기간, 그 절차의 진행 과정 등 구체적 사정을 고려해 볼 때 이를 회피하였다고 보기 어려운 상황에서, ② 그 진료행위가 의학적 안전성과 유효성뿐 아니라 요양급여 인정기준 등을 벗어나 진료하여야 할 의학적 필요성을 갖추었고, ③ 가입자 등에게 미리 그 내용과 비용을 충분히 설명하여 본인 부담으로 진료받는 데 대하여 동의를 받았다면, 이러한 경우까지 '사위 기타 부당한 방법으로 가입자 등으로부터 요양급여비용을 받거나 가입자 등에게 이를 부담하게 한 때'에 해당한다고 볼 수는 없다(대판 2010두27639, 2010두27646(병합)).

[입증책임의 문제] 다만 이 사안에서 대법원은 사적 계약의 예외적 정당성에 대한 입증 책임이 – 과징금 부과와 부당이득 징수라는 – 행정처분의 처분 주체인 피고(보건복지부장관과 국민건강보험공단)에게 있는 것이 아니라 원고인 요양기관에게 있다고 보아, 문제된 의료행위의 부분에 대해 "구체적으로 심사"하지 않은 원심판결을 파기 환송하였다: "요양기관이 임의로 비급여 진료행위를 하고 그 비용을 가입자 등으로부터 지급받더라도 그것을 부당하다고 볼 수 없는 사정은 이를 주장하는 측인 요양기관이 증명하여야 한다"(대판 2010두27639, 2010두27646(병합)).

ㄷ) 임의비급여 존재의 필연성과 허용의 당위성 국민건강보험법 제41조 제3항과 요양급여규칙 제8조 제2항의 규정은 문법적으로는 국민건강보험의 보험급여대상인 행위를 지정하는 것을 넘어서서 '임의비급여' 진료를 금지하는 것인지 명백하지 않다.[26] 하

26) 임의비급여의 법적 통제에 관한 이 단락의 내용은 김나경, 「의료행위의 규범

지만 임의비급여의 존재는 의료의 본질상 필연적이며[27] (①) 더 나아가 그 인정의 당위성[28] (②) 또한 존재한다: ① 의료기술의 발전으로 법규정에 목록화되어 있지 않은 새로운 유형의 의료행위는 지속적으로 생겨난다. 하지만 건강보험의 재정적 한계로 인해 국민건강보험상 요양급여는 "체계의 경제성"[29]을 고려하여 목록화되며, 요양급여대상 여부의 결정 신청 제도 역시 진단이나 치료의 다양성을 모두 흡수할 수 없다. 다른 한편 신의료기술 평가 절차 역시 임상에서 요청되는 만큼 신속히 진행되기 어려우며 보건복지부에 의해 세부적 의료행위 방식 등의 통제를 받으므로,[30] 「요양급여규칙」에 따른 이른바 '한시적' 비급여의 인정(동 규칙 제9조 <별표2>의 4호 하목) 역시 임의비급여 존재의 필연성을 부정하는 근거가 될 수 없다. ② 공보험체계 하에서 규격화된 요양급여의 수준은 최선의 진료뿐만 아니라 적정진료의 수준에도 미치지 못할 수 있다. 그렇다면 특히 희귀 또는 난치의 질환을 앓고 있는 환자의 수진권이나 보건권 또는 건강권이라는 관점에서는, 요양급여의 목록에 포함되어 있지 않은 다양한 방식의 치료의 제공은 금지되는 것이 아니라 오히려 "명령된다".[31] 다른 한편 의료인의 입장에서도 환자에 대한 최선의 진료는 직업수행의 권리의 내용이자 의료인의 소명이며, 더 나아가 많은 비용이 소요되기 쉬운 새로운 기술의 의료행위

적 통제 방식에 대한 소고(小考) — 독일의 의료보험체계에 비추어 본 임의비급여 통제의 정당성」, 인권과 정의, 제392호, 2009, 77-78쪽의 내용을 다시 요약하고 정리한 것이다.

27) 이러한 점에 대한 설명은 김나경, 「의료보험의 법정책」, 148-149쪽의 내용 중 일부를 요약·재구성한 것이다.

28) 이러한 점에 대한 설명은 김나경, 「의료보험의 법정책」, 150-151쪽의 내용 중 일부를 요약·재구성한 것이다.

29) Bundesärztekammer, (Deutschland), Diskussionsentwurf (2005.5.1.), 5쪽.

30) 이러한 점에 대한 상세한 설명은 김나경, 「의료보험의 법정책」, 120-121쪽 참조.

31) Bundesärztekammer (Deutschland), Diskussionsentwurf (2005.5.1.), 6쪽.

를 의료인이 환자에게 무상으로 수행하기는 어렵다.

(2) 기타 급여

1) **건강검진**

국민건강보험공단이 제공하는 현물급여는 요양급여 이외에도 국민건강보험법 제52조에서 규정하는 '건강검진'이 있다. 국민건강보험공단은 가입자 및 피부양자에 대해 질병을 조기에 발견하고 그에 따른 요양급여를 하기 위해 건강검진을 실시하는데(국민건강보험법 제52조 제1항), 그러한 건강검진에는 일반건강검진, 암검진 그리고 영유아건강검진이 있다(동법 제52조 제2항). 일반건강검진은 2년마다 1회 이상 실시하되 사무직에 종사하지 않는 직장가입자에 대하여는 1년에 1회 실시하며, 암검진은「암관리법 시행령」에서 정한 바에 따르며, 영유아건강검진은 영유아의 연령 등을 고려하여 보건복지부장관이 고시하는 바에 따라 검진주기와 검진횟수를 달리할 수 있다(동법 시행령 제25조 제1항). 각 건강검진의 대상자는 다음과 같다(동법 제52조 제2항):

- **일반건강검진**: 직장가입자, 세대주인 지역가입자, 40세 이상인 지역가입자 및 40세 이상인 피부양자
- **암검진**:「암관리법」제11조 제2항에 따른[32] 암의 종류별 검진주기와 연령 기준 등에 해당하는 사람
- **영유아건강검진**: 6세 미만의 가입자 및 피부양자

---

32) 암관리법 제11조 제2항에 기초하여 암의 종류별 검진주기와 연령기준을 정하는 암관리법 시행령 제8조 및 별표 1에 따르면, 위암의 경우 2년(검진주기)/40세 이상의 남·여(검진대상), 간암은 6개월/40세 이상의 남·여 중 간암 발생 고위험군, 대장암은 1년/50세 이상의 남·여, 유방암은 2년/40세 이상의 여성, 자궁경부암은 2년/20세 이상의 여성, 폐암은 2년/54세 이상 74세 이하의 남·여 중 폐암 발생 고위험군이다.

2) 현금급여

국민건강보험공단은 요양급여나 건강검진과 같은 현물급여 이외에 '현금'급여를 지급하기도 한다. 현재 국민건강보험법에 규정되어 있는 현금급여대상에는 요양비(국민건강보험법 제49조), 임신·출산 진료비(동법 제50조 및 시행령 제23조 제1항)가 있다. 임신·출산 진료비의 지원대상은 임신·출산한 가입자나 피부양자 그리고 출산한 가입자 또는 피부양자가 사망한 경우에는 1세미만인 가입자 또는 피부양자의 법정대리인이다(동법 시행령 제23조 제2항).[33]

5. 요양기관과 요양급여비용

(1) 요양급여의 주체

국민건강보험체계에서 가입자(및 피부양자)에게 보험급여로서 '간호 및 이송'을 제외한 '요양급여'(국민건강보험법 제41조)나 '건강검진'(동법 제52조)을 제공하는 주체를 '요양기관'이라 한다.

㈎ **요양기관 당연지정제** 국민건강보험체계는 이른바 요양기관 '당연지정제'를 시행하므로, 동법 제42조 제1항에 해당하는 의료기관이면 당연히 요양기관이 된다.

> **국민건강보험법 제42조(요양기관)** ① 요양급여(간호와 이송은 제외한다)는 다음 각 호의 요양기관에서 실시한다. 이 경우 보건복지부장관은 공익이나 국가정책에 비추어 요양기관으로 적합하지 아니한 대통령령으로 정하는 의료기관 등은 요양기관에서 제외할 수 있다.
> 1. 「의료법」에 따라 개설된 의료기관

33) 임신·출산진료비는 임신·출산과 관련된 진료 및 임신·출산과 관련하여 처방된 약제·치료재료의 구입에 드는 비용 그리고 1세 미만 영유아의 진료 및 1세 미만 영유아에게 처방된 약제·치료재료의 구입에 드는 비용을 결제할 수 있는 이용권을 발급하는 방식으로 지급된다(국민건강보험법 시행령 제23조 제3항).

2. 「약사법」에 따라 등록된 약국
3. 「약사법」 제91조에 따라 설립된 한국희귀·필수의약품센터
4. 「지역보건법」에 따른 보건소·보건의료원 및 보건지소
5. 「농어촌 등 보건의료를 위한 특별조치법」에 따라 설치된 보건진료소

⑤ (...) 요양기관은 정당한 이유없이 요양급여를 거부하지 못한다.

이와 같은 요양기관 당연지정제(혹은 요양기관 '강제'지정제)는 요양급여를 제공할 수 있는 적정한 수의 의료기관을 확보하고 사회보험인 건강보험의 일정한 수준을 유지하기 위한 것이지만, 위헌의 소지가 높다. 그러나 헌법재판소는 합헌결정을 내린 바 있다.

> 일정 비율의 의료기관에게 일반의로서 진료할 수 있는 예외를 허용한다면, 의료공급시장의 자유경쟁에서 살아남기 힘든 의료기관은 건강보험에 편입되기를 원할 것이고 보다 양질의 의료행위를 제공할 수 있는 경쟁력 있는 의료기관이나 의료인은 요양기관으로서의 지정에서 벗어나 일반의로서 활동하게 될 것이라는 점이 쉽게 예상된다. 이렇게 되면 보험진료는 결국 2류 진료로 전락하고, 그 결과 다수의 국민이 고액의 진료비를 지불해야 하는 일반진료를 선호하게 되며 중산층 이상의 건강보험의 탈퇴요구와 맞물려 자칫 의료보험체계 전반이 흔들릴 위험이 있다. 그리고 의료보험법과 국민건강보험법은 의료행위를 비급여대상으로 제공할 수 있는 가능성을 인정하고 있는 바, 현재의 의료보험수가제도에 미흡한 점이 있다 하더라도, 요양기관 강제지정제도 하에서도 의료인이 의료행위를 통하여 개인의 직업관을 실현하고 인격을 발현할 수 있는 여지를 어느 정도 가지고 있다(헌재 99헌바76).

입법론적으로는 보험자와 의료기관이 계약에 의해 요양기관이 되는 요양기관계약제를 도입하는 것이 타당하다. 요양기관계약제가 도입되면 건강보험과 자유의료시장이 서로 경쟁적으로 발전할 수

있는 가능성이 열릴 수 있다.

㈏ **요양급여의 거부금지** 요양기관은 정당한 이유 없이 요양급여를 거부하지 못하는데(국민건강보험법 제42조 제5항), 이러한 규율은 공공성이라는 사회보험법의 성격에 기초한 것이다. 현행법상 모든 의료기관이 요양기관이므로 요양급여거부의 금지는 실질적으로 모든 의료의 거부를 금지하는 셈이 되지만, 요양기관계약제에 의해 일부 자유의료시장을 허용한다면 의료법상 진료거부금지조항(의료법 제15조 제1항)은 삭제됨이 타당할 것이다.

(2) 요양급여비용

요양기관이 가입자에게 요양급여를 제공하고 공단에 청구하여 받게 되는 비용을 요양급여비용이라고 한다.

1) 요양급여비용 계약제

현행 국민건강보험법에 따르면 요양급여비용은 보험자인 '국민건강보험공단'의 이사장과 대통령령이 정하는 '의약계를 대표하는 사람들' 사이의 1년 단위의 계약으로 결정된다(국민건강보험법 제45조 제1항).[34] 이를 '수가계약제'라고 한다.[35]

[수가계약의 성격과 가입자의 참여] 수가계약은 계약의 일종인데, 의료의 형평성과 공공성을 추구하는 사회보장법상의 계약이면서, 요양기관의 대표단체의 장이 체결하면 그 효력이 당해 단체에 소속된 개별 요양기관들 모두에게 미치는 단체계약이다. 사회법적 계약으로서 수

34) 현행법상 의료보험수가의 결정과정에 대해서는 최희경, 「의료보험수가 결정과정과 정부의 역할」, 한국행정학보, 제38권 제2호, 2004, 127쪽 이하 참조; 그 밖에 수가결정에 영향을 미치는 요인들에 대해서는 김순양, 「의료보험수가 결정에 영향을 미치는 요인에 관한 연구」, 한국사회복지학회, 제23권, 1994, 21쪽 이하 참조.

35) 수가계약제에 관한 자세한 분석으로 이상돈, 『수가계약제의 이론과 현실』, 세창출판사, 2009 참조.

가계약의 당사자에는 보험자와 요양기관 이외에 가입자가 포함되는 것이 이론적으로 타당하다. 현재는 공단 내의 재정운영위원회가 가입자 대표기구로 기능하며, 재정운영위원회는 수가조정률의 범위를 실질적으로 결정하는 힘을 발휘하고 있지만 진정한 의미의 가입자 대표기구라고 보기는 어렵다. 재정운영위원회가 진정한 가입자 대표기구가 되려면 보험자의 조직에서 독립된 조직이 되어야 하고, 의료이념적으로 중립적인 위원들로 구성될 필요가 있을 것이다.

(가) 유형별 수가계약제 　현재 수가계약은 요양기관의 유형(예: 의원, 병원, 한의원, 치과, 조산사, 보건소)에 따라 나뉘어 체결된다(유형별 수가계약제). 그러므로 의약계를 대표하는 자는 각 유형의 요양기관의 대표단체(예: 의협, 병협 등)의 장을 가리킨다. 현재 요양급여비용은 각 의료행위마다 정해진 상대가치점수에다 점수당 단가(환산지수)를 곱하여 — 아울러 요양기관 종별가산율(예: 의원 15%, 병원 20% 등)을 곱하여 — 계산된다. 이때 계약은 오로지 점수당 단가를 얼마로 할 것인가에 대해서만 이루어진다.

요양급여비용(수가) = 상대가치점수 × 점수당 단가(환산지수) × (종별 가산율)

(나) 현행 수가계약제의 문제점 　그러나 수가계약은 지속적으로 결렬되어 왔으며, 결렬되는 경우 건강보험정책심의위원회의 심의·의결을 거쳐 보건복지부장관이 수가를 고시하게 된다. 계약이 결렬될 경우 이를 조정하고 중재하는 기구가 없어 요양기관의 입장에서 보면 고시수가는 매우 낮은 수준에서 결정되어 왔다.

2) 본인부담금

수가계약에 의해 정해지는 요양급여비용은 요양기관이 요양급여를 할 때 소요되는 실제의 총비용을 전부 보상하는 규모가 아니다. 그렇기 때문에 요양급여를 받는 자는 그 비용의 일부를 부담하게 되는데(국민건강보험법 제44조), 이를 본인부담금이라고 한다. 국민건강보험법 시행령 제19조와 별표 2는 본인부담률 및 부담액을 구체적으로 정한다.

> 예를 들어, 일반환자가 동지역의 종합병원에서 보건복지부장관이 정하는 의료장비를 이용한 외래진료를 받은 경우 환자가 부담할 본인부담금은 요양급여총액의 50/100이며, 같은 진료를 동지역의 병원에서 받은 경우에는 요양급여총액의 40/100가 본인부담금액이 된다.

현재 우리나라의 본인부담금이 보건의료재정 중 차지하는 비율은 주요 선진국에 비해 상대적으로 높다.[36] 높은 본인부담금은 가입자가 보험료를 내고도 요양급여를 충분히 보장받지 못함을 의미하는데, 이를 현재 국민건강보험의 '저보장성'이라고 표현할 수 있을 것이다. 하지만 저보장성이 요양급여의 의학적 수준이 낮음을 의미하는 것은 아니다.

3) 요양급여비용의 청구

요양기관이 보험공단에 요양급여비용을 청구하기 위해서는 우선 건강보험심사평가원에 요양급여비용의 심사청구를 해야 한다(국민건강보험법 제47조 제2항). 이 심사청구는 주로 전자문서교환(EDI)의 방식으로 이루어진다. 건강보험심사평가원은 심사 후 지체 없이 그 내용을 공단 및 요양기관에 통보해야 하며(동법 제47조 제2항), 심사내용을 통보받은 공단은 지체 없이 그 내용에 따라 요양급여비용을 요양기관에게 지급해야 한다(동법 제47조 제3항).

---

36) 장동민, 「전국민의료보험하의 보건의료의 형평성」, 48쪽.

Ⅲ 국민건강보험의 정책 수립과 평가

국민건강보험법 체계하에서는 국민건강보험공단 외에도 국민건강보험의 관리와 운영을 위해 '건강보험정책심의위원회'와 '건강보험심사평가원'이 설립되어 운영되고 있다.

1. 건강보험정책심의위원회

국민건강보험법은 요양급여의 기준, 요양급여비용에 관한 사항, 직장가입자의 보험료율 및 지역가입자의 보험료부과점수당 금액에 관한 심의와 의결을 위해 보건복지부장관 소속하에 '건강보험정책심의위원회'를 둔다(국민건강보험법 제4조 제1항).

(1) 건강보험정책심의위원회의 업무

그 주된 업무는 요양급여기준, 보험료율, 보험료부과점수당 금액 그리고 수가계약 결렬시 요양급여비용을 정하는 심의·의결 등이 있다.

국민건강보험법 제4조(건강보험정책심의위원회) ① 건강보험정책에 관한 다음 각 호의 사항을 심의·의결하기 위하여 보건복지부장관 소속으로 건강보험정책심의위원회(이하 "심의위원회"라 한다)를 둔다.

1. 제3조의2 제1항 및 제3항에 따른 종합계획 및 시행계획에 관한 사항(심의에 한정한다)
2. 제41조 제3항에 따른 요양급여의 기준
3. 제45조 제3항 및 제46조에 따른 요양급여비용에 관한 사항
4. 제73조 제1항에 따른 직장가입자의 보험료율
5. 제73조 제3항에 따른 지역가입자의 보험료부과점수당 금액
6. 그 밖에 건강보험에 관한 주요 사항으로서 대통령령으로 정하는

사항

② 심의위원회는 위원장 1명과 부위원장 1명을 포함하여 25명의 위원으로 구성한다.

③ 심의위원회의 위원장은 보건복지부차관이 되고, 부위원장은 제4항 제4호의 위원 중에서 위원장이 지명하는 사람이 된다.

④ 심의위원회의 위원은 다음 각 호에 해당하는 사람을 보건복지부장관이 임명 또는 위촉한다.

1. 근로자단체 및 사용자단체가 추천하는 각 2명
2. 시민단체(「비영리민간단체지원법」 제2조에 따른 비영리민간단체를 말한다. 이하 같다), 소비자단체, 농어업인단체 및 자영업자단체가 추천하는 각 1명
3. 의료계를 대표하는 단체 및 약업계를 대표하는 단체가 추천하는 8명
4. 다음 각 목에 해당하는 8명

가. 대통령령으로 정하는 중앙행정기관 소속 공무원 2명

나. 국민건강보험공단의 이사장 및 건강보험심사평가원의 원장이 추천하는 각 1명

다. 건강보험에 관한 학식과 경험이 풍부한 4명

⑤ 심의위원회 위원(제4항 제4호 가목에 따른 위원은 제외한다)의 임기는 3년으로 한다. 다만, 위원의 사임 등으로 새로 위촉된 위원의 임기는 전임위원 임기의 남은 기간으로 한다.

⑥ 심의위원회의 운영 등에 필요한 사항은 대통령령으로 정한다.

(2) 구조적인 문제점

건강보험정책심의위원회의 구성을 보면 공익대표는 실질적으로는 4명에 불과해 가입자 대표위원과 공급자대표위원들 사이에 의견이 대립할 때 그들이 캐스팅보트를 쥘 수 없다는 문제점이 있다. 따라서 공익대표의 비율을 캐스팅보트가 가능한 수준으로 높이고, 보험자나 의료공급자나 가입자기구 등과 당파적인 관련을 맺는 사

람들은 공익대표의 제척·기피·회피 대상이 되게 할 필요가 있다. 또한 수가계약이 결렬되었을 때에는 공익대표가 중심이 되어 보험자와 요양기관대표단체 사이에 조정이나 중재의 기능을 수행할 수 있게 하는 방안도 강구되어야 한다.

2. 건강보험심사평가원

국민건강보험법은 요양급여비용을 심사하고 요양급여의 적정성을 평가하기 위한 기관으로 건강보험심사평가원을 설립한다(국민건강보험법 제62조). 평가원의 성격은 '법인'이다(동법 제64조). 건강보험심사평가원이 관장하는 업무는 다음과 같다.

국민건강보험법 제63조(업무 등) ① 심사평가원은 다음 각 호의 업무를 관장한다.
1. 요양급여비용의 심사
2. 요양급여의 적정성 평가
3. 심사기준 및 평가기준의 개발
4. 제1호부터 제3호까지의 규정에 따른 업무와 관련된 조사연구 및 국제협력
5. 다른 법률에 따라 지급되는 급여비용의 심사 또는 의료의 적정성 평가에 관하여 위탁받은 업무
6. 그 밖에 이 법 또는 다른 법령에 따라 위탁받은 업무
7. 건강보험과 관련하여 보건복지부장관이 필요하다고 인정한 업무
8. 그 밖에 보험급여 비용의 심사와 보험급여의 적정성 평가와 관련하여 대통령령으로 정하는 업무

Ⅳ 행정구제

1. 이의신청

보험급여 등과 관련한 이의신청을 하는 경우에는 크게 두 가지가 있다. ① 가입자 및 피부양자의 자격·보험료등·보험급여 및 보험급여비용 등에 관한 공단의 처분에 이의가 있는 경우, ② 심사평가원이 행한 요양급여비용 및 요양급여의 적정성에 대한 평가에 이의가 있는 경우이다. 첫 번째 경우에는 '국민건강보험공단'에 그리고 두 번째 경우에는 '심사평가원'에 이의신청을 하며(국민건강보험법 제87조 제1항 및 제2항), 공단 또는 심사평가원은 이의신청을 받은 날부터 60일 이내에 결정을 하여야 한다. 다만, 부득이한 사정이 있는 경우에는 30일의 범위 안에서 그 기간을 연장할 수 있다(동법 시행령 제58조 제1항).

2. 심판청구

이의신청에 의해 충분한 권리구제를 받지 못한다면, 다시 보건복지부 소속하의 건강보험분쟁조정위원회에 심판청구를 할 수 있다(국민건강보험법 제88조).

3. 행정소송

공단이나 심사평가원의 처분에 이의가 있는 자 그리고 이의신청 또는 심판청구에 대한 결정에 불복하는 자는 행정소송법이 정하는 바에 따라 행정소송을 제기할 수 있다(국민건강보험법 제90조).

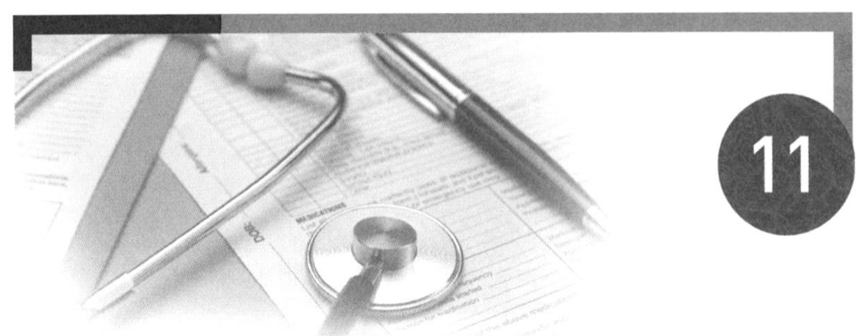

11

보건예방법

I 의　　의

1. 보건예방의 의의

의료에서 국가적 '통제'와 '후견적 간섭'이 두드러지게 등장하는 영역은 이른바 '보건예방'의 영역이다. 보건예방의 영역에서는 한편으로는 환자의 '치료' 그리고 다른 한편으로는 '예방'에 기초한 '사회통제' 이념이 끊임없이 대립한다. 특히 후천성 면역결핍증에 대한 규율의 문제에서는 이러한 이념의 대립이 잘 드러난다. 여기서는 감염성 질환에 대한 규제의 전형적 특징인 '치료와 예방의 갈등'이 두드러지며, 더 나아가 사회적 약자[1]의 소외 문제가 함께 결합되어 있다. 최근 코로나19 팬데믹을 경험하면서 감염성 질환의

1) 여기서 사회적 약자는 사회적 소수자와 구별되는 용어이다. 가령 AIDS환자를 사회적 소수자로 개념화하는 것은 이미 그들의 인권에 대한 시민의식이 매우 취약함을 보여준다.

관리를 둘러싼 다양한 문제들이 활발히 논의되고 있는데, 「후천성 면역결핍증 예방법」에 대한 이해를 통해 감염병의 규율에서 염두에 두어야 할 법적 이념과 인권에 대한 이해의 기초를 마련할 수 있을 것이다.

2. 후천성면역결핍증 예방법

후천성 면역결핍증(Acquired Immune Deficiency Syndrome: 이하 "AIDS")은 '인체면역결핍바이러스(Human Immunedeficiency Virus: 이하 "HIV")에 감염되고 이로 인해 에이즈관련증후군(ARC: AIDS-related Complex)[2] 등의 증상과 폐렴, 결핵, 가포시육종 등과 같은 기회감염의 증상을 나타내는 질환'이다. 「후천성 면역결핍증 예방법」(이하 "AIDS 예방법")은 1987년 제정되었으며, 신고 및 보고, 검진, 감염인의 보호 · 지원 등에 대해 규정하고 있다.

Ⅱ 문제 구조

1. 규제 이념: '치료'와 '예방'

AIDS는 HIV에 감염되어 발생하는 감염성 질병으로, 「감염병의 예방 및 관리에 관한 법률」(이하 "감염병 예방법"이라 한다)에 따르면 AIDS는 "간헐적으로 유행할 가능성이 있어 계속 그 발생을 감시하고 방역대책의 수립이 필요한" "제3군 감염병"으로 분류되어 있

---

2) 이에 해당되는 증상으로는 발열, 오한, 설사, 아구창, 체중감소, 심한 피로감, 식욕부진, 불면증, 면역기능의 감소에 따른 여러 감염증과 피부질환 등이며, 감염자의 40-60%는 치매 등과 같은 신경계의 이상증상도 보인다고 한다. 이에 대해서는 최강원, 『'후천성 면역결핍증', 인간생명과학』, 서울대학교 출판부, 1993, 254쪽 참조.

다(감염병 예방법 제2조 제4호 거목). 이러한 감염성 질병에 대한 법적 규제는 '치료'와 '예방'을 궁극적 목표로 한다. AIDS 예방법 제1조가 제시하는 "후천성면역결핍증의 예방·관리" 그리고 "감염인의 보호·지원"의 목적은 '예방'과 '치료'의 이념에 각각 상응한다.

AIDS 문제에서 '치료'란 일차적으로는 (감염인과 비감염인 모두를 포함한) HIV 감염 여부의 진단(검진) 그리고 이차적으로는 AIDS로의 발병률을 낮추는 것을 의미한다. 그리고 '예방'은 비감염인을 HIV의 감염으로부터 보호하는 것이다. 이는 한편으로는 HIV 감염자의 전파매개행위를 차단하고 다른 한편으로는 추가적인 감염인 발생을 방지하기 위해, 감염되었을 위험이 있는 자들(예를 들어 감염인의 배우자)을 관리하고 감염위험가능성에 대해 고지하며 예방대책을 교육하는 것 등을 의미한다.[3)]

2. 이념의 갈등

(1) 국가적 강제와 환자의 자율성

치료와 예방의 이념은 서로 갈등을 빚기 쉽다. 의료에서 치료의 기본원리는 '설명과 동의'에 기초한 '자율성'의 실현이다.[4)] 그러나 예방은 '국가권력에 의한 강제'를 본질로 삼는다.[5)] 따라서 환자의 치료에 지향된 법정책은 예방 이념에 배치되기 쉽고, 공중의 예방

3) 이러한 설명은 김나경, 「후천성 면역결핍증(AIDS)의 문제구조와 법정책 — 치료와 예방 이념의 대립과 조화」, 저스티스, 통권 제109호, 2009, 322쪽의 설명을 수정하고 요약한 것이다.

4) 이에 대해서는 김나경, 「의사의 설명의무의 법적 이해」, 한국의료법학회지, 제15권 제1호, 2007, 12-14쪽 참조.

5) '보건'과 '의료'를 이념형적·발생사적으로 구분할 경우(이에 대해서는 이상돈, 「법을 통한 보건과 의료의 통합? — 「보건의료기본법」의 체계기획에 대한 비판과 전망」, 고려법학, 2001, 122-123쪽 참조), AIDS의 '치료'는 '의료'에 그리고 '예방'은 국가권력과 결부되어 있는 현상으로서의 '보건'에 해당한다고 볼 수 있다.

에 지향된 법정책은 감염인의 자율성을 훼손하기 쉽다.[6] 예를 들어 예방 목적을 강조하는 강제적 수단들은 의사의 설명의무를 쉽게 생략하는 등 진단 및 치료에 대한 환자의 자기결정권을 현저히 제한하거나 박탈할 수 있다.

(2) 정보 공개와 의사의 비밀유지의무

AIDS를 예방하기 위해서는 국가 차원에서 — HIV 감염인이나 그 감염경로 등 — 관련 정보를 수집하고 관리함으로써 전국민 또는 공중(公衆)을 대상으로 하는 보건정책을 시행해야 한다. 더 나아가 감염인으로부터 감염되었을 위험이 있는 사람들에게 HIV 감염에 관한 정보를 알려줌으로써 이들이 감염여부를 확인하고 감염위험을 차단하는 조치를 취할 수 있도록 해야 한다. 하지만 이러한 정보 공개는 의료법적 원칙인 의사의 '비밀유지의무'(Confidentiality)에 정면으로 배치된다. 이 원칙에 따르면, 의사가 환자에 관한 정보를 공개하는 것은 환자의 동의가 전제된 경우에 한해 그리고 — 그 동의의 내용에 따라 — 공개가 허용된 특정인에게만 가능하므로, 의사는 AIDS를 관리하는 국가기관이나 감염위험이 높은 사람에게도 HIV 감염인에 관한 어떠한 정보도 공개해서는 안 된다.

3. 인권 침해의 위험

예방 원칙에 입각한 정책들은 특히 '감염인'이나 그 밖의 일부 '비감염인'의 인권을 침해할 우려[7]가 있다.[8] 국가는 HIV 감염인이

---

6) 이러한 이 단락의 설명은 김나경, 『후천성 면역결핍증(AIDS)의 문제구조와 법정』, 323쪽 이하의 내용 중 일부를 발췌하고 수정·보완한 것이다.

7) 이와 관련하여 HIV 감염인의 기본적 인권과 인권침해 현황에 대한 연구로는 박윤형 등, 「AIDS 감염자·환자의 인권보장을 위한 법·제도 개선방안」(질병관리본부 연구보고서), 2005.11. 참조.

8) 이러한 이 단락의 설명은 김나경, 「후천성 면역결핍증(AIDS)의 문제구조와 법정책」, 325-326쪽의 설명을 수정·요약하고 재구성한 것이다.

나 AIDS 환자에 대해 — 그들의 동의 여부와는 상관없이 — 강제적으로 치료를 받도록 하거나 치료를 권고하고[9] 일반 공중에 대해서도 감염위험이 높다고 판단되는 환경에 있는 자들을 강제적으로 검진하여 보건정책의 효율성을 도모하려 한다. 경우에 따라서는 감염인의 출입국을 제한하거나 강제적으로 격리하는 조치를 취하려 할 수도 있다. 이러한 강제조치는 우선 개인의 신체의 자유, 거주이전의 자유 그리고 자기결정권의 침해를 필연적으로 수반한다. 더 나아가 감염 예방을 위해 금지하는 전파매개행위는 많은 경우 성적 접촉이라는 지극히 사적인 영역에 속하므로, 이에 대한 국가의 개입은 개인의 성적 자유 그리고 사생활의 비밀을 유지할 권리를 침해한다. 뿐만 아니라 앞서 언급했듯, 환자의 신상에 관한 정보를 환자 이외의 제3자에게 고지하는 것은 환자의 입장에서는 프라이버시권의 침해로 여겨질 수 있다.[10] 특히 우리 사회에 여전히 존재하는 HIV 감염인이나 AIDS 환자에 대한 도덕적, 윤리적 낙인 또는 사회적 선입견[11]은, 국가기관의 관리 그리고 감염정보의 공개 그 자체를 이미 인격권에 대한 심각한 손상으로 만들

9) 치료 '권고'는 어쨌든 완전한 결정의 자유로부터는 한 걸음 물러서 있다는 점에서 — 특히 국가후견주의적인 사고에 입각하여 — 자유권이나 자기결정권에 대한 일정한 제한을 전제하는 것이라 볼 수 있다.

10) 실제 HIV 감염 사실이 '가족들'에게 노출되는 것과 관련해서도, 가족들이 감염위험이나 사회적 오명 등을 두려워하여 감염인을 부담스럽게 느끼거나 심한 경우 가족들로부터 버림받을 수도 있을 것에 대해 감염인이 갖는 심리적인 부담이 매우 큰 것으로 보고되고 있다(김명훈, 「HIV/AIDS환자에 대한 Hospice Care의 사회사업 접근」, 한국 호스피스·완화의료학회지, 2005, 126면); 특히 프라이버시권의 침해는 실제 미국의 판례에서 의사의 (제3자에 대한) 고지의무를 부인하는 근거로 원용되기도 한다(Lemon v. Stewart, 682 A. 2d 1177 (Md.Ct.Spec.App.1996), 1183쪽).

11) 이와 관련하여 우리나라 국민들의 AIDS에 대한 지식수준이 높지 않은 편이며 AIDS에 기인한 차별이 심각하다는 사회학적 연구로는 조병희 등, 「에이즈에 대한 지식, 태도, 신념 및 행태조사」(질병관리본부 연구보고서), 2006.1. 참조.

기도 한다.

Ⅲ 검진과 검사 제도

AIDS 예방법은 HIV 감염 여부에 대해 강제 검진을 규정하고 임의 검진을 유도하며, 이를 특히 ― 아래의 Ⅱ.4. 단락에서 설명할 ― 국가기관에 대한 신고·보고 또는 제3자에의 고지의무와 결합시킴으로써 예방 정책을 효율적으로 수행하고자 한다. 아울러 수혈이나 이식 등의 과정에서의 감염을 예방하기 위해 혈액·장기·조직 관리와 관련해서도 HIV 감염 여부에 대한 검사 의무를 규정한다.

1. 검진제도

AIDS 예방법은 특히 HIV 검진에 대해 한편으로는 강제검진을 그리고 다른 한편 자발적 검진을 유도하는 익명검진 제도를 규정한다.

(1) 강제 검진

1) 의무적 강제 검진

국가에 의한 의무적 강제 검진의 대상자, 즉 국가가 '검진을 실시하여야 하는' 대상자는 우선 공중과 접촉이 많은 업소에 종사하는 자로서 「성매개 감염병 및 후천성면역결핍증 건강진단규칙」 제3조에 따라 성병에 관한 건강진단을 받아야 할 사람이다(AIDS 예방법 제8조 제1항 및 동법 시행령 제10조 제1항).[12] 「성매개 감염병

12) AIDS 예방법 제8조 제2항 제1호에서는 '감염인의 배우자 및 성접촉자'를 재량적 강제검진의 대상으로 삼으므로, 공중접촉업소 종사자 중 이에 해당하는

및 후천성면역결핍증 건강진단규칙」 제3조 <별표>에 의하면, 청소년보호법 시행령 제6조 제2항 제1호에 따른 영업소의 여성종업원, 식품위생법 시행령 제22조 제1항에 따른 유흥접객원, 안마사에 관한 규칙 제6조에 따른 안마시술소의 여성종업원, 특별자치도지사·시장·군수·구청장이 불특정 다수를 대상으로 성매개감염병 및 후천성면역결핍증을 감염시킬 우려가 있는 행위를 한다고 인정하는 영업장에 종사하는 사람들은 HIV 검사를 6개월마다 1회 받아야 한다.[13] HIV 감염이 많은 경우 성적 접촉에 의해 이루어진다고 할지라도, 의무적 강제검진의 대상을 이와 같은 특정 직업 종사자에게 한정하는 것은 이들의 신체적 자기결정권을 과도하게 제한하는 것일 뿐만 아니라, 이들에 대한 윤리적 비난과 선입견에 기초해 법이 과도하게 윤리화된 것이라는 비판이 가능하다.[14]

> **후천성면역결핍증 예방법 제8조(검진)** ① 질병관리청장, 특별시장·광역시장·특별자치시장·도지사 또는 특별자치도지사, 시장·군수·구청장은 공중과 접촉이 많은 업소에 종사하는 사람으로서 제2항에 따른 검진 대상이 되는 사람에 대하여 후천성면역결핍증에 관한 정기검진 또는 수시검진을 하여야 한다.

> **성매개 감염병 및 후천성면역결핍증 건강진단규칙 제3조(정기 건강진단)** 「감염병의 예방 및 관리에 관한 법률」 제19조, 「후천성면역결핍증 예방법」 제8조 제2항 제2호 및 같은 법 시행령 제10조에 따라 성매개감염병 및 후천성면역결핍증에 관한 건강진단을 받아야 하

경우도 문리적으로는 의무적 강제검진의 대상이 될 수 있으나, 이러한 경우는 실제로는 동조 제2항 제2호의 경우에 모두 포함될 것이다.

13) 뿐만 아니라 이들은 감염병 예방법 제19조에 따라 HIV 검사뿐만 아니라 매독검사 및 그 밖의 성매개 감염병 검사를 정기적으로 받아야 한다(성매개 감염병 및 후천성면역결핍증 건강진단규칙 제3조 별표).

14) 김나경, 「후천성 면역결핍증(AIDS)의 문제구조와 법정책」, 332쪽.

는 직업에 종사하는 사람과 그 진단 항목 및 횟수는 별표와 같다.

다른 한편 AIDS 예방법에서는 외국인에 대한 의무적 강제 검진에 대해서도 규정하고 있다. 해외에서 입국하는 외국인 중 대통령령이 정하는[15] 장기체류자는 입국전 1월 이내에 발급받은 후천성면역결핍증 음성확인서를 보건복지부장관에게 제시하여야 하는데, 이를 제시하지 못하는 경우에는 입국 후 72시간 이내에 검진을 받을 의무가 있다(동법 제8조 제3항).

2) 재량적 강제 검진

AIDS 예방법 제8조 제2항에서는 후천성면역결핍증에 감염되었다고 판단되는 충분한 사유가 있는 사람 또는 후천성면역결핍증에 감염되기 쉬운 환경에 있는 사람으로서 특히 감염인의 배우자 및 성접촉자(제1호) 그리고 그 밖에 후천성면역결핍증의 예방을 위해 검진이 필요하다고 보건복지부장관이 인정하는 사람(제2호)을 '재량적' 강제검진의 대상, 즉 국가가 'AIDS 에 관한 검진을 실시할 수 있는' 대상으로 규정한다. 여기서 제2호에 해당하는 자는 의무적 강제 검진에서 설명한 바와 같이 」성매개 감염병 및 후천성면역결핍증 건강진단규칙」 제3조 <별표>에서 열거한 사람들인데, 이들은 앞서 설명한 바와 같이 의무적 강제검진의 대상으로도 규정되어 있다. 이러한 재량적 강제 검진은 — 실제 입법 의도가 어떻든 —

15) 후천성면역결핍증 예방법 시행령 제10조(검진대상자) ② 법 제8조제3항 전단에서 "대통령령이 정하는 장기체류자"란 다음 각 호의 어느 하나에 해당하는 사람을 말한다. 다만, 배우자를 동반하는 사람은 제외한다: 1. 91일 이상 국내에 체류하기 위하여 입국하는 사람(체류기간을 연장하여 91일 이상 체류하는 사람을 포함한다)으로서 수입을 목적으로 한 연예 · 운동경기, 그 밖의 흥행업을 하려는 사람(다른 목적으로 입국하여 수입을 목적으로 한 연예 · 운동경기, 그 밖의 흥행업을 하는 사람을 포함한다), 2. 「출입국관리법」에 따른 재난상륙허가의 대상자로서 보건복지부장관이 후천성면역결핍증의 예방을 위하여 필요하다고 인정하는 사람.

실제 감염 위험군을 확정함에 있어 — "감염인이 현재 처한 개인적 상황·가족 생활 등을 고려"하여 "개별적인 삶의 맥락 속에서 상담을 실현"[16]함으로써 — 감염인과의 대화 통로를 확보하며 더 나아가 잠재적 인권 침해를 방지한다는 의미를 갖는다.

> **후천성면역결핍증 예방법 제8조(검진)** ② 질병관리청장, 시·도지사, 시장·군수·구청장은 후천성면역결핍증에 감염되었다고 판단되는 충분한 사유가 있는 사람 또는 후천성면역결핍증에 감염되기 쉬운 환경에 있는 사람으로서 다음 각 호의 어느 하나에 해당하는 사람에 대하여 후천성면역결핍증에 관한 검진을 실시할 수 있다.
> 1. 감염인의 배우자 및 성 접촉자
> 2. 그 밖에 후천성면역결핍증의 예방을 위하여 검진이 필요하다고 보건복지부장관이 인정하는 사람

3) 강제 검진 제도의 방향 모색

강제검진제도는 AIDS 예방법에서 국가 차원의 예방 목적 달성을 위한 가장 핵심적 제도라 할 수 있다. 하지만 검진의 강제성은 특히 검진의 과정에서 준수되어야 할 치료의 기본원칙을 간과할 위험이 있다는 점에서, 이러한 점을 고려하고 피검진자의 인권을 보호할 수 있는 법정책적 방향에 대한 더 많은 고민이 필요하다.[17]

㈎ 설명의무의 실현 강제검진제도에서 강조되는 '예방'의 이념을 '치료' 이념과 조화시키는 매개체 중 하나로 생각해볼 수 있는 것은 치료의 일반원칙인 '설명의무 그리고 이에 기초한 환자의 동의'(혹은 '정보를 제공받은 동의'(informed consent))이다. 환자는 의

---

16) 김나경, 「후천성 면역결핍증(AIDS)의 문제구조와 법정책」, 333쪽.

17) 이러한 법정책적 방향에 대한 이 단락의 설명은 김나경, 「후천성 면역결핍증(AIDS)의 문제구조와 법정책」, 333-337쪽의 내용을 수정·요약하고 재구성한 것이다.

사의 설명을 통해 질병, 검진이나 치료의 방식 등에 대한 정보를 알게 되고('앎'의 요소) 이를 기초로 검진이나 치료 여부에 대한 최종적 결정의 주체가 됨으로써('결정'의 요소) 자율성을 실현한다. 강제검진에서 '강제성'은 이러한 자율성 구성의 요소 중 '결정'의 요소를 포기하는 것을 요구하는 것이다. 하지만 그럴수록 '앎' 또는 '정보 제공'은, 검진 대상자가 해당 질병에 관해 충분히 이해하고 그 강제성을 납득할 수 있을 정도로, 더욱 강화되어야 한다.[18] 특히 질병이 중대하고 그 전파가능성이 높을수록, 국가적 개입으로 인한 신체적 제약의 정도가 크고 개입이 치료보다 예방에 더 지향되어 있을수록 그리고 강제성의 강도가 높을수록 설명은 더욱 '상세화'되고 '명시적'으로 의무화되어야 한다.

(나) 상담의무의 절차화　　설명의무를 보장한다고 할지라도, 검진을 무조건 강제하는 것은 여전히 검진 대상자의 자율성을 많은 부분 침해한다. 바로 이러한 점에서 — 앞에서도 언급했듯 — 검진의 '재량성'을 보장하는 것은 검진 대상자의 실질적인 삶의 상황을 충분히 고려함으로써 이를 완화하는 통로가 될 수 있다. 예를 들어 감염인의 배우자와 성접촉자와 같은 감염위험군을 확정하는 과정에서 이루어지는 감염인과의 충분하고 적절한 상담을 전제로 감염 사실 고지의 대상과 방식 그리고 이들에 대한 강제 검진 여부 등을 재량적으로 판단할 수 있다. 특히 감염위험군에 대한 강제검진 문제와 관련해서 보면, 감염인과의 적절한 상담은 일차적으로 감염위험군이 단지 형식적 가족관계 등에 의해서만 확정되는 것을 방지하는 기회를 제공한다. 더 나아가 적절한 상담은, 상담자가 감

---

18) 이와 관련하여 AIDS는 치료가 매우 어렵고 사회적 차별의 위험이 큰 만큼 설명에 대한 환자의 기대도 더 클 것이라는 설명으로는 이덕환, 「AIDS의 의료상 법률문제」, 한양법학, 제6집, 1995, 4쪽 참조.

염인을 단지 국가적 예방정책의 수동적 객체로 바라보는 것이 아니라, 감염인에게 감염의 의미, 지금까지 알려진 AIDS에 대한 치료방법, 감염 경로 등에 대해 충분히 설명함으로써 — 이후 감염위험군에 대한 고지와 강제적 검진이 이루어진다고 할지라도 — 우선은 감염인이 '자발적으로' 자신의 배우자나 성접촉자 기타 감염위험이 있는 대상들에 대해 감염사실을 '원하는 방식과 통로를 통해' 이야기하고 더 나아가 그들에게 검진을 권유할 수 있는 기회를 마련해 주는 것을 의미한다. 그렇다면 의무적 강제 검진보다는 재량적 강제 검진으로 전환하고, 재량적 판단에서 자율성을 실현하는 상담 절차를 의무화하는 것이 앞으로 AIDS 예방법이 지향할 정책적 방향이라 볼 수 있을 것이다.

[검진의 강제보다는 상담의 강제] 경우에 따라서는 검진의 강제를 상담의 강제로 대체하는 것도 고려해볼 수 있다. 특히 감염위험군에 속하는 대부분의 사람들은 감염에 대한 상담을 거치는 경우 대부분 자발적 검진을 할 것이라 기대할 수 있다. 뿐만 아니라 이들에 대해 검진을 강제하고 — 더 나아가 앞으로 있을 수 있을 — 제3의, 제4의 감염위험군에 대한 강제검진을 계속 실시하는 것만이 AIDS를 효과적으로 예방할 수 있는 것은 아닐 수 있다. 특히 공기 접촉만으로 감염되지는 않는 HIV의 '전파매개행위'에 대해서는 AIDS 예방법 그리고 형법에 존재하는 상해나 살인죄 규정 등에 의한 사후적 제재 수단이 존재하므로[19] 이러한 규정들의 위하효과 그리고 AIDS 자체의 위험성에 대한 교육과 인지를 통해 이루어지는 예방이 더 바람직할 수 있다.

19) HIV/AIDS 감염행위의 형사책임과 관련해서는 임웅, 「AIDS 감염행위의 형사책임」, 형사법연구, 1995, 제8권, 98-124쪽; 정현미, 「AIDS와 관련된 형사법적 문제와 예방대책」, 형사정책연구원 연구보고서 98-12, 한국형사정책연구원, 1999; 신치재, 「AIDS(후천성 면역결핍증)에 대한 형사법적 법리와 그 대책」, 형사정책, 제7호, 1995, 126쪽 이하 참조.

(2) 익명 검진

1) 익명 검진 선택권

AIDS 예방법은 AIDS에 관한 검진을 실시하는 경우에는 검진을 하는 자는 검진 전에 검진 대상자에게 — 이름·주민등록번호·주소 등을 밝히지 아니하거나 가명을 사용하는 — '익명검진'이 가능하다는 점을 알려주어야 한다고 규정한다(AIDS 예방법 제8조 제4항).

특히 동 조항은 익명검진 신청 시에도 검진을 실시하여야 한다고 규정함으로써 익명검진 제도의 실효성을 확보하려 한다. 이와 같은 익명 검진 제도는 그 규정의 내용상 강제 검진의 경우 적용되는 것이라 보기는 어렵다. 특히 강제 검진의 경우 그 속성상 실제로 검진 단계에서 피검진자의 익명성을 보장하는 것은 거의 불가능하다. 다른 한편 동법은 익명검진을 실시하는 경우, 감염인에 대한 정보 역시 익명으로 관리하여야 한다고 규정한다(동법 제8조 제5항).

2) 치료와 예방의 조화

이러한 익명 검진 제도는 한편으로는 의사의 비밀유지의무라는 의료법의 기본원칙을 통해 치료의 이념을 함께 실현하려는 노력이라 볼 수 있다. 그러나 다른 한편 익명성의 보장은 — 정보공개에 대한 두려움으로 숨어 있는 자들의 — 자발적 검진을 유도하여 궁극적으로는 예방 목적을 효율적으로 달성하려는 것이기도 하다.[20]

---

20) 이와 관련해 미국에서는 검진의 익명성을 보장하는 것이 AIDS 관련 검진을 하려는 사람들의 수를 증가시킨다는 연구가 있다(Tammy R. Wavle, 「HIV and AIDS Test Results and the Duty to Warn Third Parties: A Proposal for Uniform Guidelines for Texas Professionals」, Saint Mary's Law Journal, 28, 1997, 827쪽).

이 제도의 도입과 관련해 보건복지부는 익명성 보장을 통해 검진을 유도하되 감염 사실이 밝혀지면 실명 등록을 하는 경우의 의료비 지원 혜택 등을 이야기하여 등록을 권유하는 방식으로 제도를 운영하는 것이 바람직하다고 한 바 있다.[21] 즉, 익명 검진 제도는 예방을 위한 국가적 개입을 치료의 기본원칙 또는 인권보호의 정언명령 속에서 조화시키는[22] 매개체의 역할을 한다.

[익명성 보장의 강화] 현행 AIDS 예방법상의 익명검진제도는 익명검진의 가능성 및 감염인 정보의 익명관리를 규정하긴 하지만, 검진 결과 감염인으로 판명된 경우 의료인 등의 고지의무와 이를 어떻게 조화시킬 것인지에 대한 구체적 해결 방안을 규정하고 있지는 못하다. 아울러 강제 검진의 경우에도 검진 이후 제3자인 감염위험군에 대한 고지에 있어서 피검진자의 의사를 고려하여 그 신원을 최대한 노출시키지 않을 수 있는 방안은 마련되어 있지 않은데,[23] 이러한 점들에 대한 명시적 규정이 보완됨으로써 익명성의 보장을 더욱 강화할 필요가 있을 것이다.

(3) 확인검사

AIDS 예방법 제8조에서 규정하는 강제검진 또는 익명검진을 목적으로 혈액검사를 실시하는 기관은 검사 결과 감염이 의심되는 가검물을 발견하면 질병관리본부장, 보건환경연구원법에 의한 보건환경연구원의 장, 보건복지부장관이 지정·고시하는 확인검사기관의 장 중 어느 하나에 해당하는 자에게 검사를 의뢰하여 확인검사를 받아야 한다(AIDS 예방법 시행규칙 제7조 제2항).

21) 국회 제269회 보건복지소위원회 제6차 회의록, 13쪽.
22) 김나경, 「후천성 면역결핍증(AIDS)의 문제구조와 법정책」, 338쪽.
23) 현행법상 익명성 보장의 한계에 대한 이 단락의 설명은 김나경, 「후천성 면역결핍증(AIDS)의 문제구조와 법정책」, 338쪽의 내용의 일부를 요약하고 재구성한 것이다.

(4) 감염결과 통보

1) 비밀 유지

후천성면역결핍증에 관한 검진을 실시한 자는 검진 대상자 본인에 대해서만 검진결과를 통보하여야 한다. 다만, 검진 대상자가 군(軍), 교정시설 등 공동생활자일 경우에는 해당 기관의 장에게 통보하고, 검진 대상자가 미성년자, 심신미약자, 심신상실자인 경우에는 그 법정대리인에게 통보한다(AIDS 예방법 제8조의2 제1항).

통보 대상을 원칙적으로 피검진자로 한정하는 것은, 무엇보다 비밀 유지라는 의료의 기본 원칙을 준수하기 위한 것이다. 특히 감염인으로 판정을 받은 자에 대한 통보는 면접 통보 등 검진결과의 비밀이 유지될 수 있는 방법으로 할 것이 명시적으로 규정되어 있다(AIDS 예방법 제8조의2 제2항). 이와 같은 검진결과 통보에 관한 규정을 위반하여 검진결과를 통보한 경우에는 1년 이하의 징역 또는 1천만원 이하의 벌금에 처한다(동법 제27조 제3호).

2) 인권 보호

다른 한편 「AIDS 예방법」은 사업주가 근로자에게 AIDS에 관한 검진결과서를 제출하도록 요구할 수 없으며 이 규정에 위반하면 1년 이하의 징역이나 1천만원 이하의 벌금에 처하도록 하고 있다(AIDS 예방법 제8조의2 제3항 및 제27조 제3호). 이는 사회적 선입견이나 윤리적 비난에 기초한 차별대우를 금지하려는 노력이다.

(5) 감염인 신고

검진결과 감염인으로 밝혀진 자가 있게 되면 당해 의사는 국가기관에 대한 신고 의무를 부담하게 된다. 강제 검진의 경우에는 신고 의무에 대한 — 아래의 IV.1.(1) 단락에서 설명하는 바와 같이

— AIDS 예방법 제5조 제1항이 적용될 것이다. 아울러 익명 검진이 이루어진 경우에는 동법 제8조 제5항에서 시행령이 정하는 사항[24]을 관할 보건소장에게 즉시 신고하도록 규정하고 있다.

2. 검사제도

AIDS 예방법은 다른 한편 HIV의 감염을 방지하기 위해 혈액 · 장기 · 조직 등에 대한 HIV 감염 여부를 검사할 의무 그리고 감염된 경우 그 유통 · 사용 등의 금지에 대해 규정한다.

(1) 검사 의무

1) 혈액 및 혈액제제

혈액관리법에서 규정하는 혈액원은 채혈된 모든 혈액에 대해 HIV 감염 여부를 검사하고 감염이 의심되는 혈액은 확인검사기관의 장에게 검사를 의뢰하여 확인검사를 받아야 한다(AIDS 예방법 제9조 제1항 및 동법 시행규칙 제8조 제1항). (혈액과 혈장을 포함한) 혈액제제를 수입하는 자는 당해 혈액원에서 채혈된 혈액이나 수입혈액제제에 대해 HIV 감염여부를 검사해야 한다(동법 제9조 제1항 본문). 다만, HIV에 감염되어 있지 않다는 당해 제품수출국가의 증빙서류가 첨부되어 있는 수입혈액제제로서 질병관리청장이 그 검사가 필요없다고 인정하는 경우에는 검사를 받을 의무가 없으며, 그 서류를 첨부하지 않고 당해제품을 수입한 때에는 통관 이전에 식품의약품안전처장의 검사를 받아야 한다(동법 제9조 제1항 단서규정 및 동법 시행규칙 제8조 제2항).

24) AIDS 예방법 시행규칙 제7조 제3항에서는 익명검진 실시 결과 감염인으로 밝혀진 자가 있는 경우 "1. 감염인의 성별, 2. 확인진단일, 3. 가검물번호, 4. 검진의사의 성명과 검진기관의 주소 및 명칭"을 서식에 따라 신고하도록 하고 있으며, 이 경우 감염인의 정보는 익명으로 관리하여야 한다고 규정한다.

[혈액관리법의 규율] 혈액관리법 역시 혈액원이 헌혈자로부터 혈액을 채혈한 때에는 — 헌혈자 본인에게 수혈하기 위해 채혈한 혈액의 경우를 제외하고는 — 지체 없이 그 혈액에 대해 후천성면역결핍증검사 등을 실시하여야 한다고 규정하고 있다(혈액관리법 제8조 제1항 및 동법 시행규칙 제8조 제1항 및 제2항).[25] 후천성면역결핍증 검사(Anti-HIV 검사 및 HIV 핵산증폭검사) 결과 양성이면 '부적격혈액'으로 판정되는데(동법 시행규칙 제2조 별표1), 혈액원 등 혈액관리업무를 하는 자[26]는 이러한 검사 결과 부적격혈액을 발견하였을 때에는 폐기처분하는 것이 원칙이다(동법 제8조 제2항).

2) 장기 · 조직 · 정액 · 매개체

의사 또는 의료기관은(인공장기를 포함한) 장기 · 조직의 이식 및 정액의 제공과 기타 HIV 감염 위험이 있는 매개체를 사용하기 전에 HIV 감염여부를 검사하고 감염이 의심되는 경우에는 확인검사기관의 장에게 검사를 의뢰하여 확인검사를 받아야 한다(AIDS 예방법 제9조 제2항 및 동법 시행규칙 제8조 제1항).

3) 법적 제재

이러한 검사의무 위반시 3년 이하의 징역 또는 3천만원 이하의 벌금에 처한다(AIDS 예방법 제26조 제2호).

(2) 유통 · 판매 · 사용 금지

검사 결과 HIV에 감염된 것으로 나타난 혈액 · 수입혈액제제 · 장기 · 조직 · 정액 · 매개체의 유통 · 판매 또는 사용은 금지되며

25) 혈액관리법에 따른 혈액 관리에 대해서는 박규환, 「의료법과 입법자의 책임 — 공법적 측면에서의 혈액관리제도 안정성 확보」, 공법학연구, 제9권 제3호, 2008, 178쪽 이하 참조.

26) 혈액관리법 제6조(혈액관리업무) ① 혈액관리업무는 다음 각 호의 어느 하나에 해당하는 자만이 할 수 있다. 다만, 제3호에 해당하는 자는 혈액관리업무 중 채혈을 할 수 없다: 1. 「의료법」에 따른 의료기관, 2. 「대한적십자사 조직법」에 따른 대한적십자사, 3. 보건복지부령으로 정하는 혈액제제 제조업자.

(AIDS 예방법 제9조 제3항), 위반시 3년 이하의 징역에 처한다(동법 제25조 제1호).

3. 역학 조사

정확한 실태에 근거한 보건예방정책 수립을 통해 예방의 실효성을 확보하기 위해서는 통계적 기법을 활용하는 역학 조사가 필요하다. AIDS 예방법은 국가기관이 역학 조사를 실시할 수 있는 근거 규정을 마련하고 있다.

> **후천성면역결핍증 예방법 제10조(역학 조사)** 질병관리청장, 시 · 도지사, 시장 · 군수 · 구청장은 감염인 및 감염이 의심되는 충분한 사유가 있는 사람에 대하여 후천성면역결핍증에 관한 검진이나 전파경로의 파악 등을 위한 역학조사를 할 수 있다.

이러한 역학 조사의 과정에서는 조사 대상이 되는 개인은 사생활의 노출로 인해 조사에 응하지 않으려는 경향을 보이기 쉽다. AIDS 예방법은 조사의 효율성을 높이기 위해 국가기관이 실시하는 역학조사에 응하지 않는 행위에 대해 1년 이하의 징역 또는 1천만원 이하의 벌금이라는 — 강제 검진 불응행위에 상응하는 — 형법적 제재를 가한다(AIDS 예방법 제27조 제2호).

Ⅳ 신고·보고 및 고지 제도

AIDS 예방법은 AIDS의 예방을 위해 검진 등의 결과 감염인의 존재를 알게 되는 경우 이에 대한 국가기관에의 신고 및 보고 의무를 규정한다. 아울러 감염의 예방 위험군인 제3자에 대한 고지 의무도 아울러 규정한다. 다만, 신고 · 보고 및 고지의 과정에서는 항상 프라이버시권의 침해 우려가 존재하므로 이를 보편적 치료원칙과 결합시켜 완화하려는 규정도 두고 있다.

1. 예방 이념의 실현

(1) 신고 의무

감염인을 진단하거나 감염인의 사체를 검안한 의사 또는 의료기관이 진단이나 검안 사실을 24시간 이내에 질병관리청장에게 신고하여야 한다(AIDS 예방법 제5조 제1항). 아울러 학술연구 또는 혈액관리법에 기초해 설립된 혈액원 및 혈액제제를 수입하는 자에 의한 HIV 감염 여부의 검사에 의해 감염인을 발견한 사람이나 해당 연구 또는 검사를 한 기관의 장은 24시간 이내에 보건복지부장관에게 신고하여야 한다(동법 제5조 제2항). 이러한 신고의무를 위반하거나 허위신고를 한 경우 1년 이하의 징역 또는 1천만원 이하의 벌금에 처한다(동법 제27조 제1호).

(2) 보고 의무

이와 같이 신고를 받은 보건소장은 특별자치시장 · 특별자치도지사 · 시장 · 군수 또는 구청장(자치구의 구청장)에게 이를 보고하여야 하고, 보고를 받은 특별자치시장 · 특별자치도지사는 질병관리청장에게, 시장 · 군수 · 구청장은 특별시장 · 광역시장 또는 도지사를 거쳐 질병관리청장에게 이를 보고하여야 한다(AIDS 예방법 제5조 제4항).

(3) 고지 의무

다른 한편 AIDS의 예방은 감염위험이 있는 자에게 감염 사실을 알리고 그 예방에 대해 교육함으로써 가능하다. AIDS 예방법은 이러한 제3자에의 고지의무와 관련하여, 감염인을 진단하거나 감염인의 사체를 검안한 의사 또는 의료기관은 감염인과 그 배우자(사실혼 관계에 있는 사람을 포함) 및 성 접촉자에게 후천성면역결핍증의 전파 방지에 관해 필요한 사항을 알리고 이를 준수하도록 지도하여야 한다고 규정한다(AIDS 예방법 제5조 제1항 제1문).

[인권 보호의 노력] 이와 같은 감염사실의 고지와 지도 대상자는 과거 '감염인, 동거인, 가족'으로 규정되어 있었던 것을 2008.3.21. 제8차 개정을 통해 전파위험성이 높은 자로 한정한 것이다. 이러한 변화는 감염정보제공에 따른 인권침해를 방지하고, 특히 감염인이 갖는 정신적 고통을 고려하면서 성접촉자 아닌 다른 가족에게는 감염인이 스스로 감염사실을 이야기할 수 있도록 해야 한다는 배려에서 비롯된 것이다.[27]

[고지 주체의 문제와 법정책] 현행법과 같이 감염위험군에 대해 위험을 고지하는 경우 '의사와 의료기관'을 고지의 주체로 설정하는 것은 의사의 비밀유지의무에 정면으로 배치되어 당해 의사를 도덕적 딜레마에 빠트릴 수 있다.[28] 이러한 맥락에서 고지 의무를 담당하는 의사를 비밀유지의무 위반으로부터 명시적으로 면책시킬 필요성을 강조하는 논의[29]가 등장하기도 한다. 더 나아가 의사의 딜레마를 좀더 근본적으로 해결하고 의사와 검진대상자 간의 치료적 상호작용을 증진시키는 방안으로 생각해 볼 수 있는 것은, 검진주체와 고지주체를 분리하는 것이다. 검진대상자가 감염위험군에 대한 감염 사실 고지에

27) 특히, 이 규정의 개정에서 예방정책과 인권보장의 조화가 문제되었음은 국회 제269회 보건복지소위원회 제6차 회의록, 8쪽 이하에서 확인할 수 있다.

28) 이러한 문제점과 그에 대한 대책에 관한 이 단락의 설명은 김나경, 「후천성면역결핍증(AIDS)의 문제구조와 법정책」, 338-339쪽의 내용을 요약하고 재구성한 것이다.

29) 이러한 미국의 논의에 대해서는 Tammy R. Wavle, 「HIV and AIDS Test Results and the Duty to Warn Third Parties: A Proposal for Uniform Guidelines for Texas Professionals」, 824-825쪽 참조.

대해 '동의'한다면 의사가 고지의 권한을 가질 수는 있겠지만, 그렇지 않은 경우 의사 또는 의료기관은 '보건예방을 담당하는 기관'에 고지하고 당해 기관이 감염위험군에게 감염위험을 고지하는 임무를 담당하도록 하는 것이다.30)

2. 치료 이념의 실현

(1) 감염인 의사의 고려

AIDS 예방법에서는 감염위험군에 대해 감염인의 감염 사실을 고지함에 있어서 "가능하면 감염인의 의사를 참고"하여야 한다고 규정하고 있다(AIDS 예방법 제5조 1항 2문). 이는 감염인과의 상담 등을 통해 고지의 방식 등을 결정할 것을 의무화하는 것은 아니지만, 비록 그 정도가 약할지라도 감염인의 삶의 상황에 대한 고려의 필요성을 인식했다는 상징적 의미를 갖는다.31)

(2) 정보 보호

다른 한편 AIDS 예방법에서는 감염인에 대한 정보가 예방 목적을 위해 필요한 경우를 제외하고는 공개되지 않아야 한다는 점을 명시적으로 규정함으로써 감염인의 프라이버시권을 보호하고자 한다. 특히 국가기관이나 제3자에 대한 신고・보고・고지의 과정에서는 제한적 범위 내에서 감염인의 사생활이 노출될 수밖에 없다. 동법 제7조는 이를 최소화하기 위해 국가 또는 지방자치단체에서 AIDS의 예방・관리와 감염인의 보호・지원에 관한 사무에 종사하

---

30) 이와 유사하게, 의사가 아닌 공공기관이 감염위험군에게 고지하는 방법이 의료인의 부담을 덜어주는 측면이 있다는 설명은 Tammy R. Wavle, 「HIV and AIDS Test Results and the Duty to Warn Third Parties: A Proposal for Uniform Guidelines for Texas Professionals」, 826쪽 참조.

31) 이러한 문구는 2008.3.21. 제8차 개정에서 신설되었다. 이를 감염인에 대한 '상담의 강제' 필요성과 연관시켜 설명하는 김나경, 「후천성 면역결핍증(AIDS)의 문제구조와 법정책」, 334쪽 참조.

는 사람, 감염인의 진단·검안·진료 및 간호에 참여한 사람, 감염인에 관한 기록을 유지·관리하는 사람은 동법 또는 동법에 따른 명령이나 다른 법령으로 정하고 있는 경우 또는 본인의 동의가 있는 경우를 제외하고는 재직 중에는 물론 퇴직 후에도 감염인에 대하여 업무상 알게 된 비밀을 누설하여서는 안 된다고 규정한다(AIDS 예방법 제7조). 이에 위반한 경우는 3년 이하의 징역 또는 3천만원 이하의 벌금에 처한다(동법 제26조 제1호).

V 감염인의 행위 규제

1. 감염 위험 행위 금지

(1) 전파매개행위 금지

HIV의 감염은 수혈, 수직감염, 혈액 노출 등 의료행위[32], 성행위 등을 통해 이루어진다.[33] AIDS 예방법은 HIV가 혈액이나 성적 접촉 등을 통해 감염되는 것을 방지하기 위해 감염인의 '전파매개행위'를 직접 규율하는 규정을 두고 있다(AIDS 예방법 제19조). 이러한 전파매개행위는 형법적 제재의 대상으로, 위반시 3년 이하의 징역에 처해진다(동법 제25조 제2호).

---

32) 예를 들어 AIDS는 치과진료에서 대표적인 혈인성 질환이라 설명되는데 이에 대해서는 유재하, 「치과 진료에서의 간염과 후천성 면역결핍증」, 대한치과의사협회지, 제44권 제8호, 2006, 488-498쪽; 정종평, 「치과 의료인을 위한 후천성 면역결핍증(AIDS)의 고찰」, 대한치과의사협회지, 제24권 제8호, 1986, 715-720쪽 이하 참조.

33) 감염된 혈액의 수혈을 통핸 HIV 감염 확률은 95-100%, 수직감염확률은 25-30%(예방조치시 평균 2-10%), 오염된 주사바늘의 공동사용을 통한 감염 확률은 0.5-1%, 감염인과 1회의 성 접촉으로 HIV에 감염될 확률은 0.1-1%이다(질병관리본부의 홈페이지 참조:http://www.cdc.go.kr/CDC/contents/CdcKrContentView.jsp?menuIds=HOME001-MNU0001-MNU0746-MNU0753&cid=18011, 최종접속일: 2013.1.18.).

후천성면역결핍증 예방법 제19조(전파매개행위의 금지) 감염인은 혈액 또는 체액을 통하여 다른 사람에게 전파매개행위를 하여서는 아니 된다.

(2) 취업의 제한

AIDS 예방법은 다른 한편 그 종사자가 동법 제8조 제1항에서 규정하는 의무적 강제 검진을 받아야 하는 업소, 즉 이른바 감염 유발의 위험이 높은 업소에 감염인이 종사하는 것을 금지한다(AIDS 예방법 제18조 제1항). 금지된 업소에 종사하는 감염인은 1년 이하의 징역 또는 1천만원 이하의 벌금에 처해진다(동법 제27조 제5호). 아울러 그러한 업소 경영인이 감염인이나 검진을 받지 않은 자를 그 업소에 종사하게 하는 행위 역시 금지된다(동법 제18조 제2항). 감염인을 금지 업소에 종사하게 한 경우에는 3년 이하의 징역 또는 3천만원 이하의 벌금에 처해지며(동법 제26조 제3호), 검진을 받지 아니한 자를 종사하게 한 경우에는 1년 이하의 징역 또는 1천만원 이하의 벌금에 처해진다(동법 제27조 제5호).

2. 치료 권고 및 강제

HIV의 전염 방지를 위해 「AIDS 예방법」은 감염인에 대해 치료를 권고하거나 더 나아가 치료 및 보호조치를 강제할 수 있도록 규정한다.

(1) 치료 권고

보건복지부장관, 시·도지사 또는 시장·군수·구청장은 HIV의 전염 방지를 위해 감염인 중 다른 사람에게 감염시킬 우려가 있는 사람 등 다음 각 호의 감염인에 대하여 동법 제13조에 기초하여 설립된 전문진료기관 또는 제16조에 따른 요양시설에서 치료를 받거나 요양을 하도록 권고할 수 있다(AIDS 예방법 제14조): 1. 검진결과 감염인으로 판명된 자로서 검진을 받아야 할 업소에 종사하거나 종사할 가능성이 높은 감염인, 2. 주의능력과 주위환경 등으로 보아 타인에게 감염시킬 우려가 있다고 인정되는 감염인, 3. 생계유지능력이 없고, 다른 사람에 의하여 부양 또는 보호를 받고 있지 아니한 감염인.

(2) 치료 및 보호 강제

질병관리청장, 시·도지사 또는 시장·군수·구청장은 치료권고에 따르지 않는 감염인 중 감염인의 주의능력과 주위환경 등으로 보아 다른 사람에게 감염시킬 우려가 높다고 인정되는 감염인에 대하여는 치료 및 보호조치를 강제할 수 있다(AIDS 예방법 제15조 제1항). 이러한 강제적 치료 빛 보호조치에 응하지 아니하는 자에 대해서는 — 강제검진이나 역학조사에의 불응과 동일하게 — 1년 이하의 징역 또는 1천만원 이하의 벌금이라는 형법적 제재가 가해진다(동법 제27조 제4호).

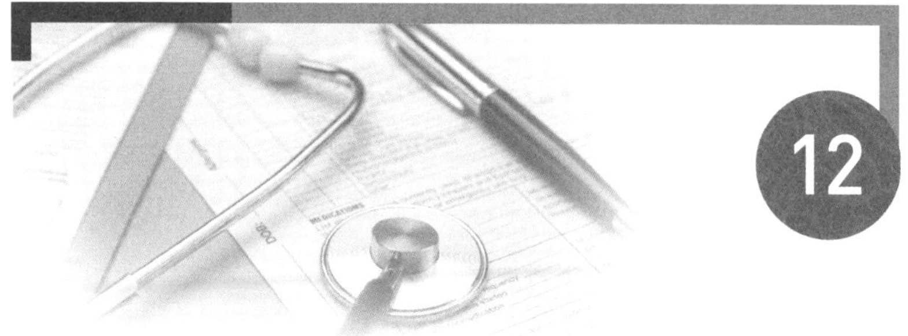

생명의료법

I 생명의료의 규범적 토대

1. 의료의 미래로서 생명의료

미래의 의료는 생명공학을 이용한 의료(생명의료)에 점점 더 의존할 것으로 예상되며, 생명의료에 의해 의료서비스의 수준이 비약적으로 향상될 것이 전망된다.

(1) 생명의료의 개념

생명공학이란 '산업적으로 유용한 생산물을 만들거나 생산 공정을 개선할 목적으로 생물학적 시스템, 생체, 유전체 또는 그들로부터 유래되는 물질을 연구·활용하는 학문과 기술' 그리고 '생명현상의 기전, 질병의 원인 또는 발병과정에 대한 연구를 통하여 생명공학의 원천지식을 제공하는 생리학·병리학·약리학 등의 학문'을 의미한다.[1] 그리고 생명의료란 바로 그런 생명공학을 사용하여 질병을 치료하고 예방하며 기타 건강을 관리하는 것을 의미한다.

(2) 생명의학연구와 임상생명의료

생명의료는 특히 산부인과학에 의해 선도되었다고 할 수 있다. 무엇보다 1970년대에서 80년대에 걸쳐 인공수정과 시험관아기의 의료기술이 개발되고 임상화된 것은 생명의료의 발전에 중요한 전기가 되었다. 그러나 이러한 생명의료기술은 아직 세포의 단위에서 유전자를 조작하는 미시적 방법으로까지 환원되지는 않은 것이었다. 그러한 미시적 방법을 사용하는 생명의료는 지속적으로 발전하고 있기는 하지만 아직 (기초)의학적 연구의 수준에 머물러 있다고 할 수 있는데, 그러한 의학연구가 임상의료기술로 실용화될 경우 세포치료술, 장기이식의료 등의 새로운 의료서비스가 형성될 것으로 전망된다. 이와 같이 생명의학연구와 임상생명의료는 개념적으로 구분될 수 있는데, 이 단락에서 이야기하는 '생명의료'는 이 둘을 모두 포함하는 개념이며 생명의료를 규율하는 법도 이 두 영역 모두를 대상으로 삼는다.

2. 생명윤리법의 규율

생명의료는 인류에게 더 큰 건강과 행복을 가져다줄 수 있지만, 반면에 인간 생명의 수단화나 전통적인 문화의 변형과 파괴를 초래할 우려를 불러일으키기도 한다. 이런 기대와 우려를 조정하기 위해 만들어진 법이 생명윤리 및 안전에 관한 법률(이하 "생명윤리법"이라 한다)로,[2] 동법의 제정을 통해 생명의료의 규범적 토대가 마련되었다고 할 수 있다.

---

1) 이러한 정의는 현재 시행되고 있는 생명공학육성법 제2조에 의거한 것이다.

2) 생명윤리법은 2004.1.29. 제정되어 2005.1.1.부터 시행되었으며, 2012.2.1. 전부개정된 법률이 현재 시행되고 있다.

(1) 법적 규율의 기초로서 생명의료의 행위시퀀스[3)]

생명의료기술을 법적으로 규율하기 위해서는 우선 행위'시퀀스'의 의미를 파악할 필요가 있다. 생명의료에 있어서는 다양한 생명의료행위들이 서로 결합되는 경우가 많다. 이를 테면 유전자 진단이라는 하나의 생명의료행위를 중심으로 '배아의 (자연적 혹은 인공적) 생성 — 유전자 진단(산전진단(PND)/극체진단(PKD)/착상전 진단(PGD)) — (진단에 따른) 이식여부 결정이나 배아의 선별 — 배아의 이식/배아의 폐기나 냉동보관/임신중절'과 같은 상이한 생명의학적 기술운용의 과정들이 결합할 수 있다. 이렇게 다양한 행위들의 결합은 '일정한 의미의 맥락' 속에서 혹은 '특정한 하나의 목적을 중심으로' 이루어지며, 그러한 맥락이나 목적은 — 개별적으로 분리해서 본다면 동일하게 보일 수 있을지라도 — 각각의 생명의료적 행위가 갖는 규범적 의미를 확정하는 데에 결정적인 역할을 하는 경우가 많다. 예컨대 체외수정, 착상전 진단 그리고 '잔여배아'의 발생과 그 '폐기' 혹은 '소모적 이용' 등의 행위들은 임신을 통한 생명의 탄생이라는 하나의 목적 아래서 결합된다. 그렇기 때문에 법적 규율의 방향을 확정하고 올바른 법정책을 수립하기 위해서는, 맥락이나 목적을 중심으로 이루어지는 하나의 '생명의료적 행위시퀀스'의 의미를 '전체적으로' 조망할 필요가 있다. 그리고 현행 생명윤리법의 해석이나 개선 역시 이런 관점에서 이루어질 필요가 있다.

3) 이 항목의 설명은 김나경, 「'주관적 구성요건표지'를 매개로 하는 생명공학의 규율원리 모색 — 착상전 유전자 진단(PGD)의 문제를 중심으로」, 형사법연구, 제19권 제3호(下), 한국형사법학회, 2007, 778쪽에서 발췌하고 요약한 것이다. 다만 이 논문에서 이야기한 '생명공학적 행위시퀀스'라는 용어는 여기서는 의료법적 맥락에서 '생명의료적 행위시퀀스'로 바꾸어 표현하였다.

(2) 규율내용의 개관

생명윤리법은 인공수정이나 체외수정 그리고 배아복제 등과 같이 배아의 '생성'과 관련된 사항들과 배아연구나 냉동보관 등 배아의 '이용'과 '폐기'에 관한 사항들을 규율하며(아래 II), 인체유래물연구 및 인간대상 연구에 관한 사항에 대해서도 규율한다(아래 III). 더 나아가 동법은 유전자 진단과 검사 및 치료(아래 IV), 인체유래물 은행 및 유전정보의 보호나 이용(아래 V), 국가 그리고 생명과학기술의 연구나 개발·이용을 관장하는 개별 기관 단위의 생명윤리심의위원회의 설치와 운영(아래 VI) 및 의무위반행위에 대한 법적 제재(아래 VII)에 관한 규율을 담고 있다. 이하에서는 이러한 법적 규율들에 대해 설명한다.

II 배아의 생성과 이용

현행 생명윤리법은 배아의 인공적인 생성과 관련하여 그 생성 방식에 따라 해당 행위에 대한 규율을 달리한다. 아래에서는 우선 인간 배아의 생성 '방식'을 살펴보고 그러한 생성 방식에 따라 개별적인 생성 '목적'과의 연관성 속에서 만들어내는 행위'시퀀스'가 어떻게 차별적으로 규율되는지를 살펴본다.

[인간 배아의 법적 지위] 인간 배아라는 생명체는 모든 생명의료의 행위시퀀스 그리고 개별적인 생명의료행위를 파악하는 기초 단위가 된다. 이러한 점에서 인간 배아의 법적 지위에 대한 이해는 생명윤리법에서 공리에 해당한다.[4] ① 보호의 필요성 인간 배아의 법적 지위

4) 인간배아의 지위에 대한 아래의 설명은 김나경, 「'주관적 구성요건표지'를 매개로 하는 생명공학의 규율원리 모색 — 착상전 유전자 진단(PGD)의 문제를 중심으로」, 793-794쪽 그리고 김나경(Na-Kyoung Kim), 『Leben als Lebens-

확정에 대한 논의는 많은 경우, (배아가 출생을 통해 하나의 인간이 될) 잠재성(Potentialität), (인간생명의 발전과정이 지니는) 연속성(Kontinuität) 그리고 (배아와 인간간의 유전적) 동일성(Identität), 배아와 태어난 인간이 모두 호모 사피엔스라는 동일한 (생물학적) 종(種)에 속한다는 점을 비롯해서 인간 생명이 갖는 지각능력이나 자의식과 같은 특정한 경험적 능력에 이르기까지, 배아가 지니는 다양한 특징들을 분석하는 과정을 통해 이루어진다. 이러한 다양한 특징들이 규범적 논증에서 갖는 의미는 무엇보다 이들 중 많은 것들은 배아와 (현재 논의를 이끌어가고 있는) 우리라는 주체 사이의 '관련성'을 보여준다는 점에 있다. 즉, 이들은 호모 사피엔스라는 인간종의 카테고리 내에서 우리의 우리 자신에 대한 이해를 돕는 매개체의 역할을 하는데, 이러한 점에서 배아와 우리 사이의 일종의 '동종성'(同種性)을 확정할 수 있다. 그리고 이와 같은 '동종성'은 인간 배아에 대한 일반적인 보호의 필요성을 근거 짓는다. ② 차별화된 보호의 가능성 '동종성'은 인간 배아나 태아에 대한 포괄적인 생명보호의 필요성을 인정하게 하는 중요한 근거가 되지만 다른 한편 보호의 '동일성'을 근거짓기에는 역부족이다. 왜냐하면 개별적인 특징들은 생명보호의 '강도'와 관련해서 모두 서로 '상이한' 경향성을 보여줄 뿐만 아니라, 동일한 특징들에 의거해서도 보호강도에 대한 서로 다른 논증이 가능하기 때문이다. 예를 들어 '잠재성'의 논증은 인간 배아가 아직 완전히 성장하지는 않았다는 점을 말해 주기도 한다는 점에서, 인간 배아는 도덕적으로 의미 있기는 하지만 행위능력을 지닌 인간의 지위와는 동일시되기 어렵다는 결론에 이를 수 있다.[5] 하지만 연속성 논증이나 동일성 논증의 경우에는 연속성이나 동일성을 인간 배아와 태어난 인간의 동일화가능성을 설명해 주는 것으로 이해하는 경우, 인간 배아와 태어난 인간에 대한 생명보호를 동일하게 해야 한다는 결론을 도출하게 할 수 있다.

---

geschichte und subjektives Tatsbestandsmerkmal bei der Präimplantationsdiagnostik』, Peter Lang Verlag, 43-54쪽의 내용을 요약정리하고 재구성한 것이다.

5) Klaus Steigleder, Müssen wir, dürfen wir schwere(nicht-therapierbare) genetisch bedingte Krankheiten vermeiden?, Ethik der Humangenetik, Francke Verlag, 2000, 98쪽.

뿐만 아니라 '동일성'은 경우에 따라 유전구조의 동일성이 아니라 '독립적인 생존능력'(selbständige Lebensfähigkeit)으로 이해되는 경우도 있는데, 이 경우 초기단계의 인간 배아는 완전한 동일성을 지니지 못한다는 점에서 상대적으로 약화된 보호를 받아야 한다는 결론이 도출될 수도 있다. 아울러 생명의 가치는 한편으로는 생물학적 요소들 그리고 다른 한편으로는 인간 활동의 다양한 요소들을 축으로 하는데, 이는 인간 생명이 갖는 의미가 단순히 '죽음'에 대비되는 유기적인 조직의 활동을 넘어서서 우리가 각자 자신의 삶에서 이루어가는 하나의 역사로서의 '삶'을 의미하게 된다는 점을 보여주고, 동시에 초기단계의 배아 생명이 지니는 생물학적 기체 그리고 아직 발전되지 않은 형태로 나타나는 인간적 활동의 요소들의 크기가 그러한 배아가 태어날 경우 그 생명과 직접 관련을 맺는 여성이나 부모의 '삶의 이익'이 심각하게 변형되는 것에 결코 항상 무조건적으로 우선할 수는 없다는 점을 말해 주는 것일 수도 있다.[6] 바로 이러한 점들은 '잔여배아'가 생기게 됨에도 불구하고 인공적인 인간 생명의 생성을 허용하거나 초기단계의 배아의 '소모적 이용'이나 '폐기'를 정당화하는 기초가 되는 것으로 보인다.

1. 인간 배아 생성의 방법

(1) 인공수정과 체외수정

생명의료가 발전하면서 '자연적 임신'의 방법으로만 인간 생명이 만들어질 수 있는 것이 아니라 정자와 난자의 '인위적' 결합에 의해서도 인간 생명이 만들어질 수 있게 되었다. 그러한 '인위적' 결합의 방식에는 '인공수정'과 '체외수정'이 있다.

6) 이는 특히 Na-Kyoung Kim, 『Leben als Lebensgeschichte und subjektives Tatsbestandsmerkmal bei der Präimplantationsdiagnostik』, Peter Lang, 2007, 69쪽 이하 참조.

1) 협의의 인공수정과 체외수정

(좁은 의미의) '인공수정'이란 남성의 정액을 여성의 체내에 인공적으로 주입하는 기술이며, 이 기술로 남녀간의 성적 결합이 없는 수태가 가능해졌다. '체외수정'은 인공수정보다도 인간 생명 탄생의 '인공성'을 한층 더 높인 기술이다. 체외수정은 남성의 정자가 여성의 체내, 즉 여성의 자궁에서 난자와 만나지 않더라도 수정이 가능할 수 있는 조건을 만들고 여성의 난자도 정액과 마찬가지로 여성의 체외로 배출하여 시험관에서 수정(IVF: In Vitro Fertilization)이 이루어지도록 하는 기술이다. 체외수정 기술의 등장은 시험관 내에서의 인간 배아에 대한 인위적 개입을 가능하게 했다는 의의가 있다.[7)]

2) 광의의 인공수정

다른 한편 '인공수정'은 체외수정의 기술을 포함하여 '인공적'으로 수정을 가능하게 하는 모든 기술을 포괄하는 넓은 의미의 개념으로 사용되기도 한다.

[전부개정법의 변화] 2012.2.1. 전부개정 (2013.2.2. 시행) 이전의 생명윤리법에서는 이러한 넓은 의미의 '인공수정' 개념을 사용했지만, 전부개정법에서는 이 개념을 더 이상 사용하지 않는다. 다만 종전의 법에서 사용하지 않던 '체외수정' 개념을 새로이 사용한다.

(2) 생명복제기술

생명의학의 발전은 더 나아가, 어떤 생명체와 유전적으로 동일한 생명체를 인위적으로, 특히 '비생식적' 방법으로 만들어내는 것

7) 이 항목의 내용은 이상돈, 『생명공학과 법』, 아카넷, 2003, 86-87쪽에 더 상세히 설명되어 있으며, 현재 이야기되는 항목 II.1.의 내용은 해당 생명의료기술에 관한 이 책의 설명내용을 요약하고 정리하여 재구성한 것이다.

을 가능하게 했다. 이를 생명의 '복제'라 부르는데, 생명복제의 방식에는 크게 '할구분할법'과 '핵이식법'이 있으며 '핵이식법'에는 '생식세포의 핵이식법'과 '체세포핵이식법'이 있다. ① 할구분할법은 — 수정란이 분할되더라도 일정한 시기까지는 할구세포가 하나의 온전한 개체로 성장할 능력(즉, 전능성)을 지니고 있다는 점을 이용하여 — 분열중인 수정란의 할구를 인위적으로 분리시켜 동일한 유전자를 지닌 복수의 생명체를 만드는 방법이다. ② 이와는 달리 '생식세포의 핵이식법'은 수정란의 핵을 세포핵이 제거된 난자에 이식하는 방법이며, '(체세포)핵이식법'은 난자의 세포핵을 제거한 다음 제거된 난자에 복제하고자 하는 생명체의 체세포핵을 — 이른바 혈청기아배양을 통해 세포주기를 되돌려놓음으로써 전능성을 되찾게 한 후 — 이식시키는 방법이다. 복제양 돌리(Dolly)의 사례가 이 방법의 기원을 이룬다.

생명윤리법 제2조(정의) 제6호 "체세포핵이식행위"란 핵이 제거된 인간의 난자에 인간의 체세포 핵을 이식하는 것을 말한다.

(3) 단성생식기술

다른 한편 난자를 수정의 과정없이 세포분열하도록 하는 기술인 단성생식 기술은 동 행위를 통해 만들어진 세포군인 이른바 "단성생식배아"(생명윤리법 제2조 제9호)가 존재하게 한다. "단성생식배아"를 규율 대상에 포함시킨 것은 2012.2.1. 전부개정되어 2013.2.2.부터 시행된 생명윤리법의 변화이다. 이러한 변화는 단성생식배아를 이용한 연구에 대한 명시적 근거를 마련하고자 하는 목적을 갖는다.

생명윤리법 제2조(정의) 제7호 "단성생식행위"란 인간의 난자가 수정 과정 없이 세포분열하여 발생하도록 하는 것을 말한다.

2. 배아 생성의 규율

이러한 생명의료기술들의 사용은 임신을 통해 새로운 생명체를 탄생하게 하려는 목적 그리고 의학 연구의 목적을 지향하며, 이러한 목적들은 생명의료의 행위'시퀀스'의 규범적 의미를 확정하는 데에 결정적 역할을 한다. 생명윤리법은 배아 생성의 '방법'에 따라 그 생성행위를 정당화하는 '목적' 기준을 달리하는데, 이러한 차별화된 규율을 위해 우선 생성방법에 따라 배아를 구별함으로써 차별화의 기초를 마련한다.

(1) 규율의 차별화의 기초로서 개념의 세분화

생명윤리법은 그 개념정의 규정인 제2조 제3호와 제8호 및 제9호에서 용어적으로 '배아'와 '체세포복제배아' 및 '단성생식배아'를 구별한다.

> **생명윤리법 제2조(정의) 제3호** "배아"란 인간의 수정란 및 수정된 때부터 발생학적으로 모든 기관이 형성되기 전까지의 분열된 세포군을 말한다.

> **생명윤리법 제2조(정의) 제8호** "체세포복제배아"란 체세포핵이식행위에 의하여 생성된 세포군을 말한다.

> **생명윤리법 제2조(정의) 제9호** "단성생식배아"란 단성생식행위에 의하여 생성된 세포군을 말한다.

이러한 구별은 배아의 생성이 정자와 난자의 융합이라는 과정을 거쳤는지에 따라 그 규율을 달리하기 위함이다.[8] 실제로 생명윤리법 제4장 제1절에서는 "체세포복제배아" 및 "단성생식배아"의 '착상'이나 '착상된 상태의 유지' 혹은 '출산'에 대해 규율하고(생명윤리법 제20조), 제4장 제2절에서는 체세포복제나 단성생식 이외의 방식을 통한 "배아"의 '생성'을 규율하며(동법 제23조), 제4장 제3절에서는 다시금 "체세포복제배아"나 "단성생식배아"를 '생성'하는 행위인 체세포핵이식행위 및 단성생식행위에 관해 규율한다(동법 제31조). 그러한 규율의 차별화는 특히 개별행위를 정당화하거나 혹은 불법화하는 생성 '목적'의 차별화로 나타난다.

(2) (체외수정)배아의 규율

현행법은 (체외수정을 통해 생성된) 배아를 불임의 치료(임상생명의료)나 희귀난치병의 치료를 위한 연구(생명의학연구) 목적으로만 사용할 수 있게 한다.

1) **불임치료목적의 사용**

생명윤리법에 따르면 의료적 목적인 임신외의 어떤 목적에 의해서도 배아를 '생성'하지 못한다(생명윤리법 제23조 제1항). 그리고 인공수정을 할 수 있거나 이를 위해 정자나 난자를 채취·보관할 수 있는 의료기관은 보건복지부장관으로부터 지정을 받은 "배아생성의료기관"에 한한다(동법 제22조 제1항).

> **생명윤리법 제23조(배아의 생성에 관한 준수사항)** ① 누구든지 임신외의 목적으로 배아를 생성하여서는 아니 된다.

> **생명윤리법 제22조(배아생성의료기관의 지정 등)** ① 체외수정을 위하여 난자 또는 정자를 채취·보존하거나 이를 수정시켜 배아를 생

8) 이 항목의 설명은 김나경, 「'주관적 구성요건표지'를 매개로 하는 생명공학의 규율원리 모색 — 착상전 유전자 진단(PGD)의 문제를 중심으로」, 783-784쪽의 내용을 요약하고 정리한 것이다.

성하려는 의료기관은 보건복지부장관으로부터 배아생성의료기관으로 지정받아야 한다.

(가) 당사자의 자기결정 체외수정의 과정에서 이루어지는 모든 행위는 당사자의 '자발성'에 기초해야 한다. 특히 인공수정 과정의 제1행위인 정자나 난자의 채취는 당사자의 '동의'에 기초해야 한다.

ㄱ) 서면동의 생명윤리법은 난자와 정자의 채취에 있어서 관련되는 모든 당사자, 즉, 난자 기증자·정자 기증자·체외수정 시술대상자 및 해당 기증자·시술대상자의 배우자의 — 정해진 동의서식에 따른 — "서면동의"가 있어야 함을 규정한다(동법 제24조 제1항 및 제3항). 동법은 서면동의를 구해야 하는 사항 역시 열거적으로 규정하며, 더 나아가 장애인의 경우 그 특성에 맞게 동의를 구해야 한다는 점 역시 명시적으로 규정하고 있다.

생명윤리법 제24조(배아의 생성 등에 관한 동의) ① 배아생성의료기관은 배아를 생성하기 위하여 난자 또는 정자를 채취할 때에는 다음 각 호의 사항에 대하여 난자 기증자, 정자 기증자, 체외수정 시술대상자 및 해당 기증자·시술대상자의 배우자가 있는 경우 그 배우자(이하 "동의권자"라 한다)의 서면동의를 받아야 한다. 다만, 장애인의 경우는 그 특성에 맞게 동의를 구하여야 한다.
1. 배아생성의 목적에 관한 사항
2. 배아·난자·정자의 보존기간 및 그 밖에 보존에 관한 사항
3. 배아·난자·정자의 폐기에 관한 사항
4. 잔여배아 및 잔여난자를 연구 목적으로 이용하는 것에 관한 사항
5. 동의의 변경 및 철회에 관한 사항
6. 동의권자의 권리 및 정보 보호, 그 밖에 보건복지부령으로 정하는 사항

③ 제1항에 따른 서면동의를 위한 동의서의 서식 및 보관 등에 필요

한 사항은 보건복지부령으로 정한다.

ㄴ) 충분한 설명의 의무 여기서 서면동의가 진정한 의미의 자율적인 승낙의사를 표현하는 것이기 위해서는 동의 이전에 관련 사항에 대한 충분한 설명이 이루어져야 한다. 생명윤리법 제24조 제2항은 바로 이러한 '설명의무'에 대해 규정하고 있는데, 이는 생명윤리법 제3조 제2항에서 규정하는 '충분한 정보'에 근거한 동의라는 기본 원칙을 구체화한 것이라 볼 수 있다.

> **생명윤리법 제3조(기본 원칙)** ② 연구대상자 등의 자율성은 존중되어야 하며, 연구대상자 등의 자발적인 동의는 충분한 정보에 근거하여야 한다.

> **생명윤리법 제24조(배아의 생성 등에 관한 동의)** ② 배아생성의료기관은 제1항에 따른 서면동의를 받기 전에 동의권자에게 제1항 각 호의 사항에 대하여 충분히 설명하여야 한다.

㈏ '임신 목적'의 의미 여기서 '임신의 목적'은 인공수정과 수정된 배아의 여성의 체내에의 이식 그리고 임신의 지속과 출산 뿐만 아니라 체외수정의 과정에서 등장하는 잔여배아의 발생 그리고 그 폐기나 냉동보관 등을 포함한 다양한 생명의료행위들을 — 하나의 시퀀스로 통합하고 그 시퀀스 전체를 — 정당화하는 기능을 수행한다.

체외수정의 시퀀스에서 잔여배아의 문제가 발생하는 것은 우선 — 현재의 생명의료기술의 수준에서 — 배아의 성공적인 착상을 위해서는 이식할 것보다 많은 수의 배아를 만들고 형태학적인(morphologisch) 검사를 거치면서라도 그 배아들 중에서 이식할 배아를 선별할 필요성이 있기 때문이다. 또한 — 낮은 착상성공률을 고려할 때

— 만일 이식할 개수 만큼만 배아를 만든다면 여성은 계속적으로 다시금 난자채취의 과정을 거쳐야 하고 이는 여성에게 심리적, 신체적 부담감을 가져올 수 있으며, 다른 한편 그렇다고 해서 배아를 한꺼번에 너무 많이 자궁 내로 이식하게 되면 여성과 아이 모두에게 위험할 수 있는 다생아를 임신할 우려가 생긴다. 그렇기 때문에 잔여배아의 폐기 등을 감수하면서라도 실제 이식되는 것보다 어느 정도는 더 많은 수의 배아를 만들 수밖에 없다. 현행 생명윤리법도 체외수정과정에서 이와 같은 잔여배아의 발생이 필연적일 것임을 이미 예견하고 있다.

생명윤리법 제2조(정의) 제4호 "잔여배아"란 체외수정으로 생성된 배아 중 임신의 목적으로 이용하고 남은 배아를 말한다.

㈐ 생명윤리적 요청 　　특히 배아를 생성할 때에는 특정 성을 선택할 목적으로 난자와 정자를 선별하여 수정시키거나, 사망한 사람의 난자 또는 정자로 수정하거나 혼인하지 않은 미성년자의 난자 또는 정자로 수정하는 행위는 금지된다(동법 제23조 제2항).

2) 잔여배아의 이용 및 폐기

생명윤리법은 체외수정과정에서 남은 배아의 이용과 폐기에 관해 규율한다.

㈎ 보존과 폐기의 원칙 　　배아의 보존기간은 5년이며, 보존기간이 도래한 배아는 연구의 목적으로 이용되지 않는 한 폐기되어야 한다.

생명윤리법 제25조(배아의 보존 및 폐기) ① 배아의 보존기간은 5년으로 한다. 다만, 동의권자가 보존기간을 5년 미만으로 정한 경우에는 이를 보존기간으로 한다.
② 제1항에도 불구하고 항암치료 등 보건복지부령으로 정하는 경우에는 동의권자가 보존기간을 5년 이상으로 정할 수 있다.

③ 배아생성의료기관은 제1항 또는 제2항에 따른 보존기간이 끝난 배아 중 제29조에 따른 연구의 목적으로 이용하지 아니할 배아는 폐기하여야 한다.
④ 배아생성의료기관은 배아의 폐기에 관한 사항을 기록·보관하여야 한다.
⑤ 제3항 및 제4항에 따른 배아의 폐기 절차 및 방법, 배아의 폐기에 관한 사항의 기록·보관에 필요한 사항은 보건복지부령으로 정한다.

(나) 희귀·난치병치료를 위한 연구목적이용의 예외 예외적으로 잔여배아는 엄격한 요건 아래 사용이 허용된다. 잔여배아는 ① 보건복지부장관에게 '배아연구기관'으로 등록된 연구기관에 한해서(생명윤리법 제29조 제2항) 보건복지부장관에게 – 기관위원회의 심의결과 서류를 첨부한 – 당해 연구에 관한 배아연구계획서를 제출하여 승인을 받은 경우 (사용주체의 한정) ② "발생학적으로 원시선이 나타나기 전까지"의 초기배아인 경우에(동법 제29조 제1항) (이용대상배아의 한정) ③ 특정한 연구목적으로 사용할 수 있다(이용목적의 한정).

생명윤리법 제29조(잔여배아 연구) ① 제25조에 따른 배아의 보존기간이 지난 잔여배아는 발생학적으로 원시선(原始線)이 나타나기 전까지만 체외에서 다음 각 호의 연구 목적으로 이용할 수 있다.
1. 난임치료법 및 피임기술의 개발을 위한 연구
2. 근이영양증(筋異營養症), 그 밖에 대통령령으로 정하는 희귀·난치병의 치료를 위한 연구
3. 그 밖에 국가위원회의 심의를 거쳐 대통령령으로 정하는 연구

② 제1항에 따라 잔여배아를 연구하려는 자는 보건복지부령으로 정하는 시설·인력 등을 갖추고 보건복지부장관에게 배아연구기관으로 등록하여야 한다.
③ 제2항에 따라 등록한 배아연구기관(이하 "배아연구기관"이라 한

다)이 보건복지부령으로 정하는 중요한 사항을 변경하거나 폐업할 경우에는 보건복지부장관에게 신고하여야 한다.

생명윤리법 제30조(배아연구계획서의 승인) ① 배아연구기관은 잔여배아의 연구를 하려면 미리 보건복지부장관에게 배아연구계획서를 제출하여 승인을 받아야 한다. 배아연구계획서의 내용 중 대통령령으로 정하는 중요한 사항을 변경하는 경우에도 또한 같다.
② 제1항에 따른 배아연구계획서에는 기관위원회의 심의 결과에 관한 서류가 첨부되어야 한다.

생명윤리법 시행령 제13조(배아연구계획서의 변경승인 사항) 법 제30조제1항 후단에서 "대통령령으로 정하는 중요한 사항"이란 다음 각 호의 어느 하나에 해당하는 사항을 말한다.
1. 연구의 목적 또는 기간
2. 연구에 필요한 잔여배아의 수량
3. 잔여배아를 제공하는 배아생성의료기관
4. 연구책임자

여기서 특히 동법 제29조 제1항 제2호에 해당하는 '희귀·난치병'의 종류는 동법 시행령 제12조 제1항에서 상세히 열거한다.

생명윤리법 시행령 제12조(잔여배아의 연구 대상인 희귀·난치병 등) ① 법 제29조제1항제2호에서 "대통령령으로 정하는 희귀·난치병"이란 다음 각 호에 해당하는 질병을 말한다.
1. 희귀병
   가. 다발경화증, 헌팅턴병(Huntington's disease), 유전성 운동실조, 근위축성 측삭경화증, 뇌성마비, 척수손상
   나. 선천성면역결핍증, 무형성빈혈, 백혈병
   다. 골연골 형성이상
   라. 부신백질이영양증, 이염성백질이영양증, 크라베병
2. 난치병

가. 심근경색증
나. 간경화
다. 파킨슨병, 뇌졸중, 알츠하이머병, 시신경 손상
라. 당뇨병
마. 후천성 면역 결핍증

(다) 잔여배아 및 잔여난자 제공의 무상성 잔여배아가 생겨나는 곳은 '배아생성의료기관'이고 잔여배아를 연구하는 곳은 '배아연구기관'이므로, 배아생성의료기관이 배아연구기관에게 잔여배아를 제공함으로써 수익을 올릴 수 있다면 배아생성의료기관에서는 필요 이상의 잔여배아를 만들어내고자 할 수 있고 이는 인간 배아의 규범적 보호와 여성의 건강이라는 이익에 반할 수 있다. 이러한 문제는 잔여난자의 경우에도 마찬가지로 등장한다. 이러한 점을 고려하여 생명윤리법은 배아생성의료기관이 배아연구기관에게 잔여배아 또는 잔여난자를 제공하는 경우 "무상"으로 제공해야 함을 규정한다. 다만 잔여배아 및 잔여난자의 보관이나 제공에 필요한 경비는 보건복지부령에 의거하여 요청할 수 있도록 한다(동법 제26조 제1항).

생명윤리법 제26조(잔여배아 및 잔여난자의 제공) ① 배아생성의료기관은 연구에 필요한 잔여배아를 제30조 제1항에 따라 배아연구계획서의 승인을 받은 배아연구기관에 제공하거나 잔여난자를 제31조 제4항에 따라 체세포복제배아등 연구계획서의 승인을 받은 체세포복제배아 등의 연구기관에 제공하는 경우에는 무상으로 하여야 한다. 다만, 배아생성의료기관은 잔여배아 및 잔여난자의 보존 및 제공에 든 경비의 경우에는 보건복지부령으로 정하는 바에 따라 제공받는 연구기관에 대하여 경비지급을 요구할 수 있다.
② 제1항에 따른 잔여배아 및 잔여난자의 제공 절차, 경비의 산출, 그 밖에 필요한 사항은 보건복지부령으로 정한다.
③ 배아생성의료기관은 잔여배아 및 잔여난자의 보존 및 제공 등에

관한 사항을 보건복지부령으로 정하는 바에 따라 보건복지부장관에게 보고하여야 한다.

㈑ 안전성 확보 의무 　배아연구기관은 해당 기관에서 수행하는 연구로 인하여 생명윤리 또는 안전에 중대한 위해가 발생하거나 발생할 우려가 있는 경우에는 연구 중단 등 적절한 조치를 하여야 한다(동법 제32조 제1항).

(3) 체세포복제배아 등의 규율

1) 희귀난치병치료의 연구목적사용의 예외

㈎ 연구목적의 생성 　체세포복제배아를 생성하는 행위인 "체세포핵이식행위" 및 단성생식배아를 만들어내는 "단성생식행위"는 원칙적으로 금지되며, "제29조 제1항 제2호에 따른 희귀·난치병의 치료를 위한 연구목적"을 위한 경우에만 허용된다(생명윤리법 제31조 제1항 및 제2항).

> **생명윤리법 제31조(체세포복제배아 등의 연구)** ① 누구든지 제29조 제1항 제2호에 따른 희귀·난치병의 치료를 위한 연구 목적 외에는 체세포핵이식행위 또는 단성생식행위를 하여서는 아니 된다.
> ② 제1항에 따른 연구의 종류·대상 및 범위는 국가위원회의 심의를 거쳐 대통령령으로 정한다.

특히 동법은 체세포핵이식행위 또는 단성생식행위를 할 수 있는 연구의 종류·대상 및 범위를 국가생명윤리심의위원회의 심의를 거쳐 시행령으로 상세히 규정하도록 한다. 시행령이 규정하는 요건은 다음과 같다.

> **생명윤리법 시행령 제14조(체세포핵이식행위 또는 단성생식행위의 제한)** ① 법 제31조 제2항에 따라 체세포핵이식행위 또는 단성생식

단성생식행위(單性生殖行爲)를 할 수 있는 연구는 다음 각 호의 요건을 모두 충족하여야 한다.

1. 체세포복제배아 또는 단성생식배아를 생성하고, 이를 이용하여 배아줄기세포주를 수립하는 연구
2. 다음 각 목의 어느 하나에 해당하는 난자를 이용하는 연구
   가. 배아생성을 위하여 동결 보존된 난자 중에 임신이 성공되는 등의 사유로 폐기할 예정인 난자
   나. 미성숙 난자 또는 비정상적인 난자로서 배아를 생성할 계획이 없어 폐기할 예정인 난자
   다. 체외수정시술에 사용된 난자로서 수정이 되지 아니하거나 수정을 포기하여 폐기될 예정인 난자
   라. 난임(難姙)치료를 목적으로 채취된 난자로서 적절한 수증자(受贈者)가 없어 폐기될 예정인 난자
   마. 적출된 난소에서 채취한 난자
3. 발생학적으로 원시선(原始線)이 나타나기 전까지의 체세포복제배아 또는 단성생식배아를 체외에서 이용하는 연구

(나) 연구 주체의 제한　체세포복제 및 단성생식을 통해 배아를 생성하거나 연구하기 위해서는 일정한 요건을 갖추고 보건복지부장관에게 등록해야 하며, 등록 기관은 배아 생성과 연구시 미리 보건복지부장관에게 연구계획서를 제출하여 승인받아야 한다(동법 제31조 제3항 및 제4항).

생명윤리법 제31조(체세포복제배아 등의 연구) ③ 체세포복제배아 등을 생성하거나 연구하려는 자는 보건복지부령으로 정하는 시설 및 인력 등을 갖추고 보건복지부장관에게 등록하여야 한다.
④ 제3항에 따라 등록한 기관은 체세포복제배아 등을 생성하거나 연구하려면 보건복지부령으로 정하는 바에 따라 미리 보건복지부장관에게 연구계획서를 제출하여 승인을 받아야 한다.
⑤ 체세포복제배아 등 연구계획서의 승인에 관하여는 제30조를 준용

한다. 이 경우 "잔여배아"는 "체세포복제배아 등"으로, "배아연구계획서"는 "체세포복제배아 등 연구계획서"로 각각 본다.

(다) 안전성 확보 의무 체세포복제배아 및 단성생식배아 연구기관은 해당 기관에서 수행하는 연구로 인하여 생명윤리 또는 안전에 중대한 위해가 발생하거나 발생할 우려가 있는 경우에는 연구 중단 등 적절한 조치를 하여야 한다(동법 제32조 제1항).

2) 임신목적사용의 금지

체세포복제배아 및 단성생식배아를 착상시켜 임신하면 이른바 복제인간이 태어나게 된다. 생명윤리법 제20조 제1항은 이러한 인간개체의 복제를 윤리적인 이유(예: 장기공급용으로의 남용)와 기술적 위험성(예: 기형아, 조로사망)을 이유로 전면 금지한다.

> **생명윤리법 제20조(인간복제의 금지)** ① 누구든지 체세포복제배아 및 단성생식배아를 인간 또는 동물의 자궁에 착상시켜서는 아니 되며, 착상된 상태를 유지하거나 출산하여서는 아니 된다.

(4) 종간 교잡의 금지

인간의 배아를 동물의 자궁에 착상시키거나 동물의 배아를 인간의 자궁에 착상시켜서는 안 된다(생명윤리법 제21조 제1항). 아울러 인간의 난자를 동물의 정자로 수정시키거나 동물의 난자를 인간의 정자로 수정시키는 행위, 핵이 제거된 인간의 난자에 동물의 체세포 핵을 이식하거나 핵이 제거된 동물의 난자에 인간의 체세포 핵을 이식하는 행위, 인간의 배아와 동물의 배아를 융합하는 행위는 금지된다. 동물의 생식세포를 결합시킨다던지, 체세포핵이식행위를 함에 있어서 인간 난자에 동물의 체세포 핵을 이식하거나 동물의 난자에 인간의 체세포 핵을 이식하는 것 그리고 그 밖의 방법으로 인간의 배아나 동물의 배아를 융합하는 것은 엄격히 금지된다(동법 제21조 제2항 제1호-제3호). 더 나아가 동법 제21조 제2항에 해당하는 행위로부터 생성된 것을 인간이나 동물의 자궁에 착상시켜서도 안되는데(동법 제21조 제3항), 이는 모두 종간 교잡에 의해 생물학적 기본질서가 형해화되는 것을 방지하기 위한 것이다. 동법은 덧붙여, 다른 유전정보를 가진 인간의 배아를 융합하는 행위 및 그 행위로 생성된 것을 인간이나 동물 자궁에 착상시키는 행위도 금지한다(동법 제21조 제2항 제4호 및 제3항).

(5) 난자 공여의 문제

체세포핵이식에 의한 방식으로 인간 배아를 만들어 내거나 인공수정을 하기 위해서는 여성으로부터의 난자 채취가 필수적으로 전제되어야 한다. 이에 생명윤리법은 난자제공자의 건강 등을 고려하는 인권보호를 위한 규정을 두고 있다.

1) 난자기증자의 건강 보호

(가) 건강검진의 실시 난자공여의 과정에서 이루어지는 호르몬의 투여 등은 공여자의 건강에 위험이 된다. 따라서 생명윤리법은 배아생성의료기관은 보건복지부령으로 정하는 바에 따라 난자를 채취하기 전에 난자 기증자에 대하여 건강검진을 하여야 한다고 규정한다(생명윤리법 제27조 제1항). 검진 결과 보건복지부령으로 정하는 건강 기준에 미치지 못하는 사람으로부터는 난자를 채취해서는 안 된다(동법 제27조 제2항).

(나) 난자채취의 빈도와 기간 제한 무분별한 난자 공여는 건강의 손상을 가져오므로,[9] 생명윤리법은 난자채취의 빈도와 채취 기

9) 이와 관련하여 잉여배아의 무분별한 생산과 여성의 건강에 대해서는 허라금, 「생명공학기술과 여성」, 한국여성철학, 제3권, 한국여성철학회, 2003, 26-27쪽 참조.

간을 제한한다. 난자채취는 평생 3회까지 할 수 있으며, 6개월 이상의 기간을 두고 하여야 한다(동법 제27조 제2항 및 제3항, 동법 시행령 제11조 제1항). 뿐만 아니라 난자채취로 부작용이 발생한 경우에는 그 부작용이 완치된 후 6개월이 지나야 난자를 다시 채취할 수 있다(동법 시행령 제11조 제2항).

(다) 난자기증의 실비보상 　난자기증자에 대한 보상은 이른바 실비 보상에 한정된다. 보건복지부령을 통해 난자 기증에 필요한 시술 및 회복에 걸리는 시간에 따른 보상금 및 교통비 등 보건복지부령으로 정하는 항목이 실비로 규정된다(동법 제27조 제4항). 이러한 규정은 실비보상을 넘어서는 금품의 제공이 난자의 상업적 거래를 부추길 위험을 안고 있다는 점에 기초한다.

2) 난자기증자의 자기결정권 보호

난자의 기증은 난자기증자의 자발성에 기초해야 하며, 따라서 기증자의 '동의'가 필수요건이다. 배아생성의료기관이 연구를 하려는 사람에게 잔여난자를 제공하려면 사전에 난자기증자로부터 서면동의를 받아야 한다(생명윤리법 시행령 제14조 제2항).[10] 서면동의는 난자 제공이 가져올 부작용이나 위험성 등에 대한 충분한 설명을 전제해야 하는데,[11] 이 설명의무는 생명윤리법 제3조 제2항의 규정으로부터 도출될 수 있다.

3) 배아연구기관 여성연구원의 인권보호

생명윤리법상 난자를 채취하는 기관은 배아생성의료기관에 국한되며(생명윤리법 제22조) 배아연구기관은 제외되어 있다. 이는 연

---

10) 다만, "적출된 난소에서 채취한 난자"를 이용하는 경우에는, 난자를 채취한 시술자가 동의를 얻어야 한다(생명윤리법 시행령 제14조 제2항 단서).

11) 이를 의료법상의 '의사의 설명의무'의 맥락에서 이해할 수 있는데, 의사의 설명의무에 관해서는 김나경, 「의사의 설명의무의 법적 이해」, 한국의료법학회지, 제15권 제1호, 한국의료법학회, 2007, 7-28쪽 참조.

구의 필요성에 의해 — 특히 연구기관 내에서 여성연구원에 대한 심리적 압박 등을 통해 — 난자의 공여가 반강제적으로 이루어질 가능성을 차단하기 위함이다. 특히 동법은 연구대상자 등의 인권과 복지를 우선적으로 고려해야 하며(동법 제3조 제1항), 취약한 환경에 있는 개인이나 집단은 특별히 보호되어야 함을(동법 제3조 제5항) 기본 원칙으로 규정한다.

(6) 줄기세포의 연구

생명윤리법은 배아줄기세포의 연구에 대해 독립된 절에서 규율한다(생명윤리법 제4장 제4절). "배아줄기세포주"(Embryonic stem cell lines)란 "배아, 체세포복제배아, 단성생식배아 등으로부터 유래한 것으로서, 배양 가능한 조건에서 지속적으로 증식(增殖)할 수 있고 다양한 세포로 분화(分化)할 수 있는 세포주(細胞株)"를 말한다(동법 제2조 제10호). 생명윤리법은 줄기세포의 연구 필요성을 인정하되 남용을 방지하기 위해 다음과 같이 줄기세포연구 전체를 국가적으로 관리한다.

1) 배아줄기세포주의 등록

배아줄기세포주를 "수립"하거나 "수입"하는 경우에는 — 타인에 제공하거나 연구목적으로 이용하기 전에 — 보건복지부장관에게 "등록"해야 한다(생명윤리법 제33조 제1항).

2) 배아줄기세포주의 제공

(가) 심의 및 보고　　등록을 마친 배아줄기세포주를 타인에게 제공하기 위해서는 기관심의위원회의 심의를 거쳐야 하며, 그 제공현황을 보건복지부장관에게 보고하여야 한다(동법 제34조 제1항 및 제2항).

(나) 무상 제공의 원칙　　배아줄기세포주는 무상으로 제공해야

한다(동법 제34조 제3항 본문). 다만, 배아줄기세포주의 보존 및 제공에 소요된 경비에 대해서는 제공받는 자에게 보건복지부령으로 정하는 바에 따라 경비지급을 요구할 수 있다(동법 제34조 제3항 단서).

3) 배아줄기세포주의 이용

(가) 연구목적의 제한　　등록된 줄기세포주는 법이 지정한 다음의 연구의 목적으로만 이용할 수 있다.

> **생명윤리법 제35조(배아줄기세포주의 이용)** ① 제33조제1항에 따라 등록된 배아줄기세포주는 체외에서 다음 각 호의 연구 목적으로만 이용할 수 있다.
> 1. 질병의 진단·예방 또는 치료를 위한 연구
> 2. 줄기세포의 특성 및 분화에 관한 기초연구
> 3. 그 밖에 국가위원회의 심의를 거쳐 대통령령으로 정하는 연구

(나) 심의와 승인 및 보고　　배아줄기세포주를 이용하려는 자는 해당 연구계획서에 대해 기관위원회의 심의를 거쳐 해당 기관의 장의 승인을 받아야 한다(동법 제35조 제2항 제1문). 승인을 받은 연구계획서의 내용 중 연구의 목적 또는 기간, 연구책임자, 배아줄기세포주 이용 연구의 과학적·윤리적 타당성에 영향을 미치는 사항을 변경하는 경우에도 동일한 심의와 승인이 요청된다(동법 제35조 제2항 제2문 및 동법 시행령 제15조). 승인·변경승인을 받은 자는 이를 보건복지부장관에게 보고해야 하며(동법 제35조 제3항), 승인받은 자는 배아줄기세포주의 제공자에게 제공받은 배아줄기세포주의 이용계획서를 작성하여 제출해야 한다(동법 제35조 제4항).

(다) 연구의 감독　　연구를 승인한 기관의 장은 연구자의 연구가 연구계획에 적합한지를 감독해야 한다(동법 제35조 제5항).

Ⅲ 인간대상 연구 및 인체유래물 연구

2013년 전부개정되어 시행된 생명윤리법에서는 인간대상 연구 및 인체유래물 연구에 대해 새로이 규정함으로써 그 규율 대상의 범위를 확대하였다.

1. 인간대상 연구

(1) 의 의

생명윤리법 제2조(정의) 제1호 "인간대상연구"란 사람을 대상으로 물리적으로 개입하거나 의사소통, 대인 접촉 등의 상호작용을 통하여 수행하는 연구 또는 개인을 식별할 수 있는 정보를 이용하는 연구로서 보건복지부령으로 정하는 연구를 말한다

(2) 연구의 심의

인간대상연구를 하려는 자는 연구 전에 기관생명윤리위원회로부터 연구계획서에 대한 심의를 받아야 한다(생명윤리법 제15조 제1항). 다만 연구대상자 및 공공에 미치는 위험이 미미한 경우로서 국가생명윤리심의위원회의 심의를 거쳐 보건복지부령으로 정한 기준에 맞는 연구는 심의가 면제될 수 있다(동법 제15조 제2항).

(3) 연구의 동의

1) 자기결정의 원칙

㈎ 서면동의 인간대상연구자는 인간대상연구 전에 연구대상자로부터 다음의 내용을 포함한 서면동의(전자문서를 포함)를 받아야 한다(생명윤리법 제16조 제1항): 1. 인간대상연구의 목적, 2. 연구

대상자의 참여 기간, 절차 및 방법, 3. 연구대상자에게 예상되는 위험 및 이득, 4. 개인정보 보호에 관한 사항, 5. 연구 참여에 따르는 손실에 대한 보상, 6. 개인정보 제공에 관한 사항, 7. 동의의 철회에 관한 사항, 8. 그 밖에 기관위원회가 필요하다고 인정하는 사항.

이 경우 연구대상자가 동의 능력이 없거나 불완전한 경우에는 법정대리인 등[12]의 서면동의를 받아야 한다(동법 제16조 제2항 제1문). 대리인의 동의는 특히 연구대상자의 의사에 어긋나서는 안 된다(동법 제16조 제2항 제2문).

(나) 설명 의무 인간대상연구자는 이러한 서면동의를 받기 전 동의권자에게 서면동의에 포함된 사항에 대해 충분히 설명할 의무가 있다(동법 제16조 제4항).

2) 동의 면제의 예외

법에서 규정하는 다음과 같은 경우에는 — 동법 제16조 제2항에 따른 대리인의 동의의 경우는 제외하고 — 기관생명윤리위원회의 승인을 받아 연구대상자의 서면동의를 면제할 수 있다: 1. 연구대상자의 동의를 받는 것이 연구 진행과정에서 현실적으로 불가능하거나 연구의 타당성에 심각한 영향을 미친다고 판단되는 경우, 2. 연구대상자의 동의 거부를 추정할 만한 사유가 없고, 동의를 면제하여도 연구대상자에게 미치는 위험이 극히 낮은 경우.

(4) 안전 대책과 조치 의무

> **생명윤리법 제17조(연구대상자에 대한 안전대책)** ① 인간대상연구자는 사전에 연구 및 연구환경이 연구대상자에게 미칠 신체적·정신적 영향을 평가하고 안전대책을 마련하여야 하며, 수행 중인 연구가

---

12) 법정대리인 또는 법정대리인이 없는 경우 배우자, 직계비속의 순으로 하되, 직계존속이나 직계비속이 여러 사람이면 협의하여 정하고, 협의가 되지 않으면 연장자가 대리인이 된다(생명윤리법 제16조 제2항).

개인 및 사회에 중대한 해악(害惡)을 초래할 가능성이 있을 때에는 이를 즉시 소속 기관의 장에게 보고하고 적절한 조치를 하여야 한다.
② 인간대상연구자는 질병의 진단이나 치료, 예방과 관련된 연구에서 연구대상자에게 의학적으로 필요한 치료를 지연하거나 진단 및 예방의 기회를 박탈하여서는 아니 된다.

(5) 개인 정보

1) 제공 정보의 익명화

인간대상연구자는 연구에 대한 서면 동의시 연구대상자가 개인정보를 제공하는 것에 대해 동의한 경우, 기관생명윤리위원회의 심의를 거쳐 제3자에게 개인정보를 제공할 수 있다(생명윤리법 제18조 제1항). 이러한 제3자에 대한 정보제공시 개인정보는 — 연구대상자가 개인식별정보를 포함하는 것에 동의한 경우를 제외하고는 — 익명화하여야 한다(동법 제18조 제2항).

2) 본인 정보의 공개

인간대상연구자는 연구대상자가 자신에 관한 정보 공개를 청구하는 경우, 특별한 사유가 없으면 이를 공개하여야 한다(생명윤리법 제19조 제2항).

2. 인체유래물 연구

(1) 의 의

생명윤리법 제2조(정의) 제11호 "인체유래물"이란 인체로부터 수집하거나 채취한 조직·세포·혈액·체액 등 인체 구성물 또는 이들로부터 분리된 혈청, 혈장, 염색체, DNA(Deoxyribonucleic acid), RNA(Ribonucleic acid), 단백질 등을 말한다.

생명윤리법 제2조(정의) 제12호 "인체유래물연구"란 인체유래물을 직접 조사·분석하는 연구를 말한다.

(2) 연구의 심의

인체유래물 연구를 하기 위해서는 연구 전에 연구계획서에 대해 기관생명윤리위원회의 심의를 받아야 한다(생명윤리법 제36조 제1항). 다만 인체유래물 기증자 및 공공에 미치는 위험이 미미한 경우로서 국가생명윤리심의위원회의 심의를 거쳐 보건복지부령으로 정한 기준에 맞는 연구는 심의가 면제될 수 있다(동법 제36조 제2항).

(3) 연구의 동의

1) 당사자의 자기결정

㈎ 서면 동의 　　인체유래물연구자는 인체유래물연구를 하기 전 인체유래물 기증자로부터 서면동의를 받아야 한다(생명윤리법 제37조 제1항). 다만 인체유래물연구자가 인체유래물 채취자로부터 인체유래물을 제공받아 연구를 하는 경우에는 그 채취자가 기증자로부터 서면동의를 받으면 연구자가 서면동의를 받은 것으로 본다(동법 제37조 제3항). 서면동의에 포함되어야 하는 사항은 다음과 같다(동법 제37조 제1항): 1. 인체유래물연구의 목적, 2. 개인정보의 보호 및 처리에 관한 사항, 3. 인체유래물의 보존 및 폐기 등에 관한 사항, 4. 인체유래물과 그로부터 얻은 유전정보의 제공에 관한 사항, 5. 동의의 철회, 동의 철회 시 인체유래물 등의 처리, 인체유래물 기증자의 권리, 연구 목적의 변경, 그 밖에 보건복지부령으로 정하는 사항.

㈏ 설명 의무 　　인체유래물연구자는 서면동의를 받기 전에 인체유래물 기증자에게 서면동의에 포함된 사항에 대하여 충분히 설명하여야 한다(동법 제37조 제5항).

2) 동의 면제의 예외

법에서 규정하는 일정한 경우에는 인채유래물 기증자의 서면동의가 면제된다. 면제에 관한 사항은 인간대상연구에서의 동의 면제에 관한 생명윤리법 제16조 제3항을 준용한다(생명윤리법 제37조 제4항).

(4) 인체유래물 및 유전 정보의 제공

1) 익명화 제공의 원칙

인체유래물 연구자는 인체유래물 기증자로부터 서면동의를 받을 때에 인체유래물과 그로부터 얻은 유전정보(이하 인체유래물 등)를 제공하는 것에 대해 동의를 받은 경우 기관생명윤리위원회의 심의를 거쳐 이를 인체유래물은행이나 다른 연구자에게 제공할 수 있다(생명윤리법 제38조 제1항). 이때 인체유래물 등은 — 그 기증자가 개인식별정보 포함에 동의한 경우를 제외하면 — 익명화하여 제공하여야 한다(동법 제38조 제2항).

2) 무상 제공의 원칙

인체유래물 등의 제공은 무상으로 해야 한다(생명윤리법 제38조 제3항 본문). 인체유래물 등을 상업화하여 남용하는 것을 방지해야 하기 때문이다. 다만 인체유래물 연구자가 소속된 기관은 인체유래물 등의 보존 및 제공에 든 경비에 대해서는 보건복지부령으로 정하는 바에 따라 인체유래물 등을 제공받아 연구하는 자에게 지급을 요구할 수 있다(동법 제38조 제3항 단서).

(5) 인체유래물 등의 보존 및 폐기

인체유래물 연구자는 동의서에 정한 기간이 지난 인체유래물 등을 폐기하여야 한다. 다만, 보존 중 기증자가 보존기간의 변경이나 폐기를 요청하는 경우에는 요청에 따라야 한다(생명윤리법 제39조 제1항).

(6) 안전 대책 및 조치 의무

인체유래물 연구자의 안전대책 마련 및 안전 조치 의무에 대해서는 인간대상연구자의 의무에 대한 생명윤리법 제17조의 규정을 준용한다(생명윤리법 제40조).

Ⅳ 유전자 진단과 검사 및 치료

1. 유전자 진단

(1) 유전자 진단의 개념과 유형

배아 혹은 태아에 대한 유전자 진단은 그 인간적 생명체가 여성의 체내에 존재하는지 그렇지 않은지에 따라 크게 출산전 진단(PND: Prenatal Diagnosis)과 착상전 유전자 진단(PGD: Preimplantation Genetic Dignosis)으로 분류된다.

출산전 진단이란 익히 알려져 있는 초음파 검사, 양수검사 등의 방식으로 자궁 내 태아의 유전적·형태학적 형질 등에 대한 검사를 시행하여 태아의 기형 여부 등을 진단하는 것으로, 출산전 진단의 결과는 임신중절의 여부를 결정하는 주된 기초가 된다. 이와는 달리 착상전 유전자 진단이란, 체외에서 만들어진 배아가 아직 많이 분화되지 않은 상태에서(대략 6-10세포기) 그로부터 1개에서 2개의 세포를 분리하여 그 세포에 대한 유전자 검사를 실시하는 것이다. 착상전 유전자 진단은 — 만일 배아를 만드는 과정에서 처음부터 배아의 출생을 목표로 했었던 것이라면 — 진단 결과 원하지 않는 유전형질을 지닌 배아를 선별하여 여성의 자궁에 이식하지 않도록 하고 다른 한편 원하는 유전형질을 지닌 배아를 이식하는 기능을 한다.

(2) 유전자 진단의 법적 규율

생명윤리법 제50조 제2항에 따르면 "근이영양증이나 그 밖에 대통령령으로 정하는 유전질환을 진단하기 위한 목적으로만 배아 또는 태아를 대상으로 유전자검사를 할 수 있다." 그리고 동법 시행령 제21조는 이에 해당하는 63가지의 질환을 <별표3>을 통해서 제시한다.

> [유전자검사가 허용되는 유전질환] 생명윤리법 시행령 제21조 별표 3에 따라 배아 또는 태아를 대상으로 유전자검사를 할 수 있는 유전질환은 다음과 같다: 1. 수적 이상 염색체이상질환, 2. 구조적 이상 염색체이상질환, 3. 연골무형성증, 4. 낭성 섬유증, 5. 혈우병, 6. 척수성 근육위축, 7. 디 조지 증후군, 8. 표피 수포증, 9. 고셰병, 10. 레쉬니한 증후군, 11. 마르판 증후군, 12. 근육긴장성 장애, 13. 오르니틴 트랜스카바밀레이즈 결핍, 14. 다낭성 신장병, 15. 겸상 적혈구빈혈, 16. 테이삭스병, 17. 윌슨병, 18. 판코니 빈혈, 19. 블룸 증후군, 20. 부신백질 영양장애, 21. 무감마글로불린혈증, 22. 알포트 증후군, 23. 파브리(-안더슨)병, 24. 바르트 증후군, 25. 샤르코-마리-투스병, 26. 코핀-로리 증후군, 27. 선천성 부신 과형성증, 28. 크루존 증후군, 29. 가족성 선종성 용종증, 30. 골츠 증후군, 31. 육아종병, 32. 헌터 증후군, 33. 헌팅턴병, 34. 발한저하성 외배엽이형성증, 35. 색소 실조증, 36. 케네디병, 37. 크라베병, 38. 로웨 증후군, 39. 신경섬유종증, 40. 구안지 증후군, 41. 불완전 골형성증, 42. 펠리제우스-메르츠바하병, 43. 피르브산 탈수소효소 결핍, 44. 망막세포변성, 45. 망막아세포증, 46. 망막층간분리, 47. 산필립포 증후군, 48. 척수소뇌성 운동실조, 49. 스틱클러 증후군, 50. 결절성 경화증, 51. 비타민D 저항성구루병, 52. 폰 히펠-린다우 증후군, 53. 비스코트-올드리치 증후군, 54. 니만-피크병, 55. 이염성 백질 이영양증, 56. 후플러 증후군, 57. 프로피온

산혈증, 58. 메틸말론산혈증 ,59. 페닐케톤뇨증, 60. 티로신혈증, 61. 울프-허쉬호른 증후군, 62. 베타-지중해빈혈, 63. 그 밖에 질환의 예후 등이 제1호부터 제62호까지의 질환과 같은 수준의 유전질환으로서 보건복지부장관이 지정·고시한 유전질환

따라서 이와 같이 제시된 유전질환을 판명하기 위한 목적으로 유전자 진단을 할 수 있고, 진단결과 해당 유전질환을 지니고 있음이 판명된다면 — 명시적 규율은 없지만 — 아마도 모자보건법 제14조 제5호의 규정에 의거하여 임신중절이나 혹은 여성에게 이식하지 않고 배아를 폐기하는 것이 허용된다고 볼 수 있을 것이다.

[착상전 유전자진단과 임신의 목적성] 여기서 착상전 유전자 진단(PGD)의 문제와 관련하여 생각해보아야 할 것은, PGD가 체외수정과 관련하여 "임신외의 목적으로 배아를 생성하여서는 아니 된다"고 하는 생명윤리법 제23조 제1항의 규정에 위반되는 것은 아닌가 하는 점이다. 착상전 유전자 진단이 예정하고 있는 배아의 '선별'은 선별기준에 부합하지 않는 배아의 '냉동보관' 혹은 '폐기'를 전제하기 때문에, 그러한 선별과 폐기가 '임신외 목적'에 해당하는 것은 아닌지 라는 의문을 불러일으킬 수 있기 때문이다. 하지만 생명공학 규율에서 주관적 표지인 '임신'은 단지 생물학적 '이식'이나 '착상'이라는 개념으로만 파악해야 하는 것이 아니다. 앞의 항목 II에서 설명했던 것과 같이 배아의 '폐기'는 그 자체로서 항상 독립적인 불법성을 표상할 수 있는 것이라 보기는 어려우며, 오히려 이식이나 착상을 할 때에 불가피하게 등장하는 배아의 '폐기' 행위는 '임신'을 하나의 과정으로 보면서 그 안에 함께 통합될 수 있는 것이다.[13] 특히 배아나 태아를 임신하고 출산한 후 양육해야 할 때에 여성과 가족이 짊어지게 되는 책임과 부담 그리고 고통 등을 생각한다면, 초기단계의 배아나 태아

13) 김나경, 「'주관적 구성요건표지'를 매개로 하는 생명공학의 규율원리 모색 — 착상전 유전자 진단(PGD)의 문제를 중심으로」, 형사법연구, 제19권 제3호(下), 한국형사법학회, 2007, 795-796쪽.

에게서 중대한 유전적 질환이 발견됨에도 무조건적인 이식이나 임신의 계속을 요구하는 것은 기대가능하지 않다고 볼 수 있다. 다만 중요한 것은, 그러한 결정이 배아나 태아가 지니게 될 유전적 형질 그리고 그것이 배아·태아나 여성 및 가족들의 삶에 미치게 될 영향을 충분히 '숙고'하고 '성찰'하는 과정을 통해 내려지는 것이어야 한다는 점이다.14)

2. 유전자 검사

(1) 개 념

"유전자 검사"란 "인체유래물로부터 유전정보를 얻는 행위로서 개인의 식별 또는 질병의 예방·진단·치료 등을 위하여 하는 검사"를 가리킨다(생명윤리법 제2조 제15호).

(2) 적극적 우생학의 금지

생명윤리법 제50조 제1항은 이와 관련하여 "과학적 증명이 불확실하여 검사대상자를 오도할 우려가 있는 신체 외관이나 성격에 관한" 유전자 검사를 해서는 안 된다고 규정한다. 이는 유전자의 검사가 유전 형질을 소위 우성과 열성으로 분류하고, 그에 따라 '우생학적'인 조치를 가져오게 될 것에 대한 우려에서 비롯된 것이라 할 수 있다. 그 외에도 국가생명윤리심의위원회의 심의를 거쳐

---

14) 바로 이러한 점에서 '유전적 상담'의 필요성을 이야기할 수 있는데, '성찰적 결정'의 필요성과 '상담구상'에 관해 상세히는 김나경, 「태아의 장애를 이유로 하는 임신중절 — 사회학적 구조와 형법정책」, 형사법연구, 제19권 제1호, 통권 제30호, 한국형사법학회, 2007, 152쪽 이하; Hille Haker, Genetische Beratung und moralische Entscheidungsfindung, Marcus Düwell · Dietmar Mieth(편), Ethik in der Humangenetik, Francke Verlag, 2000, 238쪽 이하; Jeantine E. Lunshof, Genetische Beratung: Zwischen Nichtdirektivität und moralischem Diskurs, Ethik in der Humangenetik, Francke Verlag, 2000, 227쪽 이하 참조.

대통령령이 정하는 유전자 검사는 할 수 없는데(생명윤리법 제50조 제1항), 이에 관해 동법 시행령 제20조 <별표2>에서는 금지되는 검사의 종류를 열거하고 있다.

[금지되는 유전자검사] **생명윤리법 시행령 제20조 <별표2>** 1. 다음 각 목의 어느 하나에 해당하는 유전자검사는 금지된다: 가. 삭제, 나. 삭제, 다. VDR 유전자에 의한 골다공증 관련 유전자검사, 라. Mt16189 유전자에 의한 당뇨병 관련 유전자검사, 마. UCP-1 · PPAR-gamma · ADRB3(B3AR) 유전자에 의한 비만 관련 유전자검사, 바. 삭제, 사. 5-HTT 유전자에 의한 우울증 관련 유전자검사, 아. Mt5178A 유전자에 의한 장수 관련 유전자검사, 자. IGF2R 또는 CALL 유전자에 의한 지능 관련 유전자검사, 차. 삭제, 카. ACE 유전자에 의한 체력 관련 유전자검사, 타. CYP1A1 유전자에 의한 폐암 관련 유전자검사, 파. SLC6A4 유전자에 의한 폭력성 관련 유전자검사, 하. DRD2 또는 DRD4 유전자에 의한 호기심 관련 유전자검사. 2. HLA-B27 유전자에 의한 강직성척추염 관련 유전자검사는 금지된다. 다만, 진료를 담당하는 의사가 강직성척추염이 의심된다고 판단하는 경우는 제외한다. 3. 삭제, 4. 삭제, 5. BRCA1 또는 BRCA2 유전자에 의한 유방암 관련 유전자검사는 금지된다. 다만, 진료를 담당하는 의사가 해당 질환의 고위험군에 속한다고 판단하거나 해당 질환에 걸린 것으로 확실하게 진단된 사람을 대상으로 진료를 하는 과정에서 필요하다고 판단하는 경우는 제외한다. 6. Apolipoprotein E 유전자에 의한 치매 관련 유전자검사는 금지된다. 다만, 성인의 경우 진료를 담당하는 의사가 질환이 의심된다고 판단하거나 그 질환의 고위험군에 속한다고 판단하는 경우는 제외한다 7. 제1호 · 제2호 · 제5호 및 제6호에도 불구하고 연구를 목적으로 하는 검사로서 기관위원회에서 필요하다고 판단한 경우에는 유전자 검사를 실시할 수 있다.

(3) 유전자검사의 주체

1) 신 고

유전자검사는 – 국가기관이 아닌 이상 – 유전자검사의 목적에 따라 규정된 시설 및 인력 등을 갖추고 보건복지부장관에게 "신고"한 경우에만 시행할 수 있다(생명윤리법 제49조 제1항 및 동법 시행규칙 제46조 제1항).[15] 보건복지부장관은 신고 내용이 생명윤리법에 적합하면 신고를 수리하여야 한다(동법 제49조 제3항).

2) 비(非)의료기관의 유전자검사

유전자검사의 주체는 크게 의료기관과 의료기관이 아닌 기관으로 나누어볼 수 있다. 그중 비(非)의료기관인 유전자검사기관이 '질병의 예방, 진단 및 치료'에 관한 유전자검사를 하기 위해서는 반드시 "의료기관의 의뢰"가 있어야 함이 원칙이다(생명윤리법 제50조 제3항 제1호). 다만, 질병의 예방과 관련된 유전자검사는 의료기관의 의뢰가 없이도 "보건복지부장관이 필요하다고 인정하는 경우" 할 수 있으며(동법 제50조 제3항 제2호), 보건복지부 고시는 이러한 경우로 "영양, 생활습관 및 신체적 특징에 따른 질병의 예방을 위한 유전자검사 및 유전적 혈통을 찾기 위한 검사"를 규정하고 있다.[16] 이러한 유전자검사를 '소비자 대상 직접 시행(DTC: Direct-

---

15) 생명윤리법 시행규칙 제46조 제1항 〈별표 5〉는 유전자검사의 목적을 '질병의 진단 및 치료', '질병의 예측', '영양, 생활습관 및 신체적 특징에 따른 질병의 예방 및 유전적 혈통 찾기', '개인식별 및 친자확인'의 4가지로 분류하고, 각각의 목적에 따른 시설 및 인력 기준을 규정하고 있다; 아울러 동법 시행규칙 제46조 제2항에 기초한 〈유전자검사기관 신고서〉(별지 제47호 서식)는 유전자검사기관의 신고유형을 '1. 질병 진단 및 치료를 위한 유전자검사, 2. 질병 예측을 위한 유전자검사, 3. 영양, 생활습관 및 신체적 특징에 따른 질병의 예방을 위한 유전자검사, 4. 유전적 혈통을 찾기 위한 유전자검사, 5. 개인식별 및 친자확인을 위한 유전자검사'로 분류하고 있다.

16) 보건복지부고시 제2022-43호 「의료기관이 아닌 유전자검사기관이 직접 실시할 수 있는 유전자검사 항목에 관한 규정」; 엄밀히는 '유전적 혈통을 찾기 위한 검사'는 '질병의 예방과 관련된 유전자검사'가 아니다. 이를 허용하기 위해

to-Consumer) 유전자검사(이하 DTC 유전자검사)'라 칭한다.

생명윤리법 제50조(유전자검사의 제한 등) ③ 의료기관이 아닌 유전자검사기관에서는 다음 각 호를 제외한 경우에는 질병의 예방, 진단 및 치료와 관련한 유전자검사를 할 수 없다.
1. 의료기관의 의뢰를 받은 경우
2. 질병의 예방과 관련된 유전자검사로 보건복지부장관이 필요하다고 인정하는 경우[17]

[DTC 유전자검사기관 인증제] DTC 유전자검사를 하고자 하는 유전자검사기관의 장은 보건복지부령이 정하는 시설 및 인력 등을 갖추고 "검사항목별 숙련도, 검사결과의 분석 · 해석 · 전달, 검사대상자와 개인정보의 보호방안 등 해당 기관의 검사역량"에 대해 보건복지부장관의 인증을 받아야 한다(생명윤리법 제49조의2 제2항). 보건복지부장관은 인증심사업무에 전문성이 있다고 인정되는 기관이나 단체를 지정 · 고시하여 인증심사업무를 위탁하며(동법 제61조 제2항 제4호 및 동법 시행령 제24조 제2항 제5호), 유전자검사 등에 전문성이 있는 과학계, 산업계, 의료계, 윤리 및 법조계 등 관련 분야별 위원으로 인증심사위원회를 구성한다(동법 시행규칙 제49조의3 제5항 및 보건복지부고시 제2022-99호[18] 제3조).

[DTC 유전자검사의 법적 정당성] DTC 유전자검사는 대부분의 경우 소비자가 인터넷을 통해 직접 구매하고 스스로 검체를 채취한 후 우편 등을 통해 유전자검사기관으로 발송하면 검사기관에서 검체 분석

서는 근본적으로는 생명윤리법 제50조 제3항의 개정이 필요한 것으로 보인다.

17) 보건복지부고시 제2016-97호 「의료기관이 아닌 유전자검사기관이 직접 실시할 수 있는 유전자검사 항목에 관한 규정」 제1항에서는 생명윤리법 제50조 제3항 2호에 따른 검사로 '보건복지부장관이 필요하다고 인정하는 경우'란 "영양, 생활습관 및 신체적 특징에 따른 질병의 예방을 위한 유전자검사 및 유전적 혈통을 찾기 위한 검사"를 의미한다고 규정한다.

18) 「소비자 대상 직접 시행 유전자검사기관의 검사역량 인증에 관한 규정」(보건복지부고시 제2022-99호).

및 해석 후 소비자에게 보고서를 인터넷 또는 우편으로 전송하는 방식으로 이루어진다. 뿐만 아니라 DTC 유전자검사는 검사기관에 따라 어떠한 유전자형을 선택하여 검사하는지 그리고 어떠한 분석방법을 활용하고 어떠한 근거에 기초하여 해석하는지가 모두 상이하므로, 검사기관별로 해석 결과가 다를 수 있다. 그렇기 때문에 DTC 유전자검사의 법적 정당성을 담보하기 위해서는 소비자에 대해 검사결과의 한계, 과학적 근거 등에 대한 충분한 설명이 반드시 선행되어야 한다. 현재 DTC 유전자검사에 관한 보건복지부 고시는 DTC 검사 시행시 "검사목적 및 항목, 검사결과의 한계 등을 결과지에 명시하고 검사대상자에게 충분히 설명하여야 한다"고 규정하고 있다[19]. 법정책적으로는 더 나아가 소비자가 DTC 검사 시행 전후로 검사의 의미와 결과의 해석 등에 관한 충분한 상담을 받을 수 있는 제도적 장치를 마련할 필요가 있을 것으로 보인다.

3) 숙련도 평가

유전자검사기관의 장은 보건복지부령으로 정하는 바에 따라 유전자검사의 숙련도 평가를 받아야 한다(동법 제49조의2 제1항). 숙련도 평가란 유전자검사목적별 유전자검사 항목에 대해 "1. 유전자검사에 대한 설명 및 동의의 적절성, 2. 검사대상물 처리의 적절성, 3. 유전자검사 결과의 정확성, 4. 유전자검사 분석 및 처리 등 관리의 적절성, 5. 그 밖에 보건복지부장관이 숙련도 평가에 필요하다고 인정하여 고시하는 사항"에 대한 평가로(동법 시행규칙 제49조의2 제1항),[20] 유전자검사의 질을 담보하는 장치라 할 수 있다. 다만, DTC 유전자검사를 하기 위해 보건복지부장관으로부터 검사역

19) 보건복지부고시 제2022-43호 「의료기관이 아닌 유전자검사기관이 직접 실시할 수 있는 유전자검사 항목에 관한 규정」 제6호.

20) 다만, 질병의 진단 및 치료를 위한 유전자검사 등 보건복지부장관이 정하여 고시하는 유전자검사에 대해서는 보건복지부장관이 정하여 고시하는 바에 따라 숙련도 평가 사항을 달리 정할 수 있다(생명윤리법 시행규칙 제49조의2 제2항).

량에 대한 인증을 받은 유전자검사기관의 경우에는 인증 유효기간 동안 숙련도 평가를 받지 않을 수 있다(동법 제49조의2 제2항).

4) 기타

그 밖에도 유전자검사의 안전성 및 적절성을 확보하기 위해 유전자검사기관의 종사자에게는 유전자검사교육을 받을 의무가 부과된다(생명윤리법 제49조의3 제1항). 다른 한편 유전자검사의 대상이 되는 환자 또는 소비자를 보호하기 위해, 유전자검사에 관한 허위표시나 과대광고를 한 유전자검사기관에 대해서는 형사제재가 가해진다(동법 제50조 제4항 및 동법 제68조 제12호).

(4) 유전자검사의 동의

1) 유전자검사기관

㈎ 채취 및 채취의뢰의 경우　　유전자검사기관은 유전자검사를 함에 있어 검사대상물의 채취 전에 검사대상자 혹은 법정대리인 등으로부터 “서면동의”를 받아야 한다(생명윤리법 제51조 제1항 및 제4항). 서면동의를 얻고자 하는 경우 미리 검사대상자 또는 법정대리인에게 “유전자검사의 목적과 방법, 예측되는 유전자검사의 결과와 의미 등”에 대하여 “충분히 설명”하여야 한다(동법 제51조 제6항). 특히 서면동의는 다음과 같은 내용을 포함해야 한다: 1. 유전자검사의 목적, 2. 검사대상물의 관리에 관한 사항, 3. 동의의 철회, 검사대상자의 권리 및 정보보호, 그 밖에 보건복지부령으로 정하는 사항(동법 제51조 제1항).

㈏ 검사대상물을 제공하는 경우　　유전자검사기관이 검사대상물을 인체유래물연구자나 인체유래물은행에 제공하기 위하여는 검사대상자로부터 다음의 사항이 포함된 서면동의를 ‘별도로’ 또 받아야 한다(동법 제51조 제2항): 1. 개인정보의 보호 및 처리에 대한

사항, 2. 검사대상물의 보존, 관리 및 폐기에 관한 사항, 3. 검사대상물의 제공에 관한 사항, 4. 동의의 철회, 동의 철회 시 검사대상물의 처리, 검사대상자의 권리, 그 밖에 보건복지부령으로 정하는 사항.

2) 유전자검사기관 외의 자

유전자검사기관 외의 자가 검사대상물을 채취하여 유전자검사기관에 유전자검사를 의뢰하는 경우, 생명윤리법 제51조 제1항에 따른 서면동의를 받아야 한다. 이 경우 보건복지부령이 정하는 개인정보 보호 조치를 하여야 한다(동법 제51조 제3항).

3) 비(非)동의 검사의 예외

시체 또는 의식불명인 사람이 누구인지 식별하여야 할 긴급한 필요가 있거나 특별한 사유가 있는 경우 또는 다른 법률에 규정이 있는 경우에는 동의 없이 유전자검사를 할 수 있다(동법 제51조 제5항).

3. 유전자 치료

생명공학의 발전은 "'유전적 변이'를 일으키거나 유전물질 또는 유전물질이 도입된 세포를 인체로 전달하는 일련의 행위"를 통해 질병을 예방하거나 치료하는 것을 가능하게 하기도 한다. 이를 '유전자 치료'라 일컫는데,[21] 유전자 치료에 대한 생명윤리법의 규율은 치료의 주체에 대한 국가적 관리 그리고 치료 범위의 한정이라는 방식으로 이루어지고 있다.

(1) 유전자 치료의 주체

유전자 치료를 하고자 하는 의료기관은 보건복지부장관에게

---

21) 이와 같은 '유전자 치료'의 개념은 생명윤리법 제2조 제16호가 정의내리고 있다.

"신고"해야 한다(생명윤리법 제48조).

(2) 유전자 치료의 동의

생명윤리법은 동법 제3조 제2항의 자율성에 관한 기본 원칙을 구체화하면서 유전자 치료를 하려면 환자에게 다음의 사항에 관해 미리 설명한 후 "서면동의"를 받아야 한다고 규정한다(생명윤리법 제48조 제3항).

생명윤리법 제48조(유전자치료기관) ③ 제1항에 따라 보건복지부장관에게 신고한 의료기관(이하 "유전자치료기관"이라 한다)은 유전자치료를 하고자 하는 환자에 대하여 다음 각 호의 사항에 관하여 미리 설명한 후 서면동의를 받아야 한다.
1. 치료의 목적
2. 예측되는 치료 결과 및 그 부작용
3. 그 밖에 보건복지부령으로 정하는 사항

(3) 치료 범위의 한정

특히, 생명윤리법은 유전자치료를 할 수 있는 경우를 중대환 질환 혹은 난치병 등에 한정함으로써, 아직 보편화되지 않은 유전자 치료가 불러일으킬 수 있는 위험을 최소화하고자 한다(생명윤리법 제47조 제1항). 뿐만 아니라 그와 같은 유전자 치료는 어디까지나 '태어난 인간'을 대상으로 하는 것이며, 유전적 변이의 의미를 파악할 능력이 없거나 타인의 우생학적 혹은 기타 정책적인 목적을 위해 악용될 우려가 있는 '정자・난자・배아 또는 태아에 대한 유전자 치료'는 전면적으로 금지된다(동법 제47조 제5항).

생명윤리법 제47조(유전자치료 및 연구) ① 유전자치료에 관한 연구는 다음 각 호의 어느 하나에 해당하는 경우에만 할 수 있다.

1. 유전질환, 암, 후천성면역결핍증, 그 밖에 생명을 위협하거나 심각한 장애를 불러일으키는 질병의 치료를 위한 연구
2. 현재 이용 가능한 치료법이 없거나 유전자치료의 효과가 다른 치료법과 비교하여 현저히 우수할 것으로 예측되는 치료를 위한 연구

⑤ 유전자치료는 배아, 난자, 정자 및 태아에 대하여 시행하여서는 아니 된다.

Ⅴ 유전정보의 문제

생명의과학의 발전으로 개발된 다양한 기술들을 통해, 인간 생명 혹은 특정 개인에 관한 유전정보의 양은 엄청나게 증가하고 있으며 그만큼 유전정보로부터 개인을 보호할 필요성도 증대하고 있다. 이에 따라 생명윤리법에서는 유전정보를 수집하고 보존하는 '인체유래물 은행'을 관리하며, 기타 유전정보의 이용 등에 관한 제재를 가하고 있다.

1. 유전정보 보호의 일반원칙

유전정보란 "인체유래물을 분석하여 얻은 개인의 유전적 특징에 관한 정보"를 말한다(생명윤리법 제2조 제14호). 생명윤리법은 유전정보가 악용되어 개인의 차별적 대우를 초래하는 것을 방지하기 위해, 유전정보에 의한 차별금지의 원칙을 명시하고 있으며(생명윤리법 제46조 제1항), 유전자검사는 '자발성'에 기초하여 이루어져야 함을 분명히 하고 있다(동법 제46조 제2항). 이외에도 동법이 규정하는 사생활 보호와 개인정보 보호의 일반원칙(동법 제3조 제3항) 및 비밀 누설 등의 금지 의무(동법 제63조)는 유전 정보 보호의 중요한 기초가 된다.

생명윤리법 제46조(유전정보에 의한 차별 금지 등) ① 누구든지 유전정보를 이유로 교육·고용·승진·보험 등 사회활동에서 다른 사람을 차별하여서는 아니 된다.
② 다른 법률에 특별한 규정이 있는 경우를 제외하고는 누구든지 타인에게 유전자검사를 받도록 강요하거나 유전자검사의 결과를 제출하도록 강요하여서는 아니 된다.

생명윤리법 제63조(비밀 누설 등의 금지) 감독대상기관 또는 그 종사자나 업무에 종사하였던 사람은 직무상 알게 된 개인정보 등의 비밀을 누설하거나 도용하여서는 아니 된다.

2. 인체유래물 은행의 관리

(1) 인체유래물 은행의 의의

"인체유래물 은행"이란 "인체유래물 또는 유전정보와 그에 관련된 역학정보, 임상정보 등을 수집·보존하여 이를 직접 이용하거나 타인에게 제공하는 기관"을 말한다(생명윤리법 제2조 제13호). 인체유래물은행을 개설하기 위해서는 — 국가기관이 직접 개설하는 경우를 제외하고는 — 보건복지부장관의 "허가" 를 받아야 하며(동법 제41조 제1항), 경우에 따라서는 중앙행정기관의 장으로부터의 연구비지원의 승인이 허가를 갈음한다(동법 제41조 제2항).

(2) 설명과 동의

1) 서면동의

인체유래물 은행이 인체유래물 연구에 쓰일 인체유래물을 직접 채취하거나 채취를 의뢰할 때에는 기증자로부터 채취 전 다음의 사항이 포함된 서면동의를 받아야 한다(생명윤리법 제42조 제1항): 1.

인체유래물 연구의 목적(인체유래물 은행이 인체유래물 연구를 직접 수행하는 경우만 해당), 2. 개인정보의 보호 및 처리에 관한 사항, 3. 인체유래물 등이 제공되는 연구자 및 기관의 범위에 관한 사항, 4. 인체유래물 등의 보존, 관리 및 폐기에 관한 사항, 5. 동의의 철회, 동의의 철회 시 인체유래물 등의 처리, 인체유래물 기증자의 권리나 그 밖에 보건복지부령으로 정하는 사항.

2) 설명 의무

인체유래물 은행은 기증자에게 서면동의를 받기 전 서면동의에 포함된 사항에 대해 충분히 설명하여야 한다(생명윤리법 제42조 제2항).

(3) 인체유래물 등의 제공

1) 결정 절차

인체유래물 은행의 장은 인체유래물 등을 제공하기 전 이를 제공받으려는 자로부터 이용계획서를 제출받아 그 내용을 검토하여 제공 여부를 결정하여야 한다(생명윤리법 제43조 제1항).

2) 정보의 익명화

인체유래물 등은 — 인체유래물 기증자가 개인식별정보 포함에 동의한 경우를 제외하고는 — 익명화하여 제공하여야 한다(생명윤리법 제43조 제2항).

3) 무상 제공

인체유래물 등의 제공은 무상으로 하는 것이 원칙이며, 다만 인체유래물 은행의 장은 인체유래물 등의 보존 및 제공에 든 경비를 보건복지부령으로 정하는 바에 따라 이를 제공받는 자에게 요구할 수 있다(생명윤리법 제43조 제3항).

4) 정기적 심의

기관생명윤리위원회는 인체유래물 등의 제공에 필요한 지침을 마련하고, 지침에 따라 적정하게 제공되고 있는지 정기적으로 심의하여야 한다(생명윤리법 제43조 제4항).

(4) 인체유래물 등의 익명 관리

인체유래물은행은 인체유래물 등을 제공받은 경우 이를 "익명화"하여야 하며(동법 제44조 제2항), 보건복지부령으로 정하는 바에 따라 인체유래물 등의 익명화 방안이 포함된 개인정보 보호 지침을 마련하고, 개인정보 관리 및 보안을 담당하는 책임자를 지정하여야 한다(동법 제44조 제4항).

Ⅵ 생명윤리심의위원회

생명윤리법은 생명윤리 및 안전에 관한 다양한 정책적 사항들을 논의하기 위해 국가생명윤리심의위원회를 설치하도록 하고 있으며, 개별적인 규율의 실질성과 효율성을 도모하기 위해 기관생명윤리위원회(IRB)의 설치를 규정하고 있다.

1. 국가생명윤리심의위원회

(1) 국가생명윤리심의위원회의 기능

국가생명윤리심의위원회의 임무는 다양한 정책적 사항에 대한 심의이다. 그 구체적인 심의사항은 다음과 같다: 1. 국가의 생명윤리 및 안전에 관한 기본 정책의 수립에 관한 사항, 2. 제12조 제1항 제3호에 따른 공용기관생명윤리위원회의 업무에 관한 사항, 3. 제15조 제2항에 따른 인간대상연구의 심의 면제에 관한 사항, 4.

제19조 제3항에 따른 기록·보관 및 정보 공개에 관한 사항, 5. 제29조 제1항 제3호에 따른 잔여배아를 이용할 수 있는 연구에 관한 사항, 6. 제31조 제2항에 따른 연구의 종류·대상 및 범위에 관한 사항, 7. 제35조 제1항 제3호에 따른 배아줄기세포주를 이용할 수 있는 연구에 관한 사항, 8. 제36조 제2항에 따른 인체유래물연구의 심의 면제에 관한 사항, 9. 제50조 제1항에 따른 유전자검사의 제한에 관한 사항, 10. 그 밖에 생명윤리 및 안전에 관하여 사회적으로 심각한 영향을 미칠 수 있다고 판단하여 국가위원회의 위원장이 회의에 부치는 사항(생명윤리법 제7조 제1항).

(2) 국가생명윤리심의위원회의 구성

국가생명윤리심의위원회는 위원장 1인, 부위원장 1인을 포함한 16명 이상 20명 이하의 위원으로 이루어진다(생명윤리법 제8조 제1항). 위원들의 구성은 교육부장관·과학기술정보통신부장관·법무부장관·산업통상자원부장관·보건복지부장관·여성가족부장관, 생명과학·의과학·사회과학 등의 연구 분야에 대한 전문지식과 연구경험이 풍부한 사람 중 대통령이 위촉하는 7인 이내의 자, 종교계·윤리학계·법조계·시민단체(비영리민간단체지원법 제2조에 따른 비영리민간단체를 말한다) 또는 여성계를 대표하는 사람 중에서 대통령이 위촉하는 7인 이내의 사람이다(생명윤리법 제8조 제2항 및 제3항). 국가생명윤리심의위원회의 회의는 재적위원 과반수의 출석과 출석위원 과반수의 찬성으로 의결한다(동법 시행령 제2조 제3항).

국가생명윤리심의위원회는 그 효율적인 운영을 위해 분야별 전문위원회를 설치할 수 있다(동법 제9조 제1항). 설치되는 전문위원회로는 생명윤리·안전정책전문위원회, 배아전문위원회, 인체유래물전문위원회, 유전자전문위원회, 연구대상자보호전문위원회, 특별전문위원회가 있으며(동법 시행령 제3조 제1항), 전문위원회의 구성에 관한 상세한 사항은 생명윤리법 시행령 제4조에서 규정하고 있다.

2. 기관생명윤리위원회

(1) 기관생명윤리위원회의 기능 및 운영

1) 기관생명윤리위원회의 업무

'기관생명윤리위원회'(IRB)는 생명과학기술을 운용하는 개별 기관이 그 운용에 있어서의 안전 및 생명윤리의 준수를 담보하기 위해 설치해야 하는 위원회이다. 기관생명윤리위원회는 심의, 해당 기관 연구에 대한 조사·감독, 교육 및 정책 수립 등의 역할을 수행한다. 보다 구체적인 업무 수행 내용은 다음과 같다(생명윤리법 제10조 제3항):

생명윤리법 제10조(기관생명윤리위원회의 설치 및 기능) ③ 기관위원회는 다음 각 호의 업무를 수행한다.

1. 다음 각 목에 해당하는 사항의 심의
   가. 연구계획서의 윤리적·과학적 타당성
   나. 연구대상자 등으로부터 적법한 절차에 따라 동의를 받았는지 여부
   다. 연구대상자 등의 안전에 관한 사항
   라. 연구대상자 등의 개인정보 보호 대책
   마. 그 밖에 기관에서의 생명윤리 및 안전에 관한 사항
2. 해당 기관에서 수행 중인 연구의 진행과정 및 결과에 대한 조사·감독
3. 그 밖에 생명윤리 및 안전을 위한 다음 각 목의 활동
   가. 해당 기관의 연구자 및 종사자 교육
   나. 취약한 연구대상자 등의 보호 대책 수립
   다. 연구자를 위한 윤리지침 마련

2) 보건복지부장관의 감독·지원 및 인증

기관생명윤리위원회의 운영은 보건복지부장관의 감독・지원을 받으며, 보건복지부장관은 기관위원회에 대한 조사, 교육을 실시한다(동법 제13조 제1항). 뿐만 아니라 보건복지부장관은 동 위원회의 구성 및 운영실적 등을 정기적으로 평가하여 인증할 수 있으며 그 결과를 인터넷 홈페이지 등에 공표할 수 있다(동법 제14조 제1항 및 제2항). 인증 결과는 기관의 예산 지원 및 연구비 지원 제한 등의 조치의 근거가 될 수 있다(동법 제14조 제3항).

(2) 설치 기관

생명윤리법 및 동법 시행규칙에 따라 기관생명윤리위원회를 설치하고 보건복지부장관에게 등록해야 하는 기관은 다음과 같다(생명윤리법 제10조 제1항 및 제4항): 1. 인간대상연구를 수행하는 자가 소속된 교육・연구 기관 또는 병원 등, 2. 인체유래물연구를 수행하는 자가 소속된 교육・연구 기관 또는 병원 등, 3. 제22조 제1항에 따라 지정된 배아생성의료기관, 4. 제29조 제2항에 따라 등록한 배아연구기관, 5. 제31조 제3항에 따라 등록한 체세포복제배아 등의 연구기관, 6. 제41조 제1항에 따라 보건복지부장관의 허가를 받은 인체유래물은행, 7. 그 밖에 생명윤리 및 안전에 관하여 사회적으로 심각한 영향을 미칠 수 있는 기관으로서 보건복지부령으로 정하는 기관.

(3) 기관생명윤리위원회의 구성

기관생명윤리위원회는 위원장 1명을 포함하여 5명 이상의 위원으로 구성되며, 이 경우 하나의 성(性)으로만 구성할 수 없으며, 사회적・윤리적 타당성을 평가할 수 있는 경험과 지식을 갖춘 사람

1명 이상과 그 기관에 종사하지 아니하는 사람 1명 이상이 포함되어야 한다(생명윤리법 제11조 제1항). 특히 심의대상인 연구나 개발 또는 이용에 관여하는 위원은 해당 연구나 개발, 이용과 관련된 심의에 참여하지 못하도록 함으로써(동법 제11조 제3항), 심의의 공정성과 형평성을 도모한다.

Ⅶ 법적 제재

생명윤리법은 많은 경우 생명윤리법의 위반을 형사적으로 처벌하고 있으며 그 밖의 경우 일정한 행정법적 제재를 가하고 있다.

1. 형법적 제재

(1) 인간개체복제의 죄

생명윤리법이 금지하는 행위 중 가장 중한 형벌인 10년 이하의 징역에 처해지는 행위는 체세포복제를 통한 인간복제행위이다(생명윤리법 제64조 제1항). 이 경우에는 미수범 역시 처벌한다(동법 제64조 제2항).

(2) 종간 교잡의 죄

① 인간의 난자를 동물의 정자로 수정시키거나 동물의 난자를 인간의 정자로 수정시키는 행위(의학적으로 인간의 정자의 활동성을 시험하기 위한 경우는 제외), 핵이 제거된 인간의 난자에 동물의 체세포 핵을 이식하거나 핵이 제거된 동물의 난자에 인간의 체세포 핵을 이식하는 행위, 인간의 배아와 동물의 배아를 융합하는 행위, 다른 유전정보를 가진 인간의 배아를 융합하는 행위를 한 사람은 3년 이하의 징역에 처한다(생명윤리법 제66조 제2호), ② 열거한 행

위들 중 어느 하나에 해당하는 행위로부터 생성된 것을 인간 또는 동물의 자궁에 착상시키는 행위, ③ 인간 배아를 동물의 자궁에 착상시키거나 동물의 배아를 인간의 자궁에 착상시키는 행위를 한 사람은 5년 이하의 징역에 처한다(생명윤리법 제65조 제1항). ②와 ③의 경우 미수범도 처벌한다(동법 제65조 제2항).

(3) 배아불법사용의 죄

① 체세포복제배아 및 단성생식배아를 인간 또는 동물의 자궁에 착상시키거나 착상된 상태를 유지 또는 출산하도록 유인하거나 알선한 경우, ② 임신 외의 목적으로 배아를 생성한 경우, ③ 정해진 연구목적 이외의 목적으로 체세포핵이식행위 또는 단성생식행위를 하는 경우, ④ 정해진 목적 이외의 목적으로 잔여배아를 이용하는 경우에는 3년 이하의 징역에 처한다(생명윤리법 제66조 제1항). ⑤ 원시선이 나타난 이후의 잔여배아를 이용하는 경우 그리고 보존 기간 미만의 잔여배아를 이용하는 경우에는 3년 이하의 징역 또는 5천만원 이하의 벌금에 처한다(동법 제66조 제2항). ①의 경우에는 미수범도 처벌한다(동법 제66조 제3항).

그 외에 ⑥ 배아를 생성할 때 성별선택을 위해 난자와 정자를 선별하거나, 사망한 사람이나 혼인하지 않은 미성년자의 생식세포로 수정하는 경우에는 2년 이하의 징역 또는 3천만원 이하의 벌금에 처한다(동법 제67조 제1항). 아울러 ⑦ 배아생성의료기관으로 지정받지 않고 정자나 난자를 채취하거나 배아를 생성한 경우, ⑧ 보존기간이 도래했고 연구목적으로 이용하지 않는 배아를 폐기하지 않은 경우, ⑨ 배아연구기관으로 등록하지 않고 잔여배아를 연구한 경우나 연구계획서의 승인 없이 배아연구를 한 경우, ⑩ 체세포복제배아등 연구기관으로 등록하지 않고 체세포복제배아나 단성생식배아를 생성하거나 연구한 경우에는 1년 이하의 징역 또는 2천만원 이하의 벌금에 처한다(동법 제68조).

(4) 생식세포 등의 불법공여의 죄

생식세포나 난자의 공여와 관련된 규정을 위반한 경우에도 형법적 제재가 가해진다. ① 배아의 생성을 위해 정자나 난자를 채취하는 경우 관련자의 서면동의 없이 채취하거나 ② 난자제공자에 대해 건강검진을 실시하지 않는 경우, ③ 건강검진 결과 건강기준에 미달하는 자로부터 난자를 채취한 경우, ④ 정해진 빈도와 기간규정에 위배하여 난자를 채취한 경우에는 2년 이하의 징역 또는 3천만원 이하의 벌금에 처한다(생명윤리법 제67조).

(5) 유전자의 불법검사 · 부당사용의 죄

① 유전정보를 이유로 다른 사람을 차별하거나 타인에게 유전자검사를 받도록 강요하거나 검사결과 제출을 강요한 경우, ② 의료기관이 환자 외의 자에게 의무기록 및 진료기록 등을 제공하면서 유전정보를 포함시킨 경우, ③ 법으로 정한 경우 이외의 경우에 유전자치료를 하거나 배아 · 난자 · 정자나 태아에 대해 유전자 검사를 한 경우, ④ DTC 유전자검사를 하려는 유전자검사기관이 거짓이나 부정한 방법으로 인증을 받은 경우 ⑤ 과학적 증명이 불확실하여 검사대상자를 오도할 우려가 있는 신체외관이나 성격에 관한 유전자 검사 또는 그 밖에 법에서 금지하고 있는 유전자검사를 실시한 경우, ⑥ 배아나 태아를 대상으로 한 유전자 검사를 법이 정하지 않은 목적으로 실시한 경우, ⑦ 의료기관 아닌 자가 질병의 예방, 진단 및 치료와 관련한 유전자 검사를 한 경우에는 2년 이하의 징역 또는 3천만원 이하의 벌금에 처한다(생명윤리법 제67조).

⑧ 인체유래물은행을 허가 없이 개설한 경우, ⑨ 서면동의 없

이 인체유래물을 채취하거나 채취를 의뢰한 경우, ⑩ 잔여검체[22]를 피채취자에게의 서면고지 없이 인체유래물은행에 제공한 경우, ⑪ 피채취자가 인체유래물은행에의 제공을 거부한 잔여검체를 인체유래물은행에 제공한 경우, ⑫ 의료기관이 보건복지부장관에 신고하지 않고 유전자치료를 한 경우, ⑬ 보건복지부장관에 신고하지 않고 유전자검사를 한 경우, ⑭ 유전자검사에 대해 거짓표시나 과대광고를 한 경우, ⑮ 유전자검사기관이 검사대상물의 채취·채취의뢰나 검사대상물 제공 등에 관해 요청되는 서면동의를 받지 않은 경우 또는 유전자검사기관 외의 자가 유전자검사기관에 유전자검사를 의뢰할 때 검사대상물 채취에 관한 서면동의서를 첨부하지 않거나 개인정보를 보호하기 위한 조치를 하지 않은 경우에는 1년 이하의 징역 또는 2천만원 이하의 벌금에 처한다(동법 제68조).

2. 행정법적 제재

기관생명윤리위원회를 설치하지 않은 경우, 배아줄기세포주를 등록하지 않고 제공하거나 이용한 경우, 지정된 연구 목적 이외의 목적으로 배아줄기세포주를 이용한 경우, 인체유래물 등을 익명화하지 않고 다른 연구자에게 제공한 경우, 인체유래물 등의 폐기·처리·이관에 대한 규정을 위반한 경우, 인체유래물은행 개설과 관련된 신고를 하지 않은 경우, 잔여검체를 익명화하지 아니하고 인체유래물은행이나 타인에게 제공한 경우, 인체유래물은행의 장이 인체유래물 등의 익명화 방안이 포함된 개인정보 보호 지침을 마련하지 않거나 개인정보 관리 및 보안을 담당하는 책임자를 두지 않은 경우, 유전자검사기관이 숙련도 평가를 받지 않은 경우에는

22) '잔여검체'란 의료기관에서 치료 및 진단을 목적으로 사용하고 남은 인체유래물을 의미한다(생명윤리법 제42조의2 제1항 참조).

500만원 이하의 과태료를 부과한다(생명윤리법 제70조 제1항).

그 밖에 배아생성의료기관이 중요사항 및 휴·폐업에 대한 변경 신고를 하지 않은 경우, 배아연구기관이 중요사항 변경과 폐업에 대한 신고를 하지 않은 경우, 배아생성의료기관의 장이 휴·폐업시 관련 서류를 이관하지 않은 경우에는 300만원 이하의 과태료를 부과한다(동법 제70조 제2항).

기관생명윤리위원회 설치기관이 위원회 등록을 하지 않았거나 생명윤리 또는 안전에 대한 중대한 위해에 관한 위원회의 심의 결과를 보고하지 않은 경우, 유상으로 배아줄기세포주를 제공한 경우, 유상으로 인체유래물은행이나 연구자에게 인체유래물 등을 제공한 경우, 유상으로 인체유래물은행에 잔여검체를 제공한 경우, 인체유래물은행이 중요사항 변경 및 휴·폐업에 대한 신고를 하지 않은 경우, 유전자검사기관이 중요사항 변경 및 휴·폐업에 대한 신고를 하지 않은 경우, 기관위원회의 심의를 받지 않고 유전자치료에 관한 연구를 한 경우에는 200만원 이하의 과태료를 부과한다(동법 제70조 제3항).

찾아보기

ㅅ

ㅇ

ㅈ

저자약력

이상돈

고려대학교 법학과 (법학사)
고려대학교 대학원 법학과 (법학석사)
독일 Frankfurt 대학교 법학과 (법학박사, Dr.jur.)
(現) 고려대학교 법학전문대학원 교수

– 주요 연구업적
의료체계와 법, 고려대학교 출판부, 2000
치료중단과 형사책임, 법문사, 2002
생명공학과 법, 아카넷, 2003
수가계약제의 이론과 현실, 세창출판사, 2009
의약품공급계약과 사적 자치, 세창출판사, 2014

김나경

고려대학교 법학과 (법학사)
고려대학교 대학원 법학과 (법학석사)
독일 Frankfurt 대학교 법학과 (법학박사, Dr.jur.)
(現) 성신여자대학교 법학부 교수

– 주요 연구업적
의료보험의 법정책 –기초법 이념과 법실무–, 집문당, 2012
의료사고와 의료분쟁, 커뮤니케이션북스, 2016
법조문과 사례로 이해하는 의료분쟁, 박영사, 2020

의료법강의 [제5판]

2009년 6월 10일 초판 발행
2014년 4월 15일 개정판 발행
2017년 3월 10일 제3판 발행
2020년 9월 10일 제4판 발행
2023년 2월 25일 제5판 1쇄 발행

저 자 이 상 돈 · 김 나 경
발행인 배 효 선
발행처 도서출판 法 文 社

주 소 10881 경기도 파주시 회동길 37-29
등 록 1957년 12월 12일/제2-76호(윤)
전 화 (031)955-6500~6 FAX (031)955-6525
E-mail (영업) bms@bobmunsa.co.kr
(편집) edit66@bobmunsa.co.kr
홈페이지 http://www.bobmunsa.co.kr
조 판 법 문 사 전 산 실

정가 28,000원 ISBN 978-89-18-91383-4

제5판

의료법강의

이상돈 · 김나경

法 文 社

제5판 머리말

2009년 6월 처음 출간된 의료법 강의가 다섯 번째 개정 작업을 거쳐 새로이 세상에 나오게 되었다. 먼저 독자들의 지속적인 관심에 진심으로 머리 숙여 감사드린다. 지난 몇 년은 코로나19 팬데믹으로 우리의 일상에 그리고 의료체계에 큰 변화가 있었다. 비대면 소통이 확대된 것은 '환자-의사'의 관계에서도 예외가 아니었다. 제5판에서는 코로나19 팬데믹 상황을 계기로 한시적으로나마 허용된 이른바 비대면 진료의 새로운 모습을 '[4] 의료기관법' 단락에서 간략하게나마 소개하였다. 환자의 편익과 의료의 안전성을 조화시키는 원격의료의 법정책에 관한 논의는 앞으로 더 넓고 또 깊어져야 할 것이다. 아울러 '소비자 대상 직접 시행(DTC: Direct-to-consumer) 유전자검사'에 대한 새로운 법제도의 모습을 '[12] 생명의료법' 단락에서 소개하였다. 시범사업 등을 거쳐 검사기관 인증제라는 새로운 제도가 도입되면서 DTC 유전자검사 영역은 큰 변화를 맞이하고 있다. 모쪼록 유전자검사의 본질 그리고 소비자의 입장에 대한 충분한 이해를 바탕으로 동 제도가 긍정적인 변화를 거듭할 수 있기를 소망한다. 그 밖에도 제5판의 개정 작업에서는 이 책에 담긴 법령의 최근까지의 크고 작은 변화를 반영하고 관련된 최신 판례를 소개하기 위한 노력도 함께 이루어졌다.

독자에게 보다 친근하게 다가가고 특히 강의를 수강하는 학생들이 부담 없이 의료법의 핵심 내용을 체득할 수 있어야 함을 염두에 두다 보니, 책 안에 담을 수 있는 내용은 어쨌든 한정적일 수

밖에 없음이 아쉽기도 하다. 급속도로 성장하는 의료 분야의 다양한 변화를 담아내기가 때로는 벅차기도 하다. 그러나 의료의 성장과 함께 이 책도 조금씩이나마 더 성장할 수 있도록 지속적인 애정으로 다듬어 나아가겠다고 다짐해본다.

마지막으로 이 책이 나오기까지 도움을 주신 많은 분들, 특히 법문사의 여러 선생님들께 진심으로 감사드린다. 그리고 무엇보다 이 책의 독자가 되어주시고 때로는 따뜻한 격려를 아끼지 않아 주신 모든 분들께 다시 한 번 깊이 감사드린다. 의료법에 가까이 가고자 하는 분들께 작은 도움이라도 된다면 저자들에게는 말로 다 할 수 없는 큰 기쁨일 것이다.

2023년 2월

이상돈, 김나경